U0447762

南海局势深度分析报告

(2014)

朱 锋 / 主编

世界知识出版社

图书在版编目(CIP)数据

南海局势深度分析报告.2014 / 朱锋主编. —北京：世界知识出版社，2016.6
ISBN 978-7-5012-5277-0

Ⅰ.①南… Ⅱ.①朱… Ⅲ.①南海诸岛—国际问题—研究报告—2014 Ⅳ.①D815.3

中国版本图书馆CIP数据核字（2016）第179015号

责任编辑	范景峰
责任出版	王勇刚

书　　名	南海局势深度分析报告.2014 Nanhai Jushi Shendu Fenxi Baogao.2014
主　　编	朱　锋
出版发行	世界知识出版社
地址邮编	北京市东城区干面胡同51号（100010）
网　　址	www.ishizhi.cn
电　　话	010-65265923（发行）　010-85119023（邮购）
经　　销	新华书店
印　　刷	北京艺堂印刷有限公司
开本印张	720×1020毫米　1/16　23印张
字　　数	430千字
版次印次	2016年7月第一版　2016年7月第一次印刷
标准书号	ISBN 978-7-5012-5277-0
定　　价	45.00元

版权所有　侵权必究

目 录

一、2014年南海局势总体评估

2013—2014年南海总体局势评估 .... 朱锋　孙建中　3

南海主权争议的新态势：大国战略竞争与小国利益博弈 .... 朱锋　16

2014年东盟在南海问题上立场分析与展望 .... 鲁鹏　41

2014年东盟各国军事新动向研究 .... 徐亮　51

南海问题的国际化发展 .... 李安民　邓双全　74

二、2014年大国关系与南海争议

当前域外大国的南海政策及特点 .... 刘琳　85

日本南海政策最新动态评析 .... 李聆群　97

对日本安倍政府密集发起"东盟攻势"的分析 .... 刘军红　徐学群　113

越南学者近年来南海问题国际法研究：分析与展望 .... 黄瑶　128

中国与东盟关系：在调整中向前发展 .... 季玲　魏玲　140

中国南海维权的国际舆论环境特点分析 .... 鞠海龙　157

三、南海热点问题及其应对

对南海断续线名称及性质研究的一些看法 .... 沈固朝 175

越、菲、美三国对南海断续线的质疑
　　及中国的应对策略 .... 黄瑶、黄靖文 185

南海主权争端及其和平解决之法律方法 .... 代中现　宁宇 206

南海重大突发事件急需国际合作
　　——MH370案例分析 .... 苏奋振　孙建中　秦恺 216

台湾在两岸共同应对南海问题上的挑战与机遇 .... 王志鹏 234

南海海上交通秩序管理机制：问题与走向 .... 李相元 251

解析"981钻井平台事件"及其影响 .... 马博 262

南海方向军警民联合维权问题研究 .... 赵绪明　金晶 275

四、南海的资源、环境、渔业问题

当前南海渔业形势分析报告 .... 常娜 291

2014年南海旅游业形势分析报告 .... 常娜 302

南海油气资源现状与勘探开发战略研究 .... 殷勇　林文荣 314

南海诸岛珊瑚礁亟需同步加大开发与保护力度 .... 赵焕庭　王丽荣 336

21世纪海上丝绸之路的构建与战略支点的选择 .... 张洁 349

一、2014年南海局势总体评估

2013—2014年南海总体局势评估

朱锋　孙建中

[内容提要] 近两年来，南海局势继续维持总体稳定、局部紧张的基本特点，南海主权争端不断趋紧。我们认为，在此背景下，摩擦现象难以避免，但大规模常规战争不大可能爆发。未来的南海局势将会朝着更加复杂、更加不确定和不稳定的方向发展演变，域外大国与我争夺地区影响力的较量将进入一个新的阶段。中国应未雨绸缪，做好充分准备加以应对。

[关键词] 2013—2014年　南海总体局势　评估

[作者简介] 朱锋，中国南海研究协同创新中心执行主任，南京大学特聘教授；孙建中，中国南海研究协同创新中心研究员。

南海总体局势的发展变化主要取决于南海主权争端的态势和域外大国介入的程度，其核心问题是直接当事方对南海岛礁等主权归属权的争夺以及对专属经济区和大陆架范围的划分，每一方都想将其声索的岛礁等据为己有并最大限度地获取专属经济区和大陆架，"你的所得就是我的所失"这种零和博弈特点极为突出，"双赢或共赢"的非零和博弈空间相对狭小，因而导致该问题久拖不决。未来，这种"僵局"将因当事国之间的激烈争夺和域外大国对南海问题的"战略利用"而呈现进一步持久化发展趋势，短期内难以打破，并有可能会伴随中国和平崛起的全过程。

一、南海总体局势及新变化

2013—2014年，南海问题不断升温，总体局势在朝着不断趋紧的方向发展，表面上维持"稳定"态势，没有出现擦枪走火现象，但这种稳定的基础并不牢靠，小的摩擦时有发生，声索国之间对抗性的主权要求以及由此而产生的对抗性矛盾和冲突利益既没有减少，更没有消失，甚至还出现了东盟化和国际化的发展趋势。美国、日本、澳大利亚、印度等域外大国介入南海事务的力度加深，对其战略利用更加频繁，反推南海周边国家争夺南海主权和资源的进程加快。具体而言，南海形势发生的新变化主要表现在以下几个方面：

（一）美国在南海问题上的立场开始发生明显转变，"去模糊化"做法十分明显，不再遮遮掩掩

尽管美国一直以来声称在南海主权争端问题上不持立场，但"美国2014年2月首次明确拒绝了中国用来主张几乎整个南海主权的U型'九段线'，"[①] 这意味着长期以来的"中立"立场只是表面现象而已：首先，美国为支持菲律宾对抗中国，2014年4月与菲律宾签署了为期10年的《加强防务合作协议》，"该协议允许美军可以使用更多的在菲军事基地，并为海上安全重新部署舰船、飞机、武器和军队"[②] 提供了保障。与此同时，美菲军演更具目标性和威慑性，9月29日，"美菲近5,000士兵在南海敏感地区军演"[③]，对我威慑意味浓厚。其次，美国高度重视越南在南海问题上对抗中国的作用，美越"全面合作伙伴关系"不断深化。2014年

[①] "South China Sea", http://www.globalsecurity.org/military/world/war/south-china-sea.htm，accessed on December 6, 2014.

[②]《外电：菲外长称美将在南海冲突中向菲提供援助》，参考消息网：http://world.cankaoxiaoxi.com/2014/0501/382777.shtml，上网时间：2014年9月22日。

[③]《外媒：美菲近5000士兵在南海敏感地区军演》，参考消息网：http://mil.cankaoxiaoxi.com/2014/0930/514693.shtml，上网时间：2014年10月4日。

8月，美军参联会主席登普西访越时明确指出"如果美国确定要解禁，应首先扩充越南海军。"① 9月25日，美国媒体呼吁美国政府应该大力强化与越南的关系，因为"该国是东南亚唯一具有军事威慑力、同时愿意在美国的支持下反抗中国的国家。"② 10月2日，美国宣布"部分解除对越南的武器禁运，解禁的武器主要为有关海上安全的防卫装备。"③ 第三，美国为了削弱中国南海"断续线"的合法性而建议台湾放弃现有主张。2014年9月13日，台湾"外交部"宣称："无论从历史、地理还是国际法而言，南沙群岛、西沙群岛、中沙群岛、东沙群岛及周边水域都属于'中华民国固有领土及水域，不容置疑'。"④ 美国在台协会台北办事处处长司徒文立刻做出回应：要求"'台湾应认真考虑放弃拥有全部南海主权的主张'。……建议台方主张握有太平岛以外200海里经济海域。"⑤ 12月5日，美国国务院发布一份题为《海洋界限：中国的南海海上主张》(*Limits in the Sea—China: Maritime Claims in the South China Sea*)的研究报告，声称中国的"断续线"不符合国际海洋法，历史性权利缺乏有效证据。⑥ 这意味着美国不接受并反对中国的"断续线"主张。第四，美国出于长期围堵中国的战略需求而希望南海紧张局势能够维持常态化。美国认为"中国在南中国海问题上的专断行为是力图重新确立传统的地区霸权地位。"⑦ 不仅如此，美国还认为"中国的崛起和自信在亚洲对奥巴马构成

---

① 《越称中国不应担忧：不从美国买武器也会从别国买》，参考消息网：http://mil.cankaoxiaoxi.com/2014/0926/509977.shtml，上网时间：2014年10月4日。
② 《美媒鼓动美高调介入南海争端军援东南亚国家》，参考消息网：http://world.cankaoxiaoxi.com/2014/0929/513603.shtml，上网时间：2014年10月4日。
③ 《美部分解禁对越军售外媒：意在对中国发出警告》，参考消息网：http://mil.cankaoxiaoxi.com/2014/1004/517630.shtml，上网时间：2014年10月5日。
④ 孙诚："台提南海主权遭美方批判"，《环球时报》2014年9月15日，第10版。
⑤ 孙诚："台提南海主权遭美方批判"，《环球时报》2014年9月15日，第10版。
⑥ "*Limits in the Sea—China: Maritime Claims in the South China Sea*", http://www.state.gov/e/oes/ocns/opa/c16065.htm, accessed on December 12, 2014.
⑦ "South China Sea", http://www.globalsecurity.org/military/world/war/south-china-sea.htm, accessed on December 6, 2014.

了直接挑战，而美国总统在大多数情况下似乎只能采取守势。"① 在此背景下，美国国务卿克里2014年8月在东盟地区论坛会上提出了所谓冻结在南海"挑衅"的建议，表明"华盛顿故意想'保持'该地区的地缘政治紧张局势。"② 此外，美国在南海对中国的敌意也在加强。继2013年12月中美军舰对峙事件后，2014年8月又发生了美机抵近侦察事件，军事对抗意图十分明显。

（二）其他域外大国介入南海事务的力度在明显加大，南海问题在一步步趋向国际化

随着中国持续和平崛起，亚太在全球地缘政治和经济中的地位不断提升，南海因具有可以随时牵制中国的功能而在域外大国战略中的地位大幅提升。首先，为在战略上遏制中国，同时也是为了在钓鱼岛问题上缓解来自中国的战略压力，日本"安倍晋三首相在重掌政权以来的两年里已经访问了50个国家"③，推行所谓"积极的和平外交"（proactive peace diplomacy）政策，并力图将东海和南海捆绑起来，造成"两海联动"效应，也就是希望能够通过支持东盟声索国和提升其军事实力等方式增大中国在南海问题上的压力，转移中国对钓鱼岛问题的注意力。2013年7月，当菲律宾总统访问日本时，"安倍许诺日本会帮助菲律宾加强海上防卫能力。这一举措包括保证向菲律宾设备破旧的海岸警卫队提供10艘巡逻船。"④ 2014年4月初，"日本政府以'防卫装备转移三原则'取代了'武

---

① "Sudden departure at the Pentagon", http://www.japantimes.co.jp/opinion/2014/11/30/editorials/sudden-departure-pentagon/, accessed on December 6, 2014.

② 《美部分解禁对越军售外媒：意在对中国发出警告》，参考消息网：http://mil.cankaoxiaoxi.com/2014/1004/517630.shtml，上网时间：2014年10月5日。

③ "Weighing Abe's Asian diplomacy", http://www.japantimes.co.jp/opinion/2014/12/04/editorials/weighing-abes-asian-diplomacy/, accessed on December 6, 2014.

④ 《外媒：阿基诺访日日菲欲联手"法治遏华"》，参考消息网：http://world.cankaoxiaoxi.com/2014/0625/405575.shtml，2014年9月21日。

器出口三原则',从根本上放宽了日本的武器出口限制。"① 这为日本直接支持和帮助越南和菲律宾等南海声索国,进一步加强与东盟的政治、经济与军事合作关系,提供了方便。8月1日,日本外相与越南副总理兼外长范平明会晤时指出,"为帮助越南提高海上警戒能力,日本愿意通过政府开发援助,向越方提供巡逻船使用的雷达和无线通信设备等,确认日越加强海上安全领域合作的方针。"② 日本与菲律宾和越南之间不断加强联合,意在促成"中国单挑日菲越的态势"③。其次,印度出于推行"向东看"战略的需求,也在加大介入南海事务的力度,不仅与越南"扩大南海油气生产合作规模"④,而且还派遣军舰到南海活动⑤。尤其是,"自2014年5月上台以来,莫迪一直强调印度是一个正在崛起的大国这样一个地位,就像美国、中国、日本和澳大利亚的大国地位一样"⑥。扩大国际影响力便是莫迪政府追求的重要对外战略目标,介入南海事务则是实现这一目标的一个抓手,为此,印度总统在2014年9月对越南进行了为期4天的国事访问。另一方面,"东盟国家一直呼吁印度加大对南海问题的参与力度。菲律宾外交部负责国际经济关系的副部长劳拉·德尔罗萨里奥最近就坚持表示,'印度应东进,而不应只向东看'。"⑦ 这些因素的存在都为印度将"向东看"政策转为"向东干"政策提供了机会。第三,澳大利亚因对华战略调整而开始更加深入地介入南海问题,制衡中国的意

---

① 《日本向澳大利亚转让潜艇技术制衡中国之意明显》,腾讯新闻网:http://news.qq.com/a/20140612/014717.htm,上网时间:2014年10月5日。

② 《日欲向越南提供大型巡逻船加强合作抗衡中国》,参考消息网:http://world.cankaoxiaoxi.com/2014/0801/445019.shtml,2014年9月21日。

③ 《联合早报:中国有"底气"独斗日菲越》,参考消息网:http://china.cankaoxiaoxi.com/2014/0609/398218.shtml,2014年9月21日。

④ 《中国勘探南海深水油气境外媒体:有助声索主权》,参考消息网:http://china.cankaoxiaoxi.com/2014/0917/499384.shtml,2014年9月21日。

⑤ 《印媒:印度军舰敏感时刻涉足南海》,参考消息网:http://mil.cankaoxiaoxi.com/2014/0807/452273.shtml,2014年9月21日。

⑥ "Modi's India in the Asian Century", http://www.asianewsnet.net/Modis-India-in-the-Asian-Century-68615.html, accessed on December 6, 2014.

⑦ 《日媒:印度强化与东盟关系加大介入南海争端》,参考消息网:http://world.cankaoxiaoxi.com/2014/0316/360802.shtml,2014年9月22日。

图明显。2014年6月11日,"在东京举行的日澳2+2会议上,包括日本向澳大利亚转让苍龙级潜艇技术在内,日澳双方就签署防卫装备品共同开发协定达成实质性共识。……此外,澳大利亚方面对安倍政权为解禁集体自卫权所作的努力以及制定'防卫装备转移三原则'等表示支持。"[1] 6月30日,澳大利亚外长毕晓普在一次演讲中"把中国同日本与越南等邻国在东海与南中国海的主权纷争,同1914年发生于欧洲的第一次世界大战相提并论"[2]。7月,澳大利亚总理阿博特与日本首相安倍共同表示"将'加强双方在安全和防务领域的合作',包括军事设备和技术的转让。"[3]

(三) 东盟在南海问题上受菲律宾和越南影响明显增大并开始采取协调一致立场,其奉行的大国平衡战略更加注重针对中国一面

作为同处于一个国际组织之内的成员,菲律宾、越南等南海声索国在影响该组织其他成员国方面具有先天优势,其立场和态度很容易博得其他成员国的理解和支持,可以肯定的是,其在南海问题上的立场将会对该组织在该问题上的立场产生越来越大的影响。如果说东盟过去奉行大国平衡战略的重点在于维持有关大国之间的力量平衡,那么现在的重点转向了主要制衡中国这一端,并为此不断提升军力,根据"斯德哥尔摩国际和平研究所的数据显示,2013年东盟国防支出增长5%至359亿美元,到2016年预计会增至400亿美元。……该地区已经成为继印度之后的全球第二大军事装备及技术进口地区。"[4] 尽管在2014年5月的东盟首脑会议上,"大部分东盟领导人再次拒绝菲律宾和越南提议的形成反对中

---

[1] 《日本向澳大利亚转让潜艇技术制衡中国之意明显》,腾讯新闻网:http://news.qq.com/a/20140612/014717.htm,上网时间:2014年10月5日。
[2] 《美参议院决议敦促中国在南海问题上保持克制》,参考消息网:http://world.cankaoxiaoxi.com/2014/0703/411007.shtml,2014年9月21日。
[3] 《澳大利亚大力推进购买日本潜艇不惜惹中国》,腾讯新闻网:http://news.qq.com/a/20140903/048224.htm,上网时间:2014年10月5日。
[4] 《外电:中国海上力量日盛东盟各国提升国防产业》,参考消息网:http://mil.cankaoxiaoxi.com/2014/0816/459079.shtml,上网时间:2014年9月21日。

国在该地区扩张的统一阵线"①，8月10日发表的东盟外长会议公报"在南海问题上并没有明确点名中国。美国提出的'冻结提案'也没有在公报中出现"②，但不等于东盟国家在南海问题上没有统一的内部立场。

（四）中国南海立场更加注重维权与维稳之间的平衡，从被动维稳开始向主动维权方面转变

面对菲律宾和越南几十年来持续不断蚕食中国南海主权权益的严峻现实，中国在南海政策上被迫做出了一些微调，主要表现在以下三个方面：第一，加大了南海军演力度。2014年7-8月，中国在南海和东海进行了大规模军演。9月，中国在南海部署了首艘052D型导弹驱逐舰"昆明"号，其目的是"在争议海域举行模拟反介入/区域拒止的军事演习。"③第二，开始在部分岛礁上进行开发项目。2014年8月，中国宣布"将在南海的5个岛礁上建造灯塔。……这些灯塔对于改善航行安全是必要的。"④ 9月30日，《菲律宾明星报》网站发表了题为"中国开发暗礁是设立防空识别区的前奏"的文章称，"除海空军设施外，北京还在这些由暗礁改建而成的人工小岛上建设游泳池和酒店等旅游设施，以接待前来此地的中国游客。"⑤日本媒体认为，"中国在西沙群岛的永兴岛上拥有跑道、港口设施和雷达站，而在南沙群岛附近，中国在其实际控制的美济礁和渚碧礁上有雷达设施。"⑥。俄罗斯安全专家则认为，中国在南海的填海造岛动作

---

① 《外媒：东盟多数成员国不愿就南海问题"选边站"》，参考消息网：http://world.cankaoxiaoxi.com/2014/0513/387681.shtml，上网时间：2014年9月21日。
② 《境外媒体：中国在南海问题上顶住美国高压》，参考消息网：http://china.cankaoxiaoxi.com/2014/0812/458116.shtml，上网时间：2014年9月21日。
③ 《日媒关注中国首艘052D驱逐舰部署南海》，参考消息网：http://mil.cankaoxiaoxi.com/2014/1004/517648.shtml，上网时间：2014年10月5日。
④ 《中国首部系统阐述九段线专著出版助南海维权》，参考消息网：http://china.cankaoxiaoxi.com/2014/0811/457122.shtml，上网时间：2014年9月21日。
⑤ 《菲律宾高官称中国在南海开发暗礁或设识别区》，参考消息网：http://china.cankaoxiaoxi.com/2014/1001/515813.shtml，上网时间：2014年10月4日。
⑥ 《日媒：中国对划设南海防空识别区展现谨慎姿态》，参考消息网：http://china.cankaoxiaoxi.com/2014/0227/353009.shtml，上网时间：2014年9月22日。

"可能会重新划分南海版图和疆界"[①]。第三，开始在南海打井作业，改变我在南海无一口油井的历史。"海洋石油981"钻井平台首次在西沙开始勘探油气资源，并在南海北部深水区海域发现大型气田。对此，美国《华尔街日报》指出，"勘探深水油气储备有助于中国展示其对南海争议地区的控制力"[②]。

（五）南海周边国家在主权争端问题上的合作空间非常狭小，但在非主权争议问题上的合作潜力不容忽视

马航MH370飞机失联事件发生后，中国、越南、马来西亚以及美国、日本等20多个域内外国家参加了联合搜救行动，展现了在非主权争议问题上的合作意愿，为未来有关国家在非传统安全方面进行合作提供了可能性。另一方面，在"981"钻井平台事件发生后，两国高层及时进行了互动，首先是杨洁篪国务委员访问河内，然后是越南特使访问北京，双方关系趋于缓解。

二、推动南海局势发展演变的主要原因

南海局势持续维持高位紧张态势，主要原因有以下几个方面：

（一）美国推行亚太"再平衡"战略，有意构建中美亚太战略博弈格局，是南海形势发生重大变化的一个根本性因素，也是最直接的一个原因

美国出于维护其在亚太霸主地位和世界领导地位的需要，以维护所谓"南海飞行和航行自由"为名，通过抵近侦察、支持地区盟国和伙伴

[①] 《俄称中国利用乌克兰危机在南海造岛美无暇顾及》，新浪军事网：http://mil.news.sina.com.cn/2014-09-30/0951803758.html，上网时间：2014年10月4日。

[②] 《中国勘探南海深水油气境外媒体：有助声索主权》，参考消息网：http://china.cankaoxiaoxi.com/2014/0917/499384.shtml，上网时间：2014年10月4日。

国等多种方式积极介入南海事务,希望能够借此牵制中国和平发展势头,迟滞中国和平崛起进程。为此,美国在没有彻底结束两场反恐战争的情况下,就迫不及待推出了亚太"再平衡"战略,将中国定位为"潜在的战略竞争对手",积极构建针对中国的地区均势机制。可以说,美国深度介入南海事务并对中国采取不友好立场,直接促成了南海争端的升温和高烧不退。南海主权争端在很大程度上正是因为美国推行亚太"再平衡"战略才急剧恶化到今天这样一个状态。

(二)其他域外大国频繁利用南海主权争端,有意在南海问题上推波助澜,是导致南海局势不断恶化的另一个重要原因

日本、印度和澳大利亚等域外大国与中国存在结构性矛盾,不同程度地视中国为战略竞争对手甚至"安全威胁"。美国"重返亚太",为它们提供了防范甚至对抗中国的机会。日本和澳大利亚作为美国的盟国,均愿意参与到美国主导的地区均势机制中来,因而在南海问题上与美国保持一致的步调,日本甚至还将介入南海事务作为其在东海问题上与中国夺取地区战略优势的一个重要前提条件。印度尽管不是美国的盟国且奉行相对独立的对外政策,但出于自身战略利益的需要,不时配合美国的对华政策和战略,加强与越南等东盟国家之间的关系,以便能够在与中国的地缘战略竞争中获取比较优势。

(三)南海声索国对我积极主动维权做法强力反弹,同时开辟多个"战场"加以应对,彼此分工,相互配合,抱团对我,是导致南海局势不断趋于紧张的主要原因

中国侧重维护南海主权权益的做法引起了南海有关国家的强烈反弹。越南制定了所谓"政治谈判、法律诉讼和军事手段"三步走的战略:第一步,选择与中国通过政治外交途径解决南海主权争端问题;第二步,如果政治外交途径行不通,诉诸法律手段,即通过国际法庭仲裁来解决;

第三步，如果法律手段也无效的话，就采取军事手段来解决问题。① 目前，越南正处在从政治手段向法律手段过度的微妙阶段，同时"呼吁美国在维护南海争议海域的和平、解决冲突方面发挥更大的作用"②。菲律宾2013年1月22日就南海问题正式向中国发出了国际仲裁的照会和通知，意味着它已经放弃了通过政治外交途径解决南海主权争端的机会，开始通过法律手段来应对中国了。3月30日，菲律宾外长指出，"提交给位于海牙的国际法庭的文件有近4,000页，这些文件解释了菲律宾的法律依据。"③ 为了增大胜算，菲律宾10月4日宣布"已搁置在有争议的南海地区修缮军事机场的事宜"④。与此同时，越菲关系不断加深，2014年5月8日，两国的海军在南沙群岛的南子岛举行了足球、排球、拔河比赛、混合友谊赛，意在向中国传递其"亲密无间和团结一致"的信号。马来西亚虽然不赞同域外大国介入南海主权争端，但对中国的防范之心也在逐步增大，希望美国能够在南海地区发挥更大的作用。据美国《纽约时报》网站9月13日报道，"马来西亚邀请美国侦察机从其东部地区出发对南海南部边缘开展侦察飞行"⑤。

三、南海形势的发展趋势

我们认为，摩擦现象虽然难以避免，但"全面的常规战争不大可能爆

---

① 2014年9月26日下午，越南外交学院院长邓庭贵率团访问了南京大学南海研究协同创新中心，并与研究人员进行了对话交流，期间，他指出，越南在南海主权争端问题上制定了"三步走"战略。

② "South China Sea", http://www.globalsecurity.org/military/world/war/south-china-sea.htm, accessed on December 6, 2014.

③ 《美媒：菲律宾提交近4000页"证据"告中国》，参考消息网：http://world.cankaoxiaoxi.com/2014/0331/368451.shtml，上网时间：2014年9月22日。

④ 《菲暂停南海机场施工外媒：欲增加国际裁决胜算》，参考消息网：http://mil.cankaoxiaoxi.com/2014/1005/518096.shtml，上网时间：2014年10月5日。

⑤ 《美报：马邀美出动飞机侦察南海或激怒中国》，参考消息网：http://mil.cankaoxiaoxi.com/2014/0915/495887.shtml，上网时间：2014年9月21日。

发"①，未来的南海局势将会朝着更加复杂、更加不确定和不稳定的方向发展演变：

（一）美国将进一步确定其"南海利益攸关方"的身份，在南海问题上立场发生转变的进程不会停止，对中国施压的力度也将不断增大

奥巴马一上台就把自己打扮成"太平洋总统"，并"在2010年宣告南海位于美国'国家利益'区域内"②，2014年3月1日，美国驻菲律宾大使菲利普·戈德堡称，虽然美国不是《南海行为准则》的参与者，"但我们是利害相关方，因为空中和海上的航行自由涉及我们的利益。"③今后一个时期，美国将会进一步强化其"太平洋国家"的身份和利益，主要原因之一是奥巴马总统在最后的两年任期里会继续推行亚太"再平衡"战略，原因之二是中东和欧洲乱局对奥巴马总统的亚太"再平衡"战略形成倒逼作用，迫使美国在中东和欧洲同时出现动荡背景下通过进一步加大介入南海事务的力度来防止中国利用其陷入战略困境的机会扩大南海利益，挤压美国在该地区的战略空间。美国认为，中国在南海"断续线"问题上的强硬立场有助于其实现这一目标，因为"如果中国不能放弃其所坚守的九段线要求，这对美国是个好消息。对美国而言，这意味着更多冲突、更多仇恨、更好的公关、充足的机会，让美国以国际社会一分子的身份介入。"④

---

① 《港报：南海紧张升级但战争还很遥远》，参考消息网：http://column.cankaoxiaoxi.com/2014/0410/373287.shtml，上网时间：2014年9月22日。
② 《英媒：美国部分正在形成的南海战略初露端倪》，参考消息网：http://mil.cankaoxiaoxi.com/2014/0711/420605.shtml，上网时间：2014年9月21日。
③ 《菲律宾媒体：美国自称是南海"利害相关方"》，参考消息网：http://world.cankaoxiaoxi.com/2014/0303/354491.shtml，上网时间：2014年9月22日。
④ 《港媒：美国试图给中国贴上"海上不法之徒"标签》，参考消息网：http://world.cankaoxiaoxi.com/2014/0831/479498.shtml，上网时间：2014年9月21日。

(二) 日本在美国的鼓励下将会借助南海主权争端问题推行类似政策

美国受国力式微和国防预算"减赤"计划影响,在推行亚太"再平衡"战略上感到力不从心,例如,"到2020年,美国空军和海军的60%将位于亚洲,比现在的50%上升,但是那60%将是缩减了的军队的60%"[1],需要借助亚太盟国特别是日本的帮助,这也是美国大力支持日本解禁集体自卫权、强化自卫队作战能力和扩大自卫队活动范围的主要原因,为的是让日本在制衡中国方面发挥更大的作用。另一方面,日本为与中国对抗,不仅需要进一步加强日美同盟关系,而且还需要将与中国存在南海主权争议的东盟声索国以及其他域外大国都纳入到牵制和围堵中国的阵营中来。2014年10月6日,日本政府"就扩大对东盟国家提供军队能力建设援助一事与相关对象国展开了协调,……通过出口尖端潜艇技术强化日澳两国在安保领域的合作。"[2] 日本这样做的目的就是要利用它们的力量将中国牵制在南海事务之中,借此扩大其在亚太的活动空间,夺回其在亚太地区失去的战略优势地位。

(三) 越菲在不断强化彼此安全合作关系的同时,将更加重视对东盟和域外大国的拉拢工作

2014年7月3日,越南政府宣布"将拨款5.4亿美元为越南海上执法力量建造32艘巡逻船,并拨款2.25亿美元鼓励越南渔民建造远洋捕捞渔船出海捕鱼"[3],旨在加强自身军事与非军事海上力量。出于共同对抗中国的需求,越南还将会与菲律宾不断加强彼此间的各种合作,尤其是军事合

---

[1] 《华尔街日报:中国抓住时机展示力量》,参考消息网:http://china.cankaoxiaoxi.com/2014/0608/397744.shtml,上网时间:2014年9月21日。
[2] 《日本强化东盟军事合作磋商售澳潜艇牵制中国》,环球网:http://world.huanqiu.com/article/2014-10/5159361.html,上网时间:2014年10月8日。
[3] 《越南拟32艘巡逻船强化海上力量据守南海》,参考消息网:http://mil.cankaoxiaoxi.com/2014/0708/416821.shtml,上网时间:2014年9月21日。

作。此外，两国还会继续推动东盟在南海问题上"用一个声音"说话的进程，努力形成两国在南海问题上的立场就是整个东盟在南海问题上的立场这一局面。菲律宾外长在2014年7月初访问越南时达成共识，认为"东盟应对南海争端等地区重要问题发出统一且负责任的声音，……东盟各国团结一致非常重要"[1]。与此同时，两国还将不断强化与美国、日本以及印度和欧盟之间的战略合作关系，以便能够利用诸多大国力量对冲中国。

（四）中国与诸多国家在南海问题上存在结构性矛盾，由此而催生的"两大阵营"轮廓也将日趋明显，不排除出现"三海联动"的可能性

中国国力的提升客观上导致中国与很多国家形成结构性矛盾，诱使它们对中国产生防范之心：美国防范中国，是因为中国未来可能会与其发生权力转移，威胁其世界霸主地位；其他国家防范中国，是因为"远交近攻"地缘政治法则在起作用，距离中国越近的国家，其对中国的防范心理越强。例如，"出于捍卫本国海洋权益的目的，所有东盟国家——文莱除外——都扩大了本国的海空军力量。"[2] 显然，"涉中结构性矛盾"就成为这些国家加强彼此关系一个强有力的纽带。过去，域外大国支持中小国家在南海问题上所持立场的需求更多一些，未来，南海地区中小国家支持域外大国在南海问题上立场的需求可能会明显增多。值得注意的是，台湾在美国的影响下在南海问题上的立场可能会与大陆渐行渐远，如果民进党在2016年的岛内"大选"中获胜，两岸关系将会变得更加不确定，美、日也会有意利用台湾问题对中国进行牵制，导致中国在东海、台海和南海同时面临严峻挑战，尤其是在南海问题上陷入"一对多"的不利境地。

---

[1] 《境外媒体：菲越欲建伙伴关系对抗中国》，参考消息网：http://world.cankaoxiaoxi.com/2014/0704/412156.shtml，上网时间：2014年9月21日。

[2] "South China Sea", http://www.globalsecurity.org/military/world/war/south-china-sea.htm, accessed on December 6, 2014.

南海主权争议的新态势：
大国战略竞争与小国利益博弈

朱锋

[内容提要] 2014年5月2日—7月15日之间发生的"海洋石油981"钻井平台中建南海上作业风波，是南海主权争议历史性的新发展。导致越南对中国合法作业的"981"钻井平台采取冲撞行动背后，是南海争议问题上已经显著化的大国战略竞争和小国利益博弈之间的联动关系。这两者相互影响，正在给南海局势和东亚安全秩序的未来带来新的不确定性。对此案例的剖析，有助于我们在新的战略高度审视中国在南海的"维稳"和"维权"战略。

[关键词] "981"钻井平台　南海主权争议　大国竞争　周边外交　海洋秩序

[作者简介] 朱锋，中国南海研究协同创新中心执行主任，南京大学特聘教授。

2014年5月2日爆发的中国和越南围绕着南海石油钻井平台"981"号的争议，让南海紧张局势进入了一个新高潮。越南为了达到迫停或者驱离"981"号正常作业的目的，截至到6月7日，最多时出动63艘各类船只，冲闯中方警戒区和冲撞中方公务船累计达到了1,416次。[①] 同时，越南大造舆论攻势，反而污蔑指责中国出动119艘海警船只、军舰和辅

---

① "中方要求越方停止对中方企业作业任何形式干扰"，《中华人民共和国外交部网站》，2014年5月8日，www.fmprc.gov.cn/mfa_chn/wjdt_611273/t1154048.shtml；"981钻井平台作业：越南的挑衅和中国的立场"，《中华人民共和国外交部网站》，2014年6月7日，http://news.ifeng.com/a/20140609/40646347_0.shtml#_from_ralated。

助船只在"南海石油981"号周边"恐吓"越南船只。到2014年6月13日，越南船只撞击中国警戒船只的次数上升到了1,547次。[①] 对于越南在海上的挑衅行为，中国不得不采取必要的防范措施，不得不派遣公务船到现场保障作业的安全，来有效维护正常的生产作业秩序和航行安全。在此期间，即5月13日，越南更是发生了暴民大规模袭击中国、新加坡、日本、韩国，以及"中国台湾地区"等在越南投资的外资企业的暴力事件，131家在越南投资的外资企业遭到破坏和洗劫，4名中国公民被残忍殴打致死，或者被暴徒焚烧致死，300多名中国公民受伤。[②] 此次中越南海冲突，不仅凸显了南海主权争议的尖锐性，更是将南海主权争议、资源争议、海域管辖权和外交争议，进一步上升为具有暴力性质的国家间对抗，它清楚地表明，南海争议正在呈现一种典型的"双层博弈"模式："大国战略竞争"加"小国利益博弈"。面对这样的发展趋势，中国的南海政策必须既坚持原则，又需及时调整策略，着眼长远规划，以便有效应对。

一、中越南海"981"争议是东亚区域安全总体变局的必然结果

南海岛屿领土主权争议由来已久。时至今日之所以成为东亚区域安全的一大不稳定因素，其根源不是中国的维权行动，而是中国崛起引发亚太权力结构板块发生松动和变化的结果，这使得原本中国和东盟部分国家的岛屿主权争端掺杂进了太多地缘战略和地缘政治因素。中国崛起正在改变亚太地区以往的权力均衡，针对中国的"权力再平衡"必然广泛而又深刻地发生。南海主权争议的激化，就是这一国际"再平衡"努

[①] "外交部易先良副司长接受媒体采访"，2014年6月13日，见http://china.dwnews.com/news/2014-06-15/59478726.html。

[②] "Vietnam-China Dispute Complicates Budding Business Ties", *The Wall Street Journal*, May 15, 2014.

力的一部分。① 这必然使得南海主权争端国的政治、外交、安全、经济和战略估算发生重大调整，并驱动争端国所采取的争端行为出现变化。

（一）包括海洋领土争议和陆地领土争议在内的主权争议，是国际关系中引发国家间对抗的最重要因素之一

一国政府对领土争议的立场和政策选择，不仅涉及复杂的国内政治利益需求和经济利益评估，更会涉及煽动性的民族主义情绪和狂热的爱国主义热情，因而领土争端常常引发国家间关系的紧张、政治对立、甚至军事冲突。② 但南海争议自1945年二战结束以来，并非是一个容易引发军事冲突的潜在爆炸点。二战结束以来的70年中，只有1974年1月的西沙海战、1988年的南海局部冲突，才出现了小规模军事冲突的事实。究其原因：一是因为包括中国在内的南海争端方很长时间内从来都不是海上军事强国；二是东盟争端国与中国之间存在着巨大的实力对比差异；三是冷战后相当长的时间，中美战略关系较为稳定，南海地区曾一度是东亚进入后冷战时代最彻底的地区之一。美国关闭南海沿岸军事基地、俄罗斯放弃越南金兰湾军港以及中国与东盟关系的长足进展，让南海局势在主权争议的同时保持了相对可控的状态。东盟争端国的南海政策长期来保持了在主权争议与对华友好合作之间的明显平衡。南海主权争议虽然存在，但很少有人视为地区不稳定的主要因素，主要原因是中国的近海海军很少引人担忧。但今天，西方主流意见是，南海已经成为中国全力展示肌肉和野心的"权力场"③。

近10年来，中国军事力量的发展、特别是中国海军力量的迅速成长，促使美国、日本以及部分东盟国家担心中国有可能越来越在岛屿主

---

① Robert D. Kaplan, *Asia's Cauldron: the South China Sea and the End of a Stable Pacific*, New York: Random House, 2014.
② 有关领土争议在国际关系中引发国家间冲突的理论总结，参见：Charles Jones, *International Relations*, London, One-World Publisher, 2014, Chapter 2 "Shadow of History"。
③ Bill Carton, *Struggle for Power in the South China Sea*, Yale: Yale University Press, 2014.

权争议上采取强制举措；也越来越担心如果中国控制南海中的绝大部分岛屿，将有可能使得中国的军事力量迅速南移，进而有可能控制整个南海区域。这样的话，不仅美国舰队自二次世界大战结束以来已经享有69年的亚太空域与海域独霸的格局将被打破，也会使得中国因为在军事能力上掌控南海而让东南亚地区有可能"沦为"中国的"势力范围"。美国地缘战略学家罗伯特·卡普兰（Robert D. Kaplan）明确指出，中国力量发展所引起的战略性外溢，必然让中国将南海视为自己海军力量使用的最有可能的区域；中国与美国和东盟争夺南海，是东亚政治地理难以避免的宿命，因为这是整个西太平洋美军优势力量链条上"最薄弱的环节"。[①]

　　冷战结束之后，美国曾经一度在东南亚关闭军事基地、撤销驻军以及弱化战略影响。其原因有二：一是因为东南亚局势趋于稳定，东南亚的民主转型也在冷战后取得了较大进展；二是东盟作为次区域组织的团结与组织力量得到了明显发挥，东盟相继推出的"东盟区域安全论坛"、东盟与东亚国家防长会议、东盟+1、东盟+3、一直到东盟+6等"东盟方式"的发展，东盟已经成为东亚最为活跃的地区角色之一，因此也被称为是全球最为成功的次区域组织。然而，随着中国的崛起和在东盟影响力的扩大，美国担心在东南亚的影响力受到来自中国的实质性削弱，美国更担心中国基于南海断续线的南海权益诉求，将决定性地使得中国能够实质性地把控南海这一亚太地区最为繁忙的战略水域。在美国的战略家看来，南海问题的走向不仅是中美力量较量的必然爆发点，也将成为美国是否能够看护自己的权力优势、中国是否将与美国争夺地区优势的试金石。[②] 2010年7月，美国前国务卿希拉里在出席河内东盟地区论坛时，公开提出美国在南海也有"国家利益"，美国关注南海自由航行、商

[①] Robert D. Kaplan, *the Revenge of Geography*, New York: Random House Trade Paperbacks, 2012, pp. 207-208.

[②] Aaron L. Friedberg, A Contest of Supremacy: China, America, And The Struggle for Mastery in Asia, New York and London: W. W. Norton & Company, 2012, p. 220.

业开放和解决争议中的国际法原则。① 希拉里的这一番讲话，是美国基于制衡中国的战略目标将南海争议视为美国亚太"再平衡"战略重要组成部分的开始。2011年7月希拉里在印尼发表讲话，提到美国支持"南海行为规则"基础上促成和平解决，并希望各方将自己的在南海主权争议和海洋权益上的"话说清楚"。② 2014年2月5日和4月3日，美国东亚事务助理国务卿丹尼尔·拉塞尔二度在美国国会听证会上就南海问题发言，直接批评中国的南海主权立场，指责中国是南海不稳定、甚至爆发军事冲突的"罪魁祸首"，并扬言美国将持续介入和保证南海问题的和平与符合国际法原则的解决进程。③ 美国干涉南海问题的另外一大原因是它对于海洋领土争议背后根深蒂固的"法律主义"情结。2014年12月5日，美国国务院发表题为"海洋界限"的专题报告，对中国的南海断续线立场提出了迄今为止最全的"美国版"的质疑和批评。④ 但国际司法仲裁和干预，只是解决领土争议的一种途径。在今天南海主权争议已经扩大为深刻的安全与战略利益竞争时，法律主义的弊端恰恰是，不管国际仲裁有什么样的结果，并不能实质性地带来海洋领土争议的自动缓解和解决。更何况，《联合国海洋法公约》所附带的国际司法仲裁机制，无权就领土归属问题做出判决。

---

① Secretary of State Hillary Clinton, remarks at Press Conference, Hanoi, Vietnam, July 23, 2010, http//ww.state.gov/secretary/rm/2010/07/145095.htm.

② Secretary of State Hillary R. Clinton, "Sovereignty of South China Sea", Nusa Dua, Indonesia, July 24, 2011; http://www.state.gov/secretary/20092013clinton/rm/2011/07/169010.htm.

③ Daniel R. Russel, "Maritime Disputes in East Asia", Assistant Secretary, Bureau of East Asian and Pacific Affairs: Testimony Before the House Committee on Foreign Affairs Subcommittee on Asia and the Pacific, Washington, DC. February 5, 2014, http://www.state.gov/p/eap/rls/rm/2014/02/221293.htm.

④ *Report of Limits in the Seas: China, Maritime Claims in the South China Sea*", U.S. State Department, December 5, 2014.

(二) 美国的南海政策目前正在不断从"幕后"、走到"台前"，从"不介入"转向"介入"、从"不选边"走向公开"选边"，从对"主权争议"不持立场到公开反对"南海断续线"

"南海断续线"始于1948年，1949年之后被历届中国政府确认和继承，是中国拥有南海岛屿主权、相关海域以及"南海断续线"之内历史权利的主要依据，其设置合法合理。挑战和否定"南海断续线"，就是挑战和否定中国在南海部分岛屿和海域所享有的合法主权权益。"南海断续线"是历史的产物，南海各国只有尊重历史，东亚才能拥有和享有共同的未来。美国依仗自己的超级大国地位和实力，狭隘地解释《联合国海洋法公约》，力求通过否定中国的南海断续线来疏远中国和东盟国家的之间的合作关系与感情，寻求迫使中国改变和放弃长期坚持的南海权益，稳定和增强美国在东南亚地区的战略存在。其深层次的原因，是美国全面警惕中国成为21世纪的海洋军事强国和海洋力量投送大国，防止中国有能力挑战美国二战后在亚太海洋领域主导性的空中和海上霸权。南海局势恶化的直接起因，表面上看是中国和有关声索国的南海岛屿主权之争，但说到底，其背后更为深远和复杂的因素，是中、美在南海地区的战略利益和政治影响力的竞争。

深度介入南海主权争议，为弱小的东盟南海主权声索国撑腰，进而达到削弱和限制中国南海主权权益与战略利益的空间，已经成为奥巴马政府"亚太再平衡战略"的重要组成部分之一。2014年5月23-29日，美国总统奥巴马访问亚洲四国，重要的内容之一，不仅是要在东海问题上为日本撑腰打气，也是要在南海问题上对菲律宾提供安全"再保证"。美国和菲律宾签署的轮转使用菲律宾军事基地、扩大美军在菲律宾的存在以及声称对菲律宾的盟国保护责任，这些做法，都是美国加紧插手南海事务的新事例或新动向。

（三）东南亚国家并不希望看到中美冲突，但希望中、美两大国在亚太地区能够相互牵制，借此不断强化东盟自身的集体力量

东盟国家不仅是美国二战中从日本军国主义侵略者手中解放出来的地区，也是二战结束以来西太平一贯的美国"亚洲后院"。美国在东南亚具有广泛的外交、军事、经济和社会影响力。东盟从战略利益出发，乐见中美两大国在东盟同时存在，并在一系列东盟关注的议题上，能够让中美两国相互制衡。2013年11月奥巴马政府宣布"转身亚太"（Pivoting Asia）战略，提出要确保21世纪继续是"美国世纪"，美国将继续是太平洋事务的领导者，明确将中国视为美国全球防务态势中最大的战略对手。美国21世纪的全球安全战略，是谋求全力在亚太制衡中国，而不是在中东和欧洲对付恐怖主义势力和俄罗斯。美国的这一战略调整，在大多数东盟国家中拥有广泛的市场。

面对美国与南海有关国家之间的互动，中国也及时做出了反应。2014年5月15日，正在美国访问的中国总参谋长房峰辉在和美国参谋长联席会议主席邓普西的联合记者招待会上坚定地表示，中国"不惹事、也不怕事"。中国在南海的这口油井一定会打下去，而且"一定要打成"。自1991年中越关系正常化以来，两国关系还从来没有如此紧张和动荡。中美关系中的南海争议也没有从来没有像今天这样，直接进入了正面行动冲突和战略利益交锋的时刻。

二、大国竞争给予了越南南海政策新的战略空间

西沙群岛和南沙群岛的主权争议有着本质性的不同。西沙群岛是中

国的固有领土,并处于中国政府的有效管辖之下,不存在任何争议。① 中国政府历来要求越南从占据的中国南沙群岛岛屿中撤走一切人员和设施。

(一)为了促进中越互利与友好合作、为降低主权争议创造合适的国内政治与社会支持,中国政府为发展中越关系做了大量工作

2011年10月11日,中越双方签署了《关于解决中越海上问题基本原则协议》,强调在合作、对话和相互尊重的基础上解决两国南海岛屿的主权争议。2013年9月,中越两国政府在河内举行了第四轮海上低敏感领域合作专家工作组磋商,就中越北部湾海域及岛屿环境管理合作研究、长江三角洲与红河三角洲全新世沉积演化对比研究项目深入交换意见。2013年10月,中国总理李克强访问越南,提议进一步深化中越"全面战略伙伴关系",建立三个工作组提升两国关系的紧密度。中越两国的海上石油企业早在2008年就签署了合作协议。但是,越南政府还是在2014年5-7月的"981"钻井平台事件上采取对抗行动。

此次"海洋石油981"号前后两个阶段的作业位置,位于西沙群岛所属中建岛领海基线17海里,距离越南大陆海岸约133~156海里。中国公司近10年来一直在该海域从事勘探准备活动,包括地震勘探以及井场调查作业。在"981"钻井平台对峙时间中,中国对越南的挑衅行动保持了高度克制,两国政府进行了30多次接触和交流,中国苦口婆心地规劝越南从维护两国关系的和南海和平稳定的大局出发,缓和紧张局势,使得海上尽快恢复平静。

---

① 有关中国对西沙拥有主权的最新研究,请参见:"外交部边海司副司长易先良就中建南项目进行吹风会",中华人民共和国外交部网站,2014年6月13日,http://www.fmprc.gov.cn/mfa_chn/wjdt_611265/sjxw_611273/t1165600/shmtml;傅 成,《南中国海法律地位之研究》,台北123资讯1995年版;郭渊:《地缘政治与南海争端》,中国社会科学文献出版社2011;司徒尚纪:《中国南海海洋文化》,中山大学出版社2009。

(二)越南的南海政策发生明显变化,内因是其"核心利益"所驱使,外因是"域外大国"暗中支持,越南在与中国的博弈中越来越难以对付

在越南看来,2014年5月的南海局势与2011年之前相比,已经有了相当大的差别。美、日等国对南海主权争议的介入越来越深,中国的南海政策在美、日、澳大利亚、欧洲等西方国家的国内舆论和政策上正在承受着沉重的外交压力。特别是美国和日本国内支持美国帮助所谓越南、菲律宾等和中国勇于抗衡的声音和势力在不断上升。在南海问题上,越南对华政策表现得越强硬和越有决心,越南就越有机会拉拢"域外势力"进行干预,就会迫使中国政府对越南进行妥协。[①]

越南政府的南海政策有几点值得高度关注。首先,南海主权争议对越南来说也是"核心利益"——南海油气资源占越南GDP总额的35%、国家财政收入的27%,越南的南海渔业是南海沿岸国近5年发展最快的。对越南来说,和中国争夺南海资源就一定要守住所谓越南的"主权主张",并在中国的维权行动中不能示弱。美国等国的高调干预政策,让越南感受到了前所未有的战略机遇,可以借助大国博弈为越南赢得在南海主权争议和资源开发上的主动地位。这是越南朝野目前的共识。

其次,越南国内政治因素常常主导越南的南海政策和对华关系。越南国内长期有"反华派"和"知华派"之分,也一直挣扎在用好中国发展对越南的经济机遇还是在南海问题上铁下心不惜和中国翻脸甚至牺牲与中国的经贸关系来增强越南的主权诉求这两个极端之间。但越共和越南政府内部在南海问题上的政治派系争议并没有我们想象的那么强烈,两派在南海问题上的立场差异并没有那么大。在目前越南社会层面对华疑虑甚至"敌意"明显的状态下,越南政府内部的派系之争,并非是越

[①] 有关越南在南海争议问题上对华政策考虑,参见:Ramses Ramer, "China, Vietnam, and the South China Sea: Disputes and Conflict Management," *Ocean Development and International Law*, Vol. 45, No. 1 (2014), pp. 17-40。

南对华政策和南海政策的决定性因素。相反，面对越南国内通货膨胀加剧的经济局势，越南现任政府决定利用"981"钻井平台事件，通过对华强硬的对抗政策，改善政府在越南民众中的形象，通过煽动、纵容越南的反华情绪和民族主义，转移越南人民对政府的不满。2014年5月9日之后越南出现了反华示威游行，甚至在5月13日扩大为冲击中国、韩国、新加坡，以及"中国台湾地区"等亚洲经济体在越南投资的厂房。没有越南政府暗中的默许甚至是纵容，这种暴乱行为在越南是不能想象的。①

第三、由于有美国等西方大国的喝彩和来自东盟国家的同情，越南在"981事件"中的对抗性行动，成为了南海争端近年来一系列事件后的"延烧"，对抗行动反而有利于越南在南海问题上发动博得同情和理解的"公共外交"。西方媒体、智库和政府近年来一直在分析南海问题上的"黄岩岛教训"。②越南政府很清楚地看到，在"981"钻井平台事件中拒绝重演2012年4月的中国和菲律宾之间的"黄岩岛事件"，反而有利于越南彰显其错误的、自以为是的南海主权主张。2012年4月，因为中国渔船遭到菲律宾海军舰艇的野蛮搜查，中国对此进行了严正反击。双方在黄岩岛对峙43天，最后菲律宾"撤船走人"，中国实际控制了黄岩岛海域，拒绝接受菲律宾渔船和政府船只返回黄岩岛。越南政府认为，中方是在西沙中建岛附近实施"981"海上钻井作业，就是想再度制造一个"黄岩岛事件"。而中国在黄岩岛问题上的正当维权做法，也被美、越、菲等国视为中国在南海争议问题上近年来采取的新策略——"切香肠战术"，指责中国虽然不是动用武力强制性地收回中国所失去的南沙群岛岛礁，但中国使用海警力量，旨在一点一点地"逼退"越南和菲律宾的

---

① Ian Storey, "Sino-Vietnamese Oil Rig Crisis: Implications to the South China Sea Dispute," *ISEAS Perspectives,* October 15, 2014.

② Trefor Moss,"China's Not-So-Hard Power Strategy: Questions remain over how the Scarborough Shoal standoff will finally be resolved. But recent events should have reassured China's leaders that hard power isn't always necessary", The Diplomat, June 28, 2012, http://thediplomat.com/2012/06/chinas-not-so-hard-power-strategy/.

实际控制海域,力图以点带面扩大中国在南海的实际存在。① 也有西方学者把中国的这一做法称之为"小棍外交"——不是公开使用武力强制,而是通过抓住对手的破绽,以海警执法船的优势力量实现对争议岛礁的强制夺取。② 吸取了黄岩岛教训,越南从一开始就不是仅仅派船和中国对峙、僵持,而是同时不断制造事端,提升危机态势,以便获得足够的国际支持和同情,特别是能够获得美、日、印度等国的实质支持。只有这样,越南才能达到和中国在南海公开较量的目的。

(三)我们可以从"981"冲突事件中清楚地看到,由于中、美、日等大国在东亚的战略竞争日益显著,中小国家的利益博弈就是可以制造"联手制华"的外交和战略态势,南海维权斗争的国际表现正在呈现出戏剧性的"阵营化"局面

面对和中国共同的主权争议,越南和菲律宾在加强和合作,抱团对抗中国。2014年5月19日,越南总理阮晋勇在东盟首脑峰会上公开指责所谓"中国威胁"。5月21日,阮晋勇访问菲律宾,向菲律宾总统阿基诺三世提议共同"对付中国"。另一方面,"981"钻井平台冲突迅速引发了一波接一波的"南海外交"。③ 越南副总理武德谭在2014年5月23日访问东京,获得了日本首相安倍的支持。美国国务卿克里在"981"风波之后迅速邀请越南外长访问美国。2014年10月2日克里华盛顿在会见越南外长的当天,美国宣布部分取消了对河内的武器禁运政策。南海"981"风波引发的外交后果,从海上对峙重点转向越南和多个亲越国家之间的外交升温。河内甚至扬言,将考虑将和中国的南海争议诉诸于国际法律途

---

① Robert Farley, "A Holiday Primer on Salami Slicing: How to Approach the Complex Problem of Salami Slicing in the South China Sea," the Diplomat, December 26, 2014, http://thediplomat.com/2014/12/a-holiday-primer-on-salami-slicing/; Darshana M. Baruah, "South China Sea:Beijing's 'Salami Slicing' Strategy", RSIS Commentaries, No. 54, March 2014.

② James Holmes, "How to Respond to China's Assertiveness in the South China Sea," *NBR Policy Analysis*, July 12, 2014.

③ Zachary Abuza, "Vietnam Buckles under Chinese Pressure," *Asia Times*, July 29, 2014.

径，并随即得到了美国和日本的支持。安倍政府则宣布对外政府开发援助（ODA）将考虑扩大到对东盟友好国家的军事和防务支持项目，日本对南海问题的干预和介入显著加深。

"981"钻井平台风波让美国奥巴马政府进一步拉近和越南的政治与安全关系提供了新的动力，美越安全与军事伙伴关系开始逐步成型。2014年7月，美国东亚事务助理国务卿帮办福喜（Michael Fuchs）提议南海问题上"三冻结"——南海争端方不再在争议岛礁设立新的设施、不改变岛礁的自然地貌和不在争议海域单方面采取行动，很大程度上是冲着中国来的。[①]美国正在通过自己对南海主权争议的深度介入，力图掌控南海争端的话语权，主导未来南海局势的演变方式和方向。2014年10月2日，美国国会通过了部分取消对越南军事出口禁令，允许美国政府批准向越南出售防御性武器。美越关系出现重大进展。美国国务卿克里也在东盟之行中宣布向东盟国家提供5,720万美元的海洋执法援助，帮助越南和菲律宾等国改善海洋执法的能力。美国太平洋司令部的将领们频频就南海"发声"，指责中国"挑起事端"，竭力凸显美国的军事存在和外交介入是东亚安全秩序不可或缺的"稳定器"。"981"南海维权争议的出现，确实深化了美国的亚太"再平衡战略"。[②]

三、中越"981"：中国的南海维权行动正在陷入"双重困境"

在南海争议出现了大国战略竞争与小国利益博弈"并举"态势下，

[①] Michael Fuchs, "Fourth Annual South China Sea Conference Remarks", Center for Strategic and International Studies" Washington, DC. July 11, 2014. http://www.state.gov/p/eap/rls/rm/2014/07/229129.htm,5, 2014.

[②] 有关南海主权争议与美国东亚再平衡战略关联性的分析，参见：Ashley J. Tellis, Abraham M. Denmark, and Greg Chaffin, U.S. Allies and Partnerships at the Center of Global Power, Seattle: NBR, 2014; Pavin Chachavalpongpun, ed., Entering Uncharted Waters: ASEAN and the South China Sea, Singapore: Institute of Southeast Asian Studies, 2014。

以往南海局势相对稳定的脆弱平衡已被打破。中国和主权争端国在岛礁主权、海域划界、资源开发、航道安全、渔业等一系列问题上的争端将不断扩大甚至升级的趋势无法克服，南海"维权"与"维稳"这两者间的内在紧张关系确实在不断增大。

(一) 中国的南海政策正在同时面临经济与安全两个领域的"双重挑战"

具体来说，我们增强对东盟国家发展援助、建设"利益共同体"等政策设计可能难以决定性地改变与南海主权声索国的海上冲突现实；与此同时，南海主权争议的紧张化和长期化，必然继续导致安全领域的复杂性和竞争性的上升。其结果，中越南海争议势必牵动中美关系、中日关系甚至中国和印度的关系，推升中美等国在亚太海洋领域的地缘战略较量水平。目前看，我们处理和解决南海主权争议背后的经济手段和战略手段之间，由于缺乏对争端国实质性的安全影响，存在着难以降低的"对冲效应"。

究其原因，最重要的仍然是领土争议，尤其是和资源、能源、地缘战略考量直接挂钩的海洋领土争议在国际关系中所具有的特殊性。国家无论大国和小国都有"核心利益"，其民族主义和爱国主义情绪同样强烈。由于国内政治和民族主义情绪的作祟，冲突国家对这些"核心利益"的不同认识和应对，很容易激化矛盾，引发冲突和对抗。降低南海紧张局势，最重要的是两国政治高层需要拿出勇气和智慧，引导媒体和舆论的走向，避免对抗性的社会情绪"绑架"彼此的南海政策。

从1991年冷战结束以来，中国在南海问题上始终坚持"主权归我、搁置争议、共同开发"的基本方针，一直采取克制和忍让的政策。2002年，中国和东盟谈判签署了《南海各方行为宣言》，强调通过和平与对话的方式解决各国之间在岛屿主权归属、海域划分、资源开发和利用等问题上的争议。中国从90年代后期以来的"睦邻、善邻、富邻"政策，更是推动中国和东南亚国家关系持续发展的重要动力。2012年1月，中国—

东盟自贸区正式成立，有关中国和东盟进一步提升经济一体化程度、引进服务贸易自由化的"区域全面经济伙伴关系"（RCEP）谈判也在筹备之中。中国与东盟各国的经贸、政治和社会联系在过去10年中取得了突破性的发展。2013年，中国—东盟双边贸易额已经达到4,436.1亿美元，增速为10.9%，东盟已经成为仅次于欧洲、美国的中国第三大贸易伙伴。[①]

在经济上，越南是东亚受惠于中国经济快车最典型的国家。上世纪90年代开启经济改革的越南，发展模式几乎完全拷贝中国。2007年加入WTO后，越南形成了更具有竞争力、出口导向型的产业结构。作为越南最大的贸易伙伴，中国是越南最大的原材料进口国和第4大出口市场。越南还要长期从中国进口电力，仅2012年一年，越南电力集团就从中国进口了46.5亿度电，接近自己产量的10%。2013年拟为36亿度电。[②] 目前，越南正面临13年来经济增长率最低的困境，其放弃2019年第18届亚洲运动会主办权的理由正是预算有限。"搭乘中国经济快车"是越南国家主席张晋创2013年6月访华的主要目的。越南整个国家的经济水平仅相当于深圳的三分之二和排名中下游的中国云南省相当。即便南海紧张局势上升，中国和越南的贸易额在2013年依然达到了创纪录的502亿美元，比2012年增长了21.9%。[③] 中国对越南等东盟国家的贷款与援助也在逐年增长。在2014年12月召开的大湄公河次区域合作首脑峰会上，中国承诺给予包括越南在内的5个东盟国家提供115亿美元新的援助项目。[④]

[①] 方东莉等："中国—东盟2013—2014年贸易数字预测报告"，《万方数据知识服务平台》，2014年4月22日，http://d.wanfangdata.com.cn/Periodical_dnyzh201402002.aspx。

[②] "2013年越南拟从中国进口36亿度电"，中华人民共和国商务部网站，2013年1月25日，http://www.mofcom.gov.cn/article/i/jyjl/j/201301/20130100011530.shtml。

[③] "中越双边贸易额将在2014年取得两位数增长"，《南博网》，2014年5月21日，http://www.caexpo.com/news/info/industry/2014/05/21/3623106.html。

[④] "China pledges $11.5 billion to Mekong neighbors, looking to allay regional fears", *Japan Times*, Dec 21, 2014.

（二）经济关系的紧密度并不必然降低和减少主权争议，反而是主权争议的社会煽动性常常会实质性地威胁到政治和经济关系

这在近年来的中日关系中是如此，在2014年的南海石油"981"钻井平台冲突事件中同样如此。南海主权争议持续发酵的背后，存在着重大的国内政治利益因素，存在着复杂的国内政治争斗和汹涌的民族主义情绪。无论是"搁置主权、共同开发"，还是加强经济和社会关系的发展，强调的是在弱化主权归属认同前提下的"共同利益至上"。但在复杂甚至相当情绪化的国内政治背景下，"搁置主权、共同开发"并不能换来相应的政策克制，经济的高度相互依赖也并不必然决定国内政策走向。相反，由于南海争端的"背景转化"——大国战略竞争的扩大，小国的利益博弈会得到进一步的刺激和提升。越南民众目前对中、美这两个长期对手看法的逆转，就是越南国内政治系统自1979年以来长期的意识形态宣传和南海主权争议的越南民众心态恶化的结果。[①]

经济上相互依赖的深化以及地区经济的一体化进程，也并不必然"稀释"主权与安全议题上的关注。"981"钻井平台风波表明，大国战略竞争背景下小国行为模式已经并仍将难以避免地会出现"两面性"。正如越南目前所做的那样，一是要同时与中、美两个大国都保持良好的关系，在经济上可多依靠中国，但在安全上更多依靠美国；二是趋向于将中越关系的正常状态和南海主权争议中的不妥协性分开。河内会显示政治意愿推进越中关系，但在南海问题上将继续依靠美日等国"我行我素"。饶有意思的是，2014年5-7月的"981"钻井平台事件之后不久的8月，越共中央书记处书记黎洪英就访问中国。2014年10-12月之间，中越两党和两军进行了三度高层互访，显示彼此都在避免继续相互指责的"麦克

---

① Jason Morris-Jong, "Reflections on Oil Rig Crisis: Vietnamese Domestic Opposition Grows", ISEAS Perspectives, No. 43, 2014.

风外交",转而谋求两国关系稳定和长期发展。[①]但越南政府在2014年12月12日发表了准备将与中国的南海争议诉诸国际司法仲裁的政策文件,公开支持菲律宾起诉中国的仲裁案,公开声明中国的"南海断续线"不合法。[②]鉴于此,中国必须审视和评估有效影响越南的对华政策,以及影响整个中国周边外交的有效和可持续的手段,而不是"一味示好"。

(三)近年来,包括对越南在内的中国周边外交无论从顶层设计还是到具体实施,都有了新的长足发展,"睦邻友好、互利合作、共同繁荣"的政策理念和框架不断更新

习总书记提出的建设"利益共同体"和"命运共同体"等概念,标志着中国的周边外交理论与实践都跃升到了历史的新高度。实现求同存异、开放合作、经济与人文交流起飞基础上的共同发展,是这一政策的整体特征。这一政策从影响南海争议的角度来看,是一项客观、务实和理性的政策。中国周边外交的新方针,就是要将"维稳"与"维权"相结合,将发展关系优先于解决争议,将着眼于未来而不是急于改变现实相结合,切实推进相互信任和务实合作,争取为妥善解决南海主权争议创造各种有利条件。

2013年10月,中国国家主席习近平访问印度尼西亚和马来西亚,建议建设中国—东盟"海上丝绸之路经济带",提议设立亚洲基础设施投资银行,进一步加速中国和东盟的经济和社会一体化进程。李克强总理在参加中国—东盟峰会和APEC会议期间,和文莱签署了南海资源开发协议。李总理随后对越南的访问中,诚恳地提出了"中越一家亲"的提法,中越两国领导人签署了2014-2019年经济、人文和社会关系发展"谅

[①] Carl Thayer, "China and Vietnam Eschew Megaphone Diplomacy: The two rivals agree to "properly settle" their maritime disputes", *The Diplomat*, January 02, 2015.

[②] Carl Thayer, "Vietnam Files Statement of Interest with the Permanent Court of Arbitration", CogitAS, December 15, 2014. http://cogitasia.com/vietnam-files-statement-of-interest-with-the-permanent-court-of-a.

解备忘录",建立三个中越工作组,在基础设施建设、金融合作以及北部湾湾口共同开发这三个领域加强合作与交往。在2014年11月的中央外事工作会议上,习近平国家主席继2013年10月中国周边外交会议上提出的"亲、诚、惠、容"概念的基础上,进一步强调要推动"命运共同体"建设,实现"一带一路"战略构想,为中国和亚洲的持续发展插上翅膀。[①] 可惜的是,中国领导人对越南的"情感攻势"和"经济攻势"并没有阻挡越南政府在"981"事件中采取过度反应措施。

（四）由于中国和越南、中国和菲律宾乃至整个中国和东盟之间的力量对比的悬殊,从东盟到越南、再到菲律宾,在处理南海问题与中国的主权争议时是不会放弃利用和拉拢美国、日本、俄罗斯和印度等国的做法,但不会轻易跨越"底线"

中、美、日等大国在南海区域的战略竞争,已经给越南、菲律宾等中小国家创造与中国在南海权益争夺中的利益甚至战略博弈的机会。美日对中国来说是"域外因素",但对东盟和与中国有主权争议的国家来说,美国和日本必然是需要相互倚重的平衡与制衡中国的重要因素,甚至不能排除越南对中国主动打"美国牌"、"日本牌"的可能性。例如,越南事实上一直在用不排除与美国进一步升级军事同盟关系、欢迎印度和俄罗斯介入南海问题、支持日本在南海扮演积极的安全角色等方式,作为和中国进行南海议题上讨价还价的筹码。进一步来说,东盟国家在整体上也不会放弃利用美国、日本等因素"制衡中国"的战略需求和机会。对于中国的崛起,东盟国家总体的战略选择是"在接受的基础上进行软制衡"。[②] 这显然是中国和东盟之间实力对比不会缩小且地缘相邻的地理特征所决定的。

[①] "习近平总书记2014年11月29日出席中央外事工作会议并发表重要讲话",《新华网》,2014年11月29日,http://news.xinhuanet.com/politics/2014-11/29/c_1113457723.htm。

[②] Vijay Sakhuja, *Asian Maritime Power in the 21stCentury: Strategic Transitions, China, India and Southeast Asia*, Singapore: Institute of Southeast Asian Studies, 2011, Chapter 7.

即便如此，南海局势中大国战略竞争让中小国家的对抗行为升级，但东盟国家中的南海争端国忌惮于其和中国在实力上的"不对称"，将难以主动寻求军事冲突的机会。中小国家的"孤注一掷"如果过了"底线"，并不必然给美国带来实施强制干预的机会。即便在"981"风波中偏袒越南的西方媒体也承认，由于越南境内的反华暴行，非法伤害了中国公民的生命和财产，"越南这一错误反而给了中国必要时使用强硬手段的理由"。[①] 未来中国在南海维权行动中，如果越南继续冲撞中国船只，暴力打击和威胁中国公民生命和财产，中国政府保护本国公民财产与生命安全所采取的一切手段，都是合理的。在越南主动挑衅的情况下，美国即使想要多为越南说话，在外交上也将处于"进退两难"的境地。2014年5月19日赴缅甸出席中国—东盟国防部长会晤的中国国防部长常万全，当日下午在内比都会见了越南国防部长冯光青。常万全警告说，"在西沙海域正当作业是我们的权利，不是谁想挡就能挡得住的。越方应尊重历史，正视现实，不要一错再错、酿成大错。"[②] 中国国防部长的这一番讲话"掷地有声"，明确表示了中国在两国冲突问题上的原则立场。

四、南海局势的未来：既要稳定大国战略竞争又要减少小国利益博弈

在南海争议问题上的大国战略竞争和小国利益博弈的双重冲击，将使得南海问题变得前所未有的不确定性。在很长时间内，南海主权争议的最大驱动力是海洋资源和海底能源，充其量也就是发生小规模的、局

[①] Derek McDougall, "Responses to Rising China in the East Asian Region: soft balancing with accommodation", *Journal of Contemporary China*, No. 1 (2011), pp. 7-25.

[②] "中冶在越事件4死23重伤、常万全会见越国防部长"，《新华网》，2014年5月20日，www.xinhuanct.com/2014-05/20/c_126520486.htm。

部和有限的军事冲突。[①] 然而，由于大国战略竞争和小国利益博弈很可能相互促进，推动南海军事对峙的升温和地缘政治环境的恶化，南海区域很有可能成为大国战略对峙的新热点。因此，南海局势的未来，很大的程度上取决于这一对变量关系——大国在南海战略竞争的方式与程度、小国利益博弈在多大范围内改变现有的"两面下注"政策选择以及是否将彻底打破"经济上依赖中国与安全上依赖美国的"的脆弱均衡。如果越南基于国内政治的极端主张，向美国重新开放越南海岸的军事基地，或者美国不断扩大南海沿岸的各类军事基地，并把扩大美国在东盟国家中的军事同盟体系视为"遏制"中国合理与合法地保持南海权益主张的基本手段，这都将使得南海局势灾难性地演变成地缘战略板块的分裂。

（一）美国和日本将继续表现出对越南、菲律宾等国的同情、理解和支持，但不是无条件的支持

对于越南在南海争议上将要采取的增加对华国际司法诉讼的做法，敢于采取类似"981"事件这样的和中国"硬碰硬"的对抗举动，美国及其盟友都将予以"肯定"。日本会继续给越南提供巡逻艇，并在日本政府开发援助中增加对越防务和海上执法力量的援助。但美国并不会怂恿越南采取和中国直接进行维权问题上的"行动对抗"，美越关系短期内还不会发生实质性的突破，因为越南并非美国的盟友，即便爆发中越军事冲突，美国并没有责任在军事上"协助"越南。这也是在"981"钻井平台风波中白宫一再呼吁"各方克制"的原因。美国太平洋舰队的军舰会增加访问越南港口的次数，但短期内难以重新使用或者轮转驻扎在越南战争时期美军的重要港口——金兰湾，美越关系更不可能在短期内上升为军事同盟关系。美国会继续把越南视为需要扶持和拉拢的"防务伙伴"，通过密切美越军事合作来主导南海区域的外交局势走向，为越南、菲律

[①] 乔尔根·舒尔茨等著，鞠海龙、吴艳译：《亚洲海洋战略》，人民出版社2014年版，第65页。

宾以及其他公开站出来指责和否定中国南海权益的国家摇旗呐喊。美越签署防务协定并形成军事同盟性质关系的可能性不大。这不仅需要跨越美国国内政治的"高门槛"——美国国会一直在人权问题上批评和指责越南，同时也不符合越南继续保持和中国紧密经济联系的发展需求，更有悖于美国在亚太地区充当"稳定器"的现有战略选择。即便越南为了对抗中国而同意向美军开放金兰湾，美国也难以迅速采取在金兰湾定期驻扎军舰的决定，根本原因就是美国并不会认为今天的南海局势已经到了需要它除了在菲律宾的军事基地之外，在南海开辟新的军事基地的程度。[①] 尽管在外交上美国要支持和同情越南，但在防务和军事关系上，无论是南海的争端态势还是中美的海上力量对比，美国都不会接受美、越形成军事同盟的选择。美国国会事实上也可能难以批准美国和越南达成的任何军事同盟条约。今天，越南的人权问题以及社会主义国家身份，依然是美国国内政治中的尖锐话题。

（二）只要南海争议无法得到有效的平息和解决，美、越政治、经济和安全关系的深化将会不断持续下去

美国更愿意看到越南像菲律宾一样，通过向国际海洋法仲裁法庭就中国的"981"钻井作业活动提请国际司法仲裁。这样做，既可以避免中越南海冲突升级从而酿成新的暴力或者军事冲突。除非中国对越南主动采取军事行动，或者在南海对美国采取更大的"敌意"行动，美国将会继续坚持这一政策选择。未来，美国南海问题的介入程度仍将取决于南海争议的表现方式和美国对中国南海行动的战略判断。[②] 这是美国不愿意看到的。越南不是美国的军事同盟，即便中越发生新的海上军事冲突，

[①] 美国海军分析中心高级研究员麦克·杜威特警告美国政府不要在南海问题上对中国做出"过度反应"，Michael McDevitt, "Assessing U.S. Policy in the South China Sea", CNA Report, December 10, 2014, http://amti.csis.org/assessing-u-s-policy-in-the-south-china-sea/。

[②] Dnaniel Kliman, Ely Ratner, etc., "The China-Vietnam Standoff: How Will It End? ", China File, May 9, 2014.

美国并没有责任和义务"保卫"越南。但如果美国对中越海上军事冲突无动于衷，奥巴马政府的政策又会遭到国内众多批评，并被指责为推行"亚太再平衡"战略过于软弱。

从军事上来说，美国仍将主要依靠在菲律宾、新加坡和日本的军事基地，增加在南海的美军舰队巡航次数以及加大对南海的实时情报监控力度，来掌握南海动向；"981"钻井平台冲突引发的南海局势紧张并不必然迅速地加剧中美在南海海域的战略竞争。美国仍将关注重点放在分析中国的军事和战略意图，警惕中国海军力量的崛起和行动，以及协调与亚太盟友与伙伴的政策来力推美国心目中认定的法律主义的南海主权争议的解决方式等上面。然而，南海问题上的中美战略竞争将长期化。首先，美国对南海的战略关注不会削弱，继续"炒热南海议题"，利用多边和双边管道对中国施加外交压力，迫使中国放缓南海维权的步伐，维护菲律宾、越南等东南亚盟友与伙伴的南海利益，仍然将是美国政策的重心。其次，由于南海地区美国缺乏像日本这样一个拥有先进和强大海军的同盟国作为帮手，美国未来加大对南海军事投入也是可以肯定的。美军现在已经在南海开始少量化地保持战斗舰只与情报船只的定期巡航。与此同时，美国将加大对菲律宾、越南等东盟国家的军事援助，扩大对东盟的武器销售，支持越南、菲律宾的军备力量发展。菲律宾目前正在推出一个冷战结束以来最为庞大的武器采购计划。[①] 第三，质疑和挑战中国的"南海断续线"，进而在国际舆论、媒体和多种国际场合打压中国的南海权益主张，将会继续持续下去。这是为了在外交和政治上协调与东盟成员国中的盟友与伙伴的南海政策，给中国施压，并竭力孤立和打击中国在南海的主权诉求。但美国也很清楚，一味地呼吁诉诸国际司法仲裁，而不是首先着眼于平息南海紧张态势，并无助于南海局势的

---

① Manuel Mogato, "Philippines to get frigates, gunboats, helicopters as tension simmers", Reuters, December 17, 2014, http://news.yahoo.com/philippines-frigates-gunboats-helicopters-tension-simmers-081048568.html;_ylt=AwrTWVX3MKZUFQoAg5LQtDMD.

稳定。①

（三）改善中越关系并不能仅仅从"经济示好"入手，加强南海权益争端国之间的政治互信、采取措施实施信赖措施以及推动南海沿岸国之间的多边安全合作，都将是降低和减少彼此利益博弈行为极端化、削弱"域外大国"影响力而值得一试的途径

越南的南海政策在其国内政治和国民情绪中有相当大的特殊性。南海问题对越南来说，涉及到民族意志和国家重要利益等方方面面。对此，我们不能低估南海问题在越南政治和社会结构中的这种特殊性。② 真正威胁到中国南海权益的战略因素，并非只是美国，更包括越南等这样的中小国家长期存在的对抗心态以及在南海争议上可能出现的极端化反应态势。这是"981"钻井平台事件应该给我们敲响的警钟。这并非是我们怕越南走极端，而是中小国家的极端行为将造成中国在南海问题上难以摆脱的战略负担，并给美、日等国提供抑制中国影响力上升的战略资产。为此，中方维护"981"钻井作业的合法性、对于越南"过线"行为予以严正回击的同时，需要总结经验，避免南海主权争议在当事国之间出现极端化的态势。为此，我应对越南国内政治变化和社会情绪需要有深入的了解、研究和掌握。③

南海问题和东海问题有着本质的区别。南海争端是中国和力量对比存在着严重不对称的东盟国家之间的争议和较量，并不必然直接引发大国军事冲突。但是，东海问题已出现争议海域和空域的危机态势，即便是事故性碰撞引发的军事冲突，也可能直接招致大国的军事对抗。目前，包括日本在内的"域外大国"有扩大卷入南海争议的迹象。2014年，日

---

① Sourabh Gupta, "Testing China's - and the State Department's - nine-dash line claims", PacNet, No. 88, December 15,2014.
② 鞠海龙主编：《南海地区形势报告：2013-2014》，北京时事出版社2014年版，第12章。
③ Ha Hoang Hop, "The Oil Rig Incident: A Line Has Been Crossed in Vietnam's Relations with China," *ISEAS Perspective*, No. 61, November 18, 2014.

本已经和美国、越南和菲律宾等国在南海举行了两场海上军事演习。未来日本政府在南海问题上发挥的作用和扮演的角色值得中国高度警惕，但美国轻易不会怂恿日本在南海问题上扮演军事角色，安倍政府部分解禁集体自卫权也难以迅速"越界"到南海协助美国和与中国有争议的主权声索国来发挥赤裸裸的军事作用。

在外交上，美国对南海问题的干预程度远远超过东海问题。[①] 在南海主权争议上，奥巴马政府事实上已经公开抛弃了其一贯坚持的"不选边"的传统，开始全力支持越南、菲律宾等国的主权主张。这是美国强化东盟国家对美国的安全依赖、巩固盟友与伙伴关系、在南海的地缘战略竞争中孤立和打击中国的战略性举措。在中美双边关系上，美国也将加大对中国南海主权诉求的批评力度和外交压力。一个非常值得注意的动向是，美国很可能继续挑战和否定中国一再坚持的"核心利益观"，甚至公开表明态度，不接受中国所主张的"核心利益"来界定中美关系的说法。美国国安会亚洲事务高级主任麦艾文在2014年3月30日的布鲁金斯学会演讲中已经公开提出，中国不要老是强调自己"核心利益"，美中两国之间要强调"共同利益"。美国心目中的"共同利益"，就是要求中国遵守美国制定的"游戏规则"，不要所谓"改变现状"，让美国维持好亚太地区的安全秩序。中美两国在南海问题上的斗争将越发尖锐化，南海问题已经成为了中美关系稳定和发展的新障碍。传统中美关系的三大障碍——台湾、西藏和新疆问题——目前已经明显多了一大障碍，这就是南海问题。南海和东海问题有可能取代传统的台湾问题而成为中美最突出、和最尖锐的安全与战略性话题。对此，我们要有充分的心理和政策准备。

[①] Richard Javad Heydarian,"The Fog of Law: China's Great South China Sea Dilemma：Lawfare is in full swing in the South China Sea. How will China respond to an unfavorable legal ruling?", The National Interest, December 19, 2014, http://nationalinterest.org/feature/the-fog-law-chinas-great-south-china-sea-dilemma-11889?page=3.

五、结论

"981"钻井平台2014年在中建南进行的海上作业，不仅是在中国海域正常与合法的作业行动，同时也是中国自主开发南海油气资源的战略性举措。此次发现的自营深水高产大气田距离海南岛150公里，预测日产天然气5,650万立方英尺，相当于9,400桶石油当量。[①] "981"钻井平台在中建南的成功作业，是中国海域自营深水勘探的第一个重大油气发现。未来中国对南海油气资源的自主开放，应该坚定不移地走下去。

然而，南海争议并非只是油气资源问题、岛礁主权争议问题和海域划界问题。南海问题已经构成了对中国有着重大战略性影响的外交问题、安全问题和战略问题。中国和越南的南海钻井平台"981"争议，已经从越南派出公务船直接撞击、国内反华游行过渡到了发起国际公关攻势阶段，意图不仅是想要争取更多的支持和同情，同时，也是在利用国际媒体、国际组织和一些力挺越南的国家给中国施加压力，达到迫使中国在维权问题上做出让步的目的。南海争议问题上大国战略竞争和小国利益博弈之间的联动，在"981"风波中体现得淋漓尽致。这一态势的发展，不仅给南海争议带来新常态，也将对未来的南海稳定与东亚海洋安全秩序带来新的挑战。不管我们承认不承认，今天南海争议的国际化已经成为事实。简单的经济示好并不能缓和南海问题上的大国对抗和小国利益博弈程度，更不能解决这些问题。对此，我们一定要有清醒的认识。南海"维权"重要，"维稳"同样重要。南海问题不应该成为中国周边安全中难以解脱的、沉重的战略包袱。面对南海争议的新态势，中国的维权行动一定要灵巧地把握战略节奏。当前平息和解决主权争议存在着诸多棘手问题难以解决、各自主张的僵局无法打破的现实背景下，中国的南

[①] "海洋石油981钻进平台在南海获得高产油气流"，《中国广播网》，2014年9月16日，http//news.sina.com.cn/o/2014-09-16/075930863578.shtml。

海维权政策需要在扩大民事存在和加强多边合作中谋求有所作为。目前正在进行的岛礁建设，在不放弃对南海资源"共同开发"方针下，"自主开发"与"合作开发"等手段多管齐下，都是有效的应对策略。增强信任、管控南海争议、尝试建立南海沿岸国安全合作机制，也都亟需提上议事日程。令人欣慰的是，李克强总理2014年11月在缅甸内比都举行的东亚峰会上，代表中国政府已经正式提出了解决南海问题的"双轨思路"，这就是主权争议通过争端当事国双边谈判解决，南海稳定与安宁通过中国和东盟的合作来共同维护。"双轨思路"为稳定、削弱和解决南海紧张态势指出了正确方向。问题是，如何将"双轨思路"转变成为切实可行的行动方案，这对中国的亚洲外交正在提出前所未有的考验。

2014年东盟在南海问题上立场分析与展望

鲁鹏

[内容提要] 东盟2014年的南海政策在延续以往的基础上出现了新的变化。这意味着东盟各成员国初步形成了关于南海问题尤其是"南海行为准则"的某种共识,这种共识在东盟的官方文件中表达出来,体现出了东盟日益增长的解决南海问题的决心,也预示着东盟将在南海问题的解决上发挥越来越重要的作用。东盟在南海政策上的新变化主要有两方面的原因,即东盟对于自身合法性的考虑以及域外大国对于南海问题的深入介入所带来的压力与助力。可以预见的是2015年东盟的南海政策在内外两方面因素的作用下会继续展现出更多的主动性,更高的一致性和更强的影响力,对此中国要充分做好应对措施,既避免在南海问题上将东盟和美国同时推到自己的对立面,也要避免由于对东盟不切实际的幻想而制定出庞大的经济计划从而遭受经济上的重大损失。一种建设性和灵活主动的南海政策是应对东盟在南海问题上新变化的最好选择。

[关键词] 东盟 南海立场 分析与展望2014年

[作者简介] 鲁鹏,南京大学中国南海研究协同创新中心研究员,博士。

本报告重点研究东盟在2014年对于南海问题的基本立场,强调其中的新变化和新特征,并且在简要分析这些新情况出现的根本原因的基础上判断2015年东盟在南海问题上的基本走向并提出应对之策。

一、2014年东盟在南海问题上的基本立场：在延续中发生改变

深入分析2014年和以往数年来东盟主要会议的会议声明、主席报告以及联合声明之后不难发现，东盟在南海问题上的立场既延续了其一贯的基本主张，又有了值得注意的新变化。

（一）东盟对于南海问题基本立场的延续性

2014年东盟在其官方报告中对于南海问题保持了一贯的立场，即强调东盟作为东南亚国家间组织的中立性和东盟对于本地区和平与稳定的关注。东盟一直强调自己在南海问题上不持立场，主张通过声索国之间和平谈判来解决南海争端。以2014年东盟峰会发布的《内比都宣言》为例，在提及南海问题时东盟一方面强调和平与稳定的重要性："我们重申维护和平与稳定的重要性，确保南中国海的海洋安全与保障以及航行及飞越自由"；另一方面则突出当事国间和平谈判的重要性："我们重申，东盟成员国承诺按照国际公认的国际法准则，包括1982年《联合国海洋法公约》，通过和平手段解决争端，而不会诉诸于威胁或使用武力，并通过自我克制来避免该地区形势进一步复杂或紧张局势进一步升级。我们进一步强调东盟各国将共同承诺保障该地区和平、稳定、海洋安全与相互信任，并为和平解决争端创造有利条件。"[①] 这秉承了东盟早在1992年在马尼拉发表的《东盟关于南海问题的宣言》的基本精神，即"必须用和平手段而不是诉诸武力来解决与南中国海有关的一切主权和管辖权问题"[②]。当然东盟特别强调在南海争端上的中立态度与地区和平的重要性，

---

① ASEAN: "Nay Pyi Taw Declaration on Realization of the ASEAN Community by 2015", www.asean2014.gov.mm/sites/default/files/download/, 查询时间2015年1月7日。

② ASEAN: "*ASEAN Declaration on the South China Sea*, Manila, 22 July 1992", http://www.aseansec.org/1196.htm, 查询时间2015年1月7日。

其主要考虑还是因为一旦南海爆发冲突,将危及东盟作为地区安全维护者和协调者的形象,也会损害东盟国家的经济、政治和安全利益[①]。

东盟对于南海问题的中立态度并不意味着其对于南海问题的忽视。事实上,东盟对于南海问题长期保持着积极态度,一直期望通过促进南海问题的解决来加强自己在东南亚地区的政治影响力,这也是东盟南海政策延续性的另一个维度。东盟一直积极致力于通过制订具有法律效力的行为准则来约束各声索国的行为,从而建立南海争端解决机制。这一努力可以追索到2002年11月东盟成功地说服中国签署《南海各方行为宣言》(DOC),这一宣言是东盟历史上第一个关于南海问题的多边政治文件,在各国围绕南中国海问题之解决所进行的努力中具有里程碑意义[②]。近年来随着南海争端日益加剧,从2006年开始,东盟地区论坛(ARF)重新提出《南海行为准则》的实施问题[③],2011年,东盟与中国达成了《南海各方行为宣言》指导方针[④],2012年7月,第45届东盟外长会议上发布了关于南海问题的"六点原则",并在此基础上提出尽快达成"南海行为准则"草案。[⑤]

(二) 2014年东盟南海问题立场的新变化

虽然东盟在2014年总体上延续了其对于南海问题的长期关注以及对于和平解决争端的强调,但是其变化也是明显的。这主要体现在东盟国家在南海问题上的认识变得趋同,东盟成员国对待南海问题态度的广泛一致性有了显著的提高,并且在此基础上存在形成共识的可能性。

[①] 赵国军:"南海问题'东盟化的发展'——东盟政策演变与中国应对",《国际展望》,2013年第2期,第88页。

[②] 周洋:"略论南海各方行为宣言的困境与应对",《南海问题研究》,2007年第4期,第28页。

[③] 葛红亮、鞠海龙:"中国东盟命运共同体构想下南海问题的前景展望",《东北亚论坛》,2014年第4期,第26页。

[④] "中国与东盟落实南海各方行为宣言指导方针(全文)",中国新闻网,http://www.chinanews.com/gn/2011/08-01/3225262.shtml,查询时间2015年1月7日。

[⑤] "45th ASEAN Foreign Ministers' Meeting kicks off in Cambodia",http://www.asean-china-center.org/english/2012-07/09/c_131704182.htm,查询时间2015年1月5日。

值得注意的是，东盟各成员国以往在对待南海问题的态度上一直存在较大分歧。这主要是由各成员国在南海问题上利益的差异性以及与各成员国与中国双边关系的具体特殊性所决定的。东盟成员中的菲律宾和越南是与中国在南海问题上矛盾最为突出的国家，作为南海海洋主权的声索国，这两国对于南海问题的态度最为激进，对于拉拢东盟以及外部势力下水介入南海问题的态度也最为积极，多次在各种场合施压希望东盟在南海问题上对中国采取更加强硬的态度，与之相对比，马来西亚和文莱虽然也是南海主权声索国，其立场就要温和得多，积极主张以和平与协商的方式解决南海问题[1]。而东盟成员中的新加坡，印尼，泰国，老挝，缅甸，柬埔寨六国不属于南海主权争端国，他们对待南海问题的态度更为中立与平和。这其中印尼，新加坡和泰国对待南海问题更具有建设性，多次在东盟内部协调各成员的立场，力主以和平协商方式解决南海问题，而老挝，缅甸，柬埔寨三国对于南海问题的积极性则更低，随着近年来与中国经济，文化和政治上的合作日渐加强，三国在对待南海问题的态度更为淡然与超脱，甚至在大多数时候不愿卷入南海问题[2]。

东盟各成员国在南海问题上的分歧直接导致东盟在以往的重要会议上很难就南海问题达成共识。比如2012年7月在柬埔寨首都金边举办的第45届东盟外长会议就因为各国在南海问题上未达成一致而没有发表共同声明，这也是东盟外长会议45年来首次在争吵中尴尬收场[3]。而菲律宾外交部甚至因此发表声明指责当年的东盟轮值主席国柬埔寨在这一问题上"充当中国的帮手"[4]。然而2014年东盟却在一些关键问题上，比如在"南海行为准则"问题上逐渐形成了共同立场。自2002年《南海各方行

---

[1] 王霆，杨光海："东盟'大国平衡'外交在南海问题上的运用"，《当代亚太》，2014年第1期，第45页。

[2] 刘中民："冷战后东南亚国家南海政策的发展动向与中国的对策思考"，《南海问题研究》，2008年第2期，第28页。

[3] 蔡鹏鸿："南海问题搅局，东盟申明难产"，《社会观察》，2012年第8期，第60页。

[4] "第45届东盟外长会议在争吵中结束"，人民网，http://www.022net.com/2012/7-14/473765242884744.html，上网时间2015年1月7日。

为宣言》签订之日起东盟便积极呼吁早日达成具有法律效力的"南海行为准则"。然而从《南海各方行为宣言》到2012年7月东盟外长提出的关于南海问题的"六点原则"①再加上印尼提出的"零号草案"②，由于内部成员国之间的分歧，南海争端解决机制的构思距离东盟各成员国的集体共识始终有着不小的差距。随着近年来南海地区争端的激化，东盟对于"南海行为准则"的呼吁变得更为急迫。在2014年5月10日举行的东盟峰会上，东盟各国外长前所未有地在共同声明中正式表达了对南海局势的关切，呼吁各方"保持克制，和平解决争议尽早完成'南海行为准则'的制定"③。从2012年的"争吵"和"声明流产"到2014年的共同表达"深切关注"，这预示着东盟各成员国在通过建立国际规则而形成有效的争端解决机制的问题上达成了基本一致，东盟在南海问题上的共同认识有了显著的提高。与会各方能够在南海问题上做出妥协与协调，这固然不排除某种不公开的交易或者谅解的可能性，但东盟最终能够在声明中达成共识，也进一步提高了自己的公信力与声誉，使得东盟能够以更强力的姿态介入南海问题。这种一致性有可能演变成为东盟各成员国（包括与中国没有直接海洋领土争端的东盟国家）关于南海问题的共识，从而极大增加了东盟成为"南海行为准则"重要推手的可能性，这也使得中国将难以忽视东盟对于"南海行为准则"的呼声。

---

① ASEAN："ASEAN's Six-Point Principles on South China Sea", http://www.southchinasea.com/documents/law/301-aseans-six-point-principles-on-the-south-china-sea.html, 查询时间2015年1月5日。

② YohannaRirhena, "RI Circulates Draft Code of Conduct on South China Sea", *The Jakarta Post*, September 29, 2012, http://www.thejakartapost.com/news/2012/09/29/ri-circulates-draft-code-conduct-south-china-sea.html 查询时间2015年1月5日。

③ 罗国强："东盟及其成员各国关于《南海行为准则》之议案评析"，《世界经济与政治》，2014年第7期，第86页。

二、东盟2014年南海政策变化的原因分析

国际和内部两方面的因素导致了东盟2014年对于南海问题的立场发生变化。国际方面最主要的因素是域外大国的推波助澜使得南海问题国际化趋势日益明显。从2009年至今，南海问题出现了加速国际化的趋势，而美国则是南海问题国际化的主要推手，2014年，美国政府更加高调地介入南海争端，公开发表强硬言论干预南海问题。2014年2月5日，美国亚太事务助理国务卿丹尼尔·拉塞尔在众议院关于东亚海洋争端的听证会上作证时使用了更具指向性、措辞更严厉的词语来批评中国在南海基于九段线的领土要求，认为中国的举动造成了这一地区的不安全和不稳定。拉塞尔表示，为了与美国长期坚持的航行自由计划保持一致，美国继续反对妨碍对海洋合法利用的主权要求。他强调指出："我们已经反复申明航行自由体现在国际法中，而不是大国对其他国家的恩惠"[1]。这番言论表明美国政府高层已经开始在南海问题上对中国采取更加强硬的立场。而2014年7月11日美国国务院高官富克斯针对中国提出了南海争端各方自愿冻结加剧南海紧张局势的挑衅行动的主张，并顺势抛出美国的"南海三不建议"：各方不再夺取岛礁与设立前哨站；不改变南海的地形地貌；不采取针对他国的单边行动[2]。这是美国政府首次就南海问题提出具体建议。除了在官方与非官方场合积极发表有关南海问题的言论，2014年美国政府也通过与东南亚各声索国的军事和战略合作来影响南海问题的走向。比如美国为了加强与菲律宾战略合作，于2014年4月28日与菲律宾签署了旨在扩大美军在菲军事存在的《菲美加强防御合作协

---

[1] 周琪："美国的南海政策缘何趋于强硬"，《当代世界》，2014年第7期，第12页。
[2] Michael Fuchs, "Speech Presented at the Fourth Annual South China Sea Conference", http://www.state.gov/p/eap/rls/rm/2014/07/229129.htm，查询时间2015年1月7日。

议》，根据这一协议，菲律宾或将开放三至五处军事基地供美军使用[①]。美国通过强化美菲军事同盟来进一步支持菲律宾对南海问题的不妥协态度，从而极大削弱了南海问题和平解决的可能性。

美国高调介入南海问题，不遗余力地推动南海问题国际化的背景，是奥巴马政府重返亚洲战略的一个重要组成部分。随着美国全球战略中心转向亚太地区，推动南海问题的国际化，介入并主导东盟地区论坛和东亚峰会等多边制度，强化美国和菲律宾的军事同盟，组建广泛基础的军事存在，有助于加强美国在东南亚地区影响力以维护美国在亚太地区的主导权[②]。总之，美国积极介入南海问题，推动南海问题国际化是由其"重返亚太"的全球战略所决定的。未来一段时期，美国将继续加大对南海地区的介入力度，不断推动南海问题国际化，利用南海问题长期遏制中国的战略意图不会改变。

虽然东盟各内部成员国对南海问题国际化的态度仍然存在分歧，但是来自于美国的压力与诱惑是显而易见的。菲律宾与越南当然欢迎南海问题国际化。而东盟大多数国家以往并不支持南海问题的国际化，比如2012年4月4日柬埔寨首相洪森就强调指出"《南海各方行为宣言》是中国和东盟十国之间签署的，不涉及任何外部力量。因此，任何中国与东盟以外的国家和势力都不能干涉这一议题，中国和东盟对此持有相同的立场"[③]。而且东盟迄今为止的官方文件与官方表态也一直对南海问题持中立立场，然而可以预见到的是随着南海局势的日益紧张，东盟各国对于南海问题国际化的抵制程度会显著降低，这一方面与东盟自身缺乏独立解决南海问题的实力有关，另一方面也与美国以东南亚地区安全和稳定为诱饵介入南海问题的做法有关，因为这极大缓解了东盟国家对于地

[①] "菲律宾或向美开放五军事基地"，《东方早报》，http://www.dfdaily.com/html/51/2014/5/3/1148241.shtml，查询时间2015年1月7日。

[②] 王巧荣："20世纪90年代以来南海争端中的美国因素"，《桂海论丛》，2013年第1期，第54页。

[③] "洪森表示东盟各国和中国都反对将南海问题国际化"，http://news.cntv.cn/world/20120404/114748.shtml，查询时间2015年1月7日。

区形势的担忧。

当然我们也不应该忽视东盟内部的对于自身合法性的考虑以及东盟各国对于东盟在地区政治中的主导地位的考虑,这二者构成了东盟南海政策变化的主要内部动因。首先东盟开始将南海问题与东盟自身合法性联系起来考虑,显而易见东盟在南海问题上的弱势甚至不作为将会极大影响到其存在的必要性,导致东盟作为一个组织机构的合法性被极大削弱,而一个缺乏稳定性和效率的东南亚国际组织对于东南亚每一个国家而言都不是值得期待的事情,这会使得所有东南亚国家,即使是那些与域外大国保持良好关系的国家都面临失去自主性与独立性的危险。这一趋势随着南海争端的日益尖锐化以及与中国有现实以及潜在海洋领土争端的东盟国家在与中国的国家力量对比越发失衡时表现得日益明显。另一方面,东南亚出于自己在地区国际政治中地位与利益的考虑,也会逐渐强化东盟这一平台从而在亚太国际关系的权力变迁过程中争取自己国家利益的最大化。正因为如此,东盟2014年的南海政策乃至亚太政策表现出明显的变化,从以往的极力保持中美之间的平衡或者试图充当中美之间的协调人与沟通者(比如新加坡)以维护本地区和平与稳定转为主动借助中美之间的矛盾来提高身价并且从中获利,这表现在其主动在本地区安全机制中引入美国的因素,公开支持美国的军事存在对于地区安全的重要促进作用,同时在本地区的经济发展中继续借助中国的力量,引导和鼓励中国更多地为本地区的经济发展付出高额的经济成本。

三、2015东盟南海政策的发展趋势及对策建议思考

2015年东盟会继续采取在经济上利用中国,在安全上借助美国,在地区政治事务中利用中美矛盾争取更多发言权的做法,对此我们要有足够的关注和清醒的认识,不宜为了争取东盟在南海问题上的中立而采取不计成本的大规模经济计划,因为这极有可能既无法实现和维护我们在南中国海的根本利益,又会让我国蒙受巨大的经济损失。

（一）发展趋势

2015年东盟的南海政策以及南海问题在与东盟相关的方面有以下两种可能趋势：一是东盟对于"南海行为准则"的诉求更加迫切。尽管东盟内部成员国对于南海问题的立场仍存在分歧与区别，但东盟就早日签署"南海行为准则"已经基本达成共识，并且在2014年的官方报告与申明中表达了对早日达成"南海行为准则"的迫切期望。由此可见，通过制定有拘束力的国际法律文件来解决南海争端是中国将来不得不面对的问题[①]。"南海行为准则"是东盟在南海问题上能够有所作为的为数不多的选择，因此可以预见的是2015年东盟会在各种会议上公开发声以更高的频率和更强的力度来推进这一准则的进一步落实。二是南海问题多边化的趋势进一步加强，导致问题的复杂性增加。随着东盟在南海问题上立场的转变尤其是共同立场开始初具雏形，中国在南海问题上的传统外交政策将受到极大挑战。中国历来主张由争端国通过国家间双边谈判解决南海问题，而当东盟把东南亚国家组合成一个整体来介入南海问题时，南中国海问题将变成中国，东盟和东南亚国家之间的多边会谈。在2014年5月和11月分别举办的东盟峰会中，南海问题虽然未能成为会议议题，但是东盟各国对南海问题的一致看法屡次出现在会议公报与主席报告中，即推动"南海行为准则"的早日达成。面对来自成员国的利益需求以及域外大国的压力和诱惑，东盟在未来势必推进南海问题的介入。南海问题东盟化多边化将使得南海问题变得更加复杂化。

（二）对策建议思考

东盟将于2015年建立东盟共同体，并在2014年11月举办的东盟第25届峰会的主席声明中给出了具体时间点，"我们期待在2015年12月31

[①] 罗国强："东盟及其成员各国关于《南海行为准则》之议案评析"，《世界经济与政治》，2014年第7期，第86页。

日欢庆东盟共同体的建立","东盟将进入后2015时期"[①]。面对一个更加团结的东盟，中国的南海政策必须做出相应调整以应对南海问题未来的趋势与变化。

事实上，中国外交已经针对南海问题多边化、东盟化趋势有了一些变化。从20世纪90年代与东盟展开对话之际，对于东盟推动南海问题的对话，中国给予了积极回应，说明中国已经慢慢接受南海问题的东盟化多边化趋势，在南海问题上采取追求主权，战略和经济利益平衡的策略[②]。具体做法上，中国可在多边框架内求同存异，寻找合作伙伴，在南海问题的多边会谈中争取主动权。充分利用东盟维护地区和平与稳定的立场，让东盟在南海争端中发挥积极作用，维持南海地区稳定，减少成员国制造的麻烦，同时团结对南海问题持中立与和平立场的东盟成员国，重点发展与中立国、非声索国双边关系，借以影响东盟在南海问题主张。最后，将南海问题纳入东盟体系，为中国提供了另外一条与南海问题激进国菲律宾和越南沟通的渠道，中国应妥善利用这一渠道，做好沟通与协调，借以减少菲律宾与越南通过美国等域外大国协调南海问题的倾向，有效阻止南海问题国际化的发展，为南海问题的妥善解决塑造一个稳定的主动的外交环境。

[①] ASEAN："Chairman Statement of the 25th ASEAN Summit"，http://www.asean.org/news/asean-statement-communiques/item/chairman-s-statement-of-the-25th-asean-summit，查询时间，2015年1月5日。

[②] 张洁，朱滨："中国东盟关系中的南海因素"，当代世界，2013年第8期，第56页。

2014年东盟各国军事新动向研究

徐亮

[内容提要] 近年来,受到美国重返东南亚、南中国海问题的持续升温等一系列因素的影响,东盟地区不管是经济实力较强的新加坡、印尼,还是经济发展落后的柬埔寨、老挝、缅甸,都在不同程度购买武器,扩充军备,加强军队建设。之所以如此,主要与其经济发展状况、国防现代化建设需要、国内面临的主要安全挑战等几项内部因素有着十分密切的关系。从东盟国家经济将继续保持稳定增长的发展趋势看,未来相当长一段时期内,东盟国家军费开支的绝对数值仍将会不断扩大。

[关键词] 2014年　东盟国家　军事新动向　剖析

[作者简介] 徐亮,中国南海研究协同创新中心研究员。

近些年来,受到美国重返东南亚、南中国海问题的持续升温等一系列因素的影响,东盟大部分国家大幅度提高国防预算,东南亚地区成为军费开支增长较快的地区之一。2013年以来,周边多国军费开支继续保持增长势头,军备竞赛有所加剧。据分析,东盟大多数国家军费开支的增长态势将更加迅速。越南2013年军费较之2012年开支增长了30%,达37.8亿美元。据《简氏防务周刊》报道,到2015年新加坡用来采购军备的费用同2010年相比,将增加近六成达40亿美元[①]。印尼和菲律宾已经提出大幅增加2013年国防开支,以保证其周边岛屿和专属经济区的安全,印尼2013年国防部预算金额为81亿美元,与2012年相比增加18%。

---

① 《新加坡2015年采购军备的费用将达40亿美元》,http://asean.zwbk.org/news/7832.html。

菲律宾2013年国防部预算为29亿美元，与2012年相比增加12.5%[①]。

一、东盟各国军队建设最新情况

东盟国家的军费开支很大一部分是用来从国外引进一系列高技术武器装备，这些装备在性能上大都属于进攻型。这主要表现在东盟国家所采购的武器装备当中大多是军舰、巡逻艇、潜艇、反舰导弹等大型海军装备，陆军方面主要购买坦克、地面雷达系统、导弹、大口径火炮等重型进攻类武器。

（一）越南

1. 大力推进潜艇部队建设，提升水下打击能力

越南从2010年开始疯狂军购，与俄罗斯签订24亿美元的军备采购合同，包括6艘"基洛"级636型柴电动力潜艇以及12架苏霍伊30MK2战斗机，这批武器的采购，使越南在南中国海的武力投射能力上出现质的飞跃。2011年8月，越南从西班牙购买的第一架大型巡逻机正式列装越南空军。同年11月，与荷兰达曼集团谢尔德海军船厂商谈采购4艘"西格玛"级轻护舰。在维护其已侵占岛礁的旗帜下，越南大量扩充海空军事力量。目前，越南拥有海军4.2万人，其中海军陆战队2.7万人。有朝鲜制小型潜艇2艘，护卫舰6艘，轻型护卫舰5艘，导弹、鱼雷快艇和巡逻舰39艘，扫雷艇14艘，登陆舰6艘，小型登陆舰23艘。越南计划将6艘"基洛"级潜艇组成潜艇编队。该潜艇是目前世界最先进的常规动力潜艇之一，如能顺利于2012-2016年之间进入越南海军现役，将使其水下打击能力有质的飞跃。

[①] 于红，《印度尼西亚和菲律宾计划大幅增加2013年国防预算》http://www.dsti.net/Information/News/76898。

2. 加强对外军事合作

越南特别希望成为东南亚地区新兴大国，俄罗斯也希望借助越南保证自己在亚太地区的利益，为此双方不断深化军事技术领域的合作。越南优先发展与俄罗期军事技术合作，俄罗期也特别希望能够达成金兰湾海军物资技术保障站的重要协议。俄海军2002年离开金兰湾，当时国家外交方针不够明确，优先方向不在越南，没必要保留金兰湾海军基地，同时还在持续削减在海外其他地区的军事政治潜力。10年过后情况发生了变化，俄罗斯提出了保证在全球战略利益地区有效存在的任务。另外一个刺激俄在亚洲地区哪怕恢复部分海军实力的因素是叙利亚问题，俄海军驻塔尔图斯港的物资技术保障站是目前俄在前苏联地区以外唯一的军事基地，一旦俄军被迫离开塔尔图斯，将会遭到重大损失。但是如果俄海军能够在越南金兰湾重建物资技术保障站，可能会在一定程度上弥补俄军撤离叙利亚的损失。苏联海军舰艇使用金兰湾的协议是在中越武装冲突爆发两个月后的1979年5月2日签订的，期限25年。苏联解体后，俄罗斯继续使用，之后在2002年撤离金兰湾。

目前，俄已成为越南最大武器供应国，两国进一步合作的前景较为乐观。根据俄罗斯世界武器贸易分析中心的评估，2008-2011年俄在越武器市场上的份额高达92.5%，预计在2012-2015年将增加到97.6%。从现有订单来看，在2012-2015年间，越南将超过阿尔及利亚成为俄武器第四大进口国，仅次于印度、委内瑞拉和中国。

根据越南国防部的计划，越军将从2015年起全面淘汰从上世纪60年代使用至今的苏制AK-47步枪，改用以色列军事工业公司（IMI）开发的"加利尔"系列ACE-31和ACE-32步枪，这意味着，越南照搬自苏联和俄罗斯的装备体系开始出现"西化"倾向。

根据越共制定的《至2020年越南海洋战略》，越南选择了两个战略对象。基本作战目标是将美国作为其全球范围的潜在敌人，坚决抵制以美国为首的西方"和平演变"手段，以保卫领土主权完整和社会主义制度为基本战略目标。长期战略对象是以"对越南构成威胁的周边国家"为地区主要作战对象,将应付海上突发事件和局部战争作为作战重点,重点加强中部地区和越占岛屿的兵力部署。

(二)菲律宾

1. 加大海空军军购

据英国《简氏防务周刊》2013年11月6日报道,菲律宾空军近日向意大利阿古斯塔·韦斯特兰公司订购了8架AW109双发直升机,总价值约8,000万美元,交付工作将于2014年年底结束。7月公布的采购标书显示,菲律宾空军要求直升机具有夜间飞行功能,配备机枪、火箭弹等全套武器装备和综合后勤保障系统。不仅如此,菲方还要求直升机在日间和夜间都能进行近距空中支援,并能在恶劣天气条件下正常飞行。菲律宾空军此次采购是其推进军事现代化计划的举措之一。除此之外,菲律宾还向韩国购买了FA-50战斗机,采购了一架远程巡逻机、两架双引擎中型运输机以及20多架翻新的UH-1H直升机[①]。

近年"南海"议题升级后,菲律宾四处出击,购买武器。2012年5月,菲律宾从美国购买了第一艘退役的"汉密尔顿"级巡逻舰之后,2013年5月6日,第二艘"汉密尔顿"级巡逻舰抵达菲北部港口苏比克港,菲分别命名为"德尔皮拉尔"号和"拉蒙·阿尔卡拉斯"号[②]。

据英国《简氏防务周刊》2013年5月26日报道,菲律宾国防部发出价值25亿比索(约5,700万美元)的两栖突击车订单招标后,韩国三星Techwin公司参与竞标,最终提出的要价为24.2亿比索,比菲律宾原本给出预算低7,650万比索。韩国很有可能提供的是已装备韩海军陆战队的AAV7A1两栖突击车。该车拥有一个标准单人、50毫米口径K6式机枪炮塔和一部40毫米K4全自动榴弹发射器。若三星Techwin公司成功中标,

---

[①]《菲律宾空军购8架AW109双发直升机配机枪火箭弹》,全球军事网:http://www.militaryy.cn/html/02/n-94502.html。

[②]《菲律宾购第二艘"汉密尔顿"到货拆除部分武器》,全球军事网:http://www.militaryy.cn/html/72/n-92772.html,时间:2013年8月08日19:22。

该公司将要在中标通知书公布之日起910天内将车辆交付菲律宾。

《日本经济新闻》2014年4月10日报道称,菲律宾政府于3月签署了以189亿比索(约合人民币26亿元)购买12架韩国产战机"FA-50"的合同。其中2架飞机在2015年就能交付。菲律宾国防部长加斯明表示,"将迅速提升装备性能"。据了解,菲律宾军队目前尚不拥有作战飞机,在地区各国中军事实力相对较弱。菲律宾此前曾经有美军驻扎,但随着冷战的结束,美军在1992年之前已经撤走。由于政治混乱和经济停滞等原因,菲律宾迄今为止一直无法确保足够的军费,但采取对策抗衡中国的措施正在加强。

据中国国防科技信息网报道,菲律宾海军在5月1日发布的新闻稿中称,印度国有造船厂加登里奇造船工程公司与STX法国公司将参与海军新舰艇的竞标。该护卫舰项目合同总价为180亿菲律宾比索(约合25.3亿人民币)。这些舰艇可能在菲律宾总统阿基诺三世2016年卸任前服役[①]。韩国海军目前计划在年底退役一艘"浦项"级护卫舰,该舰将免费赠送给菲律宾海军。

"浦项"级护卫舰由韩国造船厂、现代重工、大宇造船厂和韩国托可玛造船厂建造,根据舰载武器系统的不同,该舰可用于反水面舰艇战斗和反潜战。"浦项"级护卫舰由2台MTU柴油引擎和1台LM2500燃气涡轮引擎组成的柴燃混合动力推进系统推进,该舰全长88.3米,排水量1,200吨,6,260轴马力,其最大巡航速度为32节,续航能力为4,000海里(15节)[②]。该型护卫舰主要用于沿海巡逻、反潜、反舰和防空作战行动。菲律宾外交部官员称,这一举措是韩菲两国防务合作发展的又一信号。此前韩国还向菲律宾赠送了一艘通用登陆艇和16艘橡皮艇。

2. 确立陆军转型计划

目前菲律宾陆军正在经历一段转型期,这也是菲总统阿基诺提出的

---

① 全球军事网:http://military.china.com/news2/569/20140508/18492033.html。
② 全球军事网:http://military.china.com/news2/569/20140611/18555020.html。

重建国家武装部队并提升其现代化战略的一部分。菲陆军司令科巴雷斯称，菲陆军已设定"陆军转型路线图"（ATR），而且该路线图的最终目标是在2028年之前建立一支世界级陆军。科巴雷斯称，2013年菲律宾陆军将对各部门进行重组，人们将会看到更加合理化的部门分配。菲律宾在2013年3月1日也对其海军棉兰老岛东部与西部司令部的地区管辖权进行调整，包括让菲第六步兵师划归后者指挥。这样一来，菲律宾武装部队第六步兵师不仅可以为当地的穆斯林自治地区提供安全保障，而且能够在西部司令部的指挥下打击恐怖组织。不仅如此，东部司令部也可以集中精力对付棉兰老岛东部的反政府武装。

3. 积极拉拢域外大国

2013年，菲律宾先后与美国在南海或南海周边举行了"肩并肩2013"和"克拉克2013"等联合军演，并在我黄岩岛附近海域举行了"两栖登陆"演习。通过联合搜救、海上拦截、岛礁登陆等科目演练，重点磨合了菲美两军间的协同作战能力。

2014年5月5日，在美国总统奥巴马结束对菲律宾的访问后，美菲两国进行年度大规模联合军事演练。此次两国联合军事演习进行2周，5,500名美国和菲律宾士兵参加。此次两国联合军事演习将会进一步锻炼菲律宾军队在危机应对中的能力，也将提高部队反恐行动的效率以及与美军合作的协调[①]。借助各类联合军演，美军既强化了在南海地区内的军事存在，又提振了菲律宾的底气，使我周边安全形势更加复杂，面临的挑战增多。

据路透社消息，菲律宾国防部副部长、美菲强化防务合作协议菲方谈判组负责人巴迪诺称，菲律宾将向美国开放本国最多五个军事基地，以供美方飞机、船舰及军队进行换防。美菲签署了新的强化防务合作协议，期限为10年。"眼下正在谈判开放3至5个菲律宾武装部队的基地，"巴迪诺在新闻发布会上说。"这些事宜尚未敲定。"巴迪诺还称，位于马尼

---

① 全球军事网:http://military.china.com/news2/569/20140505/18483330.html。

拉北部的军方丛林训练基地对美国而言是"理想的位置",因为美菲定期在该地区举行联合演练。熟悉谈判的军方消息人士称,美国还要求菲律宾再开放三个曾经属于美国的基地以及位于马尼拉的菲律宾军方总部[1]。

(三)新加坡

1. 加快军队向网络化的第三代军队转变

随着新加坡政府继续将新加坡武装部队(SAF)向网络化的第三代军队转变,新加坡国防采购政策未来将包括三个主要途径:系统升级、扩宽网络和提高性能。新加坡国防部长黄永宏称,首先,将升级重要的已有平台。一个基本的例子就是F-16战斗机,将用有源电子扫描阵列雷达和更先进的致命性空对地武器来对其进行升级。此外,还有新加坡武装部队(SAF)的"攻击鹰"多用途战斗机F-15SG,这些战斗机将提高新加坡的防空能力。其次,将扩大网络使每个平台将有多重联系:传感器到枪炮,传感器到传感器,枪炮到枪炮。这将增加范围和选择并最终增强实现任务的效力。新加坡还正在为武器增加新的更好的性能,比如正在采购空中客车A330多功能空中加油机。A330多功能空中加油机更大的燃油容量将通过空中加油来延长战斗机的续航,而且它能够用作用于海外人道主义和赈灾的操作和维持和平支援行动的货物和部队升降飞机。新加坡海军2013年采购蒂森克虏伯船舶系统218SG型潜艇,以及为新加坡陆军购买额外的机械化和摩托化平台,并将这些陆基资产与包括无人机在内的C4ISR系统连接。

新加坡期望未来通过采购F-35联合攻击战斗机来完成下一代战斗机需求。据称,新加坡正在评估该机,以期在未来几年有可能购买。新加坡武装部队(SAF)也在寻求性能更强大的坦克登陆舰、步兵战车和诸如单兵微型无人机的新无人系统等[2]。

---

[1] 全球军事网:http://military.china.com/news2/569/20140504/18480982.html。
[2] 《新加坡国防采购计划公布含新型潜艇与坦克登陆舰》,2014年05月05日14:27,中国新闻网。

据新加坡《联合早报》2013年7月1日报道，新加坡国防部长黄永宏透露，新加坡武装部队为提升对抗网络袭击的能力，成立了网络防卫行动中心，以更全面并系统地防御日益严峻的网络袭击威胁。网络袭击的威胁确实存在，也是新加坡武装部队必须正视的问题。事实上全球各地都在穷于应付，许多大国在这个问题上正在投入大量资源。黄永宏认为，下一波的战场，网络将扮演很重要的角色，新家坡有必要强化这方面的防卫能力，因此武装部队成立了网络防卫行动中心来防御和对抗网络袭击。

新成立的网络防卫行动中心将从新加坡国防部、武装部队和国防科技机构现有的人员当中调用这方面的专门人才，执行探测、识别、控制和消除网络威胁的日常工作。该中心将全天候运作，除了检测和应对网络威胁，必要时它也能快速修复新家坡的军事网络。网络防卫行动中心将与新加坡资讯通信科技安全局合作，以获取最新的资讯安全科技和了解网络威胁。网络防卫行动中心是一个三军的架构，据了解它将直接向新加坡的三军总长报告[1]。

2. 加强潜艇部队建设

2013年11月底，新加坡宣布它已签订合同，从德国蒂森-克虏伯海洋系统公司购买两艘新的218SG型潜艇。销售合同条款包括在德国进行维修和船员培训等。新加坡的潜艇将配备不依赖空气推进系统，预计在2020年交付[2]。

3. 继续加强海外训练

据台湾《联合报》报道，新加坡陆军的一批AV-81八轮装甲车，2014年2月17日深夜在台湾高雄港新滨码头卸下船，18日凌晨陆续由拖车载运北上，供赴台演训的新加坡部队使用。AV-81装甲车长约7米、宽度及高度各2米多、重10多吨，装卸人员战战兢兢，顺利吊卸10多辆装甲

---

[1] 《新加坡军队将建立网络防卫中心抵御黑客袭击》，2013-07-01 11:59:14，谭利娅，环球网。
[2] 《东南亚国家纷纷扩充军备南海风起云涌局势堪忧》，2014年1月07日 09:31，全球军事网：www.militaryy.cn。

车。新加坡科技动力公司与爱尔兰泰摩尼科技投资公司合作研发的AV-81装甲车，模块化的设备十分亮眼，是新加坡陆军的标准配备。新加坡部队长期赴台演训，这种八轮的装甲车能适应台湾山区等崎岖地型，实用性高[①]。

（四）马来西亚

1. 新建一支海军陆战队

马来西亚国防部长希沙姆丁侯赛因在2013年10月10日发表的一份声明中说，马来西亚将成立一支海军陆战队，并在靠近中国声称拥有主权的海域附近建立一个海军基地。据英国《简氏防务周刊》网站2013年10月16日报道，这份声明说，马来西亚皇家海军基地将建立在南海沿岸的民都鲁，以保护周围地区和石油储备。这位部长没有声明的是该基地非常靠近约100公里外的曾母暗沙，中国人民解放军于3月26日曾在曾母暗沙举行演习。希沙姆丁在描述这支海军陆战队时只是说，它将执行两栖作战任务，从三个军种中选拔人员，并对马来西亚东部的沙巴州的安全发挥重要作用。苏禄武装分子2月份曾入侵此地，但随后被驱逐。马来西亚国防部尚未决定这支海军陆战队是归陆军还是海军管理。初步计划规定这是一支独立的部队，归马来西亚联合部队指挥部领导，直到作战经验确定该由哪个军种管理更合适[②]。

2. 重视提高反恐能力

2014年一开局，东盟重要国家马来西亚就屡走"背字"，客机离奇失踪和游客遭遇绑架等事件使马来西亚军警的应急处置能力备受质疑，国际形象严重受损。为了加强安全保障能力，马来西亚国防部近期紧急招标采购70辆新型轮式装甲车。据悉，这批装甲车将部署在东马沙巴地区，加强当地反恐能力。泰国的CMR公司主要从事履带橡胶板制造和军

[①] 2014年02月20日 14:48:58，来源：中国新闻网。
[②] 简氏：《马来西亚将在曾母暗沙附近建海军基地》2013年10月18日13:11，全球军事网:http://www.militaryy.cn/html/14/n-94014.html。

用车辆改装升级业务,"冠军"是该公司研制的第一款4×4装甲车。据称,研制该型车时设定的任务环境是在泰国南部地区执行反暴乱、反恐等低烈度任务,特别强调车辆的高机动性和复杂路况(泥泞、沙地、碎石等)适应能力。为此,该型车采用了全时四轮驱动、动力辅助操作和气动刹车等技术。另外,为了尽可能减轻车辆自重,该车也大量使用复合材料。"冠军"采用V型抗地雷底板设计,车体用全焊接钢板制造,可有效抵御小口径武器与简易爆炸装置的袭击。也可根据客户的要求,为车体提供北约STANAG4569标准第一级到第三级的防护能力。动力系统采用美国康明斯公司生产的柴油机,最大功率197-215马力,搭配一套"阿里逊"自动变速箱,最高公路时速约100千米/小时。武器系统方面,"冠军"车顶可装设一挺7.62毫米或12.7毫米机枪,并能视需要搭配一座轻型遥控武器站。不过,设计时确定的武器载荷仅1吨,该型车的弹药装载能力较弱。车内除了驾驶员,最多可搭载10名武装人员。车体两侧和车尾都设有观察口和射击口,可从车内对外射击。

2010年,"冠军"装甲车的样车问世后就交给泰国陆军测试。泰国陆军对"冠军"装甲车的性能表示满意,首批订购21辆,今年年初又追加订单,使总采购量超过50辆。另外,泰国特别调查部等司法部门也订购了18辆。如今,"冠军"又获得马来西亚的订单,使其成为泰国发展国防工业的成功典范[①]。

(五)泰国

1. 海军向本国船厂采购巡逻艇

《简氏防务周刊》2013年1月23日报道,泰国皇家海军(RTN)巡逻艇的"新兴"供给商,泰海军玛希隆造船厂(Marsun)最终与泰国皇家海军签订了合同,造船厂于合同签署之日起700日内向泰国皇家海军交付数艘M58大型巡逻艇。这是自2013年底以来,泰国皇家海军首次预订

---

① 《马来西亚欲采购泰国"冠军"装甲车》2014-05-29 16:13:40,来源:新民晚报。

M58巡逻艇。该巡逻艇长58米，宽9.8米，总排水量520吨，由3部卡特彼勒3516C型柴油发动机驱动，最高时速超过24节，但其航程仅为2,500海里。其武器准备配有Oto Melara 76/62毫米快速中距舰炮、MSI 30毫米火炮，以及2挺0.50重型机枪，该机枪火力由Thales Mirador光电系统进行控制。据悉，除M58大型巡逻艇外，Marsun造船厂准备于2月中旬进行M36型巡逻艇下水，该巡逻艇由Marsun造船厂生产的联络船改进而成，3月中旬进行交付。Marsun造船厂的一名主管向《简氏》透露，2013年，Marsun造船厂已向泰国皇家海军海岸警卫队交付3艘M21小型巡逻艇，并期望泰国皇家海军能够在2月份再订购另外6艘[①]。

2．主办多国军事演习

由泰、美两国主办的2014年度"金色眼镜蛇"多国军事演习11日正式拉开帷幕。根据中国国防部外事办的消息，应主办方的邀请，中国军队将首次派出17人分队赴泰国彭世洛府参演。

"金色眼镜蛇"演习是泰美联合主办的年度机制性多边联合军演，是亚太地区规模最大的年度军事演习，演习从自1982年以来每年举行一次，今年的演习预计将持续到2月23日。中国从2002年起开始派遣观察员参与"金色眼镜蛇"军演，本次是中国首次派出人员参加科目演练。中方参演分队以广州军区为主抽组，参加演习的人道主义救援行动演练部分，主要参演科目包括指挥协调中心工作和室内推演、工程援助演练、医疗救援和军事医学研讨交流活动。

美军参演士兵达9,000人，是泰国参演士兵数量4,000人的两倍多，此外参演国家还包括新加坡80人、日本120人、韩国300人、印尼160人以及马来西亚120人。同时包括缅甸、越南、老挝、南非、新西兰、乌克兰、俄罗斯、巴基斯坦、英国等国将派观察员出席本次军演[②]。

---

① 《泰国海军向本国船厂订购数艘巡逻艇配76毫米炮》，2014年1月28日11:51，全球军事网：http://www.militaryy.cn/html/59/n-99259.html。

② 《"金色眼镜蛇"多国军演在泰国拉开帷幕》，2014年2月12日14:55，全球军事网：http://www.militaryy.cn/html/65/n-100165.html。

2013年4月泰国皇家海军已经选择了一家韩国海军舰艇制造商来打造一艘新的护卫舰，总花费达130亿泰铢（约合人民币29亿元）。项目选拔小组主任说，"大宇"造船和海洋工程公司被选中，主要是因为它提出了符合海军要求规范的护卫舰。同时，他还表示，海军要求该公司生产一套战斗管理系统（CMS），这个系统可以与纳莱颂恩号护卫舰和塔克辛号上安装的其他系统相互联接。这艘护卫舰将是泰国第一艘由韩国建造的海军舰艇，它将会在两年内投入使用。它的排水量将在3,000至4,000吨之间[①]。泰国内阁此前已经批准皇家海军采购两艘护卫舰的300亿泰铢预算。这两艘的护卫舰将按先后顺序一一建造。

3. 陆军采购民用转军用直升机

据英国《简氏防务周刊》2014年5月14日报道，空客公司密西西比州哥伦布制造厂的官员于当地时间5月14日表示，该公司已为泰国皇家陆军制造出第一架UH-72A轻型通用直升机。

据报道，该公司发言人称，这架飞机将于12月交付美国陆军，再由其转交给泰国皇家陆军。2013年，泰方通过对外军购程序，向空客公司订购了共计6架UH-72A，其余5架将在2015年投入制造。该合同价值7,700万美元，是将EC145民用直升机改装为此型号的第一笔国际交易。

泰国在不断对其旋翼机队进行重组。2011年2月，泰国从俄罗斯米尔公司购买3架Mi-17V-5多用途直升机及其他3架直升机；2012年10月，向阿古斯塔·韦斯特兰公司订购了2架AW139直升机；2010年3月，泰国政府批准购买3架UH-60M直升机；2011年10月，泰国内阁再次批准采购2架"黑鹰"直升机[②]。

（六）印尼

印尼内阁于2012年5月18日宣布2013年国防部预算金额为81亿美

---

① 泰国《曼谷邮报》2013年4月21日报道。
② 《泰军向空客采购民用转军用直升机首架完成制造》，2014年05月17日22:04，环球时报。

元，与2012年相比增加18%。但是由于面临提高社会福利和基础设施的压力，因此国防预算在GDP中所占的比例仍旧较低，印尼国防预算占本国GDP的比例分别为0.8%[①]。

1. 着力加强潜艇部队建设

早在上世纪60年代，印度尼西亚成为首个获得水下作战能力的东南亚国家，当时它接收了一批苏联建造的W级潜艇。后来在1978年，印尼又购买了两艘西德的柴电潜艇。2012年，印尼国防部宣布，它计划到2020年将其潜艇编队扩大到12艘。因为要覆盖战略咽喉要道或者进入群岛的海上入境通道，最少需要12艘潜艇。目前韩国大宇造船及航运工程公司正与印尼帕尔军工公司合作，在韩国为印尼建造3艘U-209型潜艇。这些U-209型潜艇预计将在2015年至2016年间交付[②]。

据台湾"中央社"4月12日报道，印尼海军指出，位于中苏拉威西省帕卢的潜艇基地正对帕卢湾，占地13公顷，目前仅有两公顷基地设施已完工。帕卢湾宽10公里、海岸线长达68公里、湾内水深400米，加上具有抵抗湍急海潮的天然屏障，才会被印尼军方选为潜艇基地所在。

印尼海军参谋长马尔斯蒂约表示，这个基地位置相当理想，且具有战略意义。他说，帕卢湾的海水够深，即使美国的航空母舰也能轻松巡弋。马尔斯蒂约指出，印尼三艘采购自韩国的潜艇未来将驻扎在这个新基地中，目前服役中的两艘德制潜艇已停靠在帕卢湾港区，这里的海水够深，很适合潜艇驻扎。媒体报道显示，印尼的新潜艇将部署到这个近期建成的帕卢海军基地，它们将能够在印尼东部群岛周围的深水区活动[③]。

[①] 《印度尼西亚和菲律宾计划大幅增加2013年国防预算》，全球军事网：http://www.militaryy.cn/html/83/n-80883.html，2012年7月26日。

[②] 《东南亚国家纷纷扩充军备南海风起云涌局势堪忧》，全球军事网：www.militaryy.cn。

[③] 《印尼新潜艇基地年底启用刚完成两公顷面积建设》，2013年4月17日 11:30，全球军事网：http://www.militaryy.cn/html/78/n-88778.html。

2. 自行建造导弹艇

作为世界最大群岛国家，印度尼西亚一直希望能有一支与其领海面积相匹配的海军。然而事实是，印尼海军长期依靠英国、荷兰等国的二手舰艇"撑门面"。进入21世纪后，印尼先是向荷兰订购"蒂博尼哥罗"级轻型护卫舰，又向韩国订购"望加锡"级船坞登陆舰；同时还着手自行建造小型舰艇，其中最有特色的当属KCR-40型导弹艇。

印度尼西亚由13,700多个大小岛屿组成，全国东西跨度5,000余千米，南北跨度1,800余千米，海岸线长达35,000千米。印尼海军的各个舰队经常需要"各自为战"地执行任务。在这种情况下，导弹艇被认为是执行岛屿防御任务的利器，同时也是比较容易建造的小型舰艇。

在整个20世纪，印尼海军只有4艘PSK MK5型导弹艇，该型导弹艇由韩国于1979年至1980年建造，全长50.2米，宽7.3米，满载排水量270吨，采用1台LM2500燃气轮机和2台MTU12V331 TC81柴油机组成的柴燃联合动力，双轴推进，最大航速41节，航速17节时的续航力为2,000海里，武器装备包括博福斯MK1型57毫米口径舰炮和博福斯40/70型40毫米口径速射炮各一门，MM38"飞鱼"反舰导弹4枚。这些性能指标放到现在也不算落后，但30多年的"艇龄"却有点太长了。

印尼国产导弹艇的消息最早出现于2005年，从外界得到的照片和文字资料来看，那是一艘改进型FPB-57型导弹艇，FPB-57是联邦德国于上世纪70年代研制的一种外贸用大型导弹巡逻艇。2010年至2011年，"完全由印尼自行设计建造的"KCR-40型隐身导弹艇终于现身。2011年2月，KCR-40型的首艇在印尼廖内群岛省巴淡岛某港口下水，其简洁的外形让人有"眼前一亮"的感觉。

据公开资料显示，KCR-40型导弹艇全长44米，宽7.6米，与PSK MK5型的相关数据进行对比，可以估算出KCR-40的满载排水量很可能在200吨左右，不超过250吨。目前尚不知道KCR-40的发动机型号和推进装置的情况，但公开的参数是最大航速30节。KCR-40型导弹艇的舰炮武器包括1门30毫米口径机关炮和2门20毫米口径机关炮，这些小炮都需要人力操作，比目前各国海军采用的自动舰炮"简约"得多，带来的好处是安装方便，不必考虑在甲板下布置供弹装置和火控系统。

至于水面作战的主力武器的反舰导弹则是从中国进口的4枚C-705反舰导弹。与印尼海军使用多年的"飞鱼"导弹相比，C-705尺寸更小，但加装二级助推段的C-705导弹的最大射程远达170千米；战斗部装药130千克，威力足以击沉周边各国的大多数战舰。

与FPB-57一样，KCR-40型导弹艇的反舰导弹也横向布置在后甲板上，得益于C-705的小巧尺寸，发射箱也变得非常简洁。在导弹发射箱后方还有一艘充气艇，很可能是用于执行多样化任务（登船检查、驱逐海盗等）的硬壳充气艇。KCR-40型导弹艇的雷达系统也十分简洁，只有导航雷达、对海/对空搜索雷达和反舰导弹火控雷达。

与隐身战机相比，隐身导弹艇的"技术门槛"要低很多，也是当今世界分布最广、拥有国家最多的"隐身兵器"，因而多个亚洲国家和地区都在隐身导弹艇方面下了功夫，并且也取得了一些成果。

印尼海军对导弹艇的隐身效果和火力都有不低要求，却没有足够经费和技术能力购买和建造特殊船型舰艇，因此KCR-40的艇体只能做到"比较先进"，即上层建筑追求隐身设计，但艇体流线造型和艇内动力系统因受制于预算，只能"因陋就简"。当然，印尼获取技术的渠道比较广阔，只是经费不太宽裕。印尼本国的军工生产处于起步阶段，南海的复杂局势却又让印尼自认为不能"慢慢来"，于是印尼海军就把首要目标放在短时间内获得"自行建造导弹艇"的能力。为了达到这一目的，印尼海军不惜采用常规艇型和简化舰载设备[①]。

3．采购先进战机

2011年印尼政府与韩国航空宇宙产业公司签署了16架T-50系列超音速飞机，价值达4亿美元（约合人民币24.2亿元）的合同。从2013年9月

[①] 《印尼自建简约舰艇KCR-40型导弹艇》，2014年2月21日16:56，全球军事网：http://www.militaryy.cn/html/58/n-101358.html。

起到2014年1月，该公司共有8次利用"飞行摆渡"的方式将飞机出口至印尼雅加达哈利姆空军基地。这是韩国国产飞机首次通过飞行摆渡方式出口海外。此后，该公司将提供后续服务，保障印尼顺利使用T-50i[①]。

据新加坡《联合早报》26日报道，印度尼西亚军队将向美国购买八架新型阿帕奇AH-64作战直升机。这些直升机将从2015年开始至2017年分批交付。这种由美国波音公司制造的最新式阿帕奇（Apache）直升机迄今只有美国和新加坡使用。这八架飞机加上武器，以及训练驾驶员和地面机组人员的费用，总值达6亿美元。据悉，阿帕奇AH64的主要武器是AGM-114型地狱火导弹（Hellfire）[②]。

据中国国防科技信息网报道，乌克兰国有国防工业控股集团乌克兰国防工业公司3月13日表示，已经与印度尼西亚签署了一份合同，将向印尼海军陆战队提供两栖BTR-4 8×8轮式装甲人员输送车。合同包括印尼购买5辆BTR-4装甲人员输送车，在初始交付阶段成功完成后，额外的合同选项可将订购数量扩大到50辆，合同价值将达到5000万美元。

BTR-4装甲车由乌克兰哈尔科夫莫洛佐夫机械制造厂开发生产，该合同代表了乌克兰近20年来首次向印尼军事出口。订购的车辆预计在2014年底交付印尼，将补充并最终替换印尼海军陆战队20世纪90年代从乌克兰采购的翻新的BTR-50履带式装甲人员输送车。印尼海军陆战队还从俄罗斯购买了BMP-3F两栖步兵战车，2010年已经接收并部署了第一批17辆，今年1月份印尼接收了37辆。BMP-3F战车将取代印尼海军陆战队的俄制PT-76轻型两栖车辆。另外，俄罗斯和印尼正在讨论在印度尼西亚建立一个联合服务中心，为印尼部队装备的BMP-3F步兵战车提供维护、修理和大修服务[③]。

---

① 《印尼购16架韩国造T-50i军机服役价值达4亿美元》，2014年2月16日 21:15，全球军事网：http://www.militaryy.cn/html/05/n-100605.html。

② 《印尼将购美8架AH-64阿帕奇直升机分批交付使用》，2014年1月28日 11:51，全球军事网：http://www.militaryy.cn/html/51/n-99251.html。

③ 全球军事网：http://www.militaryy.cn/html/56/n-104356.html。

4. 与国外加强国防工业合作

据中国国防科技信息网报道，印度尼西亚国防部2014年2月6日宣布，印度尼西亚国防部长普尔诺莫和荷兰国防部长珍妮亨尼丝帕拉斯查特在荷兰签署了一份谅解备忘录，以支持两国国防工业合作。该备忘录涵盖六大领域，促进双方在国防生产、保障与后勤支持、信息交换、科学技术、为国防工业员工提供技术培训等方面的合作，使两国间近年形成的战略关系更加紧密。备忘录中还希望扩大战略对话、军事交流、军事信息共享，通过访问和维和行动加强军事关系，并在军事训练中合作。

另外，两国还希望通过国防工业合作来支持印尼在2012年和2013年订购的两艘"西格玛"级10514型轻型护卫舰，这两艘护卫舰排水量为2365吨，由荷兰达门谢尔德海军船厂与印尼PT PAL公司合作建造，计划分别在2017年和2018年交付印尼海军。印尼海军2004年购买了四艘"西格玛"9113型"蒂博尼哥罗"级护卫舰，从2007年开始交付[①]。

据越通社报道，印度尼西亚国防部副部长萨弗里三苏汀将军与沙特阿拉伯国防部副部长阿布都阿济滋王储就训练、培训、反恐、国防工业等领域签署了防务合作协议（DCA）。这是两国首项防务合作协议，同时也是印尼第一次与中东国家签署防务合作协议。两国签署的包括联合军事演习内容在内的防务合作协议将有助于提高两国军队的联合作战能力和专业性，同时增强全球反恐效果，确保和平、安全与社会稳定等[②]。

（七）缅甸

1. 部署中程防空导弹系统

据俄罗斯战略和技术分析中心报道，缅甸武装力量在2013年11月份购买了1个团下辖4个营编制的凯山-1A（红旗-12）中程防空导弹系

---

① 《印尼与荷兰加强国防工业合作推进合造护卫舰》2014年2月15日 00:20，全球军事网:http://www.militaryy.cn/html/36/n-100536.html。

② 外媒:《印尼沙特签首项防务合作协议含联合军演》2014年1月28日 11:51，全球军事网:http://www.militaryy.cn/html/67/n-99267.html。

统。这批武器将从今年6月开始向缅甸交付，这是中国红旗-12导弹首次出口国外。从外观上看，红旗-12导弹的弹体与红旗-2导弹第二级的差别不大，但制导雷达改成了平面相控阵雷达。根据珠海航展上发布的数据，这种雷达具有多目标攻击能力，可以同时跟踪6个目标并引导导弹打击其中3个。与红旗-2导弹相比，红旗-12导弹的发射装置大为简化，结构减轻了很多。根据珠海航展上发布的数据，红旗-12导弹采用固体燃料发动机，射程为5-50公里。缅甸和中国云南接壤，无论装备交付还是零部件供应，都可以直接从陆路实现，不需要海运。缅甸军队的防空能力相当薄弱。目前缅甸的主要防空武器是各种高射炮和肩射式防空导弹，这些武器在现代航空兵作战能力面前形同虚设。因此，如果红旗-12导弹加入到缅甸的防空体系中，将给缅甸防空力量带来质的飞跃[①]。

2. 培训潜艇技术人员

英国《简氏防务周刊》网站2013年6月21日报道，约20名缅甸海军官兵4月底和5月初到达卡拉奇，开始接受巴基斯坦海军基本的熟悉性训练。这支小分队可能驻扎在位于卡拉奇的巴基斯坦海军潜艇训练中心，该中心提供模拟器训练，模拟下潜、推进以及声呐录音收听与分析培训。报道称，缅甸海军的水面舰队主要是由中国制造的舰只构成的，其中包括一系列快速攻击艇、海岸巡逻艇、扫雷艇和两艘最近购买的"江湖"-2型护卫舰。但到目前为止，缅甸的两个沿海邻国泰国和孟加拉国都未获得潜艇[②]。

二、东盟各国加强军队建设的原因分析

以上数据和有关资料表明，东盟地区不管是经济实力较强的新加坡、

---

① 俄媒：《红旗12售缅甸防美空袭可击落美现役战机》，2014年2月26日10:29，全球军事网:http://www.militaryy.cn/html/64/n-101864.html。

② 简氏：《缅甸海军官兵正在巴基斯坦接受潜艇训练》，2013年6月25日07:21，全球军事网：http://www.militaryy.cn/html/63/n-91663.html。

印尼，还是经济发展落后的柬埔寨、老挝、缅甸，都在不同程度购买武器，扩充军备，加强军队建设。近期东盟国家之所以会积极加强军队建设，与各国的经济发展状况、国防现代化建设需要、国内面临的主要安全挑战等几项内部因素有着十分密切的关系。

（一）军队国防现代化建设的需要

由于受经济发展、科学技术等因素的影响，东盟国家的军事装备长期以来都未能及时更新换代，依旧落后。像越南、菲律宾等国家还有不少二战后遗留的装备。报道称，除了用来应对国内威胁的枪和坦克之外，许多东南亚国家数十年间花在武器上的钱少之又少。

尽管东盟国家近几十年来普遍实现经济快速发展，但是由于起点较低，所以除了新加坡和文莱属于高收入国家外，东盟其他国家仍然属于典型的发展中国家。东盟国家普遍缺乏独立生产先进武器的能力，而从先进国家进口武器向来是其实现武器更新、国防现代化的主要途径。同时，武器装备的使用寿命和服役时间是有期限的，随着技术的发展，更新换代的速度还在加快。传统上东盟国家从发达国家进口的武器基本上都是这些国家的退役的老旧武器，使用周期相对而言更短。例如，越南军队的现役武器装备，大部分是20世纪五六十年代从苏联和中国购买的，还有少量越战时从美军缴获的。近些年来，越军的武器基本没有大规模更换过，武器装备水平落后，这些武器还存在严重老化问题，维修起来也难。菲律宾、印尼、缅甸、老挝等国军队的整体装备都很落后，大部分是二战水平，存在严重老化和超期服役的现象。

近些年来，东盟国家经济的稳步发展为其军备扩充奠定了坚实的物质基础，东盟各国也纷纷提出了实现国防现代化的国家发展目标，基本上反映了这些国家正常的"富国强军"诉求，因为要想实现国防现代化，就必须要更新其既有的武器装备，这是东盟国家近期不同程度购买先进武器的一个重要原因。例如，印度尼西亚由13,700多个大小岛屿组成，全国东西跨度5,000余千米，南北跨度1,800余千米，海岸线长达35,000

千米，这种地理现状给军事防御造成极大的困难，印尼海军的各个舰队经常需要"各自为战"地执行任务。印尼海军长期依靠英国、荷兰等国的二手舰艇"撑门面"。作为世界最大群岛国家，印度尼西亚一直希望能有一支与其领海面积相匹配的海军，实现国防现代化是其必然的要求。

（二）维护国家统一和国内政治稳定的需要

东盟国家的最大威胁不是来自外部，而是来自内部，但是"外部威胁"往往可以成为一国政府或者个别力量谋取他利的"幌子"。目前菲律宾斥资16亿美元购买两中队飞机的真实意图，表面上是为了应对中国威胁，实际上是借此机会扩充军力应对国内的叛乱分子。菲律宾南部棉兰老岛穆斯林分离主义以及地方家族武装等问题一直困扰着该国历届政府。除了菲律宾，泰国、印尼也面临着同样的问题。自2004年年初以来，泰南分离主义武装力量活动频繁，暴力袭击事件时有发生。印尼"自由亚齐运动"分离主义势力仍有使国内形势恶化的风险。同时，东南亚地区岛屿遍布、民族交错分布、宗教文化矛盾重重，可谓恐怖主义的温床。印尼的"伊斯兰团"、菲律宾的"阿布沙耶夫"组织、"柬埔寨自由战士"等多股恐怖主义势力集中在这一地区，威胁着东南亚国家的安全[①]。

事实上，东盟国家也普遍认为只有建立强大的军事力量才能维护本国的安全。正是基于这种认识，一旦经济条件具备，东盟各国都会积极去扩展自己的军事力量。由于领土、领海争端等问题在东盟国家之间普遍存在且相互交织，因而东盟中只要一个国家扩充军备，就会引起周围国家的防范，促使这些国家扩充自己的军备以平衡对方上升的军事实力。这一点在彼此间存在较大领土、领海争端的国家之间表现得更为明显。越南购买"基洛"潜艇等一系列军购行动引起了周边国家的警惕，马来西亚、泰国等国也相继装备先进潜艇；印度尼西亚已经拥有2艘潜艇，

[①] 《菲律宾等国视中国为假想敌，但"中国威胁论"只是军购借口》，南方日报，2012年5月21日，第A13版。

又从韩国订购3艘潜艇，而新加坡也分别从瑞典和美国购买了2艘艇和战斗机，各国在各领域间展开竞争。目前，我们虽然还没有充分的证据用以证明东盟国家间已经形成某种"军备竞赛"，但是东盟国家普遍的、同时性的军扩现象的出现业已表明该地区各国之间正在形成某种"安全困境"。这种安全困境一旦形成，不仅会影响东盟共同体的建立，还将会引发东盟国家之间的冲突乃至战争。

（三）应对"外部威胁"的需要

东盟国家最近几年来的军购是以应对东盟国家间和区域外部国家的外部挑战而不是应对国家内部不稳定因素的挑战为主要目标。东盟国家军购的重要表现之一是东盟国家普遍购买舰艇、潜艇、反舰导弹和飞机等大型武器以增强其海军和空军的战斗实力。这表明目前东盟国家安全战略的重点侧重与近海和远洋进攻与防御。这意味着防范外部安全挑战是这些国家的主要安全目标。但也不能否定其海军和空军的战斗实力的增强，对维护其国家统一和国内政治稳定的作用。

虽然中国一再强调和平发展的战略，坚持睦邻友好、做负责任的大国，在南海争端方面，积极签署并落实《南海各方行为宣言》，构建和平的国际环境，但是"中国威胁论"在东南亚一直很有市场。很多资料表明越南、菲律宾等国已经把中国列为假想敌，并将应付海上突发事件和局部战争作为作战重点，加强南海所占岛屿的兵力部署。根据越共制定的《至2020年越南海洋战略》，越南将美国作为其全球范围的潜在敌人，坚决抵制以美国为首的西方"和平演变"手段，以保卫领土主权完整和社会主义制度为基本战略目标。长期战略对象是以"对越南构成威胁的周边国家"为地区主要作战对象。

东盟国家之间，一直以来内部矛盾交织、互不信任、安全感不高。新加坡与马来西亚、泰国与柬埔寨、越南与印尼、印尼和马来西亚之间，都存在着不同程度的积怨。东盟国家中军费开支最高的新加坡，就把其周边的两个大国——印尼和马来西亚作为主要"假想敌"。在南海问题上，越、菲、马、印尼、文莱五国之间也存在着争议。2010年8月13日，印尼与马来西亚两国因领海问题起争端，印尼扣留了7名马方渔民，马方逮捕了印尼3名海洋事务和渔业部工作人员。马来西亚和菲律宾之间存在"沙巴"主权归属的争议，虽经多年谈判，但是矛盾依旧难以化解；新加坡与马来西亚在"白礁岛"主权上的纠纷一直闹到海牙国际法院；泰国与柬埔寨因"吴哥窟风波"几近发生战争。

三、结　论

根据统计数据显示，由于东盟经济发展较快，所以近年来国防开支在东盟各国的GDP中所占的比重并没有明显的提升，有的国家甚至出现下降。例如，新加坡2002年国防开支占GDP的比重是5.0%，到了2011年下降到3.5%；马来西亚2002年国防开支占GDP的比重是2.2%，到了2011年下降到1.5%；菲律宾2002年国防开支占GDP的比重是1.5%，到了2011年下降到1%。印尼内阁于2012年5月18日宣布2013年国防部预算金额为81亿美元，与2012年相比增加18%。但是由于面临提高社会福利和基础设施的压力，因此国防预算在GDP中所占的比例仍旧较低，仅占0.8%[1]。这意味着现在一些媒体所宣称的东盟某些国家"疯狂军购"、东南亚将掀起新的军备竞赛、东南亚地区正开始一场新冷战等观点并不能够成立。

事实上，东盟内国家之间也普遍存在领土、领海争端等问题，它们加强军队建设在很大程度上是为了彼此防范，而不仅仅是为了防范中国。美国"重返亚洲"加强与东盟国家的军事合作这一因素对于东盟国家的军扩也只是起到一个推波助澜的、外因的作用，并不是其主因。当一个东盟国家采取加强军队建设的举措之后，与其相邻且存有不信任感的邻

---

[1] 《印度尼西亚和菲律宾计划大幅增加2013年国防预算》，全球军事网: http://www.militaryy.cn/html/83/n-80883.html。

国出于自保的需要必然会采取相应的举措,这种连锁反应也促进了近期东盟国家军购的扩大。当这些真正的需求不能成为或者说服本国民众大量购买武器的充分理由时,"买武器,防中国"就成了军购的最佳借口。

就未来发展趋势来看,东盟国家经济将继续保持稳定增长的态势。据经合组织(OECD)预测,东盟十国未来五年有望维持经济稳定增长,2013年到2017年的平均经济增长率预计将达到5.5%。其中,马来西亚2013年GDP增长率将保持在5%以上,其经济增长的主要动力是国内需求,而印尼经济势头最强今年GDP增长率将在6.5%到6.8%之间[①]。持续稳定的经济增长,加之日益活跃的分离主义运动和恐怖主义的泛滥,客观要求各国更新武器设备,增加国防投入。这意味着未来相当长一段时期内东盟国家的军费开支的绝对数值仍将会不断扩大。

---

① 经合组织主要指标 http://www.oecd.org/statistics/。

南海问题的国际化发展

李安民　邓双全

[内容提要] 南海问题的国际化发展是东盟"大国平衡战略"、"集体安全机制",美、日、印等区域外大国介入南海事务,以及越南、菲律宾等国不断蚕食我海洋权益等多方面因素综合作用的结果。南海问题国际化不仅会增大我通过双边谈判解决南海问题的难度,而且会导致南海安全形势趋向紧张、恶化。当前,我国在南海面临岛礁被占领、海域被瓜分、资源被掠夺、安全受威胁的严峻形势。

[关键词] 南海问题　国际化趋势　对策思考

[作者简介] 李安民,海军指挥学院战略系主任,中国南海研究协同创新中心研究员;邓双全,广州军区作战部研究员,中国南海研究协同创新中心研究员。

南海问题的国际化发展是东盟"大国平衡战略"、"集体安全机制",美、日、印等区域外大国介入南海事务,以及越南、菲律宾等国不断蚕食我海洋权益等多方面因素综合作用的结果。南海问题国际化不仅会增大我通过双边谈判解决南海问题的难度,而且会导致南海安全形势趋向紧张、恶化。当前,我国在南海面临岛礁被占领、海域被瓜分、资源被掠夺、安全受威胁的严峻形势。

一、南海问题国际化发展的途径

南海问题主要通过以下四种途径不断趋向国际化:

（一）南海权利声索国利用柔性手段推动南海问题国际化

相关南海权利声索国利用舆论、法律、外交等柔性手段，争取国际支持，推动南海问题国际化发展。以越南、菲律宾为例，越南是与中国在南海问题上争议最大的国家，在南海问题上频频发难。除了在涉及西沙、南沙问题上进行公开的外交交涉、强化军事占领和行政管辖等硬手段外，越南还注重以柔性手段宣示其对这些岛屿的主权。2010年3月13日，越南外交部声称越南对"黄沙群岛"（中国西沙群岛）拥有无可争议的主权，反对美国国家地理学会（NGS）在新发行的地图中将西沙群岛划归中国、用汉语拼音标注。越南认为该地图已严重损害其主权要求NGS做出修改。同日，部分越南学者、越南科学技术协会等致信美国政府、美国驻越南使馆、NGS和驻越南的外国媒体大肆宣扬此事，表示NGS出版的地图缺乏科学依据，并声称有充分的历史和法律依据证明"黄沙群岛"是越南的领土。26日，NGS在重压之下表示改正错误将西沙群岛标示为"帕拉塞尔群岛"（Paracel Islands），并将其归属标注为中国1974年占领称为西沙群岛，越南是争端国，称为"黄沙群岛"[①]。地图事件是越南通过柔性手段推动南海问题国际化的重要手段之一。2013年1月21日，菲律宾就南海问题向国际海洋法法庭提起仲裁，单方面启动仲裁程序；2014年3月30日，菲律宾不顾中方反对，向中菲南海争端仲裁庭提交诉状，就仲裁庭对案件的管辖权、菲律宾诉求的可受理性以及争议的法律依据等问题进行说明。无论南海仲裁案何时终止，也无论仲裁庭最终做出何种裁定，菲律宾和某些西方国家都将以该问题为由向中国发起强烈的舆论攻势，南海岛礁主权、海域权益和九段线的合法地位等将受到强烈冲击，为西方大国干涉我海洋维权提供了新的借口。

---

① 详见美国国家地理学会网站，2010年4月27日，http://press.nation algeographic.com/pressroom/ind ex.jsp? pageID = p ressRelesesdetai&lsiteID= & cid = 1268771677039。

（二）南海权利声索国通过利益捆绑的手段推动南海问题国际化

从南海开采的原油对越南等南海权利声索国的经济发展越来越重要，相关国家一直试图拉拢外国公司合作开发南海的油气资源，企图以利益捆绑的手段推动南海问题国际化发展。早在1976年，菲律宾就使阿莫科国际石油公司（Amoco）卷入南沙群岛礼乐滩的石油勘探，遭到中国和越南的抗议。2010年2月，菲律宾与英国论坛公司（Forum）签署协议，合作开发南沙礼乐滩海域的油气资源。越南一直鼓励外国石油公司介入南海油气资源开发。近年来，越南不断与美国、英国、俄罗斯、法国等国的石油公司签订勘探、开采协议，也一度计划与加拿大塔里斯曼公司（Talisman）合作开发万安滩附近海域的油气资源，遭到中国严正抗议后被迫停止。至今，越南已与20多个国家签署了50多份油气联合勘探、开采合同。为了进一步攫取南海资源，落实2007制定的至2020年越南海洋战略规划，越南于2010年5月3日正式批准至2020年越南海岛经济发展规划，宣称将投资162.5万亿越南盾（约85.6亿美元）突破性地发展海岛经济，将海岛建设成坚固的防守堡垒捍卫各海岛的主权。该规划包含越南所占南海岛礁，因此不排除越南反制中国建设海南国际旅游岛、强化对南海岛礁管控的意图。越南等南海权利声索国还积极培育海洋服务业、旅游业等新兴产业，并加快对南海的科学考察，为进一步拉拢外部势力共同开发南海资源做准备。

（三）南海权利声索国通过军事手段推动南海问题国际化

首先，南海权利声索国在通过军购提升自身军事实力的同时，变相地拉拢区域外大国，推动南海问题国际化。在军购方面，据瑞典斯德哥尔摩和平研究所的报告称，2005-2009年东南亚国家的军火进口翻番，其中马来西亚增长72.2%，印尼增长84%。2009年12月，越南斥资近30亿美元向俄罗斯购买6艘基洛级636型柴电静音潜艇、12架苏30-MK2型战机，成为越南历史上最大军购案，3倍于正常年度的国防预算。2012年5月12日，越南再向加拿大维京公司购买价值3000万美元的6架DHC-6双水獭400型飞机，越南海军对南海的监控能力将获得极大提升。尤其是美国近年对新加坡、日本、菲律宾、越南等国家进行军事援助，不断深化对南海的控制，已经成为搅乱南海局势的祸首。其次，南海权利声索国通过举行海上联合军事演习，拉拢区域外大国介入南海问题，推动南海问题国际化。如越南曾多次与美国以南沙岛礁被袭为背景举行军事演习、菲律宾也多次与美国进行联合军演，通过联合军演旨在提高自身军队的海上作战能力的同时拉拢区域外大国参与南海问题，使南海问题局势向国际化发展。

（四）区域外大国积极介入南海问题推动南海问题国际化

区域外大国尤其是美国公开介入南海问题使南海问题进一步向国际化发展。长期以来，美国在战略上重视南海，但在策略上相对超脱。随着中国崛起速度加快，美国的顾虑也日趋加重。2010年南海问题的突出特点之一就是美国从幕后走到前台，其南海政策由间接介入转向积极介入且偏向东盟。2010年2月，负责亚太安全事务的美国国防部部长副助理葛瑞格森表示中美最大的争议可能是专属经济区（EEZ），中国主张独占EEZ势必影响到其他国家的通行权，而确保南海的航运安全与美国的利益息息相关。6月4日，时任美国国防部长盖茨在第九届亚洲安全会议上公开表示，南海对所有在亚洲有经济和安全利益的国家都很重要。7月23日，时任美国国务卿希拉里在东盟地区论坛上公开挑起南海问题，并声称南海关系到美国的国家利益，南海争端应在尊重国际法的基础上进行多边谈判。美国以国家利益针对中国的核心利益，显示出其南海战略的核心是非武力化、多边化、法律化。美国的实际行动也体现了美国的战略重心转移：一方面美国大力提升与东盟国家的关系。尤其将越南作为切入南海问题的着力点，力挺相关国家在南海宣示主权；另一方面，美国在南海及其周边海域频繁进行军演，加大与越南的政治、军事交流，举行美越副国防部长级政策对话，并恢复了与印尼中断了长达12年的特种部队合作关系。

日本与中国在东海存在岛屿、大陆架和油气资源争议。因此在南海问题上希望与东盟国家联合起来采取一致行动对抗中国，借此换取东盟国家在东海问题上的支持，实现限华、制华的战略目标。近年来，日本对南海问题表现出浓厚兴趣，其最大的非政府组织日本财团连年资助越南主管海洋事务的官员到日本进修，日本利用南海问题上抗衡中国的意图更加明显。2010年6月，日本共同社首先爆料中国将南海列入核心利益，肆意炒作中国此举对地区安全的威胁[1]。7月24日，日本外相冈田克在会见越南副总理兼外长范家谦时称日本对南海问题不能毫不关心，双方商定将在南海问题上密切交换信息。此外，日本还经常派自卫队参加以美国为首的多国军事演习，将军事触角伸向南海。如2010年6月14日，美日两国在南海举行代号为"太平洋伙伴2010"的联合人道主义救援演习，日本海上自卫队派出了"国东号"船坞登陆舰和2艘大型气垫登陆船参演。在6月23日开始的"环太平洋2010"军演中，日本海上自卫队派出了最新型的DDG-177"爱宕号"宙斯盾导弹驱逐舰，借机熟悉南海海域的作战环境。

近年来，俄罗斯一直试图改变其在东南亚影响力下降、在地区合作中被边缘化的态势。越南成为其主要突破口，俄越关系发展迅速。2009年，越南总理阮晋勇访俄，双方就军售、核能合作和油气开发等达成协议。越南国防部副部长阮志咏称俄罗斯是越南的老朋友兼重要的合作伙伴。2010年3月，俄国防部长谢尔久科夫访问越南，双方再次签署武器销售合同，并声称俄将考虑帮助越南建立潜艇基地。2010年下半年，国际媒体开始炒作俄罗斯重建金兰湾海军基地的可能性。2010年10月29日，俄总统办公厅官员称，越南有意为俄海军军舰提供食品、油料配给及其他物资技术保障方面的服务，但俄罗斯无意重建金兰湾海军基地。总体

---

[1] 李金明：《南海问题的最新动态与发展趋势》，《东南亚研究》2010年第1期。

上看，俄罗斯在南海问题上的态度仍较为超脱，但俄的支持也为越南在南海争夺海权壮胆，其军售对南海争端的解决将带来更多不确定性。

印度为了实现其地区霸权的战略目标，近年来开始介入南海事务。印度与越南建立了战略伙伴关系，同时还加强了与印尼、马来西亚等国的军事联系。此外，澳、英等国也对南海问题表现出越来越多的关切。

二、南海问题国际化发展对中国的影响

南海问题的国际化发展，助长了南海权利声索国与我对抗的嚣张气焰，对我国南海资源开发、大国形象、海上安全环境等诸多方面都带来了更加不利的影响，具体表现为以下五个方面：

（一）南海问题国际化发展，使我南海资源遭到疯狂掠夺

近年来，菲、越等国积极鼓动外国公司参与南海油气开发，使我南海资源遭掠夺加剧，推动了南海问题的国际化发展。菲、越等等国大力推行海洋战略，通过利用南海丰富的自然资源吸引区域外大国，与区域外大国合作，疯狂掠夺南海资源，从油气开发中取得了巨大的经济利益。截至2008年，越南已从南沙开采逾1亿吨石油、1.5万亿立方米天然气，获利250多亿美元。马来西亚在南海石油年产量超过3,000万吨，天然气近1.5亿立方米，石油产值占国内生产总值的20%以上，其出口石油的70%来自于南海。菲律宾原本石油总需求量的95%依靠进口，但目前，其在南海开采的油气可满足国内40%的使用。印尼油气生产有20%来自南海海域，开发的纳土纳群岛气田，从1990年起，每年可生产大约800万吨液化天然气。文莱仅与壳牌公司合资建设的海上石油平台就超过240座，得益于近海石油的生产，文莱人均GDP位列全球第5位。据统计，仅菲、越、马3国在中国南海断续线内共钻井1,380口，发现油气构

造200多个、油气田180个，盗采油气资源超过5,000万吨[①]。

（二）南海问题国际化发展，使我国际形象受到损害

随着越、菲等国积极推动南海问题国际化发展，我国国际形象进一步受损害。近年来，菲、越等国在南海海域制造种种事端，不断扩大事态，严重侵犯了中国的主权，严重损害了中国作为安理会常任理事国和正在崛起的地区大国的形象。如2013年初，菲律宾明知我国政府在领土争端、海洋划界等问题上不接受任何国际司法或仲裁管辖的立场，反其道而行之将黄岩岛问题提交国际海洋法庭进行仲裁，试图通过国际舆论造势，形成中国政府排斥国际司法制度，不愿通过法律途径解决问题，达到抹黑中国形象的目的。南海方向上的主权和海洋权益困局得不到妥善解决，将对中国解决其他方向领土争端产生不利影响。特别是与中国有领土争端的大国的介入，会对中国形成战略牵制，如中日钓鱼岛问题，中印边境领土问题等。印度介入南海，目的之一就是在西南方向牵制中国。日本介入南海问题的一个出发点也是因为中日东海划界和钓鱼岛问题。

（三）南海问题国际化发展，使我南海海上安全环境恶化

近年来，在美、日等区域外强国对南海地区实施军事渗透的同时，菲、越等南海地区当事国通过采取组织舰机巡航、完善战场设施、建立行政建制等措施，强化对即占岛礁、海域的实际控制，南海海上安全受多个国家干预，安全环境受国际化因素影响进一步恶化。

域外大国介入南海问题不仅直接增加了南海形势的复杂性，同时也助长了南海权利声索国的嚣张气焰，使我南海海上战略通道安全受到多方威胁。马六甲海峡是我国重要的"石油海峡"和"海上生命线"，其地理位置决定了这一战略航线易受制于人，美、日等强国的介入，更加大

[①] 德祖里克：《南中国海的边界和资源争端》，载1985年《海洋年刊》。

了我化解困境的难度。其安全威胁主要受到美、日试图以"反恐"为名控制海峡的威胁。近年来，美国为谋求对该海峡的控制，打着"反恐"旗号，积极介入马六甲海峡安全事务，积极谋求海峡周边地区基地港口的使用权，先后提出了"地区海上安全倡议"，欲在马六甲海峡部署陆战队和特种部队，意图谋求控制该战略要冲。在向亚太地区国家鼓吹"中国威胁论"的同时，频频与东南亚各国举行双边或多边联合军演，对我已逐步形成了以台湾为重点、以东北亚和东南亚为两翼的包围态势。未来，美若在该海峡对我进行封锁，将使我经济发展或对台军事斗争处于十分被动的局面[①]。

（四）南海问题国际化发展，助长了南海权利声索国与我对抗的嚣张气焰

南海权利声索国运用利益捆绑、军备购买、军事互动等手段极力拉拢域外大国介入南海问题，同时基于遏制中国的目的，以美、日为代表的区域外大国积极介入南海问题，推动了南海问题国际化发展，也助长了南海权利声索国与我对抗的嚣张气焰。

以军事为例，南海权利声索国通过军备购买、军事互动提升与我对抗的军事实力和信心，助长了与我对抗的嚣张气焰。其中，越南军方2005年从俄罗斯购买11架苏-27战斗机后，越南海军的空战能力大大增强，之后，越南又与俄方达成购买苏-30MK等先进战机的意向。越南计划在2015年前建成一支现代化海军。除越南外，2005-2009年东南亚国家的军火进口翻番，其中马来西亚增长72%，印尼增长84%[②]。除了军购，相关国家还加紧举行海上联合军事演习。越南曾多次以"南沙岛礁被袭"为背景举行联合军事演习，菲律宾也多次与美国进行联合军演，旨在提高菲军队的海上与我对抗的能力。可以说，南海权利声索国都在为与我

[①] 德祖里克：《南中国海的边界和资源争端》，载1985年《海洋年刊》。
[②] 王国培："解放军副总长:反对南海问题国际化 反对外部势力介入"，东方早报，2010年5月18日。

争夺南海利益进行军事上的准备，气焰进一步嚣张。

（五）南海问题国际化发展，使我解决南海问题的难度增大

中国政府多次明确立场：反对南海问题国际化，尤其反对本地区以外大国介入；不同意建立东盟为一方，中国为另一方的磋商南沙问题的专门机构；与周边邻国的争端，只能通过中国与相关国的双边谈判，先易后难，逐步解决，他国不得干预。但由于受南海问题国际化发展的影响，中国主张单边解决南海问题的模式，遇到了严峻的考验，解决南海问题的难度进一步加大。

为了弥补对话中单个力量的不足，菲、越等国相互加强协调合作，甚至借用东盟整体力量，采取集团外交的方式联合对付中国。1997年，老挝和缅甸被吸收为东盟的新成员，这一举动除了要建立一个一体化的经济圈和向西方国家暗示独立自主发展经济、政治的决心之外，还有一个极为关键的动机，就是向中国示威，防止中国势力的扩张。受"中国威胁论"的影响，东盟在与中国交涉南海事务时，越来越表现出同一个声音。

随着中国的日益崛起，中国被美国视为21世纪挑战其霸主地位的重要"战略竞争对手"。为保护其在南海地区的商业利益，维护南海地区稳定和航行自由权，积极介入南海主权争端，间接或公开反对中国对南海的权益主张，并谋求通过军事协定密切与南海周边国家的军事同盟关系，以加强对南海地区的军事部署和干预力度，对中国实施遏制、围堵。日、印对中国在地区内的崛起与影响的日益扩大怀有"嫉妒"与不安的心理，两国的南海政策及加强在地区的军事渗透在应对中国崛起方面与美国的政策有走向一致的趋势。出于遏制、围堵中国之目的，南海周边国家与区域外国家的相互勾结，使南海主权问题的解决更为复杂。

二、2014年大国关系与南海争议

当前域外大国的南海政策及特点

刘琳

[内容提要] 近年来，南海问题不断升温。域外大国越来越多地介入南海问题。这些国家在南海问题上的意图虽有所不同，但其南海政策具有许多共同之处。本文就域外大国南海政策产生的背景和共同特点进行剖析，并认为我在经略南海时需要高度重视域外大国的南海政策对南海问题的影响，以便最大限度地减少其负面作用。

[关键词] 域外大国　南海政策　主要特点

[作者简介] 刘琳，军事科学院外国军事研究部研究员，中国南海研究协同创新中心研究员。

当前，南海形势中有一个不可忽视的方面，就是域外大国的介入不断增大，这使得南海问题与大国关系、地缘政治博弈等交织在一起，变得更趋复杂并在一定程度上限制了我战略选择。我在运筹南海政策时，需要将域外大国的南海政策作为重要的考量因素。

一、美国的南海政策：积极介入且渐趋强硬

奥巴马政府上台后，美亚太战略因战略东移而发生结构性调整，从而推动了其南海政策的发展和变化。2010年美国国务卿希拉里在东盟地区论坛就南海问题发表讲话并声称南海事关美"国家利益"后，美国南海政策呈现明显的"积极介入"态势。2013年11月中国在东海设立防空识别区及2014年5月中越发生"中建南"事件后，美国南海政策的上述态势不仅没有改变，反而有渐趋强硬之势。

(一) 在立场表述上强调地貌、多边和"基于规则"

美国对南海问题的政策宣示，表面看仍坚持"在主权问题上不持立场"等过去的一贯立场，但仔细分析美国政要近年来关于南海问题的讲话，可以看出，其南海政策增添了新的要素，针对中国的一面明显增强，几乎都是为"敲打"中国。

一是强调南海各声索国对南海海域的主张和作为必须基于对岛礁的合法主张，并通过否定我"九段线"否认我对南海主张。2011年7月，时任美国国务卿的希拉里·克林顿在东盟地区论坛外长会后表示，"遵循国际法，对南中国海海洋空间的要求应该单独源于对地貌的合法的要求"。① 美国总统奥巴马在2011年11月东亚峰会上也表示："美国的立场是，依据国际法澄清（各国对南海的主权）要求，而此类要求——应该依据地理上的地貌"。但这里有一个重要问题，那就是如何看待"九段线"。由于中国对南海诸岛礁的主张主要是依据"九段线"和历史性权利，如果否认中国的"九段线"，实际上就是否认中国对岛礁主权的合法性，进而根据《联合国海洋法公约》"陆地支配海洋"的原则，否定中国在南海的海域主张。因此，奥巴马政府上台后不断对我"九段线"发难，一些政要开始明确表达反对中国"九段线"的态度。2014年2月5日，美国负责东亚和太平洋事务的助理国务卿拉塞尔在国会作证时，声称中国根据"九段线"宣示南海权益不符合国际法，要求中方就"九段线"做出明确说明。②

二是明确反对中国长期坚持的南海问题是双边问题的立场，声称南海问题的处理不能局限于中国与几个有领土和海洋权益争议的东盟成员国之间的双边外交协商，而应通过适用于所有声索方的多边解决机制，极力推动南海问题的多边化和国际化。为此，美国明确提出要使南海问

---

① The South China Sea, http://www.state.gov/secretary/rm/2011/07/168989.htm.

② Daniel Russel: "Maritime Disputes in East Asia", http://docs.house.gov/meetings/FA/FA05/20140205/101705/HHRG-113-FA05-Wstate-RusselD-20140205.pdf.

题成为东盟主导的地区多边论坛的重要议题，并多次表示支持东盟与中国尽快达成更具法律约束力的《南海行为准则》，实质是想借多边机制和多边规范来限制中国的选择。

三是以反对"胁迫"、反对使用或威胁使用武力为借口，敦促各方"以外交途径或其他和平方式解决争端，包括在必要时诉诸仲裁或者其他国际法机制"，并试图通过加入《联合国海洋法公约》增强其介入海洋争端的合法性，为南海争端确立"基于规则"的解决方式。美国海军战争学院的彼得·杜顿等人甚至认为，中国在南海的行为是对全球准则的挑战：首先是对《联合国海洋法公约》有关条款的挑战，主要是专属经济区和大陆架原则；其次是对他国海军在专属经济区实施军事活动权利的挑战。[①]

（二）在具体行动上通过综合性战略推进其在南海的部署与布势

主要表现在以下五个方面：第一，强化在南海周边的军事和安全存在。与菲律宾达成《强化防务合作协议》，在新加坡部署濒海战斗舰，扩大与越南、印尼、马来西亚安全合作，强化在关岛、北马里亚纳、澳大利亚达尔文的部署等。第二，适时展示实力。增加争议地区的侦察飞行，派出舰机到危机、冲突地点附近巡航等，使其军事存在更具威慑意义。第三，加强盟友的防务能力。向盟友提供更多援助、装备、培训，提升其海岸警卫队执法能力、海上态势感知能力以及海、空军的职业化水平。2014-2015年美国对东南亚的海上安全援助将超过1.56亿美元。第四，更多发挥多边框架作用。积极支持以多边合作机制、争端解决机制等寻求南海问题解决方案；支持东盟声索国，特别是马、越、菲之间的合作；

---

① Peter A. Dutton, "Cracks in the Global Foundation: International Law and Instability in the South China Sea", in Patrick M. Cronin (ed.), *Cooperation from Strength: The United States, China and the South China Sea*, http://www.cnas.org/files/documents/publications/CNASCooperationFromStrength_Cronin_1.pdf.

支持尽快达成更具法律约束力的《南海行为准则》(COC)；支持将南海问题列入东盟各种会议议程之中。第五，主动提出旨在缓和紧张局势的具体建议。例如，美国国务院高官富克斯2014年7月11日在美国战略与国际问题研究中心的研讨会上呼吁南海争端方自愿"冻结"加剧南海紧张局势的挑衅行动，并提出美国的"南海三不建议"：各方不再夺取岛礁与设立前哨站；不改变南海的地形地貌；不采取针对他国的单边行动。①

（三）促使美国南海政策发生变化的主要原因

美国南海政策的变化，主要源于两个因素。其一，与奥巴马政府极力推行的亚太"再平衡"战略有关。亚太"再平衡"是要实现资源、精力从中东向亚太的转移，而这需要抓手。在台海问题较为缓和、朝核问题看不到解决前景的情况下，南海问题成为美重要抓手。而且相对东北亚，美国急需给予东南亚更多关注，以避免其影响力的下降。美国以东南亚国家普遍关心的南海问题为切入点，把介入南海争端作为其"重返东南亚"的一个平台和跳板，一方面强化了其在南海问题上的话语权，另一方面也为其深度参与东盟地区合作、增进与东南亚各国关系创造了条件。其二，对中国崛起及由此可能造成的西太海权形势变化的担忧。进入21世纪以来，无论是国际形势还是美国国内形势均发生了巨大变化，南海问题在美对华战略中的权重加大。美认为，南海问题已经成为事关中美海洋权力消长的全局性问题。因此，企图通过有限度地激化南海争端，恶化中国与南海争端国家之间的关系，为中国制造困境，以便达到遏制中国、迟滞中国迅速发展步伐的目的。总体看，美国南海政策调整一步步越过"恪守中立"的中线，进入一手调动单边和集体军事力量，一手召集国际法治和规则力量与中国相抗衡的阶段。

---

① "美国提出南海三不建议强硬'向北京叫阵'"，http://news.xinhuanet.com/world/2014-07/14/c_126747294.htm。

二、日本的南海政策：加强干预

近年来，在美国亚太"再平衡"战略的驱动下，日本在南海问题上更加主动大胆，其南海政策已从"局外旁观"转变为"加强干预"，主要体现在以下三个方面：

（一）强化与美、印等域外大国在南海问题上的协调合作

在美对亚太实施"再平衡"战略背景下，日本的地区乃至全球外交开始进入活跃期，在南海问题上突出表现为跟美国政策立场上亦步亦趋及协助美国加大对南海周边国家援助等方面。日美还决定对《日美防卫合作指针》进行修订，并于2014年9月8日出台了旨在修订指针的中期报告。根据报告，日本将在全球配合美军的行动，并且将两国合作范围扩大到平时和战时之间的"灰色地带"。日本通过美日同盟框架介入南海问题，是希望将美国推在前面，为其军力发展进行遮掩，并进一步拉紧与美国的关系，以美国的力量来平衡中国崛起给日本带来的冲击，同时表明它有坚定的意愿和足够的能力支持和配合美国的地区战略调整。

基于对中国崛起的共同担忧，日本还企图通过与印度深化海上安全领域合作来牵制和制衡中国。2012年6月，两国首次举行海上联合演习。同年7月，双方外长决定年内正式启动局长级海上安全磋商机制。10月，两国防务、外交部门就举行副部长级对话、在印度洋上开展联合演习达成协议。日本还推动美日印三国建立了三边对话机制。未来，日本还可能在海上巡逻、防空、弹道导弹防御、指挥通信等方面优先向印度提供相关平台和技术。

（二）迅速推进与东盟国家的海洋军事安全合作

日本近年来不断强化与东盟国家，特别是越、菲的海上军事安全合作，认为这是其加大对南海问题介入的最重要途径。这既是日本自

"9·11"事件以来以非传统安全领域为突破口,强化与东盟安全合作政策的延续,同时又增添了新的要素和特点。其一,合作已不再以应对非传统安全为幌子,而是直接指向南海问题,并提升至战略层面。2013年12月,安倍内阁出台的首个《国家安全保障战略》提出,东盟是"占据日本海上通道要冲的传统伙伴",今后将"深化发展以政治、安全保障为首的所有领域的合作"。其二,在推进海洋安全合作上的主动性、进取性、针对性明显增强。不仅安倍"战略外交"思想及"安保三箭"有很多推动亚洲各国海洋安全合作的内容,甚至提出构建"亚洲海洋同盟"来遏制中国。日本在具体行动上也采取了诸多步骤。例如,向菲律宾提供10艘大型巡逻船;在海上警备人才的培养、通讯系统的完善方面为菲律宾提供帮助;帮助越南提高海岸防卫能力等。2014年9月,日本政府召集东盟国家外交和防务负责人在东京举行了"防卫装备出口研讨会"及面向东盟国家的防卫装备展览会,进一步加大对东盟武器装备出口力度。其三,竭力打造"2+2"(外交、防务)或"3+3"(外交、海警、海军)海上安全合作框架。2013年2月,日本与菲律宾建立"3+3"海上安全磋商框架,并试图提升日越海洋安全合作。日本还提出希望与印尼建立"2+2"外交与防务磋商框架,并敦促马来西亚与其加强海上防务和海警当局间的合作。

(三)通过调整军事战略来同时应对东海南海问题

着眼应对海洋问题,日本近年对军事战略进行大幅调整。重要动向之一是在2010年《防卫计划大纲》中提出"动态防御力"概念,即特别重视部队的机动性和快速反应能力,以防范"恐怖袭击"和"外部力量侵占离岛"。安倍上台后推出的2014年度以后《防卫计划大纲》又进一步提出与美国构建"动态联合防卫力量",以灵活、持续应对各种情况。该构想强调战备、作战灵活性、可持续性和通联性,同时强化指挥控制通信情报能力、先进技术支持及后勤保障设施建设。为此,《大纲》要求日本自卫队采购更多的"宙斯盾"驱逐舰、潜艇、海上巡逻机、无人机、预警机、新一代驱逐舰、倾斜旋转翼飞机、机动作战车辆等装备。

(四) 日本南海政策变化的主要原因

主要有三个方面。第一，应对中国崛起。日本已将快速崛起的中国视为其在亚太最重要的竞争对手和主要威胁，对中国的军事现代化、海洋维权十分敏感，认为中国在南海的日益"强势"可能危及到其海上"航行自由"，并导致对地区主导权的争夺，因此希望通过南海争端从战略上牵制中国，挤压中国的战略空间。第二，转移在钓鱼岛问题上的战略压力。日本担心中国在钓鱼岛问题上呈现出与南海问题同样的所谓"强硬"姿态，因此期望通过积极介入南海争端，起到"声东击西"的效果，借南海牵制中国在东海的动作。第三，推行"战略外交"。近年来日本政治日趋右倾。安倍上台后，更是提出要展开"战略外交"，谋求日本全面振兴崛起，在国际事务和地区社会中要有操盘的主导权，展开与中国较量和对峙的外交行动。为此，安倍抓住"海洋安全"问题，开展对华"环绕外交"，试图构筑对华包围圈。南海问题的升温，无疑为日本提供了重要抓手。

三、印度的南海政策：选择性介入

进入21世纪后，印度高层认为，有必要加强印度在南海地区的力量存在。2007年5月出台的《印度海洋军事战略》则显著地将南海置于印度的利益区域之列。在这一背景下，印度逐步加大了"东进"步伐，并以"选择性介入"作为其南海政策的基调，主要表现在两个方面：

(一) 不断加大对南海事务的介入力度

印度通过积极介入南海事务已成为继美、日之后影响南海问题的第三大外部因素。首先，以印越合作为支点，寻求与东南亚各国加强安全合作，这已成为印度在地区进行力量投射的重要渠道。其次，加强与越南在南海油气资源开发方面的合作。2011年和2013年，越印先后两次签订在南海地区的油气勘探开采协议。越南共向印度提供南海9个区块用于勘探和开采。2014年9月，印度总统慕克吉访越时，越印再次就扩大南海的石油开采合作达成协议，越南将再外包两块南海油气区块给印度。第三，与美、日等区外大国加强在南海问题上的"共识"与合作。2013年5月，印度总理辛格访日期间，双方强调要在国际海洋法框架下维护航行自由和开展商业活动的权利。2014年8月，印度新总理莫迪上任后不久便访问日本，显示印度继续重视日印关系的态势。此外，日本海上自卫队和印度海军之间开展的双边和多边军演也在日益增多。

（二）印度对南海问题的介入具有明显的选择性或策略性

主要体现在三个方面：第一，印度的战略重心仍在印度洋，南海问题在印度整体战略中的优先度不高，印度的介入力度相较美日仍不算很大；第二，印度介入南海问题的手法以政策模糊性和争取左右逢源为主要特征，立场表述上不时出现前后矛盾之处，如2013年，印度一方面称"中菲海域纠纷是两国双边事务，印度不会干预"，另一方面又表示支持菲律宾通过国际仲裁解决南海争端；第三，印度虽在南海问题上与美、日接近，但由于其一贯坚持的"不结盟"政策及外交独立性，加之与美、日对中国崛起及其可能产生何种影响的认识存在着不同看法，以及在核能利用、人权、环境与生态问题等涉及印度国家利益的方面仍有不同程度的分歧，印度在南海问题等亚太事务中与美、日的合作是有一定限度的，其南海政策也有自己的底线。

（三）印度介入南海事务的主要原因

印度南海政策在根本上是南海地区在印度对外与战略政策中价值的反映，并集中体现了印度在南海地区的政治、经济与安全利益诉求。一是印度南海政策是其对华政策中"制衡"色彩日益浓厚的反映。印度始终从地缘政治对抗角度看待对华关系。随着中国加速崛起，考虑到中印之间还存在陆上边境争端、中印巴"微妙"的三角关系以及克什米尔问题，印度必然将南海作为"制衡"中国的着力点。二是印度南海政策是其对所谓"珍珠链"战略的反制。近年来，印度大肆宣扬中国在印度洋所谓的"珍珠链"战略，认为中国试图进入印度洋与其争夺影响力。为此，印度除积极投入和推动其海上力量增长外，还致力于向中国的后院南海投送力量，试图以此阻遏中国在印度洋的"扩张"。

四、俄罗斯的南海政策：间接影响，直接获益

俄罗斯当前在南海问题上政策总体上看是介入，但不像美、日那样公开嚣张，甚至也不如印度的"选择性介入"力度大，而是主要通过迂回曲折的方式加强在该地区的存在，借助与东南亚国家的经济联系、军火贸易以及油气合作，对南海局势发挥一种间接的或潜在的影响，其基本战略意图是为日后发挥更大作用做好前期铺垫。

（一）经济上更加主动地融入东南亚地区，深化双边和多边经贸往来

2005年12月，俄与东盟签署《经济发展合作协议》。2010年8月，第一届俄罗斯与东盟国家经济部长会议在越南举行。此外，俄还加入了东盟主导的"东亚峰会"、"东盟防长扩大会"等重要地区多边机制。

（二）军事上力推向东盟各国军售，抢占东南亚军火市场制高点

当前，向东盟各国出售武器装备，是俄罗斯在东南亚扩大影响力的最主要手段。近年来，俄罗斯先后向越南出售了"基洛"级潜艇、"猎豹"级护卫舰、苏-30战斗机、S-300防空导弹等诸多先进武器装备。印尼、马来西亚、新加坡等国也从俄罗斯采购了不少装备。

（三）在能源领域积极与越南等国开展合作，实际参与南海油气资源勘探与开发

俄罗斯与越南的南海油气领域合作可以追溯到苏联时代。苏联解体后，俄越关系出现短暂的冷淡，但不久双方在石油业上的合作就重新热络起来。2008年，俄罗斯天然气工业公司获得了南海四个区块的勘探权。2012年4月，俄越又签署协议，共同勘探开发位于我九段线内的05-2和05-3区块。

（四）俄罗斯介入南海事务的主要原因

俄罗斯发展与东南亚国家的关系固然有其开展正常外交的一面，即谋求正当、合理的国家利益，但不能忽视的是，俄加强在东南亚及南海地区的影响也有基于对中国强大担忧的一面。这些担忧包含以下几个方面：一是地缘战略因素。中俄都是欧亚大陆大国，都具有成为世界强国的潜力，双方之间必然会存在竞争甚至对抗。二是中俄实力差距在扩大。双方之间越来越大的经济差距，使俄对中国深怀戒备。三是俄担心其远东地区出现"中国化"趋势。这使俄对中国充满疑虑，认为这将导致其远东地区工业和经济基础依赖中国。

五、域外大国当前南海政策的主要特点

基于对上述四个域外大国南海政策的分析，本文认为它们具有4个共同特点：

（一）将南海问题置于国家安全战略框架下并随其总体战略需求而随时进行调整

美、日、印、俄的南海政策不是孤立问题的产物，而是在国家安全战略总体需求基础上制定出来的战略指导方针。首先，南海问题本身就

是亚太地区安全的组成部分，地区安全形势的变化会导致各大国对整个地区乃至全球战略的调整，进而辐射到南海问题。其次，南海问题的重要性、内部逻辑及各当事方政策会随着地区整体形势的变化而改变，这也会影响到各大国对南海问题的立场与举措。第三，美、日、印等国各自亚太战略的调整，加大了它们对南海事务的介入力度。从这个意义上讲，域外大国南海政策的变化，不是南海问题本身发生了多么大的变化，而是全球地缘战略形势的变化使然。

（二）南海政策中应对中国崛起因素的考量突出

促使美、日、印、俄南海政策调整的另一个关键因素是中国因素。中国崛起所导致的全球力量对比，特别是亚太地区力量对比的变化，使上述四国在各项政策设计中更多关注如何应对中国崛起。由于南海问题涉及中国崛起的诸多方面，如海权、海上通道、中国与周边关系、中国的海军现代化等，在美日等国看来，以这一问题应对中国崛起是很有力的抓手。通过更多介入南海问题，美、日、印等希望遏制中国的海洋权益拓展，继续控制印度洋—太平洋重要海上通道，使中国与周边关系复杂化，并及早为应对中国海军现代化做准备。即使是俄罗斯，也对我和平崛起抱有很大的戒心，因此在南海问题上也希望通过扩大影响力加以应对。

（三）在具体战术上显出较强的主动设计、主动参与和主动塑造意识

从美、日、印、俄在南海问题上所采取的一系列举措来看，四国在在南海问题上的主动性明显增强。它们已不仅仅是对事态发展进行旁观或做出被动反应，而且主动参与和塑造事态的发展，甚至主动设计一些战略，推动南海问题朝其有利的方向发展。例如，美国将60%的舰艇部署到太平洋战区，与菲律宾签署《强化防务合作协议》，在新加坡和澳大利亚部署舰艇和部队，都是在为日后可能的军事干预进行布势。美国有

学者甚至明确指出，美国南海政策的目标是"塑造中国的选择"，说服中国在南海采取一种对抗性较弱的政策，同时增大中国"强硬"行为的代价。日本在推进与东南亚国家海洋安全合作方面更加进取，提出向这些国家提供装备和人员培训，构建"3+3"或"2+2"机制，这些动作都是过去所没有的。印度和俄罗斯则通过与越南等国联合开发南海油气资源增强自身对南海事务的影响力。由于各大国的主动"塑造"，南海问题中大国博弈的成分在增加，对相关国家的影响加大，使得问题的复杂性进一步放大。

（四）以南海问题牵动军事战略调整及军力发展

在南海问题升温之后，美、日、印等国在应对南海局势时，都或多或少采取了军事上的举措，这些举措基本上与其军事战略调整方向保持一致，因此，各国都有借南海问题进一步推动其军事战略调整和军力发展的考虑。美国正在以应对南海、东海等亚太海洋安全热点为借口，强化在印度洋、东南亚和澳大利亚的军事存在。日本借南海和东海问题增加国防预算、提出防卫装备出口三原则、增购先进海空装备等，并强化在西南诸岛的军事部署。印度近年来也增加了在南海的军事活动，包括舰艇访问和联合演训，实质性地推动军事安全上的"东进"政策。

总的看，美、日、印、俄等域外大国尽管都在南海拥有重要利益，且美、日、印三国还有相互勾连的趋势，但南海问题在四国国家安全战略中的地位不尽相同，影响有大有小。对美国来说，南海问题涉及其在西太的海洋霸权，对日本则涉及海上通道安全和地区主导权，因此，美日对南海问题的关注度很高。对印度和俄罗斯来说，南海问题虽然重要，却并非其优先战略重点。美、日、印、俄各有打算，在应对南海事态时，并非完全步调一致，即使美、日两个主要域外大国，也并不想在南海问题上与我发生正面冲撞。所以，我在运筹南海政策时应思考如何利用各国南海政策的差异性和两面性，扩大我战略回旋空间，始终掌握战略主动权。

日本南海政策最新动态评析

李聆群

[内容提要]过去两年来，日本的南海政策出现明显调整。日本在南海问题上开始选边站，将南海与东海进行捆绑联动，利用美日同盟，打造围堵中国的海洋联防阵线。这些调整折射出日本向政治军事大国迈进的战略野心。对此，我应在南海问题上采取更灵活的政策和更大的耐心，合理照顾多方利益，将南海变成繁荣和平稳定之海，抵消日本的两海联动政策。同时，积极推进新型中日关系和中美关系的构建工作，争取相关国家共同对冲日本的战略转型，塑造适应我和平崛起目标的亚太新秩序。

[关键词]2013—2014年　日本南海支持　战略转型　最新动态

[作者简介]李聆群，中国南海研究协同创新中心研究员，博士。

2013年至2014年，南海局势持续升温。地区声索国小动作频繁，美、日、印、澳等域外大国纷纷调整各自的南海政策，更加积极地角逐区域影响力。[①] 其中，日本的南海政策调整力度之大、针对性之强，尤

---

① 例如，2014年初，通过连续三次国会听证会，美国向外界释放信号，表示调整其南海政策的基调，并加快强化美国同盟体系的步伐。除了美国外，印度也加紧其东进战略的实施，特别体现在与越南的军事经济及政治合作上。2014年9月印度国防部高级代表团出访越南，进一步落实印度向越南出售布拉莫斯三军通用反舰巡航导弹。10月11日受印度之邀，越南国家主席张晋创出访印度。另外印度还将为越南海军俄制基洛级潜艇加装潜射布拉莫斯反舰导弹系统，并参与培训越南海军潜艇艇员。参见 Ankit Panda, "India-Vietnam Supersonic Missile Talks in 'Advanced Stage'," *the Diplomat*, September 15, 2014, http://thediplomat.com/2014/09/india-vietnam-hypersonic-missile-talks-in-advanced-stage/，和 Harsh V. Pant, "India and Vietnam Add a Punch to Their Ties," *Japan Times*, November 29, 2013, http://www.japantimes.co.jp/opinion/2013/11/29/commentary/world-commentary/india-and-vietnam-add-a-punch-to-their-ties/#.VFYuZTSUcje。

为引人注目。本报告在梳理安倍第二次上台后日本着重在三个方面展开其南海政策的新布局基础上，深刻剖析了日本此次政策调整的动机和目标，并就我如何应对和破解日在南海问题上的图谋提出了看法。

一、2013—2014 日本的南海政策最新动向

2013—2014 年日本的南海政策调整主要集中在三个方面。

（一）日本改变以往相对中立的立场，开始在南海问题上选边站。将中国在南海和东海的行为进行捆绑，将日本和南海其他争端国捆绑起来，在国际舆论上塑造出一个共同受中国威胁的群体，站在中国的对立面

2012 年之前，日本主要通过双边和多边外交渠道对南海问题影响地区稳定和南海航行安全的可能性表达关切，在南海争端上，日本基本保持相对中立的立场。2012 年底安倍晋三第二次出任日本首相后，安倍内阁在南海问题的立场开始出现明显的倾斜。安倍政府和防务官员充分利用媒体访谈，官方和民间论坛等各种公开场合，以及政府官方文件的形式在南海问题上制造舆论，指责中国在南海的维权行为和政策，并不分黑白地支持其他南海争端国不利于地区稳定的声索活动。

2013 年 2 月，安倍本人在接受华盛顿邮报的采访时声称，中国政府企图通过在领土争端上的纠纷来获取国内民众对政府的支持。他要求中国必须认识到通过武力威胁来改变规则或获得别国的领土和领水是行不通的。[①] 2014 年 5 月 30 日，安倍在出席亚洲安全会议时指出，日本将全力支持东南亚国家维护海空安全的努力，表示他会用实际行动对在南海

---

① Japan's Prime Minister Shinzo Abe: Chinese Need for Conflict 'Deeply Ingrained', *The Washington Post*, February 20, 2013, http://www.washingtonpost.com/world/japans-prime-minister-shinzo-abe-chinese-need-for-conflict-is-deeply-ingrained/2013/02/20/48adbc80-7a87-11e2-9a75-dab0201670da_story.html

与中国有领土争议的菲律宾和越南提供支持，包括提供巡逻艇，技术，人员培训等。①

2013年12月4日，安倍政府效仿美国成立日本国家安全保障会议，出台了首部《国家安全保障战略》。该战略将东海和南海局势捆绑，将日本与中国的周边国家捆绑，指责中国对日本"以及周边国家坚持独立主张，试图以力量改变现状"，并提出，"对于南海问题，相关东盟国家努力制定与中国之间的行为准则（COC），努力依据法律和规则而非以力量解决纷争。对此我们给予高度评价，并为其能够成功制定有效的且具有法律约束力的规范而提供支援。"② 2014年1月12日，日本防卫大臣小野寺五典在出席自卫队演练时向媒体宣称，海南省新执行的要求外国渔船进入南海须经批准的法规使整个国际社会惶恐不安。他将海南省的渔业新规和中国在东海设立防空识别区进行捆绑，说中国的这两个行为引起了"不仅仅是日本，而是整个国际社会对中国单方面挑战国际秩序"的关切。③ 2014年6月，在出席7国集团会议上，安倍点名批评中国在东海和南海企图以实力改变现状"，④并呼吁7国集团应该联合起来对中国的行为采取一致立场和行动。⑤

---

① "Keynote Address: Shinzo Abe," The International Institute for Strategic Studies. May 30, 2014. http://www.iiss.org/en/events/shangri%20la%20dialogue/archive/2014-c20c/opening-remarks-and-keynote-address-b0b2/keynote-address-shinzo-abe-a787.

② 《国家安全保障战略》中文版全文发表在日本驻华大使馆网站：http://www.cn.emb-japan.go.jp/fpolicy/nss_c.pdf。

③ "Japan Condemns China Fishing Curbs; Vows to Defend Islands," *Reuters*, January 12, 2014, http://www.reuters.com/article/2014/01/12/us-japan-china-onodera-idUSBREA0B03J20140112.

④ "Press Conference by Prime Minister Shinzo Abe Following the G7 Summit,"日本首相官邸官方网站，2014年6月5日，http://japan.kantei.go.jp/96_abe/statement/201406/0605naigai.html，上网时间：2014年12月10日。

⑤ "Abe Calls for G-7 Unity to Deal with Asia Tensions," *Japan Times*, June 2, 2014, http://www.japantimes.co.jp/news/2014/06/05/national/politics-diplomacy/abe-calls-g-7-unity-deal-asia-tensions/#.VI18idKUcjd.

（二）日本开始借助日美同盟来突破以往的与南海地区国家的防务合作的范围和层次，试图通过新型防务合作将南海地区并入其正在构筑的遏制中国的海洋联防包围圈

在2012年之前，日本与南海周边国家的防务合作主要限制在非传统安全领域内，特别是有关打击海盗和走私的议题上。日本、东盟、中国、韩国以及印度等国家在2004年11月11日一起通过了《亚洲地区反海盗和武装劫船合作协定》（ReCAAP），并在2006年9月4日生效。[①] 2013年开始，安倍内阁有计划有步骤地改革和突破国内防务法的约束，企图构筑遏制中国的海洋联防包围圈。这种努力在其南海政策上的反映，就是日本积极加强和深化与南海争端国和关切国在传统安全领域的防务合作，合作的范围和层次与以往相比有了明显的突破和更强的遏制中国的目的性，将南海地区打造成海洋联防圈的一环。

安倍第二次执掌日本内阁后，日本政府积极主动地迎合美国的亚太再平衡战略，明确将强化日美同盟，和配合美国的亚太同盟体系建设为防务优先发展方向，主动承担以美主导的亚太地区安全秩序的分工。

以美日同盟为核心进行国防战略布局的原则在《国家安全保障战略》中以明文确立，并多次加以强调。文件中的第四部分为"我国应该选择的国家安全保障的战略性路线"，其中明确规定加强日美同盟是核心政策之一，强调"日美同盟是国家安全保障的主轴，""一直以来承担着美国亚太战略的基础角色"。日本"需要进一步增加日美安全保障体系的时效性，在更多方面实现日美同盟"，具体措施包括：重新评估《日美防卫合作指针》，推进联合训练，共同开展情报手机、警戒监视，侦察活动，同时在弹道导弹防卫、海洋、太空、网络空间、大规模灾害应对等安全保

[①] 关于《亚洲地区反海盗和武装劫船合作协定》（ReCAAP）的介绍，参见ReCAAP官方网站，http://www.recaap.org/AboutReCAAPISC.aspx。

障领域加强广泛合作，提升日美同盟的遏制力及应对能力。①

2013年10月起，日本与美国就修订《日美防卫合作指针》展开磋商。2014年10月8日，《日美防卫合作指针》修订工作中期报告出炉。报告指出，此次修订将强化美日同盟和增强威慑力，与日本的"积极的和平主义"政策相一致。② 美国的防务官员明确表示，此次修订完全是针对美国"亚洲再平衡"战略的布局，美国的盟友日本将承担更大的防务责任。③ 此外，安倍政府还通过了《特定秘密保护法》，为美日更大范围和更深层次的情报共享做准备。④

日本通过利用美国的亚太同盟体系，将自身的军事辐射力拓展到美国同盟体系所能触及的范围，进一步强化了对南海地区安全领域的实质性介入。由此，日本积极配合和参与美国同盟体系框架下在南海地区的各种军事和半军事演习。2014年5月29日，配合美国太平洋舰队在越南，柬埔寨，菲律宾，东帝汶举行的"太平洋合作伙伴—2014"国际人道主义救援演习，日本海上自卫队使用"大隅"级"国东"号运输舰，将美国和澳大利亚军队的140多人送往南海。这是日本海上自卫队首次作为主要任务平台参与美国太平洋舰队的年度人道主义救援演习，也是日本海上自卫队运输舰首次运送百人以上规模的美澳军队。⑤ 此次演习发生在中国在西沙群岛附近架设"981钻井平台"后不久，日本此举意在向中国展示美、日、澳三国在东南亚地区的团结合作。10月2日，日本首次参加美国—菲律宾的两栖登陆演习。该演习专门针对南海地区敌方攻击

---

① 见日本《国家安全保障战略》，第18-19页。《国家安全保障战略》中文版全文发表在日本驻华大使馆网站：http://www.cn.emb-japan.go.jp/fpolicy/nss_c.pdf。

② 《日美防卫合作指针》修订工作中期报告（The Interim Report on the Revision of the Guidelines for Japan-U.S. Defense Cooperation）全文发表在日本外务省网站上：http://www.mofa.go.jp/files/000055169.pdf。

③ Ankit Panda, "US, Japan Overhaul Mutual Defense Guidelines," The Diplomat, October 9, 2014; http://thediplomat.com/2014/10/us-japan-overhaul-mutual-defense-guidelines/.

④ 《特定秘密保护法》全文的英文版发表在：http://www.japaneselawtranslation.go.jp/law/detail/?id=2231&vm=04&re=01。

⑤ "Pacific Partnership 2014 Kicks Off in Vietnam," The official website of United States Navy, June 6, 2014, http://www.navy.mil/submit/display.asp?story_id=81496.

岛屿时的夺岛行动。日本的加入被视为"决定解禁集体自卫权之后的日本自卫队的未来角色的第一步"。①

日本与澳大利亚的防务合作也迅速展开。2014年11月16日，借布里斯班G20峰会之机，日本与美国、澳大利亚共同探讨"海洋联防"，应对中国潜艇的活动。日本提出向澳大利亚提供先进潜艇和水下侦察技术，用以提高澳大利亚在南海和印度洋对中国海军动向进行警戒监视和作战的能力。②日澳之间的紧密合作不仅仅是美国的要求和压力，也符合《国家安全保障战略》中的规定：日澳之间"拥有共同的战略利益和相同的关切"，需"切实推进战略认识共享和安全保障合作"，"恰当发挥日美澳三国合作框架的作用"。③

近两年，日本向印尼提供了3艘巡逻艇，向菲律宾提供10艘巡逻艇，向越南提供6艘舰船，并提供相应的培训、技术和设备，加强东盟国家的海洋行动和侦察能力。④ 2013年11月，在菲律宾遭受台风袭击后，日本向菲派出1,180名自卫队官兵，成为自卫队历史上最大规模的国际紧急救援行动。⑤作为回报，菲律宾同意向日本开放部分海军基地。⑥日本还向印度出口水陆飞机，力图加强与印度"在海洋安全保障等众多领域的

---

① "SDF Observes Island Defense Exercise in Philippines, Aimed at Countering China," *Asahi Shimbun*, October 3, 2014；http://ajw.asahi.com/article/behind_news/politics/AJ201410030061.

② "Japan, US Move toward Joint Submarine Development with Australia," *Nikkei Asian Review*, November 17, 2014, http://asia.nikkei.com/Politics-Economy/International-Relations/Japan-US-move-toward-joint-submarine-development-with-australia.

③ 见《国家安全保障战略》，第20页。

④ Martin Petty, "Japan Offers Vessels to Vietnam to Boost Its Sea Strength," *Reuters*, August 1, 2014；http://www.reuters.com/article/2014/08/01/us-vietnam-japan-idUSKBN0G13EA20140801; "Japan's Pivot Should Be Sustained: View from Southeast Asia," CogitAsia of CSIS, October 8, 2013, http://cogitasia.com/japans-pivot-should-be-sustained-view-from-southeast-asia/.

⑤ "Japanese Medical Team Begins Mission in Typhoon-hit Philippines," *Japan Times*, November 15, 2013, http://www.japantimes.co.jp/news/2013/11/15/national/japanese-medical-team-begins-mission-in-typhoon-hit-philippines/.

⑥ "Japan's Pivot Should Be Sustained: View from Southeast Asia," CogitAsia of CSIS, October 8, 2013, http://cogitasia.com/japans-pivot-should-be-sustained-view-from-southeast-asia/.

合作关系"。①

与此同时，日本还积极谋求利用北约国家对南海的关注，拓展与北约的防务合作。在2012年以前，日本与北约的防务合作，主要是以财政援助的形式，对北约在阿富汗地区的国际安全援助部队进行防务支持。2013年4月，北约秘书长拉斯姆森访问日本，与日本共同签署了联合政治声明，强调日本与北约在全球的合作，暗指今后的合作将超越阿富汗地区。②2014年5月6日，安倍访问北约总部，点名批评中国在东海和南海地区单方面以武力改变现状，提出日本将改革防务体制和法制予以应对，并表示日本与北约是天然的伙伴。③安倍的政策设想得到了北约秘书长拉斯姆森的支持。④通过这一系列的防务合作，日本建立起针对中国的印度洋-南海-东海-太平洋的海洋联防包围圈。

（三）日本对整个东盟地区的经济援助的力度显著增强，经贸外交和理念外交双管齐下拉拢东盟国家，通过与东盟国家深化在经济和安保领域的合作，扩大日本对东盟外交和意识形态的影响力，以便在南海问题上推动东盟孤立中国，对中国形成外交合围态势

安倍上台后，由于首访美国的计划未果，便将首次出访地点选在东南亚。截至2013年11月17日，安倍五访东盟地区，在不到一年的时间里，完成了对东盟全部十个成员国的访问，成为日本首位访问过东盟全部成员国的在任首相。其中对部分国家进行多次访问。2013年1月，安倍派日本副首相麻生太郎访问缅甸，5月，安倍正式访问缅甸，实现了日

---

① 见《国家安全保障战略》，第20页。

② "NATO - Topic: NATO cooperation with Japan", NATO, May 8, 2014, http://www.nato.int/cps/en/natohq/topics_50336.htm；"NATO 2013 Report: Broadening Partnerships for Global Security," The Atlantic Council, January 28, 2014, http://www.atlanticcouncil.org/en/blogs/natosource/nato-2013-report-broadening-partnerships-for-global-security.

③ 安倍在北约总部的全文讲话发表在日本首相官邸官方网站上，http://japan.kantei.go.jp/96_abe/statement/201405/nato.html，上网时间：2014年12月10日。

④ "Japan, Worried about China, Strengthens Ties with NATO," *Reuters*, May 6, 2014, http://www.reuters.com/article/2014/05/06/us-nato-japan-idUSBREA450RT20140506.

本首相36年来首度访问缅甸。① 在对东盟国家的访问过程中，安倍与随行的日本经济界代表带去巨额政府经援项目和各类投资合作项目。安倍政府与越南签订了5亿美元的贷款合同，与印度尼西亚达成在能源领域的合作，与泰国签订高铁协议。在访问缅甸期间，安倍宣布免除缅甸全部债务，并提供巨额援助；承诺为柬埔寨和老挝提供政府开发援助项目，并计划在保健医疗领域进行投资与合作。②

除了使用经援项目拉拢与东盟国家的关系外，安倍还不遗余力地向东盟国家推行理念外交和价值观外交，力将东盟和日本捆绑起来形成亚洲民主国家联盟，③ 将中国塑造成威胁亚洲海洋安全和自由开放的国家，试图在意识形态上孤立中国。安倍政府经援外交和理念外交双管齐下的目的是大力提升日本塑造东盟国家在南海问题上的立场的能力，也为推动东盟国家在地区多边和双边外交框架内联合起来孤立中国，对中国进行施压。除此之外，安倍政府还与澳大利亚、新西兰、印度等国达成海洋安全领域合作的共识。

二、日本南海政策调整的动机、目标和方式

安倍执掌日本内阁的2013年和2014年，对日本的南海政策所进行的大力调整，并不是孤立的冲动型的决策行为，而是紧紧围绕实现国家战略转型的大方向展开的。安倍的最终政治蓝图是带领日本摆脱战后体制，将日本打造为政治军事大国，担负起亚太地区的领导角色和国际事务的重要角色。在此战略目标的导向下，对日本的南海政策进行相应调整是

---

① "Abe's Myanmar visit may help Japan parry China's influence," Japan Times, May 27, 2013, http://www.japantimes.co.jp/news/2013/05/27/national/abes-myanmar-visit-may-help-japan-parry-chinas-influence/#.VI2hENKUcjf.

② "Abe Begins Visit to Cambodia, Laos," Japan Today, November 16, 2013, http://www.japantoday.com/category/politics/view/abe-begins-visit-to-cambodia-laos.

③ 张伯玉：《日本对中国"包围"外交剑指海洋安全保障》，载《世界知识》2013年第24期，第33页。

安倍的必然选择，此种调整也成为安倍进行防务体制改革的系统工程的有机组成部分。

（一）日本将全面对抗中国视为日本实现国家战略转型的首要任务和跳板

在2010年之前，日本一直在积极地调整其南海政策，对冲中国迅速扩张的地区影响力，但这一时期，日本的政策并不是建立在与中国进行全面战略对抗的基调上。但是到了2010年前后，日本对中国的战略评判开始发生变化。2010年，中国的GDP超过了日本，成为世界第二大经济体。两国的经济地位发生了互换，中国的经济辐射力空前强大，军事实力也迅速发展；中日结构性矛盾明显激化，日本战略焦虑感倍增。现实迫使日本人反思日本的战略走向：屈服中国还是跟从美国？2010年12月17日，日本内阁通过2010年《防卫计划大纲》，在两个走向之间作出了选择。在日本看来，中国的崛起已不简单是政策微调就可以对冲的了，日本逐渐明确地将中国视为其战略对手和头号威胁，视为日本在走向"正常国家"，成为国际顶尖大国的道路上的障碍和威胁。

2012年9月11日，日本政府宣布钓鱼岛国有化。这虽是社会民主党政府的行为，但它是日本利用钓鱼岛明确其全面遏制中国目标的一个重大战略举措。安倍领导的自民党上台后全面深化和忠实执行了与中国全面对抗的战略。同时，安倍利用对抗中国的战略作为跳板，推动战后防务体制向这一战略目标迅速转型，重新建构日本防务发展的布局和方针。2013年12月4日，安倍政府效仿美国成立了日本国家安全保障会议，连续出台三项防务战略文件：《国家安全保障战略》、《防卫计划大纲》和《中期防卫力整备计划》。[①]《国家安全保障战略》构建了未来日本国防发展

[①] 见《East Asia Strategic Review 2014》，日本防卫省防卫研究所：http://www.nids.go.jp/english/publication/east-asian/e2014.html。

的方向和对外战略关系的基本原则,明确树立对抗中国的目标。①2014年1月7日,作为日本国家安全保障会议的事务局的国家安全保障局正式挂牌成立。为了强化与防卫省的联系,安保局有多名自卫队和防卫省的官员任职。该机构下设"宏观"、"战略"、"情报"、"同盟及友好国家"、"中国和朝鲜"以及"中东等其他"6大部门。②中国和朝鲜是唯一被专门列为应对的国家,显示日本对中国作为头号战略对手的重视程度。

《防卫计划大纲》和《中期防卫力整备计划》是《国家安全保障战略》的支撑性文件,规定了日本防卫力量的具体发展步骤。2013年《防卫计划大纲》提出针对中国用武力改变现状的情况和日本周边安全环境非常严峻的考验,日本将强烈警惕中国的动向。③2010年《防卫计划大纲》已提出要超越之前的基础防卫能力(basic defense capability),建设"动态防卫力量"(dynamic defense force)。2013年《防卫计划大纲》进一步升级"动态防卫力量",提出建设"联合动态防卫力量"。④特别强调打造海空无缝联合作战能力,用以保障日本的制海权和制空权优势,并着力于机动灵活的部队快速展开和多元化的后勤保障。⑤两部防卫文件出台后,军费开支连续增长。⑥自卫队计划从美国引进17架新型运输机"鱼鹰",3架无人侦察机,28架F35战斗机,以及5艘舰艇,其中两艘装

---

① "Japan Adopts New Security Strategy to Counter Assertive China," *Japan Times*, December 17, 2013, http://www.japantimes.co.jp/news/2013/12/17/national/japan-adopts-new-security-strategy-to-counter-assertive-china/#.VI7ZotKUcjc.

② 《日本国家安全保障局挂牌》,北京晚报,2014年1月8日:http://bjwb.bjd.com.cn/html/2014-01/08/content_141085.htm。

③ 《防卫计划大纲》的英文版全文刊登在日本首相官邸官方网站上,http://japan.kantei.go.jp/96_abe/documents/2013/__icsFiles/afieldfile/2013/12/17/NDPG(Summary).pdf,上网时间:2014年12月10日。

④ 关于2004年《防卫计划大纲》,2010年《防卫计划大纲》和2013年《防卫计划大纲》的比较,参见日本《2014年防卫白皮书》,日本防卫省官方网站,http://www.mod.go.je/publ/w_paper/pdf/2014/DOJ2014_2-4-1_web_1031.pdf,第141页。

⑤ 日本《2014年防卫白皮书》,第145页。

⑥ 日本《2014年防卫白皮书》,第174页。

有Aegies反弹道导弹系统。①

安倍政府还积极推动修改《和平宪法》，解禁集体自卫权。自民党在2013年夏天的参院选举竞选纲领中提出先行修改宪法第96条，并与联合执政的公明党共同赢得参议院过半席位。宪法第96条规定，若修改宪法必须得到众参两院三分之二议员的同意，并在国民投票中过半数。安倍领导的自民党力图对宪法第96条进行修改，就是为了降低修改宪法第9条的门槛。2014年5月，"重建安全保障法律基础恳谈会"小组向安倍政府提交了关于修改宪法解释以解禁集体自卫权的报告。②2014年7月1日，日本自民党和公明党两个执政党举行安全保障法制建设磋商会，以内阁决议的形式正式解禁集体自卫权。③

（二）日本的南海政策调整是打造对抗中国的海洋联防圈的重要一环

日本在迈向政治军事大国，担负起亚太地区的领导角色的道路上，横亘着一个迅速崛起的中国，正一步步压缩其主导亚洲事务的空间。日本感受到的是正在逐渐关闭的机会之窗（windows of opportunity）。因此日本迫切希望能抓住时机，联合所有可以联合的力量，全面打压中国，为自身实现战略转型争取时间和空间。因此，日本在对内摆脱束缚其成为政治军事大国的战后防务体制的同时，积极向外深耕与亚太地区国家的防务关系，利用中国在南海的主权争端，拉拢南海周边国家，和南海关切国如印度、澳大利亚、美国，建立起对抗中国的印度洋-南海-东海-太平洋海洋联防包围圈。

为了推动与相关国家的防务关系迅速向传统安全和敏感领域迈进，

---

① 见日本《中期防卫计划》，日本防卫省官方网站，http://www.mod.go.jp/j/approach/agenda/guideline/2014/pdf/Defense_Program.pdf，第33页。
② 该报告的英文版全文刊登在日本首相官邸官方网站上，http://www.kantei.go.jp/jp/singi/anzenhosyou2/dai7/houkoku_en.pdf，上网时间：2014年12月10日。
③ 内阁决议的英文版全文刊登在日本外务省官方网站上，http://www.mofa.go.jp/fp/nsp/page23e_000273.html，上网时间：2014年12月10日。

日本政府于2014年4月1日修改了坚持几十年的武器出口原则，放宽武器技术出口的限制，为建立对抗中国的南海地区军事政治同盟提供便利。"武器出口三原则"于1967年首次提出，规定不向共产主义阵营出售武器；不向联合国实施武器禁运的国家出售武器；不向正在发生或者可能发生国际争端的当事国出售武器。[①]2014年4月，安倍内阁通过"防务装备和技术转移三原则"，将"武器出口"改名为"装备和技术转移"，大大放宽了原先的"武器出口三原则"对日本进行研发武器，出口防务装备和技术的限制。新三原则确立了以"积极主动地贡献和平"和维护"日本安全"为装备转移的原则。所谓的"积极主动地贡献和平"，"日本安全"这些装备技术转移的条件的定义非常空泛，对日本的武器出口和防务合作没有任何实质性的限制。新三原则规定日本将积极与同盟国美国以及和日本进行合作的国家之间进行防务装备的联合开发和生产；和加强与日本友好的国家和同盟国之间的防务合作。[②]前文提到的向澳大利亚出口先进潜艇和相关技术以及帮助东南亚国家提升海洋活动能力便是这种新型防务关系的典型例证。

三、日本的南海政策趋势展望

日本的南海政策的调整才刚刚拉开序幕，而且只要安倍继续执政就还会继续调整下去。

---

① 原先的《武器出口三原则》的英文版全文刊登于日本外务省官方网站上，http://www.mofa.go.jp/policy/un/disarmament/policy/，上网时间：2014年12月10日。

② 《防务装备和技术转移三原则》的英文版全文刊登与日本外务省官方网站上，http://www.mofa.go.jp/files/000034953.pdf，上网时间：2014年12月10日。

（一）安倍解散众议院提前举行大选并领导自民党与公明党执政联盟获得压倒性胜利，表明他依然处于强势执政地位

安倍政权的延续将使得日本的南海政策在未来几年里，其调整方向将保持一定的连续性和连贯性。值得注意的是，日本政坛近年来日趋保守，并明显表现出强人政治的趋势。从小泉政权开始到现在，凡是执行强人政治的首相都获得了极高的民意支持来贯彻其强硬政治主张，如小泉纯一郎和第二次上台的安倍晋三。而走温和路线带来的则是政权的频繁更迭，正如2007年到2012年之间所呈现的日本政坛乱象。因此，从中长期看，未来的日本政府继续对华强硬，对美迎合，对国家战略转型坚决贯彻执行极有可能成为"新常态"。

（二）日本的南海政策作为其国家战略转型的长期性系统性工程的一个有机组成部分，将继续沿着拓展和深化与南海周边国家和南海关切国的外交和防务合作，联合对抗中国的方向发展

在"防务装备和技术转移三原则"出台后不久，日本防务省就着手制定计划，准备与美国，澳大利亚，印度，东南亚国家和其他友好国家联合开发新式武器和分享技术。[1] 与此同时，日本政府正在加紧谋划建立财政支持项目为武器出口和防务合作提供军事贷款。[2] 可以预见，今后日本在南海地区的武器设备出口，联合开发，技术指导培训以及其他军事半军事派遣与防务合作必将越来越多。

---

[1] "Japan Accelerates Joint Arms Development with Other Nations," *The Asahi Shimbun*, June 20, 2014, http://ajw.asahi.com/article/behind_news/politics/AJ201406200065.

[2] "Exclusive-Japan Eyes Military Aid to Spur Defense Exports, Build Security Ties," *Reuters*, November 27, 2014, http://www.reuters.com/article/2014/11/27/us-japan-defence-exports-idUSKCN0JB04K20141127.

（三）日本继续积极强化日美同盟的行为将极大提升日美同盟在印太地区的活力

在日本的合谋和协助下，美国的"亚太再平衡"战略将得到有力推动。在中、日、美三角关系尚未形成一个新的稳定平衡秩序之前，日美关系的单方面加强和提升在短期内对我国和平崛起的战略环境构成相当明显的威胁和挑战。目前，日美正在积极打桩，桩脚不仅包括印度、澳大利亚等印太大国，还包括缅甸、柬埔寨等印太北部沿岸与中国友好的国家，此种趋势如不加以扭转，一个日美共同主导的遏制中国的印太包围圈或者亚洲"小北约"集团将渐渐浮出水面，而中国执行睦邻友好政策多年来打下的基础也将会被日美同盟不断蚕食破坏。

四、对策思考

针对此次日本南海政策的调整特点、方式和动机，本报告提出以下两个方面的对策建议。

（一）将日本的南海政策中的合理关切部分与战略利用南海的部分进行切割，区别对待，区别应对

南海在日本的国家利益中占据重要经济地位，日本对南海的关注和介入在过去几十年里从未间断过，这是我国在考量中日关系和制定南海政策时必须面对和接纳的一个基本事实。因此，在涉及南海国际航道的自由和安全，东盟地区建设经济共同体和区域全面经济伙伴关系等议题上，中国应该允许和鼓励日本的积极参与，并在和日本有很多利益共同点之处进行互惠合作。中国自身也要积极参与南海海上航道多边安全机制的建设。在支持东盟经济共同体和区域全面经济伙伴关系的建设时，不仅提供经济上的支持，更要在制度上参与和前瞻性的引导，联合日本之力将东盟经济共同体的建设与区域全面经济伙伴关系的磋商和中国倡

导的亚太自贸区建设有机整合，削弱美国主导的跨太平洋伙伴关系协议试图将中国边缘化的企图。当南海真正成为和平之海、合作之海时，日本在南海事务上将自然采取遵守和配合地区秩序的姿态，成为规则遵守者而不是搅局者，以便从中分享更多的利益。

然而，日本此次南海政策的调整已超出其对南海传统经济战略利益的关切，它是在积极谋求在南海事务上获得更大的影响力，希望通过战略利用南海问题实现其军事政治大国的野心。因此，在南海问题上，我国应继续坚持双轨思路，一方面加快主权争端的磋商，另一方面将深化和拓展与南海周边国家在南海地区进行海洋经济合作创新，提供海洋环境保护、减灾救灾、人道主义搜救方面的公共产品等议题纳入COC谈判中，塑造中国作为负责任的大国的形象。这些政策将有效减少日本插手南海问题和拉拢南海周边国家的借口，减少日渲染中国威胁论的机会。

同时，我国应特别加强与南海地区国家的历史人文交流，以多种方式支持东南亚地区有关日本在20世纪通过海洋扩张史的研究和学术活动。许多东南亚国家与中国一样，在20世纪经受过日本的殖民侵略和二战的炮火，东盟很多国家还遭受过西方国家的殖民，因此对日本的介入和扩张有着本能的很深的戒备之心，对国家主权和外交政策的独立自主高度敏感。东盟的主要领导国印尼、马来西亚等国，是冷战时期不结盟运动的成员。正因为如此，日本在推进南海地区和马六甲海峡的海盗合作项目上一直没有取得其预期效果。通过民间学术文化的交流，可间接促使东南亚国家对日本利用南海实现政治军事大国转型的野心提高警惕。

（二）应对日美同盟的强化和拓展，我应认清日美同盟自身的基础和局限性，找到发力点破解其对我的战略制约

日美同盟是美日两国出于各自利益考量而相互利用的产物，有其自身的不稳定性。对于日本来说，日美同盟的强化虽然受到美国的施压，但它并不单纯是美国"亚太再平衡"战略下的产物，而是日本主动选择的结果。日美同盟的强化不是日本的防务终极目标，而是其实现国家战

略转型的工具。因此，日本积极利用美日同盟摆脱战后体制，将政治军事辐射力拓展到美国同盟体系所能触及的范围。等到日本成为真正意义上的政治军事大国之时，日本一定会寻求摆脱美日同盟，因为后者将限制其发挥影响力的空间。对于美国而言，美日同盟在短时期内是维护和巩固其在亚太地区的霸权地位、遏制中国的有效工具。但是，美国的决策者也很清楚，日本有成为政治军事大国的野心，不会完全服从美国的领导。美国也不愿意看到日本成为一个不甘于美国摆布的政治军事大国。美国决策者一定会审慎考量美日同盟是否能牢固维持下去这个重大战略问题。

因此，我国需要同时推进中日关系和中美关系在战略层面的不同方向的调整。对日本，我国必须向日本表明我要求日本反省历史、走和平主义道路的坚定立场，同时积极争取韩国和俄罗斯的支持对日本的军事化转型进行外交层面的施压。乌克兰危机之后，俄罗斯的战略注意力在迅速向东转移，未来在东亚地区事务的影响力将迅速提高，可以发挥牵制日本的作用。美国的另一盟友韩国在朴槿惠上台后，对安倍政府的鹰派路线十分不满，也在积极加强与中国的战略合作关系。今后，中国应与韩国和俄罗斯加强联系与合作，共同构建防范日本国家战略转型的联合阵线。

对美国，一方面，我应向其表明我对日本借助日美同盟实现快速军事化转型的严重担忧，阐述此举对亚太秩序和中美关系带来的负面影响，积极争取美国并不时提醒日本的军事大国野心。另一方面，我应充分尊重美国作为世界唯一超级大国的地位，在东亚地区所拥有的重要影响力和战略利益。随着时间的推移，中国将逐渐成为今后亚太和国际事务中不可或缺的国家，中国对美国的影响力也越来越大，在气候变化、反恐、国际金融秩序等很多国际治理领域，美国都需要中国的合作和相互配合。因此，中国在推动中美建设新型大国关系的过程中除了充分尊重美国在亚太地区的合理利益和影响力，更要在国际治理领域与美国合作和配合，以换取美国对中国倡导的东亚和亚太格局的尊重和配合。

对日本安倍政府密集发起"东盟攻势"的分析

刘军红　徐学群

[内容提要] 近年来，中日围绕地区制度主导权博弈、较量频繁，围绕海洋利益、权益争夺日渐明显。较之其他域外大国，日本对南海争端的外交介入更积极，意志表达更直接、力量使用更有力，对我周边外交环境和海上利益影响更直接。安倍晋三重掌政权后，将东盟视为地缘政治和海洋利益的战略要塞，遍访东南亚，对东盟展开了全面攻势。本文认为，日本对东盟的战略目标明确，战略步骤清晰，战略手段多元，势必会对地区格局产生重大影响，对南海形势造成明显冲击，我应高度关注。

[关键词] 日本　安倍政府　"东盟攻势"　南海形势　冲击

[作者简介] 刘军红，中国现代国际关系研究院日本研究所研究员，博士生导师；徐学群，中国现代国际关系研究院日本研究所副研究员。

日本向来将东南亚视为传统战略势力范围和海上"生命线"。近年来，中日围绕地区制度主导权博弈、较量频繁，围绕海洋利益、权益争夺日渐明显。较之其他域外大国，日本对南海争端的外交介入更积极，意志表达更直接、力量使用更有力，对我周边外交环境和海上利益影响更直接。2012年底，安倍晋三重掌政权，在高举"积极的和平主义"大旗下，将东盟视为地缘政治和海洋利益的战略要塞，大搞"俯瞰地球仪外交"，遍访东南亚，强化全方位关系，展开经济、安全两条线，加固"地缘经济战略腹地"，启动海洋枢纽安全战略，全面推进"东盟攻势"。战略目标明确，战略步骤清晰，战略手段多元，对地区格局和南海形势构成现实冲击。

一、提升东盟地缘战略地位，抛出东南亚外交新理念

在日本看来，当前东南亚地区安全保障不充分，海上纷争激化"令人担忧"，尤其是中国"渐进式膨胀"、海上强势维权，美国与东南亚国家关系推进，迫使日本"期待与东盟建立超越经济关系，共同承担地区安全责任，特别是航海自由责任的关系"。安倍政府基于对东南亚地缘战略要塞地位及地区形势的认识，将东盟提高到了东亚地区地缘战略枢纽的地位，在"积极的和平主义"[①]名义下展开"东盟攻势"，并将其定位为"地球仪外交"的重要支柱。

安倍上台一年内5次访问东南亚，完成了对东盟10国的遍访，其频度之高、力度之大前所未有，推出了"东南亚外交新理念"，点面结合，有针对性地加强与各国关系。2013年1月16-18日，安倍二任伊始，便将首访安排在东南亚，在印尼提出"东盟外交五原则"：（1）日本愿与东盟各国共同努力维持扩大自由、民主和基本人权等普遍价值观；（2）由法律而非力量支配的自由、开放的海洋是"公共财产"，日本愿与东盟各国全力维护权益与航行自由，欢迎美国重视亚洲的政策。（3）促进与东盟国家的经贸合作，扩大投资，实现日本与东盟各国的共同繁荣。（4）共同保护并发展亚洲多样的文化与传统。（5）进一步增进年轻一代的交流，促进相互理解。

这五项原则继承了安倍第一任期主张的"价值观外交"，强调安全上的"美国盟友身份"，突出对东盟安全合作的重点放在海洋领域，主张共同维护海洋权益和航行自由，积极介入南海问题。在形式上，扬长避短，

[①] "积极和平主义"强调战后日本一直作为和平国家发展，赢得了国际社会的信赖，未来，日本将在此基础上，从基于国际协调主义的"积极和平主义"立场出发，与盟友美国及其他相关国家密切协调合作，以保障日本的安全及亚太的和平稳定，同时为确保国际社会和平、稳定与繁荣积极贡献。日本《外交蓝皮书》，2014年。

主张用"法律"、"规则",牵制中国,通过贸易和投资合作,将东南亚内需变成日本内需,提振日本经济;同时,强调文化外交和民间外交,夯实民意基础。

2013年底,日本与东盟召开特别首脑会议,发表"关于日本与东盟友好合作关系前景声明",确定了"四大伙伴关系",即"和平与稳定的伙伴"、"繁荣的伙伴"、"更高品质生活的伙伴"和"心心相印"的伙伴,并立足构建"世界中的日本与东盟关系",发表"关于地区·地球规模课题的共同声明",从更广的视角和日本整体外交战略层面定位日本与东盟的"双边"关系。

"东盟外交新理念"反映了日本对新形势下东盟战略地位的再新认识,是在日本确立了强化日美同盟,增强地区影响力,应对中国崛起的背景下,对近年以"经济为中心"构建排美"东亚共同体"政策的调整,堪称对1977年后的以"福田主义"[①]为代表的东南亚政策的发展。如果说"福田主义"的"心心相印"强调的是日本与东南亚的政治性、社会性、文化性和"非军事性",那么"安倍主义"的新政策则突出其"安全性"。当然,日本并没有放弃与东盟国家的经济交往,仍将东盟视为"21世纪的增长中心"和重要的贸易投资对象。过去10年,日本对东盟出口成长2.3倍,东盟对日本出口也增至2.5倍。从10年来贸易收支趋势上看,一直呈均衡状态。[②]"安倍主义"的日本东南亚政策虽突出了安全意义,但仍基于综合安全观理念,注重将安全考虑与经济关系相结合。

[①] 福田主义是冷战缓和时期日本对东南亚政策的总结。其主要内容有:日本不做军事大国;建立与东南亚各国的"心心相印的相互信赖关系",这种关系不仅限于政治、经济,还包含社会、文化等多方面;日本作为平等的合作伙伴,积极与东盟各国加强合作、紧密联系,与中南半岛地区各国建立相互理解的关系,为整个东南亚地区的和平与繁荣作出贡献。也就是说,日本在改变以往以经济为中心的东南亚外交的同时,开始在东南亚建立协调的国际关系。[日]五百旗头真:《战后日本外交史:1945—2010》,世界知识出版社,P117。

[②] 安倍晋三:「日本とASEAN・Always in tandem「3本の矢」で一のWin-Win へ」,2013年7月26日在新加坡访问时的演讲,http://www.mofa.go.jp/mofaj/press/enzetsu/25/pdfs/pm_ja_130726_jp.pdf。

二、重点推进防务安全合作

"安倍主义"的新东南亚政策将强化安全合作为重点,并将其纳入日本"正常国家化"战略,与日本安全政策转型紧密结合。

(一)首脑互动频繁,力推安全外交

日本以应对非传统安全威胁为切入点,启动渐进式合作进程,开始与东盟国家展开综合性的安全合作。概括起来有以下特征:一是合作领域逐步拓宽。鉴于历史原因和美国因素,日本与东盟的合作主要集中于经济文化领域,在安全方面,日本采取了从非敏感的人道主义援助、共同应对跨国犯罪起步,逐步扩展到有安全色彩的共同应对海盗、防灾等自卫队主导的"非军事行动",进而升级为防卫交流、互访、联合演习。二是合作范围逐步扩大。最初防卫实务磋商仅限于新加坡、泰国、印尼等国,其后扩展到马来西亚、越南、菲律宾,甚至柬埔寨。2014年5月,日本实现了自卫队成立以来统合幕僚长(日三军总长)首访缅甸。三是合作机制日益完善。由最初的防卫实务磋商升级为外交防卫联合务实磋商,成员包括了泰国、菲律宾、越南、印尼、柬埔寨等国,形成与盟国间的"外交与防务2+2"机制相仿的合作机制,在提高与东盟国家安全合作的实效性和影响力的同时,实际上也在我周边构建起了安全合作版的"日本+1"机制。

安倍执政以来,加大了对东盟安全外交力度,军事色彩更加浓厚。安倍在遍访东南亚10国中,"时时讲、处处讲"地强调安全合作的必要性。2013年1月,安倍在印尼发表"日本东南亚政策五原则",并与苏西洛总统讨论加强经济、政治与安全等领域的合作,推动"战略伙伴关系"

发展;[①] 7月,在菲律宾提议"与菲加强海洋领域合作,共同守护自由开放的海洋","日本愿意帮助菲律宾提升其海岸警卫行动能力";[②] 11月,在柬埔寨提及"海上安全"与"区域争端处理规则"。[③] 在2013年10月召开的第8次EAS上,主张基于地区共同理念,确认地区基本规则,提倡由首脑主导政治安全领域的具体合作,强调海洋安全保障合作与联系,合作应对灾害管理和低碳增长等非传统安全。

(二) 军方高层频密往来,强化联合军演与训练

伴随安倍访问步伐,日本自卫队高层也不断出访东南亚,形成了陆海空最高统帅全方位出动局面。继2011年日本海上自卫队幕僚长访问印尼、菲律宾、泰国后,2013年日本陆、空自卫队幕僚长,甚至"统合幕僚长"频访东南亚,迄今,对菲律宾和越南实现了海陆空幕僚长及统合幕僚长的全套访问;对印尼和泰国也实现了海陆空自卫队幕僚长访问。与越南的军方接触还呈现了统合幕僚长先行、三军幕僚长紧随的高密度集中访问情形。2014年5月,日统合幕僚长实现了自卫队成立以来对缅甸的首次访问。日本防卫相小野寺五典也先后访问了菲律宾、越南、泰国等国,并参观了金兰湾。近两年,越南、菲律宾、新加坡、印尼等国的军方高层也频频访问日本,其级别和密度之高前所未有。此外,日本还大力强化与东南亚各国的联合军事演习及联合训练。除了既有的联合军事演习外,日本还开始参与人道主义救援、灾害救助等非传统安全领域的多边训练。日本自卫队自2005年以后,开始参与美泰"金色眼镜蛇"联合军演,2012年开始参与美菲间的"肩并肩"联合军演的沙盘推演。联合军演和共同训练被日本视为展示武力、亮相新式装备、获取当地军

---

① 日本外务省对安倍2013年1月访问东南亚的介绍与评价,http://www.mofa.go.jp/mofaj/kaidan/s_abe2/vti_1301/gaiyo.html。
② 2013年7月27日,日菲首脑会谈要旨,http://www.mofa.go.jp/mofaj/kaidan/page3_000326.html。
③ 2013年11月17日,安倍访问柬埔寨时首脑会谈成果,http://www.mofa.go.jp/mofaj/kaidan/page3_000542.html。

事情报，展开共同武器研发，推进安全防务和军工产业国际化的重要方式，也是安倍"大国军事路线"的直接体现。

（三）借助合作框架，提升东盟国家涉海"能力建设"水平

东南亚海域是日本的海上生命线。这一认识使日本成为较早积极介入南海问题的域外大国。安倍政府认为，由于中国军事实力不断增强，导致中国与东盟国家的军事实力差距日益拉大；而美国的"重返亚太"战略，也使美在东南亚的存在感、影响力大幅增强。为防止日本影响力的不断弱化，日本必须不遗余力地助力东南亚国家强化海洋安全相关"能力建设"。

一是提供海洋法律相关援助。近年，日本将宣传其"法治国家"形象作为"价值观外交"的重要内容。在介入南海问题上，主要表现为，强调"国际社会高度关注南海问题，要求相关国家遵守《联合国海洋法公约》，明确本国主张的国际法依据"。这一说辞既为日本积极介入南海问题、从各国获取南海局势相关情报提供了借口，也为日本通过提供所谓"法律支援"，助力各国同中国进行"法律斗争"、推动南海问题"国际化"打通了渠道。安倍在与东南亚国家首脑会晤时，言必称"关注南海局势"，要通过"国际法"途径解决问题。日本不但自己曾扬言要向国际海洋法法庭对中国提起诉讼，还积极利用其国际法积淀、现任国际海洋法法庭现任庭长柳井俊二系原日本外交官等有利条件，支持菲律宾、越南等国起诉中国。2014年6月，安倍在与菲律宾总统阿基诺会晤时，一如既往地交换了有关南海局势的情况，菲向日说明了"同中国间的仲裁谈判情况"，日则表示"支持菲通过国际法和平解决问题"的立场。① 在推动东盟各国就"南海各方行为准则"（COC）达成一致，并敦促中国签署COC方面，日本也不遗余力。

二是支援东南亚国家增强海上力量。2013年版日本《外交蓝皮书》

---

① 日本外务省网页：http://www.mofa.go.jp/mofaj/s_sa/sea2/ph/page3_000823.html。

指出，钓鱼岛是日本"固有领土"。"不存在需解决的领土主权问题"，并称中国进入日本领海、进行雷达照射是"对领土、领海和领空的威胁"。同时，蓝皮书指中国缺乏透明度的国防力量的增强及海洋活动的活跃，成为地区及国际社会的关切，对日本领土、领空及领海的威胁正在增加，并对中国反复进入"日本领海"表示强烈关切，称"日本的周边局势日趋严峻"，"确保美军的前沿行动能力，力争提高日美安保体制的威慑力不可或缺"。日本外务省的"外交蓝皮书"对新时期日本安全环境的认识、对威胁及威胁来源的判断，折射了日本安全战略的转变，成为日本密集推出新安全战略的前提。2014年4月，日本政府放弃了原来的"武器出口三原则"，制定了新的"防卫装备转移三原则"，对武器出口政策从限制转为促进。从国际武器出口市场中的一般特点看，美欧等的武器出口并不仅限于"武器贸易"，通常总会伴随军演、派遣顾问指导、培训等军事交流活动。而这种军事交流，常常扮演着随时掌握当地的第一手军事、安全动向，获取军事情报的重要角色。《日本经济新闻》指出，政府解禁武器出口后，日本也必将通过武器贸易、武器共同开发，防卫装备的共同展览，乃至安全合作和共同演习、训练等方式，扩大军事交流，提高其独立于美国的军事、安全情报的获取能力和对外影响力。

三是日菲首脑往来频密。2013年7月安倍访问菲律宾，同年12月菲律宾总统阿基诺访问日本，2014年6月阿基诺再度访日。据《马尼拉公报》报道称，日本已承诺提供10艘巡逻艇给菲律宾，以强化菲保卫领海的能力。第一批三艘船只将于明年交付菲律宾，而其余七艘将于2016年初抵菲。此外，日还多次帮助菲律宾训练海岸警备队。在对越方面，2013年12月15日，日本首相安倍与越南总理阮晋勇举行会谈，关注中国划设东海防空识别区及在南海的活动，并确认双方将共同努力确保海洋安全及维持航空秩序的方针。安倍还宣布日本将向越南提供总计约960亿日元（约合人民币56.5亿元）贷款以促进越南基础设施的建设。会谈中，双方就启动日本向越南提供巡逻船以加强该国沿海警备力量的磋商达成一致。安倍在会谈后的联合记者会上强调称，"日本与越南的合作，对于地区的稳定极为重要"。2014年8月，日越就日本向越南提供6艘巡逻艇，用于帮助越海上执法机制（如海上警察、渔业管理机构）提高执法能力。日本还积极推动东盟防长扩大会议（ＡＤＭＭ＋）专家会议中增加"海上安全保障小组"。

（四）战略性运用政府开发援助（ODA），推进"积极和平主义"

安倍内阁的东盟政策，注重政府开发援助（ODA）手段的战略运用，将其由传统的经济外交手段，上升为安全保障的战略手段。

一是力推ODA大纲重新修订，进一步突出其战略功能。加大对东南亚各国基础设施建设的资金和技术援助力度，通过突出重点国家落实国家安全战略，模糊安全界定，向"安全灰色领域"倾斜，隐形支持跨国安全合作，将政府低息贷款积极运用于防卫设施及武器的共同研发，走经济和安全两条线，助力东南亚各国增强国防力量，强化日本在地区的安全存在。日本2013年通过的《基础设施出口战略》和《重振日本战略》均突出强调要战略性运用ODA，同年通过的"国家安全保障战略"强调，以"积极的和平主义"方式开展开发援助，改善全球安全环境。

二是将基建出口作为经济增长的战略支柱和向亚洲安全领域扩张的手段。基础设施历来关乎政治和安全，日本将缅甸作为地区新重点。安倍政府不仅决定减免缅甸债务，且增加对缅甸援助，决定新增510亿日元贷款，安倍与缅甸总统吴登盛会谈时表示，将追加提供总额约630亿日元贷款，改善缅甸基础设施，支持仰光近郊的迪洛瓦经济特区建设。这种做法实则支持日本战略企业进军缅甸前沿，担当战略先头部队，旨在控制地缘政治要塞。

三、全方位推进安全政策转型

日本通过安全合作等手段积极介入南海问题与其安全政策转型密不可分。安倍此次上台以来竭力推进大国军事路线，不仅成立"国家安会议",制定"国家安全战略",还密集出台了"新的防卫计划大纲"、"中期防卫整备计划",而且解禁集体自卫权,加紧制定包括自卫队法在内的新安保相关法案,同时放弃了"武器出口三原则",并制定新的"防卫装备转移新原则"。这一系列安全防卫制度的升级,为安倍政府推行其"军事大国路线"奠定法律制度基础,系对战后秩序"制度性突破"。

（一）解禁自卫权,为"武力改变地区安全现状"开道

安倍政府通过了"限定性行使集体自卫权"政策,主张通过"变更宪法解释","容忍集体自卫权"的行使。美国政府积极表态"欢迎日本政府的决定"。按日本政府的解释,所谓"集体自卫权"就是当盟国军队遭到威胁时,自卫队可以使用武力进行支援的权力,即自卫队与盟军协同作战权。其本质是承认自卫队对外交战权,与日本宪法主张的专守防卫的和平主义相悖,堪称违宪,与"不诉诸武力或武力威胁"的普遍和平主义相悖。

尽管安倍标榜"有限的集体自卫权",在地理范围上优先考虑"东海、南海"等近边局势,主张对盟国、或"友好国家"实施支援,强调避免卷入美国引起的战争,高喊维护日本国民及企业的利益,但其目标直指中国。这是对中日经济依存关系的否定,对中日战略互惠关系的践踏,对中日企业在地区产业分工体系、国际市场上的相互合作和资本融合的无视。安倍口头上讲"集体自卫权"是对盟国,或友好国家的支援。而眼下,日本的盟国只有美国,即意味着日本正在谋求在对外行使武力上,享有与美国平起平坐的权力,将"美主日从"的"日美地位"关系变成"对等关系"。日本认为"友好国家"遭遇威胁时,日本有权对其"武力支援",不排除与之结盟的可能。如此,亚洲地区的安全结构、安全环境和安全状况将发生根本改变,必将引起地区安全格局的根本改变。这将成为亚洲地区最大的"以实力改变现状"的先例,将使地区安全环境充满不确定性,对亚洲和平发展环境构成严重威胁。

(二) 重修防卫白皮书，走军事大国路线

日本防卫省发布的《2014年版防卫白皮书》，对"军事大国制度"进行了体系化描述，对新制度下的防卫设施、装备配置、部队建制，以及防卫作战指导方针进行了系统化安排。依据安倍的安保思想对日本的安全环境进行了倾向性描述，强调中国军力扩张、向海扩张、向太平洋扩张，对"中国以实力改变现状"进行特写式刻画，渲染"中国威胁论"，为其构建"综合机动防卫力"，向西南诸岛重点布防，剑指东海、台海和南海，强化对中国形成"战略抑制力"找依据。另一方面，该防卫白皮书在勾勒俄罗斯军事动向，朝鲜导弹威胁，东海、南海地区局势紧张，强调安全状况险恶的同时，强调美国压缩海外军事财政，亚太再平衡战略面临中国等"非对称性的军事阻止"，渲染地区局势和安全状况的危险性，强调"行使集体自卫权"，强化日美同盟，扩展与友好国家、关系紧密国家的"安全合作"，突出强化日本的地区安全作用和地位。根据"行使集体自卫权"等相关政府决议，明年日本将全面展开以"自卫队法"为核心的"安保法制"修订，制定完整的"安保法制体系"，支撑安倍的军事大国战略。可见，安倍主导的海外扩张型安全战略意在拓展日本的安全影响力，积极构筑对华抑制力。

(三) 充分利用武器出口资源，外扩地区影响力，内提国家综合实力

2014年2月，日本防卫省发布一项声明，称日本高层与东盟防务官员承诺将在防卫武器及技术方面进行合作探索。4月，日本政府放弃了原来的"武器出口三原则"，制定了新的"防卫装备转移三原则"，对武器出口政策从限制转为促进，搞军工体系国际化。5月，安倍即在新加坡香格里拉的对话中，重申了日本对东盟在安全方面所做努力的"鼎力支持"，包括向东盟提供日本技术。显然，安倍欲通过扩大武器出口，加强与盟国、有共同价值观的国家，以及关系紧密国家的军事交流，扩大

日本军事在海外的影响力。如，日本已经与英法等国协商新型武器、装备共同研发，也开始向美国供应反导体系核心部件。从现实动向看，其深层意图在于通过对海外的武器供给、主导地区军事合作，在中国周边和战略要地缔结安保合作网络，构建对中国的军事抑制力。如，日本已经开始试探向印度出口飞行艇，与澳大利亚协商搞潜艇共同开发，并尝试与土耳其进行武器共同研发，同时，利用海上共同防御、共同防灾名义，尝试向东南亚相关国家提供巡逻艇、预警系统等装备。从产业界的利益诉求看，安倍政府欲利用武器出口支援重工业和装备产业开辟新市场，争夺新空间。民主党执政以来，日本就不断推出基础设施出口战略，官产一体推进电力、高铁和电信等基础设施体系出口，但因在价格竞争力上不及韩国和中国，致使重型电力、重型装备产业经营不力，日渐衰落，产业界呼吁政府放松管制，促进军工相关部门走向海外，寻找新的增长点。所以，在日本政府解禁武器出口的背景中存在帮助军工复合体打开海外市场，支撑军工产业部门，以期提振日本装备产业竞争力的意图。在新的"防卫装备转移原则"下，三菱重工、川崎重工、IHI（其前身是"石川岛播磨重工业"）等企业全面展开新领域开拓，在航空机、舰船、预警系统等方面加大投资，展开战略研发，特别是在发动机领域试图通过综合研发、体系化创新抢占战略制高点，提升相关战略产业国际竞争力和产业的控制力。

四、日本借助"东盟攻势"扩大美国亚太海洋秩序中的作用

海洋秩序包括两个侧面：一是陆上势力之争向海洋延伸的制海权争夺，其终极形式是海军舰队之间的对决；二是海洋多样性功能发展出来的功能性秩序，如资源、运输、信息交换、环境、领域等，相应形成的是领海机制、航海机制、渔业机制等规则，当前代表性地表现为《联合

国海洋法公约》。①

(一) 美国主导的同盟体系及其安全联系，使用"武力岛链"对亚洲边海实施了事实上的分割，形成了所谓的"美国主导的海洋秩序"，对沿岸各国的海洋合作管理以及地区经济合作秩序构成了严重阻碍

亚洲边海有其特殊的复杂性，北起鄂霍次克海，经日本海、东海，南到南海、安达曼海均呈半封闭海域，陆海相接，岛屿相连，在资源、环境上表现着明显的海域一体性特征，不可避免地存在沿岸各国的利害对立与冲突，在海洋管理上，客观要求沿岸各国加强合作，实施合作共管。但是，美国主导下的亚太海洋秩序对该地区开展海洋合作形成结构性制约。首先，亚洲边海的主权纷争导致海域边界至今难定，由此引起的民族矛盾、相关国家的政治关系不稳定，进一步加剧了亚洲边海矛盾。其次，在现行的国际法框架下，关于"专属经济水域"存在不同的法律体系解释，致使各国的海洋战略相互冲突，更与美国主导的亚太同盟体系相撞，亚洲边海表现了突出的制海权竞争。第三，海洋行为准则、海洋开发的权益规则等功能秩序迟迟得不到合理公正的构建，这又构成了亚洲边海问题的本质。不难看出，包括南海问题在内的亚洲边海问题充分体现了海洋秩序的主要特点：即制海竞争与功能秩序相辅相成，互为条件，如没有海洋的功能秩序，便没有航海自由的权利和便利；如制海权竞争激烈，也会限制海洋功能性秩序的形成。同时，海洋秩序的霸权体制特点也决定了要构筑海洋优势地位需耗费巨大的时间与成本。当今世界的海洋秩序是美国在海洋霸权基础上发展出来的政策性功能主义秩序。② 这也是南海问题的主要矛盾。

---

① 日本外务省国际问题研究所研究报告《亚洲（特别是南海、印度洋）的安全秩序》，2013年5月，P145—147。

② 日本外务省国际问题研究所研究报告《亚洲（特别是南海、印度洋）的安全秩序》，2013年5月，P145—147。

（二）从日本对南海问题的介入方式、措施手段上看，一手抓实力，一手抓规则，可谓两手准备，"双管齐下"

一方面，积极参与制海权的争夺，通过各种手段帮助东盟国家提高军事实力，增强日本介入力和影响力。另一方面，强调功能性秩序的"法治"意义，欲借东盟各国之力迫使中国同意遵守"相应的行为规范"。2013年10月9日，日本首相安倍晋三在文莱出席日本与东盟（ASEAN）峰会时，表示日本政府将通过修改宪法解释，行使集体自卫权及加入联合国集体安全保障机制等方式，落实对"海上友好国家"、"海上关系密切国家"的武力支援，并使用"海洋功能秩序论"将其表述为"从基于国际协调主义的积极和平主义出发，为地区稳定做贡献"。安倍晋三在文莱会晤澳大利亚总理阿博特和新西兰总理约翰·基时，就中国与东盟部分国家存在主权争端的南海问题展开讨论，确认了"海洋安全合作方针"，提出所谓的根据"国际法"解决问题的主张，并加强日美澳安全和防卫合作，即通过强化美国盟国间的安全合作，维护美国制定的"海洋秩序""行为规范"，约束中国的海洋权力。为抵制中国的海洋维权能力，日本政府与美国联合围攻中国设置"海上防空识别区"。安倍在日本东盟特别首脑会上公开指责中国设置东海防空识别区，暗指中国将在南海设防空识别区，鼓动东南亚各国加入日本阵线，对中国形成东海、南海统一防范阵线，以海洋为空间拉网围堵中国。2013年8月29日，时任日本防卫相小野寺五典在文莱出席东盟防长扩大会议发表演讲称，考虑到围绕钓鱼岛问题的日中对立，日本将强化离岛防卫，保持对敌基地的攻击能力，直接牵制中国。小野寺称，离岛防卫的主要内容是充实自卫队的海军陆战队功能，"这在抑制周边国家的挑衅性行为、防止无法预期的纠纷是必要措施"，反映了以"终极的海军对抗手段"争夺制海权的意图。

（三）在经济失力的前提下，日本意欲继续扮演亚洲盟主，通过牵制和诋毁中国在经济和安全上实现其双重利益

2010年中国GDP超越日本、中国东盟自贸区生效，使日本丧失了近百年的"亚洲老大"地位的同时，在其战后以来一直苦心经营的东南亚，其优势也随着中国与东盟关系的日益紧密而愈加淡化。为此，日本在周边海域编制"日本+1"和"日美+1"机制，对中国实施围堵。围绕东海专属经济水域、钓鱼岛主权、南海九段线问题与中国直接对立，借势日美同盟，构建海上关系紧密国家，搞所谓的价值观共同体，充当"亚洲门户"。安倍政府加大对越南等安全介入后，中越在南海领域的合作范式被漠视，中越矛盾，中菲冲突、对立被放大。更关键的是，直接否定中国南海"九段线"的"法理依据"，对中国持续维护的南海航行自由、海洋资源开发合作的环境构成了事实上的破坏。"海上行为规范"成为域外势力干涉地区事务的新借口，亚洲的边海秩序被引向美国主导的"域外体系"。

（四）力图通过否定战后秩序并构建新的地区机制扩大日本的地区影响力

日本的国际海洋法学界认为亚洲是没有机制（regime）的地域，东北亚的机制建设，落后于世界性的构筑持续和平的潮流。亚洲既没有类似欧洲、北美，甚至非洲大陆早已存在的"地区人权公约"，也没有在南美、南太、东南亚、非洲和中亚都已存在的"非核地区条约"，甚至东亚也没有欧盟、东盟、美洲合作机构和非盟等"地区共同体条约"。这些条约架构的功能并不仅限于解决具体问题，而是属于地区秩序建设的机制。为此，主张超越地区经济合作框架，引进海洋磋商机制，将其发展

为地区构建共同秩序的架构。① 但是，日方在指责中国"以实力改变现状"的同时，主张以日美同盟为后盾，通过"价值观共同体"的方式，推进地区海洋秩序的重建，直接反映了其试图用武力干涉地区事务的本质。关于岛屿主权纷争，日本学者甚至不承认二战后的国际法体系的存在，主张在国际法领域从来就不存在现代国际法体系，只有"近代国际法体系"，即维护殖民主义及殖民战争利益的国际法体系，甚至认为在"近代国际法体系"中，武力下的"割让"是领土主权的唯一"权原"，而对于"历史的经纬"和"地理的接近性"认为不能成为主权归属的依据，否定"历史固有领土论"，在此基础上坚持认为"国际法院"才是"有效和平抗辩的途径"，② 完全无视二战后国际秩序的存在。

总之，亚洲边海问题既存在美国同盟影响下的传统安全问题，也存在自然灾害、海洋资源开发过程中暴露的非传统安全问题。两种安全问题的同时存在，客观上很难简单采取传统安全方式解决，需要创新安全观，本着和平发展、互利互惠，合作共赢的理念，从地区合作的视角出发先行尝试非传统安全合作方式。就此意义而言，中国既要积极防范、阻止日本介入南海事务，引发东海、南海两海联动，同时也要主动参与以非传统安全合作方式推进的地区海上安全机制的设计，在构建过程中，化解日美各类介入，维护我主权与海洋权益。

---

① （日）"守れるか海洋権益"（上），明治大学教授奥脇直也氏（経済教室），《日本経済新聞》，2012年6月14日。
② （日）"竹島・尖閣諸島、編入の歴史"——明治大学教授奥脇直也氏（経済教室），《日本経済新聞》，2012年9月14日。

越南学者近年来南海问题国际法研究：
分析与展望

黄瑶

[内容提要] 本报告以近年来越南学者在多个国际会议上发表的相关学术论文为主要研究对象，梳理和研究越南关于南海问题的国际法研究最新进展情况，归纳、总结和分析越南学者的主要观点，探究并厘清越南学者的研究思路，为国内学者进一步研究南海问题提供借鉴或启示。

[关键词] 越南学者　南海问题　国际法研究　分析

[作者简介] 黄瑶，中山大学法学院副院长，教授，中国南海研究协同创新中心研究员。

近年来，越南学者除继续谴责中国"侵犯"越南主权、主权权利和管辖权外，部分越南学者看待南海争端的视角发生了变化。这反映出越南学者们在利用国际法解决领土、海洋争端的具体模式的选择上，已经从双边走向多边，从区域化走向国际化，从谈判协商走向司法、准司法程序。

一、越南学者对南海岛屿主权的认识

越南认为其对西沙群岛等拥有主权，反对并公开抗议中国的相关主张和行动。

（一）在法理依据方面，越南认为其"海洋法完全符合《联合国海洋法公约》精神"

Tran Cong Truc 对越南海洋法作了以下评价：第一，越南海洋法已经明确规定了属于越南主权和管辖权的海域范围，其中强调"西沙群岛和南沙群岛属于越南主权"的规定是本法的重要规定；第二，越南海洋法规定在与海岸相对或相邻国家的海域、大陆架有重叠的情况下，越南将在《联合国海洋法公约》（以下简称《公约》）的基础上跟这些国家进行谈判以达成公平的解决方案，如果两国之间的纠纷不能通过谈判解决就要通过国际裁判机构来解决；第三，越南海洋法在符合《公约》的基础上对岛屿、群岛下了定义以及规定了确定其范围的方式及效力，坚持"不能维持人类居住或其本身经济生活的岩礁，不应有专属经济区或大陆架"这一规定。

（二）在历史证据方面，认为"越南在西沙和南沙问题上的历史文献更为稳定和连续"

阅读并深入研究了中国许多历史文献的越南历史学者 Pham Hoang Quan 声称："关于西沙和南沙问题，虽然越南历史文献晚于中国历史文献出现，但是越南的历史文献"更为稳定和连续"。中国学者认为自东汉时代中国已经有关于西沙和南沙的历史记载，然而这些资料没有越南的资料那么明确和有说服力。"Giang Thuy Huu Tran 系统地论述了越南在南沙群岛中的主权问题，认为越南在南沙群岛问题上有着比其他国家都要久远的历史文件和司法证据，而且其在南沙群岛上已经持续行使主权达多个世纪。

（三）基本看法

越南学者在对越南在南海的岛屿主权主要是从法理依据与历史证据这两个角度进行论证：在法理依据方面，越南主要是通过越南国内的相关法律以及《公约》进行论证；在历史证据方面，由于越南在西沙群岛和南沙群岛都是通过先占原则主张主权，因此在这方面越南学者更注重通过历史证据证明先占以及存在持续有效地占领。

二、越南学者对南海断续线的认识

越南大多数学者都认为中国南海断续线与国际实践相"背离"，没有先例也没有国际法根据，中国南海断续线"违背"《公约》，侵害了南海沿岸国家的权益。

（一）"中国的南海断续线不成立"

越南学者普遍认为关于中国南海断续线代表历史性水域范围的观点"不成立"。首先，在1958年联合国海洋法会议的准备文件所附的世界历史性水域名单里没有以"南海断续线历史性水域"为名的内容；第二，1982年《联合国海洋法公约》没有提及南海断续线。《公约》第15条只规定了一国与相对或相邻国家之间的12海里领海以等距中间线划界，除非存在历史性权利或特殊情况。《联合国海洋法公约》里没有关于宽于12海里的海域历史性权利的条款，更不用说南海断续线这类离岸几百公里远的海域了；第三，历史性水域或特殊历史性海域的概念与中国的领海、专属经济区和大陆架法律法规"不符"；第四，南海断续线是"武断"划定的，并且没有以陆地与岛屿为划定基点，"违反陆地统治海洋"原则，因此其赋予中国的海洋区域与《公约》规定"不符"，更不能赋予中国对南海断续线内岛屿、礁石和低潮高地的主权；第五，南海断续线不仅直接"影响"了岛礁主权争端国，而且"影响"了域外国家和国际社会的航行自由、海洋与航空安全。因此，中国对南海断续线的坚持是"不科学、不客观的，同时也违反了国际法"，会影响中国作为和平共处五项原则倡导国的和平崛起形象。由此可以断定，南海断续线是"阻碍"和平解决南海问题的主要"障碍"。

（二）"南海断续线的产生具有很大的随意性"

团庆雄（Doan Khanh Hung）在《论中国南海上无理的U形线》一文中认为中国的南海断续线"没有"国际法的根据，因为这条断续线是"无中生有、随手画上的"，至今仍未确定谁是"南海断续线"的"发明者"，中方"从未公开"就此断续线作出合理的解释，中国学者对该断续线的起源和意义也都弄不清。1948年蒋介石政权把这"怪异"的图形画上了中国地图，当时的"南海断续线"包括了11个断续的线，把西沙群岛、南沙群岛和整个北部湾都囊括其中。1949年中国共产党取得内战的胜利，并同越南建立了友好外交关系，但他们没有放弃对"南海断续线"的执念。1953年中华人民共和国政府重新绘制了断续线，其中把北部湾的两段去掉，成为九段，而去掉这两段是由于其存在是太无理。然而，中国却把南海断续线当成了主权声索的工具。

（三）"中国坚持南海断续线的主张旨在追求世界大国地位"

有部分越南学者指出，中国政府并"没有"将南海断续线正式宣布为"历史性权利"或"历史性水域"线。他们认为，在南海断续线问题上，中国官方的基本立场是南海断续线得到了国际社会的承认或在最初宣布时未受到反对。就其法律性质而言，中国大陆学者的观点为南海断续线是中国南海的传统疆界线，台湾学者的观点为南海断续线体现了对1946年划定的岛屿、岩礁等的主权宣示。越南学者还认为，中国坚持南海断续线，可以为其国家的发展拓宽海疆，配合其实现成为世界性超级大国的战略目标，这在政治上是可以理解的，但忽视了小国的利益，因而饱受争议。

（四）基本看法

上述越南学者的研究成果基本上反映了越南学界目前对南海断续线的认识水平以及整体态度，在中国尚未明确宣布断续线性质的情况下，越南学者对断续线进行了各方面的质疑和反驳。虽然越南学者建立在想象基础上的结论与实际情况并不相符，但也为中国改进U形线立场提供了参考。

四、越南学者对中建南事件的认识

中建南事件又称为中国海洋石油981钻井平台事件。Pham Lan Dung认为中国单方实施中建南项目"违反"了为解决争端的合作与谅解义务，也违反了不进行相关单方行动的义务，同时还"违反"了《公约》的相关规定。

（一）"中建南项目所在海域属于越南专属经济区"

陈功轴（Tran Cong Truc）认为讨论中建南事件有必要澄清两点：一是"越南对西沙群岛拥有领土主权"，而中国所主张的"神圣主权"是"不合法"的，"中建南项目的钻井平台位于越南的大陆架"；二是越南对西沙群岛的群岛水域及大陆架"有决定权"。Nguyen Thi Lan Anh博士就中建南事件提出了几点看法：第一，越南有"足够"的历史和法律证据来证明"西沙群岛属于越南主权"之下，而中国虽然"缺乏"法律依据却一直声明自己对西沙有无可争议的主权。从国际法的角度来看，一方提出的诉求若受到对方的反对/否认或者双方所提出的政策有矛盾，那就存在纠纷或争端。这就是说存在关于西沙群岛主权的争议。第二，根据《公约》的规定来解释越南在南海上的主权和管辖权和中国要尊重越南主权的义务，中国实施中建南项目的"违法行为""侵犯"了越南对专属经济区和大陆架的主权权利。第三，1982年《联合国海洋法公约》中确定岛屿和岛屿海域的规定，虽然越南有证据证明自己对西沙群岛的主权，但是中国还是声明中建南项目的位置是在中国岛屿的海域。中国的这一论调不仅"侵犯"越南主权而且还对西沙群岛的海域确定造成法律难题。

(二) 中国推行中建南项目违反"陆地统治海洋原则"、《联合国海洋法公约》以及航行自由原则

Nguyen Toan Thang 依据"陆地统治海洋原则"以及《公约》，认为中建南项目因位于"越南专属经济区及大陆架内"，因此，越南在该领域"拥有"执法权以及开发包括生物和非生物在内自然资源的权利。中国"单方面"实施中建南项目的行为"违反"了《公约》关于领海、专属经济区以及大陆架的规定，"侵犯"了越南的主权权利；中国实施中建南项目以及在越南专属经济区内抓捕越南渔船等行为"侵犯"了越南的执法权，并"违反"了《公约》以及《南海各方行为宣言》的规定。此外，在"违法实施"中建南项目的同时，中国还单方面禁止船只在中建南项目中的981钻井半径3海里的海面航行，此外还"故意"使用高压水炮攻击或"主动"直接撞击越南公务船和民事船，造成越南许多船只受损和多人受伤。中国这些行为严重"侵害"了《公约》所规定的航海自由权，"威胁"航海安全。

(三) 可以通过国际机制和法律手段对中国施加压力

Tran PhuVinh 认为，为了阻止中国在越南专属经济区的石油开发活动，越南可以将其提交联合国安理会讨论，也可以将争议提交联合国大会讨论，虽然决议对中国没有法律效力，但有国际影响力且可以为以后以法律手段解决该争端提供基础。如果中国不停止这些"侵犯"越南权利的行为，越南可以将争议提交国际法院，迫使中国遵守《公约》，而且，将外交和法律途径相结合是包括菲律宾在内的许多亚洲国家所使用的解决争端的方式，越南可以考虑运用这一方式解决问题。因此，越南总理阮晋勇在回答国际采访时说："越南正在考虑保卫自己的计划，其中包括根据国际法选择法律斗争的方式"。

（四）基本看法

从越南学者关于中建南事件的文章中可以发现，越南学者无一例外都认为中国实施中建南项目的行为是"非法的"，给出的理由以及论述方式也大致集中在对专属经济区与大陆架问题的分析。而在解决方式上越南学者并未提出特殊于南海问题的解决方式，即在越南学者看来，中建南事件问题是整个南海问题的一部分，其争端解决方式可以归入整个南海问题的争端解决方式当中。

五、越南学者对南海问题解决方式的认识

黄越（Hoang Viet）认为越南虽然在实力上无法与中国抗衡，但可以在其他方面做出努力。

（一）通过强化学术支撑与国际传播能力，科学处理南海问题

Truong-Minh Vu 与 Nguyen The Phuong 认为越南在处理南海问题上应"科学化"。所谓"科学化"，是指通过学术角度和学者群体来处理国际事务，通过学者在学术论坛等发声、在国际期刊上发文，使国际社会达成共识，这在本质上是越南的一种本国南海研究力量建设策略和研究成果的国际传播策略的复合。对外运用这一策略时，政府需要考虑3个因素：一是越南和中国的实力不对称；二是越南要将南海问题国际化，科学化和科学外交将使建立在具体论据和数据上的优势最大化；三是越南拥有足够的历史证据证明对南沙群岛的主权并能公平地解释国际法。对内运用这一策略时，主要是通过学者的研究成果使政府决策更合理，并使民众更好地理解政府决策的用意。此外，越南在运用"科学化"处理南海问题策略方面还需解决4个问题：一是越南在南海问题的主权研究及合适的科学化方法方面没有领军人物或机构；二是越南学者应该建立一个研究南海问题的研究方法；三是发展一批学者从事相关研究需要时间及

成本的投入；四是有效利用不同出处的知识，尤其是来自国外的。

（二）通过谈判方式，为中国戴上"紧箍咒"

越南学者提出，已经到了就南海争端与有关各方商定"实质谈判路程"、准备各种方案和应对措施的时候了。但是，在南海争议未能完全解决前，各方需要推进《南海各方行为准则》的讨论，以有利于管控紧张局势，防止冲突。关于《南海各方行为宣言》的落实情况及《南海各方行为准则》谈判的前景，学者们认为已有了一些积极的迹象——中国与东盟已在落实《南海各方行为宣言》行动指针上达成一致，有关合作项目也已展开；由于《南海各方行为宣言》的规定尚不具备法律效力，难以规范、调整各方的行为，东盟与中国应积极进行行为准则的探讨和谈判，以便签署这样的文件；《南海各方行为准则》需要对各领域和各利益有关方作出明确规定，并规定其在重叠海域的行为，同时要有检查和通报机制，以便监督落实情况。

（三）通过提交国际法院或仲裁机构，彻底解决越中南海主权争端

在2013年越南第五次南海国际研讨会中，越南外交学院院长邓庭贵在会议总结时称："我们都希望国际法特别是《公约》成为解决南海争议的基础"。Le Trung Tinh 与 Le Vinh Truon 认为越南不应再与中国就西沙群岛进行双边谈判，而应当将争议提交国际法院，因为与中国谈判将导致越南的最终让步。但是，诉讼可以作为国际事务中的外交行动和防御性武器，越南作为一个小国，必须充分利用国际法，以诉讼作为对抗中国的方式。而且，通过法律途径还可以防止战争，因为这样一来中国要付出的代价将会大得多。两位学者认为诉讼方式是最平等和有效的解决争端的方式，而当两国在仲裁法庭上展示各自的证据时，将有利于越南更好地了解历史和了解中国，从而更容易促成中越和解。阮氏兰英认为，最好及最可行的方式是越南向《公约》附件Ⅶ规定的仲裁法院提起诉

讼。他也强调越南应慎重地选择起诉中国的内容。不管中国参不参与诉讼程序，该法院的判决对中国会有"强制性"。仲裁法院的判决可以要求中国撤回中建南项目及保护钻井平台的船只，还可以间接反驳中国的"U形线"主张。实际上虽然法院的判决有强制性，但是中国有可能不执行，因为国际法体系没有强制执法机构。在这种情况下，越南握有有利判决和国际舆论，中国的名誉会受到"严重损坏"并受到国际社会的"谴责"。

（四）通过多种方式推动南海问题国际化

越南学者所说的"国际化"，已经不仅仅局限于将争端通过各种方式按照其自身的说法呈现在世界各国面前，而是希望通过将其他国家引入南海争端当中，削弱中国在南海问题上的话语权。Doan Thi Quang认为，越南将南海问题国际化的努力除了将美国和欧盟引进争端外，还在尝试将争议提交东盟地区论坛，并将南海问题引入香格里拉对话当中。越南与菲律宾在建立解决南海问题的合作机制上应互相帮助，包括《南海各方行为宣言》以及《南海各方行动准则》。但是，与美国、日本、印度和澳大利亚的国防合作应渐进式推进。邓庭贵认为，一个团结和用共同声音说话的东盟，将为稳定南海形势做出积极贡献。Nguyen Hung Son认为东盟虽然不像欧盟那样有着紧密的合作，但创造了一些能影响成员国利益考量、调整自身行为并引导成员国发出一致声音的制度和法律框架。东盟会更多地要求争端当事方根据国际法尤其是《公约》澄清其主张。

（五）基本看法

通过以上材料可以看出，将南海问题国际化引起了很多越南学者的重视，其核心就是通过双边或多边关系使其他国家在南海问题上与越南保持一致立场，从而获得国际舆论的支持。越南学者认识到越南与中国的国力差距，但这反而给了他们站在道德制高点批判中国以大国身份欺压小国的基础。

六、越南学者对南海问题未来的展望

越南学者对南海局势走向的基本判断是：局势时好时坏，但南海争端依旧会维持现状。

（一）有可能擦枪走火但不会发生大规模战争

Hoang Viet认为，从短期和中期来看，虽然军事冲突的可能性仍然存在，但可以判断中国和东盟之间爆发武装冲突的可能性并不大。从长期看，南海争端将会成为中国、东盟国家和其他相关各方面临的一项军事威胁。

（二）未来可能出现这样的四种情况

关于今后一个时期南海可能会出现的局面，越南有学者认为不会超出以下4种状况：一是如果相关各方真正按照大家所说把南海变为和平与合作之海的精神行事，那么该区域将会面临比目前更好的情况；二是基本保持现状，合作与斗争局面继续存在，相互交织；三是情况比目前糟糕，冲突和争端多于合作，但还不会出现大规模冲突；四是发生大规模的冲突。

（三）未来可能出现那样的四种情况

Vu Manh Cuong认为，目前的南海争端将会导致4种可能的情况出现：第一种情况是战争占领，即争端各方通过武力解决纠纷，而中国是各争端方中目前唯一一个使用军事力量并威胁使用武力解决争端的。第二种情况是失去和平，即中国使用经济制裁向菲律宾和越南施压，而使两国意识到与中国对抗的代价。在现实中中国已经对菲律宾设置了贸易壁垒。第三种情况是部分退出，即中国会使用武力试探菲律宾、越南以及国际社会的态度，然后积极撤军，但这种时而激进时而缓和的做法并不会使问题得到解决，作者认为这对菲律宾和越南似乎是最好的情况。第四种情况是全体下沉，例如中国与菲律宾合作开发黄岩岛的资源，作者认为这种情况是最有可能发生的，因为中国认为中菲南海仲裁案对自身不利而将采取更温和的态度，但该作者认为大国和小国合作时是不会平等的。

（四）基本看法

在对南海问题的展望方面，越南学者对中越两国未来可能的行为做出了分析，对此作出了不同的预测，可以看出越南学者对此保持着谨慎的乐观，并不认为南海问题是完全无法解决的或者将完全由中国操纵，在复杂且难以预料的南海局势下，越南学者认为越南应该有所作为，尽管有一定的难度。

总的看，越南学者们都认为南海问题演变成全面武装冲突的可能性较低。在提出解决南海问题的对策方面，和平都是越南学者观点的绝对核心，基本没有越南学者会提出通过武力解决南海问题。正是认识到越中两国的国力差距，一些越南学者非常热衷于将第三方引入南海问题，即通过各种方式将南海问题国际化。虽然和平解决南海争端是中国一直倡导并希望看到的结果，但在这一大前提下越南利用其他势力的介入与中国相抗衡的局面还需要中国设法破局。有几个问题值得我们注意：一是越南学者在论述南海问题时更注重解决现有问题，包括新出现的问题，对过去如历史证据等的讨论也是为了向现在和将来的主张提供依据。二是虽然越南学者整体上主张和平解决南海争端问题，但他们也清楚地认识到，如果维持现状，受益的只有中国，这对越南来说是无法接受的。因此，越南学者都在积极地寻求各种方式推进问题的解决。三是越南学者对南海问题的关注并不局限于有争议的领域，在一些还未引起足够重视但在日后很可能会发生争议的领域如资源养护问题等也得到了一些越南学者的关注。四是中国应对越南学者提出的多种解决南海问题对策予以足够重视并进行分析，以在这些对策未来得到越南政府的采纳时做好预案。五是鉴于越南学者对实际问题以及热点问题的热切关注，中国在注重历史证据搜集的同时还应当对此及时做出回应，避免在这些问题上陷入只有越南学者发声而将话语权拱手相让的局面。

中国与东盟关系：在调整中向前发展

季玲　魏玲

[内容提要] 2013—2014年是中国与东盟关系从"黄金十年"到"钻石十年"的开局之年。中国新一届领导人将周边外交提升到关系我"发展大局"和"外交全局"的优先地位，并提出了"命运共同体"、"亲、诚、惠、容"、"2+7"等重要目标、理念与措施。与此同时，东盟共同体建设也进入冲刺阶段，在互联互通、缩小发展差距等务实合作方面对中国的倚重加深，在南海争端等传统安全问题上更加理性务实，确认和平、合作与发展是东盟与中国的共同利益。在此背景下，中国与东盟之间出现了近年来较为积极的政治氛围，提出了更具有战略意义的合作目标与合作框架，各领域的合作也更为深入与拓展，中国—东盟合作在调整中走向新的发展阶段。

[关键词] 中国　东盟　关系　调整　发展

[作者简介] 季玲，外交学院亚洲研究所副所长；魏玲，外交学院亚洲研究所所长。

中国与东盟新的战略框架与务实合作仍然面临着或新或旧的问题，政治互信与领土争端相互纠结的症结并未完全解开，政治互信有待进一步加强；经济上互利合作的需求虽然不断扩大，共同利益也在增多，但是不平衡的经济关系所带来的挑战仍然严峻；社会文化交流合作更加务实，但是仍需在更深层次上培育双方的文化与社会认同。这些问题在近期会影响中国与东盟战略伙伴关系的进一步深化，从长期来看，则关系到中国—东盟命运共同体这一战略目标的实现。

一、中国—东盟关系：目标、理念与措施创新

2013年中国领导人展开了一系列密集的重大周边外交活动，并召开了建国以来首次周边外交工作座谈会，推动产生了重要的理念和战略创新，周边外交的战略重要性大为提升，周边合作态势迅速向好，东盟成为中国周边外交的优先方向，中国—东盟关系的发展目标、理念与具体措施日渐清晰，中国与东盟达成了从"黄金十年"走向"钻石十年"的共识。

（一）目标：命运共同体

2013年，中国领导人正式提出了构建中国—东盟命运共同体的目标。10月3日，中国国家主席习近平在印度尼西亚国会发表了题为《携手建设中国—东盟命运共同体》的重要演讲，提出要努力促使中国与东盟"成为兴衰相伴、安危与共、同舟共济的好邻居、好朋友、好伙伴，携手建设更为紧密的中国—东盟命运共同体。"[1] 10月，中央召开了建国以来首次周边外交工作会，再次提出与周边国家构建"命运共同体"的战略目标。习近平在会议上指出，"我国周边外交的战略目标，就是服从和服务于实现'两个一百年'奋斗目标、实现中华民族伟大复兴，全面发展同周边国家的关系，巩固睦邻友好，深化互利合作，维护和用好我国发展的重要战略机遇期，维护国家主权、安全、发展利益，努力使周边同我国政治关系更加友好、经济纽带更加牢固、安全合作更加深化、人文联系更加紧密"；就是要"把中国梦同周边各国人民过上美好生活的愿望、同地区发展前景对接起来，让命运共同体意识在周边国家落地生根。"[2]

---

[1] 习近平：《携手共建中国—东盟命运共同体——在印度尼西亚国会的演讲》，2013年10月3日，印尼雅加达，新华网，http://news.xinhuanet.com/world/2013-10/03/c_117591652.htm，2014年2月25日登录。

[2] 钱彤：《习近平：让命运共同体意识在周边国家落地生根》。

在这个讲话中,"命运共同体"的内涵和构成更加明确,即包括政治关系、经济纽带、安全合作和人文交流。命运共同体是中国梦与周边各国人民梦想的对接,是中国与周边的共同发展与进化;命运共同体意味着共同安全,即在维护自身安全的基础上,以体系思维构建地区安全规范和制度,承担地区安全责任;在战略和物质利益上,命运共同体是一荣俱荣、一损俱损的利益网络关系,是我与周边利益交织的共同发展。在文化上,命运共同体是交流互鉴,是包容与和谐。[①]

(二)理念:亲、诚、惠、容

面对新形势,2013年周边外交工作会议提出,在坚持"与邻为善、以邻为伴",坚持"睦邻、安邻、富邻"的周边外交政策的基础上,更要突出"亲、诚、惠、容"的新理念。"亲"就是"睦邻友好,守望相助";在中国—东盟关系中就是要"讲平等、重感情;常见面,多走动;多做得人心、暖人心的事",增强我对东盟的"亲和力、感召力、影响力",使之对我"更友善、更亲近、更认同、更支持"。"诚"是真诚,即"诚心诚意对待周边国家,争取更多朋友和伙伴"。[②] "惠"是互惠互利,是务实合作引导的利益共同体,是惠及普通民众、改善人民福祉;在中国—东盟关系中,"惠"主要是让东盟国家分享中国发展成果,多受惠,是多予少取,甚至只予不取。"容"是包容,是开放的地区主义。

(三)措施:2+7框架

2013年10月,在第16次中国与东盟领导人会议上,李克强总理提出了未来十年进一步提升中国与东盟战略伙伴关系的战略规划,即"2+7"框架。"2"指的是深化合作的两点共识:第一个共识是"深化战略互信",这是深化合作的根本;第二个共识是"聚焦经济发展",这是深化合作的

---

① 魏玲:《命运共同体:内涵与对策》,载《东亚要报》2013年第8期。
② 钱彤:《习近平:让命运共同体意识在周边国家落地生根》。

关键。在这两点政治共识的基础上，李总理就未来十年打造中国—东盟宽领域、深层次、高水平、全方位的合作框架提出了七个领域的建议，即"2+7"框架中的"7"。这七个领域是探讨签署中国—东盟国家睦邻友好合作条约、启动中国—东盟自贸区升级版谈判、加快互联互通基础设施建设、加强本地区金融合作和风险防范、稳步推进海上合作、加强安全领域交流与合作以及密切人文、科技、环保等交流。围绕着七大领域，李总理提出了一系列具体倡议，比如进一步提升贸易投资的自由化、便利化水平，力争到2020年双方贸易额达到1万亿美元；倡议成立"亚洲基础设施投资银行"，为东盟及本地区的互联互通提供融资平台；共同建设21世纪"海上丝绸之路"；进一步完善中国—东盟防长会议机制；倡议制定"中国—东盟救灾合作行动计划"，愿提供5,000万元人民币用于防灾救灾合作；共同制定《中国—东盟文化合作行动计划》，办好2014年中国—东盟文化交流年活动；未来3到5年，中方将向东盟国家提供1.5万个政府奖学金名额，并在华建立更多面向东盟国家的教育中心；向亚洲区域合作专项资金增资2亿元人民币，重点用于深化双方人文交流与能力建设，等等。[①]2014年8月，在中国—东盟外长会上，中国外长王毅又提出了进一步落实"2+7合作框架"的12项具体建议，包括政治合作、地区合作和海上合作三个层面。[②]

（四）中国与东盟的共识

2013年中国与东盟在政治和战略层面出台了两份重要文件，分别是《纪念中国—东盟建立战略伙伴关系10周年联合声明》（下文简称《联合声明》），以及《第十六次中国—东盟领导人会主席声明》（下文简称《主席声明》）。这两份文件为中国与东盟未来十年政治战略关系的发展提供了指南，也向外界表达了中国与东盟致力于提升政治互信、深化互利合

[①] 李克强：《在第16次中国—东盟领导人会议上的讲话》。
[②] 中国外交部：《王毅：建设更为紧密的中国—东盟命运共同体》，2014年8月9日，http://www.mfa.gov.cn/mfa_chn/zyxw_602251/t1181459.shtml，2014年9月20日登录。

作，建设命运共同体的政治意愿。

二、中国与东盟合作：调整中的创新与发展

在创新性目标、理念和措施的指导与推动下，中国与东盟合作在2013—2014年总体向好，出现了新气象、新局面。在安全合作与南海问题上提出了创新性思路，非传统安全与功能合作重点突出、成效显著，人文交流与教育合作呈现巨大潜力和发展空间。

（一）安全合作与南海问题

2013年以来，中方加强了参与地区安全合作的力度，并进一步完善了新安全观；在南海问题上，不仅启动了"南海行为准则"的工作磋商，而且积极倡导解决南海问题的"双轨思路"，获得了绝大多数东盟国家的理解和认可。

2013—2014年，中方借助亚信会议、博鳌亚洲论坛、亚太安全合作理事会等一、二轨机制，阐释了对亚洲安全的看法，提出并完善了新的安全理念，即"共同、综合、合作、可持续的亚洲安全观"。中方指出，亚洲安全建设应该是"共建、共享、共赢"的过程。共同安全就是要尊重多样的安全利益与诉求，尊重和保障每一个国家的安全；绝不能牺牲别国安全谋求自身绝对安全；保障各国平等参与地区安全事务的权利，各国也应承担维护地区安全的责任；安全是包容的，应尊重并照顾各方合理安全关切；"强化针对第三方的军事同盟不利于维护地区共同安全"。综合安全指出了地区安全合作的领域，即统筹维护传统领域和非传统领域的安全。合作安全是指维护安全的方式，即通过"通过坦诚深入的对话沟通，增进战略互信，减少相互猜疑，求同化异、和睦相处"；从低敏感领域入手，积极培育合作意识，"不断扩大合作领域、创新合作方式，以合作谋和平、以合作促安全"；"反对动辄使用武力或以武力相威胁，反对为一己之私挑起事端、激化矛盾，反对以邻为壑、损人利己"。可持

续安全就是"要发展和安全并重以实现持久安全"。① 新安全理念的提出和不断完善，对于周边国家了解中国的战略意图具有重要意义，对于中国加强对地区安全架构与安全合作的参与具有指导性意义。

在南海问题上，中国与东盟在全面落实《南海各方行为宣言》（以下简称《宣言》）的基础上，启动了"南海行为准则"（以下简称"准则"）的磋商，这是双方信心建设的重要举措，增进了政治互信和政治气氛积极向好。2013年8月29日，中国与东盟在北京举行了特别外长会，双方同意全面有效落实《宣言》，并在协商一致的基础上稳步推动"准则"进程。9月14-15日中国与东盟在中国苏州召开了第六次落实《宣言》高官会与第九次联合工作组会议。会议回顾了《宣言》落实情况，批准了2013—2014年落实《宣言》工作计划，通过了中国提出的建立中国与东盟国家海上紧急救助热线，举行中国与东盟国家海上联合搜救沙盘推演等合作倡议，泰国、印尼等国家提出的海上相关合作倡议；与会各方就如何推进"准则"进程进行了有益的探讨，同意遵循"循序渐进、协商一致"的磋商思路，从梳理共识开始，逐步扩大共识、缩小分歧，在全面有效落实《宣言》的过程中，继续稳步推进"准则"的进程。会议决定授权联合工作组就"准则"进行具体磋商，并同意采取步骤成立名人专家小组。② 苏州会议标志着中国与东盟关于"准则"的高官磋商进程正式启动，中国与东盟在落实《宣言》框架下推进务实合作和启动"准则"磋商两条路线同时推进的格局开始形成。

2014年8月，在中国—东盟外长会议期间，中国外长王毅表示，中国和东盟已经找到了南海问题的解决之道——"双轨思路"，"即有关争议

---

① 习近平：《积极树立亚洲安全观共创安全合作新局面——在亚洲相互协作与信任措施会议第四次峰会上的讲话》，上海，2014年5月21日，http://www.fmprc.gov.cn/mfa_chn/ziliao_611306/zyjh_611308/t1158070.shtml；亦参见刘振民：《亚洲的安全与中国的责任——在亚太安全合作理事会第九次大会午餐会上的演讲》，北京，2013年12月3日，http://www.fmprc.gov.cn/mfa_chn/ziliao_611306/zyjh_611308/t1105032.shtml，2014年9月20日登录。

② 《落实<南海各方行为宣言>第六次高官会和第九次联合工作组会议在苏州举行》，新华网，http://news.xinhuanet.com/2013-09/15/c_117375676.htm，2014年2月26日登录。

由直接当事国通过友好协商谈判寻求和平解决,而南海的和平与稳定则由中国与东盟国家共同维护"。王毅指出,"由直接当事国通过协商谈判解决争议是最为有效和可行的方式,符合国际法和国际惯例",也是《宣言》中最重要的规定之一;"南海的和平稳定涉及到包括中国和东盟各国在内所有南海沿岸国的切身利益",中国与东盟双方有责任也有义务共同加以维护。多年实践证明,只要坚持"双轨思路",中国与东盟"完全可以既有效管控和妥善处理具体争议,同时又能保持本地区和平稳定与合作的大局"。① 东盟各国对"双轨思路"给予高度评价,表示愿与中国全面落实《宣言》,推进"准则"磋商,共同维护南海和平稳定。② 中国明确倡导"双轨思路",指出了南海问题的解决路径,大大增进了东盟国家对我在此问题上的理解,增强了地区国家解决南海问题、加强安全合作的信心。

中国与东盟在南海问题上达成的共识和取得的进展具有重要的政治意义,缓和了双方近几年由于南海问题不断升温所造成的紧张气氛,为中国推进"亲、诚、惠、容"的周边外交新理念、全面升级与东盟的战略伙伴关系创造了根本性的条件。

(二) 非传统安全与务实功能合作

非传统安全与务实功能合作是中国与东盟关系的压舱石,也是能够让东盟切切实实受"惠"的领域,对于中国—东盟未来十年战略关系发展和命运共同体建设具有基础性作用。

2013—2014年,中国与东盟在非传统安全领域内以加强双方的执法合作为切入点,在打击跨国犯罪部长级磋商会议框架下,统筹非传统安全各领域的合作。2013年9月18日,在第三届中国与东盟打击跨国犯罪部长级磋商会议上,双方发表了纪念中国与东盟建立部长级执法合作关

---

① 中国外交部:《王毅:以"双轨思路"处理南海问题》,2014年8月9日,http://www.fmprc.gov.cn/mfa_chn/zyxw_602251/t1181457.shtml, 2014年9月20日登录。

② 中国外交部:《王毅:建设更为紧密的中国—东盟命运共同体》。

系10周年的共同声明。《声明》强调，应深化执法合作，推动双方在非传统安全领域合作。为进一步增加中国与东盟执法和安全合作，双方将采取一系列合作措施。首先，双方将推动高层互访，增进互信，建立更加紧密的执法合作；其次，双方将更新《非传统安全合作备忘录》，加快制定实施《中国与东盟非传统安全合作备忘录》的活动计划，同时制定中国与东盟非传统安全高官磋商会议具体负责确定并监督非传统安全合作措施的成功实施。第三，双方还决定建立"中国—东盟执法合作论坛"，为各领域跨国犯罪问题提供专门分析，就应对措施提出政策建议，提升中国与东盟的执法能力，更好地建设东盟政治安全共同体和东盟无毒品区。第四，为了加强双方打击跨国犯罪执法能力建设，中国将邀请1,500名东盟执法官员来华参加培训和研讨，并在未来五年内（2014-2018）向东盟国家提供100名汉语学习奖学金。[①] 最后，双方还将建立"中国—东盟执法学院"，并且加强双方执法研究机构的交流与合作，从而更好地实施执法培训合作。执法合作是中国与东盟在非传统安全各领域内开展合作的主要抓手，更加具体和深入的执法合作是深化中国与东盟非传统安全合作的重要一环。

在务实功能合作方面，打造中国—东盟自贸区升级版和互联互通建设具有关系全局的重要战略意义。打造中国与东盟自贸区升级版既是中国与东盟经济合作需求进一步扩大的表现，也是有效解决双边经济关系不平衡发展的可行之道，更是塑造和建构未来地区经济一体化架构的重要战略举措。2013年，中国与东盟自贸区建成已满三年，中国与东盟双边贸易与投资呈现稳定但不平衡的增长态势，金融、互联互通以及信息技术领域内的合作需求进一步扩大。2013年我国同东盟双边投资与贸易增长稳健。截至2013年6月底，中国对东盟国家直接投资累计近300亿美元。东盟国家全年进出口贸易总额达到4,436.1美元，同比增长10.9%。

---

① "Joint Statement of the Third ASEAN Plus PRC Ministerial Meeting on Transnational Crime (3rdAMMTC+China) Consultation to commemorate the Tenth Anniversary of ASEAN-China Minsterial Law Enforcement Cooperation," Vietiane, Lao PDR, 18 September 2013, http://www.asean.org, 2014-09-20.

但是自贸区内中国与东盟双方贸易的进出口不平衡进一步扩大。2013年，中国自东盟国家的进口总值为1,995.4亿美元，出口为2,440.7亿美元，中国顺差445.3亿美元。[1] 相比2012年的85亿美元，中国对东盟国家的顺差增加了360亿美元，也就是中国与东盟双边贸易10个百分点的增长几乎全部是对东盟的出口增长所贡献的。尤其值得注意的是，中国与越南的双边贸易增长达29.8%，也几乎是由中国对越南的出口所带来的。[2] 中国与东盟双边贸易的增长得益于中国与东盟在各个合作框架下大力推动贸易与投资便利化的努力，双方还在进一步消除贸易壁垒，继续扩大经贸合作。在2014年8月的外长会上，王毅外长提出，要"加快推进中国—东盟自贸区升级版谈判，与'区域全面经济伙伴关系'（RCEP）等区域自贸安排谈判协调推进。"[3] 这一提法充分体现了中国—东盟自贸区升级版在地区经济一体化进程中的重要战略意义。

互联互通是深化中国与东盟战略伙伴关系的重要抓手，尤其是交通与基础设施的互联互通，对于中国与东盟经济、社会人文的一体化进程意义重大。中方倡议成立"亚洲基础设施投资银行"，主要也是考虑能为东盟及本地区的互联互通提供融资平台。[4] 2013年是中国—东盟交通部长会议机制进入第二个十年的开局之年，结合中国与东盟推进互联互通的大战略，中国加快推进与东盟的交通互联互通合作进程。9月2日，中国—东盟互联互通交通部长特别会议发表了《中国—东盟互联互通交通部长特别会议联合声明》，在六个领域达成了合作共识，包括完善工作机制、创新融资平台、做好规划衔接、引导企业参与、陆路海上并重、加强航空联通，以及重视均衡发展，并责成互联互通促进工作组尽快提出

---

[1] 中国海关：《2013年12月进出口商品主要国别（地区）总值表》，2014年1月10日，http://www.customs.gov.cn/tabid/2433/InfoID/690424/frtid/49564/Default.aspx，2014年9月10日登录。

[2] 同上。

[3] 中国外交部：《王毅：建设更为紧密的中国—东盟命运共同体》。

[4] 李克强：《在第16次中国—东盟领导人会议上的讲话》。

链接中国与东盟国家之间和东盟成员之间的重点推动项目。① 12月19日，在第12次中国—东盟交通部长会议上，中方就今后一两年内的合作提出了具体的建议和重点实施的项目。一是优先支持东盟互联互通建设。加快建设曼谷—帕奇—呵叻—廊开铁路项目，同步推进中老铁路建设，启动老街—河内—海防铁路项目的前期工作；启动中缅瑞丽至腊戍段公路建设前期工作、柬埔寨境内23号和55号公路重建项目；加快建设凭祥（谅山）—河内高速公路、中越东兴—芒街北仑河二桥和水口—驮隆二桥跨境桥梁建设，启动东兴（芒街）—下龙高速公路前期工作。二是重点推进海上互联互通网络建设。加快完成澜沧江—湄公河航道二期整治项目科研报告，为2014年年底启动工程实施做好必要的准备工作；加快建立中国—东盟海上紧急救助热线；实施中国—东盟海上联合搜救沙盘推演及实船演练；在2014年东亚峰会期间举行多边多任务的海上联合演练；启动中国—东盟港口城市合作网络建设；开展中国—东盟海上运输一揽子研究项目；启动越老柬缅泰内陆航道发展研究。三是加强能力建设和人力资源开发合作。这些倡议将大大推进中国与东盟交通互联互通的务实合作，得到东盟各国的积极回应。②

（三）人文交流与教育合作

2014年是中国—东盟文化交流年，中国与东盟人文交流与教育合作获得重大推动，取得了丰硕的务实合作成果，人文交流与教育合作将成为中国与东盟构建命运共同体的重要途径和载体。迄今，中国已经开设了所有东盟成员国的语言专业，东盟十国共建有29所孔子学院和15所孔

---

① "Joint Statement of ASEAN-China Transport Ministers' Special Meeting on Connectivity," September 2nd, 2013, Nanning,China;《中国—东盟交通部长特别会议联合声明发布》，2013年9月2日，中国新闻网，http://www.chinanews.com/gn/2013/09-02/5233400.shtml。2014年9月10日登录。

② 吕娟：《杨传堂在第12次中国—东盟交通部长会议上提出：在新起点上深层次高水平全方位合作》，《中国交通报》，2013年12月20日，http://www.moc.gov.cn/zhuzhan/jiaotongxinwen/xinwenredian/201312xinwen/201312/t20131219_1531191.html，2014年9月10日登录。

子课堂；双方确立了教育交流与合作的基本框架，签署了270多份交流合作协议，建立了"中国—东盟教育信息网"；扩大了赴彼此国家的留学生规模，举办了大学校长论坛；同时还有各种形式的教育展、研讨会、研修班、夏令营、艺术节和专业论坛。[①] 近年来，文化交流与合作在中国—东盟整体合作中占据着越来越重要的地位。中国与东盟相继签署了《南宁宣言》、《中国—东盟文化合作谅解备忘录》、《中国—东盟文化产业互动计划》、《东亚图书馆南宁倡议》等文件，对中国与东盟文化发展发挥了积极的推动作用。[②] 在合作需要不断扩大的背景下，中国与东盟在2012年举行了首次文化部长会议，双方就文化合作机制、文化合作重点领域以及《中国—东盟文化合作行动计划》等达成了重要共识。2012年，"中国—东盟文化产业论坛"升级为"中国—东盟文化论坛"。经过多年努力，中国与东盟文化产业合作方兴未艾，以现场表演、电视、广播、电影、书籍为代表，中国与东盟之间的文化贸易正向多元化发展。以图书出版为例，中国每年出版东盟方面的书籍达到300多种，涵括东盟十国政治经济文化研究著作、语言学习等。同样，随着中国经济发展加速，双倍经贸往来愈发密切，中国经济历史方面的书籍也受到东盟各国的欢迎。中国与东盟在社会文化领域内的合作更趋务实，地方政府在推进务实文化交流与合作中扮演着重要作用，这也是社会文化领域内务实合作取得可见成效的重要原因之一。

三、评估与展望

中国与东盟关系的各项进展主要可以归功于中国的积极推进。中国新一届领导人对周边外交的高度重视，提出了构建"中国—东盟命运共

[①] 《中国—东盟教育合作再上新台阶 促交流增了解意义深远》，2013年9月17日，国际在线，http://gb.cri.cn/42071/2013/09/17/6871s4256853.htm，2014年9月10日登录。

[②] 《2013中国—东盟文化论坛》，2013年8月30日，广西文化厅网站，http://www.gxwht.gov.cn/whcy/news/2013/0830/index_dmwhzx/102214.htm，2014年9月8日登录。

同体"的远景目标,"亲、诚、惠、容"的新理念,以及"2+7合作框架"等具体措施,东南亚成为贯彻中国周边外交工作的优先地区。中国新一届领导人提出亚洲新安全观,在南海问题上采取了更为灵活的战略,启动"南海行为准则"磋商,并倡导解决南海问题的"双轨思路",获得绝大多数东盟国家的肯定与赞赏,增强了双方政治互信。中国对东盟所采取的积极主动的外交战略,的确卓有成效,为中国与东盟关系的发展提供了强大的动力和不可多得的机遇。中国领导人积极推进的战略效果将会在未来一段时间内逐步释放,基本奠定了未来十年中国与东盟关系发展的上升走势。

不过,经历了"黄金十年"的沉淀,中国与东盟战略伙伴关系需要步入一个更为成熟的生长期。成熟的战略伙伴关系需要一个相对较为稳定的政治互信关系、更具有可持续性的经济互利合作关系以及一个更有聚合力的社会文化认同关系。但是,在这三点上,中国与东盟仍然任重而道远。

(一) 政治互信有所改善但仍需不断加强

2013年以来,中国与东盟关系积极向好提升,尤其是中国国家领导人在对东盟关系上推出的一系列新理念、新架构与新举措,受到了东盟国家的欢迎和称赞,政治氛围积极友好。中国与东盟开启"南海行为准则"的磋商,倡导"双轨思路",展示了中国的友好诚挚态度,赢得东盟赞赏。中国与东盟在南海问题上有两点重要的共识。首先,维护南海地区的和平稳定与繁荣关系到整个地区的经济发展与社会稳定,是中国与东盟的共同利益,这是中国与东盟就南海行为准则启动磋商的前提和主要动因;其次,南海行为准则所磋商的是地区国家共同维护南海地区的和平与发展的行为规范,并不是也无法解决南海领土争端,关于南海领土与海洋权益的争端应由当事国通过和平手段来解决。这些共识是中国与东盟能够就南海行为准则展开磋商的重要基础。

实际上,南海问题错综复杂,既涉及中国与部分东盟成员国之间的领土与海洋权益争端，也涉及所有东盟国家乃至域外大国的经济稳定、航道安全、能源需求等经济利益博弈。中国与东盟在南海问题上既有共识，也有不同的需求与立场，双方对"南海行为准则"磋商的期望也有较大差距。比如，在东盟看来，南海不仅事关东盟各成员国的经济发展与社会稳定，还承载着东盟这个组织自身的一些使命。其中，维护东盟成员内部的团结与凝聚力以及维护东盟在处理地区安全事务上的公信力成为东盟应对南海问题的重要考量。尤其是随着2015年这个建成东盟政治安全共同体的期限的即将到来，这两点考量显得更为迫切。这对于中国与东盟关于"南海行为准则"的磋商带来了一些不必要的负面影响。一是东盟在南海行为准则的磋商问题上会急于求成。鉴于南海问题的复杂性，急于求成反而不利于磋商进程的推进，也与中国稳中求进的预期不符。二是东盟希望通过南海问题来显示其内部凝聚力和公信力的诉求常常会被个别东盟国家所利用，将其自己的私利包装成维护东盟团结和公信力的诉求，绑架东盟的整体利益，损害中国与东盟在南海问题上的磋商进程，从而进一步削弱双方的政治互信。

东盟与中国在南海问题上的认知差距被东盟内部个别国家和域内外大国插手南海事务、推动南海问题复杂化与国际化提供了可趁之机。南海问题不是中国与东盟之间的问题，只是中国与个别东盟声索国之间的争端，因此东盟内部非声索国与声索国在南海问题上的立场也是大相径庭的。域内外国家利用中国与东盟以及东盟内部的这些分歧，推波助澜，有两个方面的动向值得关注。一是域内外有关国家的媒体对南海问题的关注与渲染，通过建构中国的"武断"形象，[1]进一步强化了中国的政治态度与南海海域各种行为之间的关联，南海海域上的风吹早动都可以被诠释为对中国战略意图的疑虑；二是与中国存有海洋领土争端的国家，比如日本，企图通过与东盟南海声索国联合，将不同性质的中日钓鱼岛

---

[1] Alastair Iain Johnston, How New and Assertive Is China's New Assertiveness? *International Security*, Spring 2013, Vol. 37, No. 4, pp.7-48.

之争与南海领土争端关联起来,从而混淆国际视听,干扰了中国与东盟共同维护南海和平、稳定与繁荣的努力。

总之,中国与东盟之间仍需不断加强政治互信,尤其是南海问题被炒作成了检验中国合作诚意的试金石,而南海问题本身的复杂性又决定了其存在的长期性,构建相对稳定的政治互信就更加困难。如何将南海问题去政治化,变成技术专家层面探讨的议题,既需要时间,更需要智慧。

(二) 经济合作需求扩大但需致力于平衡发展

中国与东盟在促进经济发展上具有广泛的共同利益。随着世界经济形势长期低迷和动荡,中国与东亚各经济体经济发展的相互借重趋势正在加强,经济合作的加强和提升仍是未来中国与东盟合作的重点。2013年,中国在多种场合倡议打造中国—东盟自贸区升级版的倡议,这是推动双方经济合作进一步深化的重要倡议,但是一些东盟国家在表示欢迎的同时也有一定的疑虑。这与双方经济关系发展不平衡的状况密切相关。

不平衡经济关系的第一个表现是双方贸易往来的不平衡,最直观的数据显示就是中国对东盟贸易顺差的扩大。如前所述,2013年,中国对东盟贸易的顺差445.3亿美元,而2012年中国对东盟的贸易顺差仅仅为85亿美元。[1] 中国对东盟国家的贸易逆差的快速发展在与东盟国家的贸易关系中是一个较为普遍的现象了。以东盟第一大国印度尼西亚为例,2012年对中国的贸易逆差为23亿美元,而2013年对中国的贸易逆差则增加到55亿美元。[2] 当然快速扩大的中国对东盟贸易顺差可能是由于东盟自贸区的贸易转移效应引起的。东盟与多个国家建成自贸区,贸易进出口的国别构成发生改变,比如,以前东盟第一大进口来源地是日本,现

---

[1] 中国海关:《2013年12月进出口商品主要国别(地区)总值表》,2014年1月10日,http://www.customs.gov.cn/tabid/2433/InfoID/690424/frtid/49564/Default.aspx,2014年9月10日登录。

[2] 根据中国海关:《2013年12月进出口商品主要国别(地区)总值表》,2014年1月10日与《2012年12月进出口商品主要国别(地区)总值表》计算所得。

在变成了中国；以前东盟第一大出口目的地是中国，现在变成了日本。①但是，不平衡的贸易将会影响自贸区的可持续性发展，最终妨碍中国与东盟国家经济合作进一步提升和深化。

其次，中国与东盟经济关系不平衡还表现在贸易往来发展快，而深层次的产业投资合作发展滞后。这与中国与东盟在经济合作"黄金十年"内以自贸区为中心推进双方经济合作的战略有关。不过，当贸易依存度达到一定的程度后，以产业合作与政策协调为核心的经济合作才能真正提升双方的经济相互依赖与共同发展。第一，贸易与金融相互依赖具有可替代性，欧美消费市场和金融保证制度对于东盟具有较大的吸引力。这也是为什么东盟的自贸区战略呈现多元化发展的趋势，且美国主导的"跨太平洋战略经济伙伴关系协定"（TPP）对于一些东盟国家具有较大吸引力的原因。②第二，中国与东盟国家在投资和产业合作方面较为滞后，中国对东盟国家的投资远远落后于美、日，尽管美、日对东盟的投资在近年有所下降。中国与东盟国家的产业合作也是远远落后于其他发达国家。③产业合作的滞后将严重影响到中国与东盟发展中经济体经济合作的进一步提升，影响到自贸区的扩大和升级。

要平衡与东盟国家的贸易关系，扩大从东盟国家的进口，在中国—东盟自贸区框架内仍有诸多措施尚待实施与推进，包括推动与东盟国家加强在海关、质检等领域的合作，提高贸易便利化的水平，促进有关国家对华出口，同时适时组团到东盟各国开展贸易投资促进活动；加快与东盟国家基础设施互联互通项目的推进力度，等等。除此之外，加强与东盟国家的深层次经济融合，另一个更为深层次的挑战就是要加强国内经济转型与对外经济合作的统筹规划。中国是否能加快国内经济转型，

---

① 《中国对东盟贸易顺差源自贸易转移》，2013年7月23日，财新网，http://economy.caixin.com/2013-07-23/100559731.html，2014年9月28日登录。

② 《越南决心加入TPPT》，2013年4月24日，中国日报网，http://caijing.chinadaily.com.cn/zxqxb/2013-04-24/content_8856796.html，2014年9月19日登录。

③ 《中国—东盟：贸易投资结构有待改进》，2012年10月1日，新华网，http://www.yn.xinhuanet.com/asean/2012-10/01/c_131883951.htm，2014年9月10日登录。

确保国内经济改革与对外经济合作两个大局的相互协调与相互促进，从而推进与东盟国家的深层次经济融合，是未来中国能否在东南亚乃至东亚地区经济秩序构建中占据有利地位的关键所在。

（三）社会文化合作更务实但构建社会文化认同任务艰巨

社会文化领域内的交流与合作已经逐渐成为中国与东盟务实合作的新的增长点，也将成为构建中国—东盟命运共同体的重要支柱。近几年，在各国各级政府的大力推动下，中国与东盟在社会文化领域内的务实合作取得了重要进展，尤其是在学生交流、科技文化产业合作等方面更是卓有成效。值得一提的是，地方政府，尤其是广西、贵州等与东盟国家接壤的地方政府在推动社会文化合作方面发挥了积极的作用。地方政府在推进务实合作方面的优势得到充分的展现。不过，中国与东盟在社会文化领域内的交流合作仍然存在一定的局限性，不仅表现在务实合作领域，更为重要的是宏观层次上的社会文化认同的构建上，仍然缺乏有效的合作措施和可见的合作成果。

与快速发展的经贸相比，中国与东盟文化交流无论是机制建设、合作深度和推进力度等方面都还存在较明显的差距。双方在交流合作中常常受到观念、体制差异的牵制，还受到基础设施、物资薄弱等问题的束缚。而且，在中国与东盟的文化合作中，呈现一些不均衡的现象，比如，文化交流活动官方多、民间少，边境地区多、内地少；文艺走出去演出多，引进来合作少；重视大规模、高规格的交流，对基层交流推动不足；文化产业外围层多，核心层项目少，而且产业规模小，缺乏龙头产业和产业集群；对与东盟相关的历史文化挖掘不深、展示不广，地方政府的设施不足、专业人才队伍不够壮大，等等。[①]

从更为深入的一个层面来看，中国与东盟之间的社会文化合作对具体交流与合作项目更为注重，而对更为深层的社会文化价值观的交流、理

---

① 《积极融入"中国—东盟文化交流年"》，《广西日报》，2014年1月9日。

解甚至是融合着墨较少。实际上，建成命运共同体的要求要高于纯粹的物质利益关系，深层次的文明与价值观的认同是命运共同体建成的标志。中国与东盟国家的文化与文明多元多样，在一些具体问题上的价值观与规范也存在很多差异。如何以构建中国—东盟命运共同体为契机，探索双方在文化、价值观等方面的共性，并以此为基础构建共同价值观，与东盟国家建立深层次的社会认同。实际上，中国与东盟国家在发掘共同价值观方面具有一定的基础，可与东盟有关国家就"亚洲共同体价值与传统文化"展开共同研究，产生有形的和雅俗共赏的成果，上能通达或构建地区社会规范，下能为民众熟知欣赏并实践。中国也可在一些具有重大影响力的领域进行重点投入，比如儒学、华人与东南亚等研究领域。除此之外，中国还需要统筹外交资源，加强公共外交工作的力度与有效性。既要特别重视对东盟国家经营阶层的工作，进行重大和长线投入，培育知华友华力量，还要针对东盟国家的普通民众开展全方位的宣传、教育与援助工作，通过各种媒介使得亚洲共同价值观在地区内落地生根。总之，要借助中国与东盟长期以来的社会文化合作良好走势，积极推动在中国周边形成一个文明与价值规范既多元又有凝聚力的社会共同体，这将是较长一段时期内中国与东盟社会文化合作领域内的艰巨任务。

四、结语

随着新目标、新理念和新举措的全面推出和贯彻落实，中国与东盟合作出现了从以经济为主导到积极打政治安全牌的重要转变，总体形势向好，合作广度和深度增强。但与此同时，中国与东盟合作中所涉及的主要大国互动和地区秩序演变也面临新的复杂形势，机遇与挑战并存。如何巩固和加强建设中国—东盟命运共同体的国内共识、如何在推进中国—东盟战略伙伴关系的同时加强我对周边的塑造、如何在处理好领土争端的同时推进区域安全合作、如何扎扎实实巩固东盟和更广阔的周边对华友好的社会和民意基础等，都是迫切需要研究和解决的问题。

中国南海维权的国际舆论环境特点分析

鞠海龙

[内容提要] 在2009年之前,国际媒体关于南海问题的报道数量一直维持在相对较低的水平,但之后,报道数量急剧增加,亚洲各国的国际媒体在报道数量上远远超过北美和欧洲地区的数量。在单一的媒体影响力上,英国的BBC与美国的媒体仍占据优势地位。从数据统计分析的结果看,欧美澳、东盟国家在南海问题上的政策和立场是当前南海问题国际舆论的主流。美国、日本与东盟国家对南海问题相关原则的讨论,和对中国南海权利依据批评的主要内容是2009年以来国际媒体对南海问题的主要关注点。中国的国际媒体关于南海问题的报道数量在所有南海声索国中排名第一。但是,考虑到当前中国在南海问题方面与域外国家和菲越等权益声索国的对立立场,中国的国际媒体力量与美国及其盟国的整体力量相比,仍处于明显的弱势地位。

[关键词] 中国　南海维权　国际舆论环境特点　1982年以来

[作者简介] 鞠海龙,暨南大学国际关系学院教授。

国际媒体是构建南海问题国际舆论的主要依托。国际媒体作为一个新的影响因素进入南海问题以来,先后有上百家媒体成为南海问题的重要国际传播源。这种国际媒体对南海问题国际舆论的塑造是中国南海维权必须面对的客观现实,同时也是探索中国南海问题主张实现有效国际传播的基础。

一、国际媒体报道南海问题呈现不断趋高的基本态势

国际媒体是国际社会获得有关南海问题基本信息的重要途径。随着传播技术的进步,南海问题的传播媒介已经从传统的报纸、广播、电视向互联网、电子杂志、大众社交传媒等不断延伸。新闻报道的即时性不断增强,新闻报道的角度也更加丰富。本报告以LexisNexis新闻数据库为资料来源进行统计和分析南海问题在各类媒体报道中的分布情况。

(一) 国际媒体报道南海问题的总量分析

以对南海问题有关键性影响的1982年《联合国海洋法公约》开放签字为时间起点,对"LexisNexis"新闻数据库1982年到2014年所有数据中有关"南中国海"、"南沙群岛"、"西沙群岛"、"黄岩岛"等涉南海问题的所有词频进行分别检索、交叉检索,对相关信息进行全面检索,以相关性为依据选取11775份作为观测"南海问题"这一主题的数据源。经分析,南海问题在各类媒体的分布情况如下图。

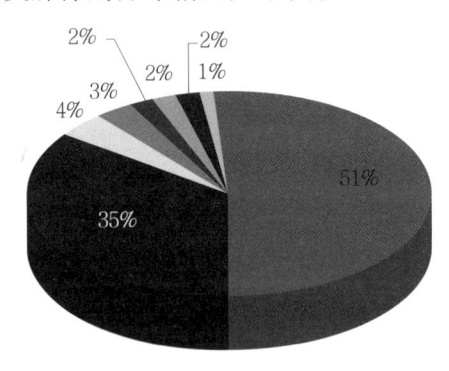

- 报纸Newspapers
- 时事通讯Newsletters
- 地区报告Country Region Reports
- 杂志Magatines Journals
- 新闻转录NewsTranscription
- 贸易新闻Industry Trade Press
- 电子出版物Web-basedPublications
- 电视新闻News

1982—2014国际主流媒体关于南海问题报道类型分析

通过对上述11775份数据源的统计分析，以时间为线索，形成1982—2012年国际主流媒体关于南海报道总量逐年变化趋势图。

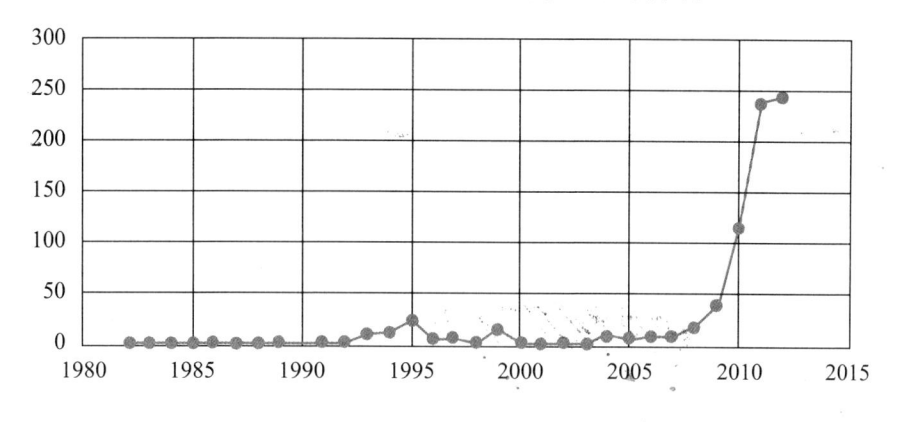

1982—2012年国际主要媒体关于南海问题报道总量分析

数据显示，在2009年之前，国际媒体对南海问题的关注度虽略有起伏，但一直维持在一个相对较低的水平。从2009年开始，国际媒体对南海问题的关注度呈现一个极其快速的上升趋势。除了国际媒体从报纸媒体、电视媒体到网络媒体的发展对国际传播能力本身的扩容而产生的影响之外，这一上升趋势与2009年美国高调介入南海地区事务，越南在2010年担任东盟轮值主席国期间配合美国将南海问题推向国际化，在国际政治和国际舆论层面将南海问题炒热成为热点问题的过程基本吻合。媒体对南海问题的关注度在2011年和2012年达到历年来的最高点。这反映出美国、越南、菲律宾等国的炒作南海问题的企图获得了一定成功。当然，国际媒体关注度的上升也与这两年先后发生中越割缆事件、中菲黄岩岛事件有关。

（二）国际媒体对涉南海问题主要国际会议的反映

国际热点问题是国际媒体报道的重点。自2009年南海问题成为国际热点问题以来，东盟系列会议、香格里拉对话会议等地区重要国际会议先后成为讨论南海问题的重要舞台。这些重要的国际场合不但成为美国、越南、菲律宾等国南海政策与南海主张向外散播的主要平台，而且成为南海争端国家彼此之间政策交锋，美国介入南海问题的主要场合。基于这些会议本身的重要性、南海问题的敏感性、南海各国政策交锋的特殊性，国际媒体对这些会议有关南海问题的相关讨论、信息传递、时事评论也迅速增加。

东盟外长会议、东盟地区论坛、东盟峰会和香格里拉对话会议是南海问题四大国际政治传播平台。自上世纪八九十年代以来，国际媒体就已关注到了上述四大国际政治传播平台。与南海问题及相关媒体关注度的发展状况类似，国际媒体对这四大国际政治传播平台涉南海问题的媒体报道数量也发生了相似的变化。

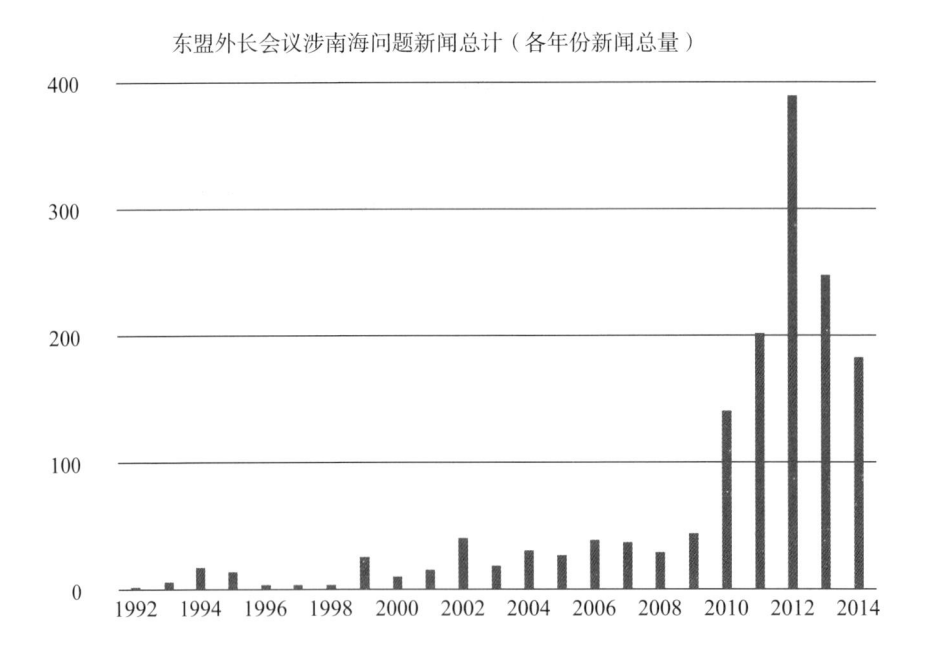

东盟外长会议涉南海问题新闻总计（各年份新闻总量）

关于东盟外长会议涉南海问题的新闻报道始于1992年。当年，东盟首次发表《东盟南海宣言》。新闻报道数量在2009年之前虽略有起伏，但一直维持在一个相对较低的水平。报道数量从2010年越南担任东盟轮值主席国，将南海问题纳入东盟外长会议议程开始呈现出一个爆发式的增长势头。2012年4月的中菲黄岩岛事件和7月份东盟外长会议因为在南海问题上的分歧导致首次未发表联合声明的事件，使得国际媒体关于东盟外长会议涉南海问题的报道数量达到历年来的最高值。2013年和2014年的报道数量虽有所降低，但与历史数据相比，仍然维持在一个相对较高的水平。

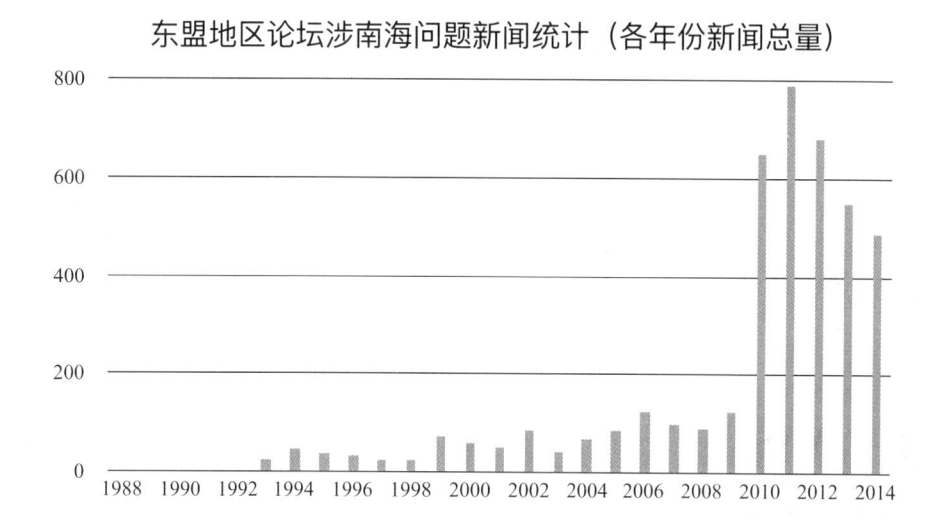

东盟地区论坛涉南海问题新闻统计（各年份新闻总量）

东盟地区论坛成立于1994年，但东盟地区论坛涉南海问题的新闻报道从1988年就开始出现。出现这种情况的原因可能是因为领导人在1994年之前就已经开始提议建立东盟地区论坛，而媒体把它与南海问题联系起来。其中，1988-1991年都是1篇，1992年是3篇。1993年，东盟正式提议建立东盟地区论坛，这一年的报道数量迅速增加到23篇。在1994年正式举办东盟地区论坛的一年中的报道数量是44篇，这表明东盟地区论坛在成立之初就被媒体普遍与南海问题联系起来。其历年的报道数量变化曲线与东盟外长会议的变化曲线基本吻合。在2009年之前，报道数量一直处在一个较低的位置。在2010年经历了一个迅速的增长，在2011年达到最高值，随后一直处在相对较高的位置。

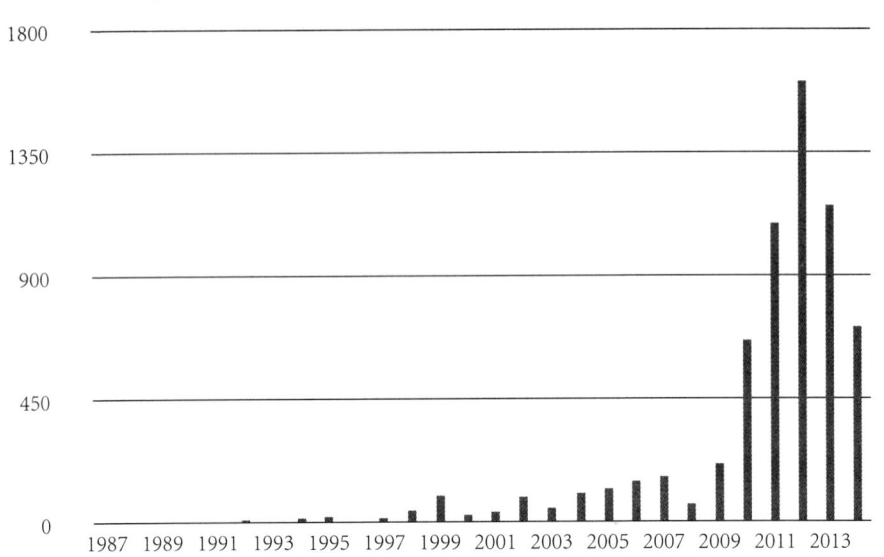

东盟峰会涉南海问题新闻统计（各年份新闻总量）

东盟峰会涉南海问题的新闻报道首次出现在1987年。报道数量在2009年之前一直处在一个相对较低的位置。随后，报道数量在2010年经历了一个急剧地增长过程，并在2012年达到历年来的最高值。这一变化趋势与东盟外长会议和东盟地区论坛的趋势基本吻合。

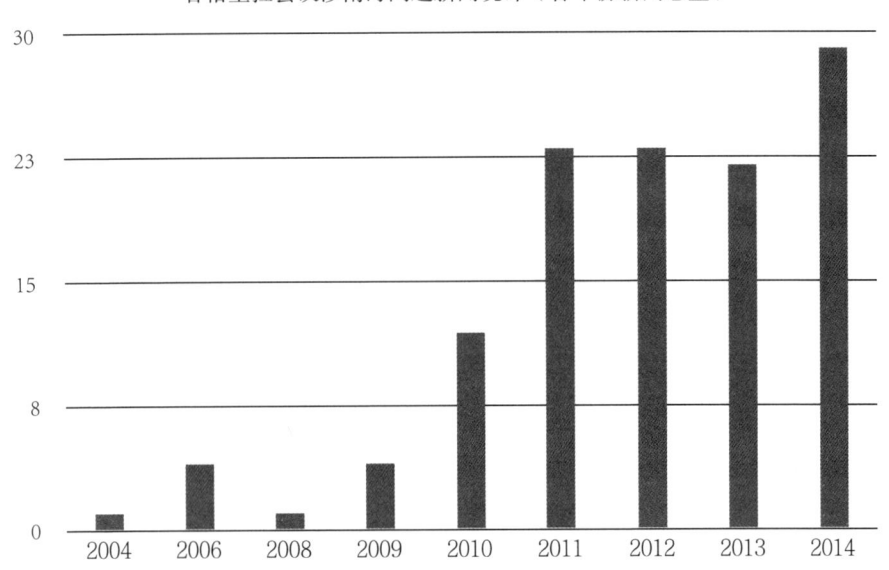

香格里拉会议涉南海问题新闻统计（各年份新闻总量）

香格里拉对话会议最早开始于2002年，最初的关注点是阿富汗问题、反恐问题和朝鲜问题等。南海问题一直到2010年才开始成为香格里拉对话的重要话题，媒体对香格里拉对话会议涉南海问题的报道数量也在2010年经历了一个急剧增长的过程，在2011年和2012年达到一个较高的水平，并在接下来的年份里一直维持在一个较高的水平之上。这与东盟系列会议涉南海问题新闻报道数量的变化是一致的。香格里拉对话会议涉南海问题的报道数量在2014年达到了历年来的最高值。2014年报道数量如此之多，主要是因为在香格里拉举办期间，中越正在南海的西沙群岛因为981钻井平台事件而进行激烈的冲突。越南防长利用在香格里拉对话会议发表演讲的机会，对中国进行指责。美国和日本等国的官员也指责中国试图改变南海现状。与会的多名专家学者在中国人民解放军副总参谋长王冠中发表演讲后，对中国的南海九段线进行了连番提问，质疑中国南海九段线的合法性，王冠中对此进行了详细的解释。各国官员围绕南海问题进行的互动使得南海问题成为2014年香格里拉对话会议的热点问题，这为媒体报道提供了素材。2014年香格里拉对话会议涉南海问题的新闻报道数量达到一个新的峰值。

通过对东盟外长会议、东盟地区论坛和东盟峰会涉南海问题新闻报道的数量统计显示，从2009年开始，涉南海问题新闻报道数量经历了一个急剧的增长势头，并在2011年和2012年达到历年报道数量的最高值，随后一直维持在一个较高的水平之上。香格里拉对话会议涉南海问题的报道数量同样在2009年之前一直处在较低的水平，在2010年经历了急剧的增长势头，并在2014年达到历年来的最高值。这一趋势与2009年之后国际媒体对涉南海问题的新闻报道数量趋势，以及2009年之后美国奥巴马政府推行的"重返亚太"和"亚太再平衡"政策并联合菲律宾、越南等国炒作南海问题的趋势完全吻合。

二、涉南海问题国际媒体的地缘分布非常不均衡

国际媒体对南海问题的关注在2009年之后呈现出迅速升温的特征。然而，这一媒体热点并不反映在世界各个国家的所有媒体中。关注南海问题的国际媒体在地理分布方面，呈现出比较典型的不平衡特征。

（一）南海问题主要国际媒体的分布状况

通过对多年来关注南海问题的国际媒体进行筛选和比较，英国的BBC（40.9%），香港的《南华早报》（13.7%），新加坡的《海峡时报》（11.0%），美国的《纽约时报》（3.5%）、《国际纽约时报》（2.9%），澳大利亚的《澳大利亚》（2.9%）、《堪培拉时报》（2.9%），马来西亚的《新海峡时报》（2.9%）等媒体是所有国际媒体报道南海问题最为集中的几家媒体。其中，来自欧美国家或者欧美国家盟友国家的媒体占所有媒体的大约64.1%（新加坡媒体南海问题立场基本与美国南海政策趋同，故统计纳入西方数据）。媒体的相对多数大部分属于美国及其盟国英国、澳大利亚，以及日本等国。南海问题相关国际媒体所在国在地理政治的属性上基本呈现出以欧美国家为主的不平衡分布现象。

（二）南海问题国际政治平台信息源的国家分布状况

在东盟外长会议涉南海问题新闻来源统计中，英国的BBC作为全世界著名的国际媒体，在报道数量上远远领先于其他媒体。日本和美国的媒体在报道总量上也位居前列。亚洲国家中，泰国有两家媒体进入前10名，新加坡和马来西亚也各有一家媒体进入前10名。

东盟地区论坛涉南海问题新闻来源统计中，欧美国家的优势同样明显。南海权益声索国中，只有中国的《中国日报》进入了前10名，但位于最后一名。

在东盟峰会涉南海问题的新闻来源中，与东盟外长会议和东盟地区

论坛的趋势基本一致，依然是欧美国家为主，英国的BBC、法国的法新社、美国的美联社等都是重要的新闻来源。泰国、新加坡等国的媒体紧随其后。中国的媒体没有进入前10名。

新加坡是香格里拉对话的举办地。香格里拉对话会议涉南海问题报道的新闻来源中，新加坡的《海峡时报》排名第一。美国和中国各有两家媒体进入前十名。这与近年来在香格里拉对话上，美国和中国就南海问题进行了多次交锋，进而成为香格里拉对话会议焦点的情况相吻合。

（三）关注南海问题国际政治平台相关国际媒体的地区分布

2009年以来，南海问题国际传播与东盟系列会议、香格里拉会议对南海问题的关注形成相互推动的正向发展关系。国际媒体对南海问题的追踪与国际政治平台对南海问题的讨论共同促成了南海问题国际热点发展的趋势。然而，国际媒体的地理属性和主流对南海问题的国际传播的影响的却极不平衡。因此，我们有必要对南海问题相关媒体的地区属性进行进一步的分析。

从国际媒体的地区分布角度考察，世界各地媒体关于东盟外长会议涉南海问题的关注程度是不同的。报道数量上，亚洲媒体最多，接近总量的一半。北美地区和欧洲地区位居第二和第三的位置，其余地区的报道数量非常少，非洲地区报道数量最少，基本可以忽略不计。

东盟地区论坛涉南海问题新闻报道在世界各大地区的分布数量的趋势与东盟外长会议的数量分布图表基本一致。亚洲地区的报道数量基本为第二名北美和第三名欧洲报道数量之和。除上述三大地区外，世界其他地区的报道数量明显减少。

东盟峰会报道南海问题的趋势与东盟外长会议和东盟地区论坛的趋势同样是一致的：亚洲地区的报道量排名第一，其数量与北美和欧洲的报道数量基本相同。其他地区的报道数量在总量中的比例低于10%。

在世界各大地区的数量统计中，香格里拉对话会议涉南海问题报道数量分布与东盟系列会议的特征基本一致。亚洲地区的报道数量远远超过其他所有地区报道数量之和，排名第二的是北美、欧洲和中东地区。

上述对国际政治传播平台涉南海问题新闻报道数量，在世界各大地区的分布情况的统计分析显示出基本一致的分布特征。亚洲媒体的报道数量排名第一，约占到总量的一半；北美地区的报道数量排名第二；欧洲地区排名第三。然而，需要特别说明的是，亚洲的报道数量虽然最多，但是这一报道总量与南海地区形势的发展对亚洲国家有直接的影响有关，也与亚洲本身国家数量有关。相对于亚洲，北美只有美国、加拿大两国，欧洲关注南海问题的英法德等国媒体主流观点与北美等国基本一致。此外，考虑到亚洲国家中的菲律宾、越南、印尼、新加坡等国在2009年美国高调介入南海地区事务以来将美国南海政策主张作为本国南海政策主张的重要内容等现实情况，基本可以判断，南海问题国际媒体主流观点的信息源来自于美国影响下的西方世界。

（四）亚洲媒体对南海问题国际政治平台报道的国别分布

根据上述统计分析，在亚洲各国和地区中，泰国、日本、新加坡的国际媒体报道数量占有明显优势。其中，泰国是东盟和中国南海问题的协调国，对可能影响东盟与中国关系的南海问题极为关注。新加坡则基于对南海地区安全问题的关注以及美新战略安全关系的发展而希望在南海问题上能够有自己的声音。日本与中国是地区战略格局的竞争对手。日本与东南亚国家长期保持着密切的经济联系。南海地区航道的安全对日本经济安全具有至关重要的影响。加上美日同盟在美国借南海问题"再平衡"亚洲战略格局方面的推动，日本成为南海问题的重要关注国。此外，英语是新加坡、印度、菲律宾等国的官方语言。语言的便利也增加了它们向国际社会传达本国南海政策的机会。中国在报道总量上排名第四，在南海各声索国的排名中是第一位。这说明我国的媒体在报道南海问题时是积极的。需要说明的是，越南虽然不是前15的国家，但是越南却是南海问题国际媒体关注的新闻热点的重要源头。越南南海主张与举措绝大多数都是亚洲上述前15国媒体报道的重要内容。

东盟地区论坛的参与国包括亚太地区及欧美的主要国家。这一论坛是美国、菲律宾等国增加南海问题国际化的重要场所，也是中国就南海权益问题而与推动南海问题国际化各国进行博弈的重要场合。中国在亚洲各国和地区的东盟地区论坛涉南海问题新闻统计中排名第一。这说明中国媒体非常关注在东盟地区论坛上提及南海问题的各类新闻。除中国外，泰国、新加坡、日本的报道数量仍然占据重要位置，基本延续了关于东盟外长会议的报道趋势。菲律宾和马来西亚分别位于第7和第8的位置。尽管越南本国仍然缺乏足够多的新闻报道数量，但是不可否认的是，近年来越南在地区论坛上配合美国、菲律宾共同针对中国的声音对各国媒体报道内容的影响却是非常大的。

上述统计分析显示，泰国、新加坡和日本在报道东盟峰会涉南海问题的数量上占据前3名。中国的报道数量排在第5的位置，但与第2到第5位的差距并不是很大，基本处于第二梯队。中国的报道数量没有像东盟地区论坛那样占据第一的位置，可能是因为东盟峰会的领导人对南海问题的讨论相对较少，对中国的指责也较少有关。此外，中国的最高领导层成员并不参加东盟峰会，这也可能是中国媒体报道东盟峰会涉南海问题相关内容较少的原因之一。

在香格里拉对话会议在亚洲各国和地区新闻报道南海问题的数量统计中的数量，比第二、第三和第四名的数量总和还要多。泰国的报道数量仅排在第7位，而日本的报道数量甚至低于伊朗媒体对香格里拉对话会议涉南海问题的报道数量。中国媒体的报道数量位居第二。结合中国媒体在报道东盟地区论坛上的数量优势似乎可以推断，中国媒体报道相关南海问题国际政治平台信息的选择与中国是否有重要官员参与，并在涉南海问题的国际会议上发声有关。

亚洲国家和地区的国际媒体在国际政治传播平台涉南海问题报道的总体数量上，泰国、日本、新加坡和中国的排名靠前。泰国、日本、新加坡三国的报道数量总和远远超过中国。从报道的内容上分析，这三个国家的国际媒体在报道内容上与美国、菲律宾、越南等国对南海问题的主张非常相近。新加坡、印度、菲律宾是英语为官方语言的国家。国内媒体与国际媒体的界限并不非常明显。这增加了这些国家媒体的国际传播能力的基数。

中国在东盟地区论坛涉南海问题报道中占据第一名的位置。作为在南海问题上最为重要的多边安全合作平台,东盟地区论坛上的观点交锋对南海问题国际舆论具有广泛的影响。参加东盟地区论坛的中国外长多次借助这一平台向国际社会宣传中国的南海政策和立场。然而,中国的国内媒体与国际媒体有着明显的语言差异。国内媒体对南海问题的大量报道根本无法通过相对狭窄的国际媒体途径在国际社会得以展示。与中国类似,越南虽然在炒作南海问题,增加南海问题地区化、国际化水平上投入颇多,但越南同样存在国内媒体和国际媒体语言差异的短板。其政策主张的国际传播能力同样有限。

(五) 南海问题相关媒体地理分布与国际话语体系的不平衡结构

由于南海位于亚洲,因此,亚洲国家相对关注南海问题。南海周边国家如中国、菲律宾、越南、泰、新、马、印尼均为有国际传媒能力的国家。日本、印度、韩国对南海航线的关注及对南海周边国家的重视直接影响着这些国家对南海问题的基本态度。北美只有美国、加拿大两国。南海问题是美国再平衡亚洲的战略抓手。美国的政策是通过南海问题分化东亚国家,阻碍或者延缓东亚地区经济、政治等一体化的进程。欧洲地区的报道集中在法、英、意、俄、德等国在南海有石油等商业利益的国家中。这些国家对南海地区事务的关注在美国南海政策当中得到全方位的体现。亚洲英语国家与欧美英语国家之间存在历史和现实联系,其观点相似度和一致性高于亚洲内部国家。亚洲国家内部因南海争端的对立、各自区域战略目标的对立(如中日)而导致的观点对立,冲突等问题远远超出他们与区域外国家的矛盾。英语是当代国际媒体最主要的语言。欧美菲印等英语国家在南海问题上的一致性,以及越南、日本等东亚国家支持英语国家南海主流观点的倾向性构成了当代南海问题的国际媒体话语权的基础。这一基础在美国重返和再平衡亚洲的过程中得到集中的体现。美国主导世界舆论能力也在南海问题国际舆论发展的过程中得到了充分的体现。

三、国际媒体对南海问题的关注点高度集中

通过前面两部分的分析可以看出，1982年《联合国海洋法公约》开放签字以来，南海问题的国际舆论问题就已经出现。然而，国际舆论形成对南海问题的主流观点并影响南海问题的发展则主要是2009年以来的事情。2009年美国高调介入南海地区事务，菲律宾、越南等国联合美日等区域外大国炒作南海问题，并企图推动东盟以整体的力量向中国施压。这一过程中，美国所宣称的航行自由问题，美国与东盟关注的DOC（《南海地区行为宣言》英文缩写DOC，下同）和COC（《南海地区行为准则》英文缩写COC，下同）问题，以及中国的九段线问题等先后成为国际媒体对南海问题的主要关注点。

南海地区的航行自由是美国南海战略利益的重要体现。2001年海南岛上空的陵水撞机事件，2009年的无暇号事件都是美国以航行自由为名，进入中国南海专属经济区空域和海域而造成的中美南海直接冲突。美国对南海地区航行自由权利的声索主要用以军事目的数据探测而非一般科学研究的数据收集。美国的这一做法即便在美国学者看来也存在相当的不合理性。然而，美国却以本国没有批准《联合国海洋法公约》为由对中国所主张的南海地区专属经济区海域和空域的管辖权提出质疑和批评。由于该问题同样关乎印度、日本、欧洲国家，以及东南亚南海权益声索国与中国争夺南海权益的利益，因此成为南海问题的国际媒体的重要关注点之一。

历年国际媒体涉南海航行自由报道数量变化

国际媒体对南海的航行自由问题的报道数量在2009年之前一直维持在一个非常低的水平上。在2009年美国奥巴马政府开始插手南海事务后，国际媒体对航行自由的关注度迅速增加，并在2010年美国国务卿希拉里宣布"美国在南海的航行自由上拥有国家利益"后，国际媒体对南海航行自由的报道数量达到历年来的第一个高峰。随后，关于航行自由的报道数量因为中菲黄岩岛危机，在2012年达到历年来的最高值。

国际媒体对DOC和COC的关注度在2002年中国与东盟签署《南海各方行为宣言》后，基本呈现一个不断上升的趋势。从2009年开始，增长速度明显加快。2012年中菲黄岩岛争端使得尽快落实DOC和达成COC的需求更加迫切，媒体的报道量也急剧上升。2013年，东盟先是在内部就COC的基本条款达成了一致，在菲律宾和越南的推动下企图迫使中国接受。在中国坚决反对后，中国与东盟在落实DOC框架下开始了COC的磋商。2013年一系列围绕DOC和COC发生的事件为国际媒体报道提供了丰富的素材，也使得国际媒体关于DOC和COC的报道达到历年来的最高值。

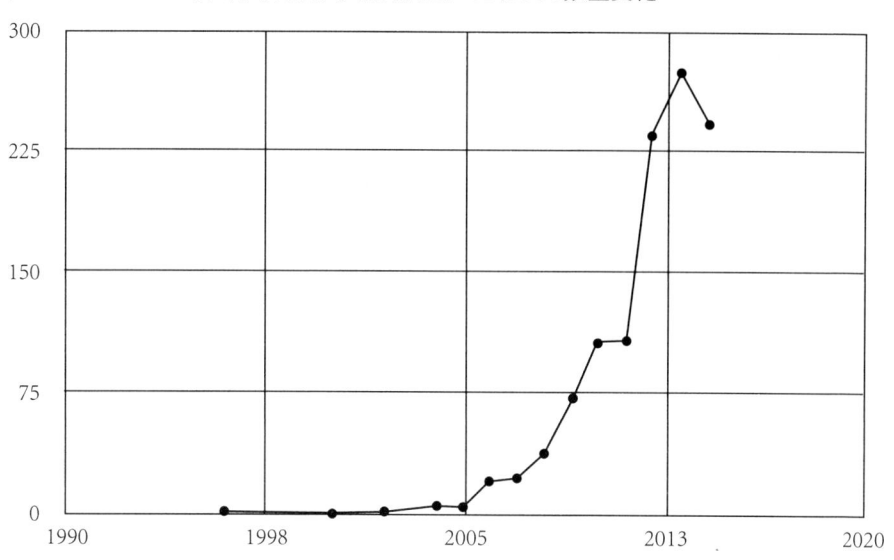

历年国际媒体涉南海问题DOC和ICOC数量变化

国际媒体对中国南海九段线的报道数量有两个高峰。一是2007年前后，一是2014年前后。在2007年之前很长的一段时间里，国际媒体对中国南海九段线的关注度一直维持在一个较低的位置。2006年菲律宾成为东盟轮值主席国，2007年中国和越南的政府船只在南海发生冲撞事件。在这两年，菲律宾和越南对中国的南海断续线提出质疑，造成了国际媒体报道九段线的第一个高峰。2013年菲律宾把中菲南海争端提交国际仲裁后，九段线就成为菲律宾、美国等国集中批评中国的焦点。尤其是2014年美国多位高官公开宣称中国的南海断续线不符合国际法，直接造成了国际媒体报道数量在2014年达到历年来的最高值。

历年国际媒体涉南海问题九段线数量变化

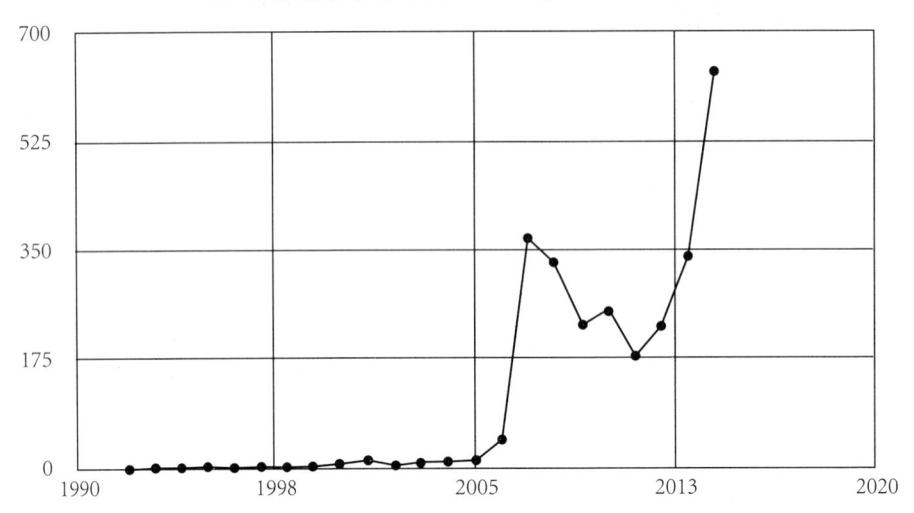

国际媒体对上述关注点的报道数量在2009年前后经历了显著的增长，并在近几年一直维持在一个相对较高的水平上，这与菲律宾等国炒作南海问题、增加南海问题地区化和国际化的趋势是一致的。从这些媒体热点问题的内容考察，航行自由、DOC和COC等问题主要体现了美国等域外国家和东盟对南海问题的利益和政策需求，对九段线的关注则体现了这些域外国家和东南亚国家对中国权利主张的抵触。从而，中国南海主权主张和南海利益在国际媒体上基本处于被贬抑的状态。

第三部分、南海热点问题及其应对

对南海断续线名称及性质研究的一些看法

沈固朝

[内容提要] 南海断续线自产生以来，无论其画法还是名称都经历了一个比较混乱的阶段，其确切的地理坐标数据一直没有正式公布于众。但是，断续线作为国家地图正式国界线长期存在的事实不容否认。本报告就此提出自己的看法。

[关键词] 南海断续线　名称　性质　研究

[作者简介] 沈固朝，南京大学中国南海研究协同创新中心副主任，教授，博士生导师。

分布在南海东—南—西三个方向的U型断续线，其画法经历了一个较为混乱的阶段，大致分为"断线"（"断线"的提法在民国档案中屡有提及）和"实线"两种，前者在九段线之前按线段数量有7段线、8段线、25段线、11段线等。为纠正这一情况而成立的水陆地图审查委员会在当时及以后也未能有效地统一全部地图的画法。但是，无论跳绘还是连续标绘，也无论是内政部制定的中国地图还是民间出版的中国地图，U形九段线基本上都采用国界线的画法，并在例图中清楚地标明"国界"。

一、关于南海断续线名称及其含义

九段线的名称非常多，至今未统一起来，大致可分为按形状和按性质两种不同方式的命名。九段线、十段线、十一段线、U形线、断续线、南海断续线等都是根据界线的形状而命名的，其中，断续线或南海断续线已逐渐成为趋势，其优点在于中性词可回避争议，缺点是无论对内和对外都面临着要求进一步解释和"澄清"的压力。传统疆界/国界线、传统海疆线、海上疆域线、岛屿归属线、历史性所有权范围线等都属于显示界线性质的名称。具体而言,历史性权利线、历史性水域说和传统海疆线或海上疆域线三种说法的影响更大一些。

(一) 历史性权利线

该观点认为,在主张线内的岛、礁、滩、沙属于中国的同时,内水以外的水域视同中国的专属经济区和大陆架。批评意见是,这两种海洋区域的范围都是从领海基线起算的,而目前我们还没有公布南沙的领海基线,即便以后公布了,也很难设想与九段线完全重合。再者,对这两种海域的主权权利与历史性权利主张的主权和所有权在质和量上都有不同程度的区别。其中,"岛屿归属线"的提法较多,其主要出发点有四:一是考虑到《联合国海洋法公约》对内水的界定,以及我国颁布的一些海洋法规,如1958年的领海声明,1996年的领海基线声明等;二是考虑到自民国以来,断续线内的水域始终是公开的,任由外国船只航行;三是南海海域内,岛礁星罗棋布、数目繁多,在其名称难以一一鉴定的情形下,采用"岛屿归属线"最易概括无遗;四是与1935年和1947年正式公布的地图名称相符,即《中国南海各岛屿图》和《南海诸岛位置图》。对这一提法的批评的意见是,如按《公约》来确定权利范围,因丧失了暗礁、暗沙的权益,丧失了距海岛较远海域的权利和不能维持人类居住或其本身经济生活岩礁不具有专属经济区和大陆架而丧失对线内大面积水域的主权权利。[1] 但究竟丧失多大面积的水域,批评意见并没有拿出测算的依据。

---

[1] 罗婷婷:《"九段线"法律地位探析——以四种学说为中心》,《中国海洋法学评论》,2008第一辑,页60-61。

（二）历史性水域说

该主张认为，因公布断续线以后相当长一段时间南海周边国家未提任何异议，从权利的行使已获国际社会的默认这一点而言，线内水域完全符合历史性水域的构成要件。但这一提法将面临更为困难的举证压力：不仅因为主张国对其水域公开行使权利需出具实际占领的事实并证实行使国家权力的长期性、无间断和无争议，还因为我国政府在中越北部湾划界中已经用大量事实驳斥了越方的历史性水域的主张，[①] 其立场是世人皆知的，如何与当时驳斥的依据不自相矛盾则是又一个难点。台湾"立法院"1993年在《南海政策纲领》的序言中提出了"历史性水域界限内的南海区域"，但1998年在颁布领海与毗连区法时又放弃了这一提法。到20世纪80年代有20个国家声称拥有历史性海湾，但被联合国承认的很少，更何况还不是海湾的广袤的南海海域。

（三）传统海疆线或海上疆域线

从白眉初主编《中华建设新图》的"海疆南展后之中国全图"的提法，到水陆地图审查委员会会刊在其发表的《中国南海岛屿图》中称"海疆南展至团沙群岛，最南至曾母滩"等提法来看，这一名称是有成立的依据的。但从断续线产生至今，这条线未起到海域疆域线的作用，因为外国船只不断地、自由地在线内广阔的海域航行这一事实说明，政府未实施对线内整个海域的管理，[②] 名实不符。

二、对南海断续线名称及其含义相互矛盾的基本看法

上述各种看法都有一定的根据，可多年来未能取得较为一致的看法，

[①] 沈固朝：《关于北部湾的"历史性水域"》，《中国边疆史地研究》，2000（12）：44-59。
[②] 李金明：《南海断续线的法律地位：历史性水域、疆域线、抑或岛屿归属线?》，《南洋问题研究》，2010（4）:22-29。

这种情况还将继续下去，主要原因如下：

（一）导致南海断续线名称及其含义发生分歧的一个主要原因在于人们用现实或后来发展起来的海洋法及国家实践去猜测和解释断续线产生的历史事实

用现在的海洋法和国际规则去衡量和分析过去存在的事实，必然会产生很多矛盾和漏洞，要让人信服在此基础上得出的结论也非常困难，因为那些当年参与制图、划线和接管岛屿的官员、学者们根本不可能将他们的认识与几十年后的海洋法理论和实践挂钩。历史的问题，必须从历史事件发生时的环境和背景来解释。换言之，应采用时际法原则——基于历史事实和法律事实的原则——来指导我们的研究取向和方法，这样更加可取一些。

（二）尊重历史，照顾现实，是消除南海断续线名称及其含义分歧的一条有效途径

历史事实有三种形态——已经消失了的客观存在、留存在各种载体上的记载、史著中重建的事实[1]。其中第二种，即记载史实的档案、地图、史料等应是我们研究的基础和出发点，而法律事实，是史实发生（在本文指以符合当时国际法的方式创设的权利）时有效的国际法规则。因此，本文的建议是，将断续线名称及其性质的研究分为两步：第一步是基于历史事实和法律事实的界定，即当时有哪些名称，以及这些名称所代表的内涵。在此基础上尽可能统一认识；第二步，根据发展了的客观现实和随之变化了的国际法理论及其国家实践，进行领土争端和主权归属的分析和研判，并在此基础上作出名称及其性质的认定。

---

[1] 陈关前：《关于历史事实的概念》，《北京师范大学学报》，1988（4）：44-49。

三、"国界线"应当成为我们处理南海主权争端问题的底线

根据上述思路,本文认为在诸多名称中最值得注意的是"国界线"说,本报告认为它应当成为我们在处理南海主权争端问题上坚持的基本原则。

(一)"国界线"说及南海断续线的准确表述

"国界线"说认为,该线划定了中国在南海的领土范围,线内的岛、礁、滩、沙以及海域均属于中国领土,我们对它们享有主权。[①] 该说法的主要理由是"九段线"用国界线标示,其名称、绘制方法均与陆地上的中国的疆界线无异,且其位置适处于中国南海诸岛与邻国海岸线之间的中线。在此基础上,南海断续线的具体表述应是:环绕着中国东沙群岛、西沙群岛、中沙群岛和南沙群岛的U形断续线是中国政府在1947年制定、1948年向世界公布的中国在南海区域的国界,它表明线内的岛屿属于中国领土,岛屿附近的海域属于中国的领海。

(二)对"国界线"说的主要批评

批评者认为,"国界线"说的法律依据不足,存在较大的论证难度,因为该线是断续线,足以证明划定时系为中国在此海域之"未定疆界"的状态;其次,将界线划定后中国历届政府没有以一定的方式明示或暗示过线内的整个海域是中国的领海,也从来没有以一定的方式对它行使过领海权。再次,这一观点有悖于国际海洋法的理论与实践(即领海基

---

① 许森安:《南海断续国界线的内涵》,《"21世纪的南海问题与前瞻"研讨会文选》,2000年,第80-81页。

线和领海的划法）。①

（三）将南海断续线界定为国界线的主要依据

本报告认为，将南海断续线视为国界线的依据主要有如下5个：

第一，"国界"是当时以地图图例形式命名断续线的正式名称。这是一个不容抹杀的、存在了近70年的历史事实，有大量历史事实的支持，有丰富的官方档案为据的政府行为的印证，有地图、中小学教科书等为据的公开出版物的明示，有多次公开声明、媒体舆论的支持为据的告知行为，有周边国长期默认和地图描述为据的国际承认。

第二，符合法律事实。该名称的涵义不仅与图例上标明的中英文"国界"或"national boundary"这一称谓相一致，而且其画法——位于中国与邻国间中间的界线——是按国界的中线原则制定的，符合当时"国家领土范围的地理界线"或"国家行使主权的界限"的习惯国际法和当时的国家实践。国界的中线原则在上世纪30年代民国政府关于领海界线草案中就屡有提及。

第三，符合历史事实。即断续线的最初公布就是为了确定中国对西南沙群岛的管辖范围和主权，这是非常明确的。1947年4月，内政部在致广东省政府的公函中，开宗明义："西南沙群岛范围及主权之确定与公布"。换言之，"断续线明确标出了我国在南海诸岛的领土主权范围，确认了至少从15世纪起就被列入中国版图的南海诸岛的海上疆界，在此界线内的岛屿及其附近海域，受我国的管辖和控制。"②

第四，国界线（或海疆线，maritime boundary）不等于就是领海线，也非专指基线，线内水域也非内水。这是一个较宽泛的概念，按现代海洋法，它可以涵盖领海线、陆架线、专属经济区线等。南海断续线产生于1958年"领海及邻接区公约"和1994年生效的《联合国海洋法公约》

---

① 罗婷婷：《"九段线"法律地位探析——以四种学说为中心》，《中国海洋法学评论》，2008年第一辑，第58-59页。

② 赵理海：《海洋法问题研究》，北京大学出版社，1996年，第37页

之前，也不受1951年英、挪"渔权案"等类似判例的影响，它没有基点，也没有经纬度之标示，在这个意义上，它与传统疆域线同义。

第五，国界既是一个政治概念，又是一个法律概念，符合包括中国在内的近代各国疆土国界演变的历史事实。采用这一名称，可在一定程度上为线内"历史性所有权"的主张奠定基础和预设了解释空间。我们首先强调的是线内包括岛、礁、滩、沙及其附近海域（如领海等）的主权，它不妨碍随时际法原则产生的其他权利，如"线内海域的法律地位大致相当于专属经济区，保留他国航行、飞越、铺设海底电缆和管道等三项自由"。①

四、对质疑"国界线"说的质疑与批评

针对质疑"国界线"说的两种主要观点，本文的看法如下：

（一）质疑"国界线"说的主要观点之一是将断续线认作未定界，这种判断缺乏历史根据

事实是，当陆上的国界线延伸到海上出现跳绘或断续时，并不表示"单方面"和"未定"。如果仔细看一下民国地图的图例（包括以后的中华人民共和国地图的图例及其说明）就可以发现，注明"未定界"的画法都是用小圆点或以后用工字线段的虚线表示，并与"国界"一起出现在同一个图例中。较早出现的民国28年的《中华建设新图》其国界线不仅用"点、线"的画法区别于同一图例用"圆点、虚线"构成的未定界，而且名称是"水陆全部国界"。② 这一画法沿用到以后的几乎所有地图。台湾国史馆编印的《中华民国史地理志》不仅在同一图例中标明"国界"和"未定界"，而且将国界的画法标为"已定界"。③ 中华人民共和

---

① 贾宇：《南海"断续线"的法律地位》，第15卷第2期，2005.6。
② 白眉初：《最新中华建设新图》，北平建设图书馆发行，民国28年。
③ 《中华民国地理志（初稿）》台北：国史馆地理志编纂委员会，民国79年图九。

国的地图也规定，已定国界线在地图上一般用工字型线段加圆点表示，也有的用粗短线段加圆点表示，未定国界在地图上一般用工字型线段（两者之间均无圆点）表示，同一线段表示已定界与未定界时要有明确的起迄点（如自然定位标志，或一律以国界符号的"·"定位。更值得注意的是，断续线是法定表示，在民国政府时期是经过水陆地图委员会审查的。根据内政部地图审查委员会第十二次会议（民国27年11月）的规定，"未经送审之地图，赶速依法送由本部审定，其未附印有发行许可证书或贴有本水陆地图审查委员会所签发许可证票者并请一律查禁"。因此，可以说得到许可出版的地图也具有了准官方地图的性质。在中华人民共和国也是经过严格的审查并有诸多法律法规约束的，如《关于更改公开版地图上我国国界线画法依据的通知》（国家测绘局、外交部，1990）、《中华人民共和国地图编制出版管理条例》（国务院，1995.7）、《中华人民共和国测绘法》（全国人大，2002）、《公开地图内容表示若干规定》（国家测绘局，2003）、《地图审核管理办法》（国土资源部令第34号，2006）等。根据国家的有关规定，从2002年1月1日起，我国公开出版的各类地图一律按照1:100万《中国国界线画法标准样图》和1:400万《中华人民共和国地形图》绘制。目前中国地图上的海上边界共10段，系按照我国传统习惯画法绘制，其符号与陆地边界符号相同。因此，将断续线看作未定界是没有根据的。

（二）另一较有代表性的质疑是将断续线看作领海线，因而认为将线内的水域作为内水在法律上是很难解释的，这种说法也说不通

本文认为，从档案来看，民国政府并没有将此线作为领海线来划定。内水和领海的规定早在1931年参谋本部《规定领海界线草案》中就有说明。当时的领海宽度只有3海里。民国政府划出的海上疆域线只表示区分中国与邻国的领土范围。"内水"的规定早在1931年参谋本部《规定领海界线草案》中就有说明，尽管与现在的内水概念稍有差异，该草案将

口宽不超过24海里的渤海湾称为"私海"。当时的草案已经规定了领海宽度的起算法，如"我国沿海岛屿有单独之领海"；"凡众岛成群全属我国，如其外围所有各岛相去之距离不逾我领海海里数之一倍者，则该处领海自其岛群最靠外之岛起算"，等等。这也就是为什么用断续线表示的海界不同于用实线表示的陆界。就在1946年9月行政院长宋子文命外交部召集内政部、海军司令部协商如何帮助广东省政府接收新南群岛时，同年1月，国民政府内政部开始了关于"重新划定我国领海界线及海关缉私范围"的讨论，除外交部主张维持1930年6月制定的3海里领海宽度和缉私界程12海里外，其余各部（财政部、农林部、海关、国防部、水利委员会、海军总司令部等）均主张由岸线起量向外扩充为12海里的领海宽度。讨论均集中在陆地、海岛及其附近海域，根本没有、也不可能涉及远离陆地、超过12海里范围外的"领海"和广袤的海域。

五、基本结论

领土，狭义的仅指领陆，广义的包括领空和领水（领海+内水）。根据当时划线的历史背景，国界仅相对于陆地领土而言。如1947年4月14日，国民政府内政部与国防部、外交部、海军总司令部等部门人员磋商画线的目的与作用问题时，明确"南海领土（黑体字为作者所加）范围最南应至曾母滩，此项范围抗战前我国政府机关学校及书局出版物，均以此为准，并曾经内政部呈奉有案，仍照原案不变"。《中华人民共和国政府关于领海的声明》（1958）也明确：中华人民共和国的领海宽度为十二海里（浬）。这项规定适用于中华人民共和国的一切领土，包括中国大陆及其沿海岛屿，和同大陆及其沿海岛屿隔有公海的台湾及其周围各岛，澎湖列岛、东沙群岛、西沙群岛、中沙群岛、南沙群岛以及其他属于中国的岛屿"。其余如《中华人民共和国领海及毗连区法》（1992）和《中华人民共和国政府关于中华人民共和国领海基线的声明》（1996）、《中华人民共和国专属经济区和大陆架法》等法律法规也多次重申。

国界线就是领土的范围线，也称"边界"或"疆界"，是划分一国领土与他国领土或与国家管辖范围之外区域的界线（2009年新版《辞海》定义）。线内的岛屿及其附近海域（指领海、毗连区）是属于我国的领土，我国对这些领土（领陆+领水）具有排他性的处理自己对内和对外事务的最高权力，即主权。然而，由于断续线内我国领土的不连续的特点，线内的全部水域不都属于我国领土，或者说不在狭义的主权管辖范围内。公海的国际条约是1958年确定的，专属经济区的规定则更是以后的事。这也许就是为什么历届中国政府都没有声称断续线内全海域属我。但如同不能因为中国大陆和台湾岛之间隔有公海（1958年《中华人民共和国关于领海的声明》）就将把台湾排除在中国国界范围之外一样，不能因为南海断续线内有公海而将线内的我国领土排除在中国国界范围外。国际上也没有这样的例子。《联合国海洋法公约》生效后，公海的范围被大大缩小（以至于台湾海峡没有了公海），但对历史的解释应当根据当时的历史背景和法律事实，不宜同后来的发展相混淆。至于现在属于我国的南海水域范围有多大，有哪些权利，则同样可根据时际法的原则，参照包括《联合国海洋法公约》在内的一系列国际法的规定，视岛屿的地位而定。

总的看，国界不仅仅是地图图例上的一个名称，也是由法律支持的一个国家的主权表述。我们要看到已经存在了70多年的各种文献载体上的这一表述的事实；要看到1949年前后两个时期、两岸高度一致的表述的事实；要看到上世纪60年代以前几乎没有主权国家反对和挑战这一表述的事实；要看到这一表述的历史价值和现实意义。因此，不要将已定界与未定界混淆起来；不要将国界与速记线（如归属线）混淆起来；不要将基于历史事实的界定与基于现在形势的认定混淆起来；不要与两岸已有的长期一致或默契相矛盾甚至相冲突。名称改动宜慎重。如果在现有众多名称中选择一个正式的新名称，是否要在地图上作相应的更动？如果不更动，则面临两种名称的解释窘境；如果更动了，现有名称中无论哪一个都可能是基于现实的妥协，是国界意义上的退步。

越、菲、美三国对南海断续线的质疑及中国的应对策略

黄瑶、黄靖文

[内容提要] 自2014年,越南、菲律宾和美国质疑中国南海断续线的声音不绝于耳,三个国家均有学者就断续线的法律性质、法理依据和历史依据等方面提出与中国相反的论点,这对中国维护南海合法权益带来前所未有的挑战。本文在对越、菲、美三国关于断续线的政府立场和有代表性的学术观点进行分析后认为:越南、菲律宾主要以有效管辖规则和《联合国海洋法公约》下的专属经济区、大陆架制度对抗中国对断续线内的岛礁领土主权主张;美国作为非争端当事国,在领土主权问题上谨慎地保持形式上的"中立"立场,但其学者和智库更倾向于越、菲的立场;越、菲、美三国均否认断续线内海洋权利的历史性主张在《联合国海洋法公约》和一般国际法下的合法性。面对日趋复杂的南海权益舆论战,中国应加大相关学理研究并以此为支撑,重新思考并构建南海政策舆论平台。

[关键词] 南海断续线　越南　菲律宾　美国　岛礁主权　历史性权利

[作者简介] 黄瑶,中山大学法学院副院长,教授,中国南海研究协调创新中心研究员;黄靖文,中山大学法学院研究生。

本报告以南海周边邻国中的越南和菲律宾以及对南海问题有重要影响的域外国家美国作为研究对象,分析这三国的政府和学界质疑或否定中国对南海断续线内的权利主张(包括岛礁滩沙主权和海洋权益),梳理他们对断续线合法性和正当性的相反论点,在此基础上提出如何有效维

护我国在断续线内合法权益的建议主张。

一、越、菲、美三国对中国主张断续线内岛礁主权的合法性之质疑

中国依据历史事实和有关陆地领土主权取得的一般国际法规则，主张对南海断续线内的四组群岛拥有主权和管辖权。然而，越南和菲律宾与中国在南海群岛主权归属问题上存在争议。

（一）越南的质疑

1. 越南政府在南海岛礁主权问题上的基本立场

2009年5月，越南向联合国大陆架界限委员会提交照会，指责断续线地图所表明的中国对岛屿和其附属水域的主张缺乏法律、历史和事实基础，因此是无效的。[1] 越南随后于2009年8月和2011年5月分别再次提交照会，重申对两处群岛的主权，并表示越南的主权主张有着充分的历史证据和法律依据。[2] 可见，越南尤其关注中国通过南海断续线强化其岛礁主权主张。

在2009年以前，越南政府从未正视南海断续线与西沙及南沙群岛主权争端之间的关系，它既未将断续线视为中国领土主张的一部分，也未关注这幅地图的证据效力，但它反驳中国领土主张的法理和历史依据却深刻地影响到南海断续线作为一条"岛屿归属线"的地位。越南外交部曾在1988年发表"黄沙和长沙群岛与国际法"立场文件，通过对比中越

---

[1] Vietnam Communication dated May 8, 2009, http://www.un.org/depts/los/clcs_new/submissions_files/vnm37_09/vnm_re_chn_2009re_vnm.pdf, 2014年12月6日访问。

[2] Vietnam Communication dated Aug. 18, 2009, http://www.un.org/depts/los/clcs_new/submissions_files/mysvnm33_09/vnm_re_phl_2009re_mys_vnm_e.pdf; Vietnam Communication dated May 3, 2011, http://www.un.org/depts/los/clcs_new/submissions_files/mysvnm33_09/vnm_2011_re_phlchn.pdf, 2014年12月6日访问。

两国的法理和历史依据，肯定越南领土主张的合法性。① 在法理依据方面，越南认为应当以"有效性原则"，即有效占领或有效、持续并和平地行使国家权力，作为主张领土主权的国际法原则，而不是以发现、先占、私主体的占领行为和武力征服等过时的理论作为领土主权的依据。相应地，该立场文件列举了17世纪至法国殖民时期，越南对西沙和南沙群岛保持有效占领的一些事实，还有二战后旧金山会议上其他国家对越南主权主张的默认，以及西贡政府、越南社会主义共和国政府对两处群岛主权的重申，来作为越南实施有效占领和管辖的历史依据。该文件对中国提出的历史依据逐一进行反驳，质疑其真实性、有效性和关联性，认为中国从未对西沙和南沙群岛实施管辖，更遑论主权。值得注意的是，越南在该文件中评价中国的地图时，并未考虑南海断续线的存在，而是断言所有的中国地图都将海南岛视为国土的最南端。2014年7月，越南外交部在"981"钻井平台事件后专门发布了"越南对黄沙群岛的主权"的立场文件，在历史依据方面基本延续了1988年立场文件的观点，重点分析1943年开罗会议、1945年波斯坦会议和1951年旧金山会议并未将西沙群岛主权移交中国，指责中国通过威胁或使用武力取得西沙群岛主权在国际法上的无效性，并否认范文同公函曾承认中国对西沙群岛的主权。②

越南除了依据所谓的"历史性联系"和"继承法国的权利"这两大主要理由对西沙和南沙群岛分别提出主权要求之外，近年来它还通过国内立法的方式，企图为其主张披上合法外衣。2012年6月21日，《越南海洋法》获得通过并于2013年1月开始生效，该法第1条正式将西沙和南沙群岛纳入越南的主权管辖范围之下。越南意在通过《越南海洋法》，以国际法中的有效控制规则，争夺西沙和南沙群岛的主权。③ 2014年5月，

---

① "The Hoang Sa (Paracel) and Truong Sa (Spratly) Archipelagoes and International Law", Ministry of Foreign Affairs, Socialist Republic of Vietnam, April 1988.
② "The Sovereignty of Vietnam over the Hoang Sa Archipelago", Ministry of Foreign Affairs, Socialist Republic of Vietnam, July 2014.
③ 参见黄瑶、卜凌嘉："多管齐下应对《越南海洋法》"，《法制日报》2012年7月3日第10版。

中国企业所属"981"钻井平台在西沙群岛附近海域开展作业,越南随即向联合国秘书长提交多封照会,再次抗议中国侵犯越南对西沙群岛的领土主权,要求钻井平台马上撤离。①

2. 越南学者声称拥有西沙群岛和南沙群岛主权的依据

越南学者与越南政府相一致的是,他们也希望通过主张西沙群岛和南沙群岛的岛礁主权,从而使南海断续线至少不会影响越南的国家利益。

越南国立大学教授Nguyen Hong Thao撰文梳理了越南在古代和近代对两处群岛享有主权的具体历史依据。在20世纪前,首先由越南历代王朝对这些偏远岛屿行使国家职能,具体包括:对岛屿的系统探索;组织地理调查以便了解并控制岛屿和航道;在岛上建造庙宇神社和植树,宣誓主权;在岛上开展征税以及与外国的贸易;对外国船只进行海难救助。②该学者认为,至少从17世纪开始,越南王朝对这些岛屿的主权已经固化并延续多个世纪,20世纪前后被法国继承。法国采取多种措施巩固了对西沙群岛的主权,例如设立灯塔、1925至1927年间派遣海军进行巡视和科学考察、出台行政法令等。③法国将南沙群岛视为无主地,在1930年派遣海军加以占领,而中国在当时并未提出异议。二战后,经过1954年"印支问题日内瓦会议",越南共和国政府继承法国对西沙和南沙群岛的主权,而中国1974年的武力占领因非法而无效。④

越南学者不仅推翻了中国所举的历史事实,肯定了越南的历史依据,还进一步通过评价古代中越两国"宗藩关系",否认古代越南对西沙和南沙群岛实施占领和管辖的效果归于中国。Luu Van Loi在《中越关于黄沙和长沙群岛的分歧》一书中,认为中越之间的"宗藩关系"的实质

---

① Letter dated 7 May 2014 from the Permanent Representative of Viet Nam to the United Nations addressed to the Secretary-General, http://undocs.org/A/68/870, 2014年12月7日访问。

② Hong Thao Nguyen, "Vietnam's Position on the Sovereignty over the Paracels &the Spratlys: Its Maritime Claims", *Journal of East Asia & International Law*, Vol.5, 2012, p.180.

③ Hong Thao Nguyen, "Vietnam's Position on the Sovereignty over the Paracels &the Spratlys: Its Maritime Claims", *Journal of East Asia & International Law*, Vol.5, 2012, p. 185.

④ Hong Thao Nguyen, "Vietnam's Position on the Sovereignty over the Paracels & the Spratlys: Its Maritime Claims", *Journal of East Asia & International Law*, Vol.5, 2012, pp.188-189.

是同盟关系，是越南接受中国意识形态和文化的表现，且近代中法战争后，清朝承认法国对法属印度支那诸殖民地的宗主权，"宗藩关系"随之终结。①

近年来，越南对南海岛礁的主张和理由并没有太大改变，但其对证据资料的挖掘和收集可谓下足了功夫，有关南海史地研究正热火朝天。证据的收集与挖掘对于加强各方主张具有重大意义，因此，越南国内的一些组织和学者积极投入了这场证据与资料的准备战中。② 越南一方面企图继承法国殖民者的衣钵，将法国因曾经占领享有的"利益"作为其声索依据，另一方面又尽可能抛出更多的图纸资料，以此强化其所谓的主权依据。

需特别指出的是，越南虽然在西沙群岛的问题上强调其与该群岛的长期历史性联系，但不同于中国的是，它并不过分强调越南的发现和先占行为，甚至否定发现能够产生完全主权。这一特点受两大因素的影响：一是越南的历史长度无法与中国相抗衡，在发现这一理由上并不占优势；二是越南为目前在南海实际占领与控制岛屿数量最多的国家，而有效控制规则近年来被国际司法机构频频适用。因此，越南在主张历史性联系的基础上非常强调有效占领在建立领土权利方面的作用，并特别指出越南的有效占领符合实际控制与公开性的（国际法）要求。③

（二）菲律宾的质疑

自20世纪70年代以来，菲律宾频频企图突破已有的国际条约界限，将南海断续线内部分岛礁划入菲领土范围，不断挑战中国在断续线内的

---

① Luu Van Loi, *The Sino-Vietnamese Difference on the Hoang Sa and Truong Sa*, Hanoi: The Gioi Publishers, 1996, pp. 45-47.
② 根据本课题组一位研究人员于2014年12月前往越南调研期间的观察。他与作者于2014年12月29日的通信保存在作者的文件档案中。
③ 参见Nguyễn Thái Linh and Dương Danh Huy, Translated by Nguyễn Trịnh Đôn, "A legal analysis in support of Viet Nam's position regarding the Paracel & Spratly Islands," http://southchinaseastudies.org/en/publications/vietnamese-publications/698-a-legal-analysis-in-support-of-viet-nams-position-regarding-the-paracel-a-spratly-islands，2014年12月8日访问。

岛礁主权。菲律宾在1978年的第1596号总统法令中首次以国内法的形式将南沙群岛西南部分约51个岛礁纳入"卡拉延群岛"并主张主权。① 这一距今只有30余年历史的主权主张囊括了断续线内的几个面积较大的岛礁和资源丰富的油气开发区。目前，菲律宾已实际控制了包括中业岛、马欢岛在内的9个岛礁，在礼乐滩和西北巴拉望区域进行油气开发活动。② 此外，菲律宾还对黄岩岛提出主权主张，称之为"巴约的马辛洛克"（Bajo de Masinloc）或"斯卡伯勒礁"（Scarborough Shoal）。菲律宾2009年新修订的《群岛基线法案》将"卡拉延群岛"和黄岩岛纳入《联合国海洋法公约》第121条下的"岛屿制度"中加以管辖。③ 2012年中菲黄岩岛对峙事件发生后，菲律宾外交部发布了专门的立场文件，阐述了对黄岩岛的具体主张和依据。

1. 菲律宾声称拥有对南海诸岛主权的依据

菲律宾在第1596号总统法令中对"卡拉延群岛"主权归属于菲律宾的国际法依据作出规定，具体包括如下内容：地理邻近性；有关区域对菲律宾的国家安全和经济重要性；大部分区域位于菲律宾群岛的大陆边上；有关区域不属于任何国家，菲律宾基于历史和必要需求，以及依据国际法取得的有效占有和控制，对该区域拥有主权；其他声索国因放弃主张，或其在法律、历史和公平依据上相较于菲律宾无优势。④ 2012年，

---

① 第1596号总统法令中规定菲律宾对"卡拉延群岛"地区的所有岛礁、相关水域、海床、底土、大陆坡和空域主张主权，紧随其后在同一天颁布的第1599号总统法令宣告建立200海里专属经济区，这实际上修改了第1596号法令。据此，"卡拉延群岛"中岛屿领海之外的水域、海床和底土成为专属经济区的一部分，菲律宾享有相应的主权权利和管辖权，菲律宾只对"卡拉延群岛"部分岛礁及其领海拥有主权。参见Jay L. Batongbacal, "The Maritime Territories and Jurisdictions of the Philippines and the United Nations Convention on the Law of the Sea", *Philippines Law Journal*, Vol. 76, 2001-2002, pp.142-143。

② The Asian Center and Institute for Maritime Affairs and Law of the Sea, *The West Philippine Sea: The Territorial and Maritime Jurisdiction Disputes from a Filipino Perspective*, published by University of Philippines, April 2013, pp. 10,15,16.

③ Section 2, Republic Act No. 9522, 2009.

④ Presidential Decree No. 1596 "Declaring Certain Area Part of the Philippines Territory and Providing for their Government and Administration", 1978.

菲律宾在关于黄岩岛的立场文件中指出，菲律宾拥有黄岩岛主权的依据既非"美西条约"，也非《联合国海洋法公约》，而是"帕尔马斯岛仲裁案"中所确立的"有效占领和有效管辖"规则。概而言之，菲律宾主张对南海岛屿拥有主权的理由主要有三：

第一，地理邻近说。在中菲南海岛屿主权发生争议的早期阶段，菲律宾政府主要是以地理邻近作为其主张的基础。但这一做法在近年来发生了较大的转变。由于地理邻近在国际司法裁决中被明确否定，无法作为领土主权主张的法律依据，菲律宾转而更多地依赖《联合国海洋法公约》中的专属经济区和大陆架制度，企图以此获得更多的所谓"国际法支持"。尽管如此，菲律宾实际上并没有完全抛弃地理邻近说。2013年1月，菲律宾不顾中国的强烈反对，将中菲南海争议提交国际仲裁。菲律宾声称它的仲裁请求并不涉及中菲岛屿主权争议，但其仲裁通知书在提及南海相关岛屿时仍用了很大的篇幅来阐明这些岛屿与菲律宾群岛或大陆架的地理邻近性。[1]

第二，对无主地的先占。1956年，菲律宾探险家克洛玛声称他发现和占领了南海上的一些小岛，并将这些小岛命名为"卡拉延群岛"（the Kalayaan Group），意指自由地。但有意思的是，菲律宾政府在很长一段时间内并不认可克洛玛的行为，甚至指出这是一场荒唐的闹剧。[2] 迟至1971年，菲律宾才开始正式对所谓的卡拉延群岛提出主权主张，理由是菲律宾政府从克洛玛手中接收了主权，并强调卡拉延不是南沙群岛的一

---

[1] "Notification and Statement of Claim on West Philippine Sea", Department of Foreign Affairs, Republic of the Philippines, pp. 6-8, http://www.dfa.gov.ph/index.php/component/docman/doc_download/56-notification-and-statement-of-claim-on-west-philippine-sea?Itemid=546, 2014年12月15日访问；Nguyen-Dang Thang and Nguyen Hong Thao, "China's Nine Dotted Lines in the South China Sea: The 2011 Exchange of Diplomatic Notes Between the Philippines and China", *Ocean Development and International Law*, Vol. 43, 2012, p. 39. 该文还指出，菲律宾在南海岛屿问题上同时使用"主权"与"管辖权"一词，乍看之下似乎意味着菲律宾对这些岛屿的法律权威，但管辖权是主权之下的一个概念，同时在岛屿上使用二者是一种矛盾的立场。

[2] Rodolfo C. Severino, "Where in the world is the Philippines?", Institute of Southeast Asian Studies, 2010, p.68.

部分。①

第三，有效占领和有效管辖。在黄岩岛问题上，菲律宾基于有效占领和有效管辖而对这些岩礁主张拥有主权。1734年、1808年和1939年出版的菲律宾地图中都将黄岩岛并入菲律宾版图中。20世纪下半叶，菲律宾在该岛上竖旗、建造灯塔的行为，菲律宾和美国海军将黄岩岛列入国防影响范围之中，菲律宾政府和大学研究机构在该岛上进行科学和测量活动，附近渔民从事渔业活动，2009年通过第9522号法案将黄岩岛纳入"岛屿制度"加以管辖，上述行为都被菲律宾政府视为对黄岩岛进行有效占领和有效管辖的具体依据。②

2. 菲律宾学界的质疑

菲律宾学者普遍认为，在二战前，南海周边国家均未确立对南沙群岛的主权，日本在战败后通过签订"旧金山和约"以及"中日和约"放弃战时占领的南海岛礁的领土主权，却没有指明这些岛礁由哪一方接收，"卡拉延群岛"所包含的岛礁因此成为无主地，由菲律宾人克洛马所发现，菲律宾政府自1970年起对这片领土实施有效占领从而取得主权。③在2013年菲律宾大学发表的一份研究报告中，学者认为菲律宾政府在"卡拉延群岛"行使主权和管辖的行为十分丰富，例如举行选举并建立地

---

① 在1971年之前几乎不存在任何将这些岛屿视为国家领土的官方意向。1971年菲律宾照会台湾当局，要求台军撤离太平岛，主张南沙群岛是菲律宾群岛的一部分，其主张的范围实际上超越了菲律宾后来宣布的"卡拉延群岛"。1972年马科斯总统公开宣布，为了保障国家安全而占领了"卡拉延群岛"的几个岛屿。可见，在1978年之前，菲律宾从未对"卡拉延群岛"提出正式的主权主张，部分声明只是表达了菲律宾对国家安全利益的关切。参见Jay L. Batongbacal, "The Maritime Territories and Jurisdictions of the Philippines and the United Nations Convention on the Law of the Sea", *Philippines Law Journal*, Vol. 76, 2001-2002, pp.139-141; Haydee B. Yorac, "The Philistine Claim to the Spratly Islands Group", *Philippines Law Journal*, Vol. 42, 1983, p. 45。

② "Philippine Position on Bajo de Masinloc (Scarborough Shoal) and the waters within its vicinity", Department of Foreign Affairs, Republic of the Philippines, Apr. 18, 2012, http://www.gov.ph/2012/04/18/philippine-position-on-bajo-de-masinloc-and-the-waters-within-its-vicinity/, 2014年12月15日访问。

③ Haydee B. Yorac, "The Philippine Claim to the Spratly Islands Group", *Philippines Law Journal*, Vol. 42, 1983, pp.58-62; The Asian Center and Institute for Maritime Affairs and Law of the Sea, *The West Philippine Sea: The Territorial and Maritime Jurisdiction Disputes from a Filipino Perspective*, published by University of Philippines, April 2013, pp.21,43.

方政府、公共设施和基础设施建设、商业捕鱼和油气开发等资源开发活动、人口定居和科学研究活动等。[①] 通过论证"卡拉延群岛"在二战后是不处于任何其他国家主权之下的土地，并列举菲律宾对岛屿实施占领和管辖的事实，菲律宾企图利用先占原则，特别是其中的有效控制要素，对抗中国的最早发现、命名、开发经营并管辖南沙群岛的历史事实。[②]

(三) 美国对南海主权问题的立场及学界的质疑

1. 美国在南海主权争端问题上的基本立场

美国在南海主权争端问题上的基本立场在1995年"美济礁事件"后初步形成较为统一、稳定的体系，美国外交官员多次公开表态，美国在岛礁主权归属问题上不持立场，不选边站队，但反对使用武力或武力胁迫方式解决主权争端或改变南海岛礁的现状，呼吁各方通过和平的外交手段解决争端。[③] 2014年12月5日美国国务院网站有关中国在南海的海洋主张报告也指出，在南海岛礁的主权问题上美国不持立场，这仍然是美国当今的立场，因为南海岛屿的主权争议不是海洋法调整的问题。[④]

21世纪以来，随着南海主权争端进入白热化状态，美国的立场相应做出细微调整，向东南亚国家倾斜，因而呼吁通过制定"南海各方行为

---

① The Asian Center and Institute for Maritime Affairs and Law of the Sea, *The West Philippine Sea: The Territorial and Maritime Jurisdiction Disputes from a Filipino Perspective*, published by University of Philippines, April 2013, pp.23-24.

② 参见中国外交部："中国对南沙群岛拥有主权的历史依据"，http://www.fmprc.gov.cn/mfa_chn/ziliao_611306/tytj_611312/zcwj_611316/t10648.shtml，2014年12月13日访问。

③ 美国国务院在1995年5月10日发表"关于南沙群岛和南中国海的美国政策"（US Policy on Spratly Islands and South China Sea），http://dosfan.lib.uic.edu/ERC/briefing/daily_briefings/1995/9505/950510db.html，2014年12月15日访问；美国前国务卿希拉里在2010年7月23日在越南河内重申了美国的南海政策，http://www.state.gov/secretary/rm/2010/07/145095.htm，2014年12月15日访问；另参见Michael McDevitt, "The South China Sea: Accessing U.S. Policy and Options for the Future", A CNA Occasional Paper, Nov. 4, 2014, pp. 9-16。

④ Bureau of Oceans and International Environmental and Scientific Affairs, U.S. Department of State, "Limits of the Seas, China: Maritime Claims in the South China Sea", Dec. 5, 2014, p.11, note 25.

准则"由各当事方协同解决争端。① 可见，美国在南海主权争端问题上的立场可以一分为二：对岛礁主权归属保持缄默，但对争端解决的方式提出关切和意见。这背后有着主、客观两方面原因：主观上，美国希望暗中支持东南亚国家，但又不愿过分卷入争端当中，不希望南海主权问题成为中美关系的重心；② 客观上，美国不随意就主权归属发表意见是一种明智的做法，它可以为美国在南海问题上保留相当大的回旋空间。③

2. 美国学界对断续线内岛礁主权归属的观点

相比起美国政府的沉默，美国学界的观点则较为鲜明，大部分学者否认中国对断续线内岛礁的主权主张具有优势。美国海军战争学院的Raul Pedrozo教授研究认为：越南对西沙群岛拥有主权，其历史和法律依据明显优于中国的主张，越南的领土主权主张始于18世纪，曾在阮氏王朝时期和平、有效地对岛屿行使管辖，随后由法国政府代替越南行使实际占领和管辖，即便是在1974年中国非法控制西沙群岛之后，越南的主权主张也从未中断。相较之下，Pedrozo教授认为中国在1909年后才提出对西沙群岛的主权主张，且在1956年和1974年通过武力非法占领了岛礁，违反《联合国宪章》而不具有效力。在南沙群岛的主权归属问题上，Pedrozo教授认为法国在20世纪30年代对当时仍旧是无主地的南沙群岛进行武力占领，而这种武力占领在当时具有取得主权的合法效力，南沙群岛的主权随后由越南政府继承。相反，中国1946年占领太平岛以及1988年占领其他南海岛礁的行为因违反《联合国宪章》而无效。④

美国海军分析中心法律顾问Mark Rosen在比较了中菲在黄岩岛主权

---

① 现任美国国务卿克里在2013年7月1日发表了美国近期的南海政策，http://www.state.gov/secretary/remarks/2013/07/211377.htm，2014年12月15日访问。

② M. Taylor Fravel, "U.S. Policy Towards the Disputes in the South China Sea Since 1995", March 2014, p.1, http://www.rsis.edu.sg/wp-content/uploads/2014/11/PR140330_US_Policy_Towards_Disputes.pdf，2014年12月11日访问。

③ Michael McDevitt, "The South China Sea: Accessing U.S. Policy and Options for the Future", A CNA Occasional Paper, Nov. 4, 2014, p. vii.

④ Raul (Pete) Pedrozo, "China versus Vietnam: An Analysis of the Competing Claims in the South China Sea", A CNA Occasional Paper, August, 2014, pp. 130-132.

问题上的主张和证据后，认为两国均不能通过列举制定海图和捕鱼等历史证据主张权利，鉴于菲律宾和美国海军对黄岩岛存在登岛、制图和执法等行为，菲律宾的主权依据似乎更胜一筹，黄岩岛更加邻近菲律宾且位于其专属经济区之内的事实也有利于菲律宾的主权主张。在南沙群岛问题上，Rosen先生主张将每个岛礁作为个体看待，逐一分析其主权归属，研究表明中国可以基于时效取得太平岛的主权，而菲律宾基于对无主地的发现和占领取得西月岛、马欢岛、费信岛、双黄沙洲的主权，越南则取得其他大部分南沙岛礁的主权。此外，Rosen先生认为"卡拉延群岛"中的许多暗礁是菲律宾大陆架的一部分，中国不能对这些地质构造主张主权。[1] 美国海军分析中心研究员Michael Mc Devitt在该问题上也表达了相同的观点，认为低潮高地不能成为领土取得的对象，中国占领和扩建低潮高地的行为是在无视国际法院的判决。[2]

在岛礁主权问题上，美国学界也存在一部分不同的声音。Marwyn S. Samuel博士在其《南海争端》一书中认为中国在西沙群岛主权问题上拥有优势，但十分怀疑中国关于南沙群岛主权主张的效力。[3] 与此不同的是，美国海洋政策专家Mark J. Valencia认为中国对南沙群岛大部分地质构造的主权主张有着历史、发现、使用、管理的基础，并对部分岛礁实施有效控制，而越南、菲律宾和马来西亚的岛礁领土主张存在严重的缺陷，因为现代国际法要求声索国持续、有效地管辖与控制岛礁并获得默认。Valencia先生总结指出中国的主权主张和其他当事国相比，要么一样有效，要么一样无效。[4]

---

[1] Mark E. Rosen, "Philippine Claims in the South China Sea: A Legal Analysis", A CNA Occasional Paper, August 2014, pp. 45-48.

[2] Michael McDevitt, "The South China Sea: Accessing U.S. Policy and Options for the Future", A CNA Occasional Paper, Nov. 4, 2014, pp. 130-132.

[3] Marwyn S. Samuels, *Contest for the South China Sea*, Methuen New York, 1982, p. 68.

[4] Mark J. Valencia, "Separating fact from fiction in South China Sea conundrum", *The Strait Times*, Sept 19, 2014.

二、越、菲、美三国对中国在断续线内海域权利的历史性主张的合法性之质疑

所谓"历史性主张"(historic claim),包括了习惯国际法中的历史性水域 (historic waters)、历史性权利 (historic rights) 和《联合国海洋法公约》第15条述及的历史性所有权 (historic title,又译"历史性权原")、该公约第10条指称的历史性海湾 (historic bays) 等。由于中国本身对南海断续线性质未做明确表态,使得越、菲、美三国对断续线内海域权利的认识主要分成了历史性权利与历史性水域两种,并对中国这两种主张提出了质疑。

(一)越南的质疑

1. 越南政府的基本态度

近两年来,越南政府开始对中国在断续线内海域权利的历史性主张进行表态,但有关立场的具体理由仍有待明确。越南在前文提及的2009年抗议照会中,并未提及中国在断续线内主张相关海域、海床和底土的主权权利和管辖权。在"981"钻井平台事件过程中,越南亦从未在照会和立场文件中谈及南海断续线与中方企业勘探油气活动之间的关联。然而,2013年7月28日,越南主席张晋创在访问美国时,指出中国的南海断续线是对几乎整个南海和靠近邻国的岛屿的声索,并表示这种声索缺乏任何法律基础或科学依据,越南一贯反对中国的断续线,并支持菲律宾提出仲裁。[①] 2014年12月,随着南海仲裁案仲裁庭指定中国提交答辩状的期限将至,越南政府向仲裁庭提交立场文件,声明拒绝承认中国对西沙和南沙群岛的岛屿、水域,以及断续线内的历史性权利主张的合法

---

① South China Morning Post, "Vietnam president: We oppose China's nine dash line Claim", July 26, 2013, http://www.scmp.com/news/china/article/1291061/vietnam-president-we-oppose-chinas-nine-dash-line-claim, 2014年12月7日访问。

性。① 尽管越南和菲律宾在南沙群岛部分岛礁的主权问题上存在分歧，若仲裁庭对菲律宾的专属经济区和大陆架权利作出认定，裁决也将会影响越南在南沙群岛附近的海域权利，但从越南近期的声明中可以发现，越南在断续线问题上和菲律宾保持相近的立场。

2. 越南学者的有关学术观点

越南学者对历史性权利的批判主要从一般国际法和《联合国海洋法公约》入手，探讨历史性权利主张的非法性，并根据对中国所主张的历史性权利的内涵之不同理解，提出了不同的观点。越南东海研究中心研究员Tran Truong Thuy认为，中国的历史性权利主张的本质是历史性水域主张，而该主张违反了《联合国海洋法公约》的规定，原因是公约拒绝承认除了领海范围内的历史性水域和历史性海湾之外的任何历史性水域概念。Nguyen Hong Thao也持有相似的观点，并提出了五点反驳理由：一是1958年联合国海洋法会议的准备文件列了一份世界历史性水域的清单，其中没有提及断续线；二是《联合国海洋法公约》没有规定历史性权原海域的宽度可以超过12海里；三是中国作为《联合国海洋法公约》缔约国，此前任何对自然资源主张的历史性权利因现在位于他国的专属经济区、大陆架内而必须放弃；四是断续线违背"陆地决定海洋"原则；五是断续线影响区域内和全世界国家的航行自由，以及海洋和空域安全。②

Le Viet Phuong认为中国不能对断续线内的海域主张主权、主权权利或管辖权，因为这一部分海域是《联合国海洋法公约》规定的专属经济区和大陆架。他认为该公约的进步意义就在于承认沿岸国保护自然资源的主权权利并将其扩大到200海里的范围，而一条距离中国大陆千里之外的不确定的线并不符合《联合国海洋法公约》的标准。针对中国学者

---

① 越南外交部网站：http://www.mofa.gov.vn/en/tt_baochi/pbnfn/ns141212143709/view，2014年12月13日访问。

② Hong Thao Nguyen, "Vietnam's Position on the Sovereignty over the Paracels &the Spratlys: Its Maritime Claims", *Journal of East Asia & International Law*, Vol.5, 2012, pp.206, 207.

提出的应适用断续线产生之时的国际法对断续线的效力作出判断的观点，其回应道："1940年代的国际法规则依然是习惯法的形式，规定领海的宽度是从低潮线算起3海里。领海之外便是大洋或国际海域，其他国家在此享有海洋自由。在1958年之前，中国政府并没有明确承认或否定3海里的领海宽度，1958年的官方声明只承认了12海里的领海宽度。因此，即便以提出主张当时的国际法为依据，中国在如此广阔的海域提出模糊的主张也缺乏合法性。"[1] 言外之意，中国应当依据《联合国海洋法公约》主张海域权利，即便是以习惯国际法为依据，在《联合国海洋法公约》之前的习惯国际法也不存在历史性水域或历史性权利的内容，领海之外便是公海，无论以条约法还是习惯法为依据，断续线都不具有合法性。

此外，越南学者还依据1962年联合国秘书处的报告《包括历史性海湾在内的历史性水域法律制度》所列举的构成要件来判断断续线的合法性。根据该文件，历史性水域的要件有三：国家对某一海域实施有效管辖；管辖行为的长期性和连续性；其他国家的同意、默示或容忍。[2] Tran Truong Thuy在适用这三项构成要件时列举了一系列证据，逐一分析中国的历史性水域主张如何在事实上无法满足这些要件：首先，20世纪早期中国所认定的国土最南端并未覆盖整个南海；其次，中国在1958年领海声明中承认大陆和南海诸岛之间隔有公海，并且他国渔船和商船在南海的活动一直不受阻碍，因此中国并未持续地在南海行使管辖；再次，过去断续线地图仅限内部公开，中国也从未发布正式的声明，南海沿岸国无义务进行公开抗议，而沉默不代表承认中国的主张。另外，该学者还举例证明历史性水域缺乏中国国内法的支持，并提出中越北部湾划界不是对历史性水域进行划界，只是对领海、专属经济区和大陆架的划界，

---

[1] Le Viet Phuong, "China's False Arguments and Claims in the East Sea-Grounds for its Placement of Haiyang Shiyou 981", presented at International Conference on Legal Issues Regarding The Incident of China's Placement of Oil Rig Haiyang Shiyou 981 in Vietnam's Exclusive Economic Zone and Continental Shelf, Ho Chi Minh City, Vietnam, July, 2014, pp.78,79.

[2] Juridical Regime of Historic Water, Including Historic Bays, Study Prepared by the Secretariat, UN Documents, A/CN. 4/143. March 9, 1962.

以此作为否定中国历史性主张合法性的反面证据。①

(二) 菲律宾的质疑

1. 菲律宾政府的立场

菲律宾政府于2014年3月31日向中菲南海争议国际仲裁庭提交了诉状,向中国在南海的海域权利发起正式挑战。诉状作为呈交仲裁庭的法律文书,其中将断续线相关权利主张推定为一种历史性权利主张,该观点应代表了菲律宾在断续线问题上的正式立场,对我断续线及其相关的海洋权利主张提出了多重质疑。

第一,中国在近期才提出历史性权利主张。菲律宾政府认为中国首次在南海公开地主张历史性权利的时间是2009年,②且中国的一系列后续行为强化了这一主张。③菲律宾据此指责中国的历史性权利侵犯了菲律宾200海里专属经济区内对生物和非生物资源的排他性权利。

第二,断续线的本意只是"岛屿归属线"。菲律宾不仅拒绝承认中国的历史性权利及其主张具有的长期性,还进一步否定断续线与历史性权利之间的联系,认为断续线地图只代表了中国对线内岛礁主权的主张,而非对整个海域、海床和底土的主权权利和管辖权提出主张。换言之,菲律宾认为断续线的本意是一条分配线(a line of allocation),而不是海洋权益主张。

第三,中国历史性权利主张缺乏合法性。《联合国海洋法公约》是菲

---

① Tran Truong Thuy, "China's U-shaped Line in the South China Sea: Possible Interpretations, Asserting Activities and Reactions from Outside", presented at the Conference on "The Practice of the UNCLOS and the Resolution of South China Sea Disputes", Sept. 3-4, 2012, Taipei, pp.3-5.

② Republic of The Philippines v. People's Republic of China: Memorial of The Philippines, Chapter 4, para. 4.32.

③ 菲律宾在诉状中列举了中国强化历史性权利主张的行为:2012年中国海洋石油公司在南海对外开放9个海上合作勘探开发区块,这些区块位于断续线的西部,部分与越南200海里专属经济区发生重叠;国务院2012年制定的《海洋观测预报管理条例》第2条规定在"中国管辖的其他海域"进行的海洋观测预报活动应当遵守该条例等,详见 Republic of The Philippines v. People's Republic of China: Memorial of The Philippines, Chapter 4, paras. 4.11, 4.13。

律宾主张周边海域权利的主要依据，也是它指责中国历史性权利主张的首要依据。菲律宾通过该公约的文本、谈判历史和有关的国际司法、准司法判例而得出结论认为，专属经济区和大陆架制度赋予沿海国对海域生物、非生物资源以排他性的权利，故排除了相应海域内历史性权利的合法性。①

2. 菲律宾学者的看法

菲律宾学界对中国在南海的历史性权利持反对态度。Jay L.Batongbacal在他的研究中认为，菲律宾在西班牙殖民时期已经取得并稳定地行使黄岩岛的主权，在美国殖民时期得到延续和强化，并在自治领和共和国之间的过渡时期固化成为完整的主权。② Henry Aguda和Jesusa Arellano-Aguda则认为，菲律宾有权对领海基线200海里以外、350海里以内的海域主张外大陆架权利，这样，就可以将南沙群岛纳入菲律宾的管辖范围。③

（三）美国的质疑

自奥巴马总统上任以来，美国在南海领土争端问题上继续声称保持中立、不选边站队，但在南海海域权利归属和划界问题上与越南、菲律宾等东南亚国家保持一致。2014年12月5日，美国国务院网站发表题为"海洋界限——中国在南中国海的海洋主张"报告，矛头直指断续线地图和中国的历史性主张，试图削弱断续线在维护中国海洋权益中的重要地位，与菲律宾在2014年3月向国际仲裁庭提交的诉状内容相呼应，似有制造国际舆论压制中国的趋势。该报告从断续线地图特征、有关主张及

---

① Republic of The Philippines v. People's Republic of China: Memorial of The Philippines, Chapter 4, paras. 4.54, 4.70.

② See Jay L. Batongbacal, "Bajo de Masinloc (Scarborough Shoal): Less-known Facts vs. Published Fiction", Lecture Delivered for the Cartographic Exhibit Forum in De La Salle University, Philippines, Sep. 26, 2014.

③ Henry Aguda & Jesusa Arellano-Aguda, "The Philippine Claim over the Spratly Group of Islands: An Application of Article 76 of the UNCLOS", *Philippine Law Journal*, Vol. 83, 2008-2009, pp.594-596.

其合法性等角度几乎完全否定断续线在南海海域的国际法效力。

1. 美国认为断续线只是"岛屿归属线"

美国研究报告对断续线性质的三种主要观点（即"岛屿归属线"、"国界线"、"历史性主张线"）进行了评述。报告结论只认可断续线作为"岛屿归属线"的合理性，即断续线只是反映了中国对线内岛屿的主权主张。[①] 在评述断续线作为"岛屿归属线"时指出，中国在南海的海域权利需要根据《联合国海洋法公约》第121条关于岛屿制度的规定予以明确。[②] 这表明，即便美国承认了断续线作为"岛屿归属线"的合理性，但否认它是一条国界线。该报告还否定了断续线包含中国的历史性水域或排他性的历史性权利主张，并指责中国并未实际提出类似的海洋权益主张，中国的国内立法和断续线地图不符合一项"正式"、"官方"的历史性主张所应满足的标准。[③]

2. 美国学界的观点

在该报告出台之前，美国学界不少学者已就断续线的性质提出相似的看法，否认中国借助断续线主张历史性权利。美国马里兰大学Robert W. Smith教授是该观点的代表人物，他认为："中国政府从未颁布法律或法令以赋予断续线任何国内法上的意义。这些断续线段应被视为分配线，其目的是包围中国所主张的岛礁，并不适用于线内的水域和海床。任何主权权利或管辖权都必须来源于对岛屿的所有权，而非断续线本身。断续线的意涵不包括中国的海洋边界主张，在海域划界争端的解决中没有任何意义。"[④] M. Taylor Fravel综合考虑了中国的官方声明和立法，认为：对断续线唯一合理的理解便是纯粹的岛礁归属线，中国无意通过断续线

[①] Bureau of Oceans and International Environmental and Scientific Affairs, U.S. Department of State, "Limits of the Seas, China: Maritime Claims in the South China Sea", pp.23-24.

[②] Bureau of Oceans and International Environmental and Scientific Affairs, U.S. Department of State, "Limits of the Seas, China: Maritime Claims in the South China Sea", pp.12-14.

[③] Bureau of Oceans and International Environmental and Scientific Affairs, U.S. Department of State, "Limits of the Seas, China: Maritime Claims in the South China Sea", p.18.

[④] Robert W. Smith, "Maritime Delimitation in the South China Sea: Potentiality and Challenges", Ocean Development & International Law, Vol.41, Issue 3,2010, p.224.

主张海域权利，因为1958年关于领海的声明以及1996年公布西沙群岛领海基线，都表明中国要遵循《联合国海洋法公约》提出海域权利主张。[①] 也有美国学者结合中国政府的南海行为和中国学者的声音，提出不同的观点。美国学者 M. J. Valencia、J. M. Van Dyke 和 N.A. Ludwig 在其1999年的《分享南海资源》一书中就认为，尽管南海断续线这一主张的内涵仍不清晰，但从中国政府的发言，尤其是行动来看，中国主张断续线内的所有水域和资源，因而认为断续线内的水域为历史性水域。[②] 美国海军战争学院中国海事研究所主任 Peter Dutton 也认为，中国在断续线内既主张岛礁的领土主权，也对海域的管辖权提出历史性权利主张，但后者仍存在模糊之处。[③]

三、几点看法

基于上述分析，本报告提出如下三点思考建议：

（一）大力加强断续线内岛礁主权的国际法依据研究

近年来，国际法院的判例呈现出一种趋势：在国际条约对领土主权无明确规定的情况下，适用有效控制规则解决领土主权纠纷。鉴于越南、菲律宾在适用有效控制规则论证南海岛礁主权上做了不少工作，取得一定的影响力，中国亦不宜一味只从历史角度论证主权，而应重视对有效控制规则的研究，适用关键日期、承认或默认、禁止反言等国际法规则，进而构建中国对南海诸岛领土主权的完整的国际法理论体系。

---

① M. Taylor Fravel, "China's Strategy in the South China Sea." 33(3) Contemporary Southeast Asia: A Journal of International and Strategic Affairs, Vol. 3, Issue 3, 2011, p.295.

② Mark J. Valencia, Jon M. Van Dyke, and Noel A. Ludwig, Sharing the Resources of the South China Sea, University of Hawaii Press, 1999, p.27.

③ Peter A. Dutton, "An Analysis of China's Claim to Historic Rights in the South China Sea", in Yann-huei Song and Keyuan Zou (eds.), Major Law and Policy Issues in the South China Sea: European and American Perspectives, Ashgate Publishing, Ltd., 2014, p. 64.

可以说，长期以来南海断续线在维护我国南海岛礁主权的重要作用远没有得到充分的发挥，其重要价值还未得到足够的重视并加以利用。应当认识到，中国不仅拥有断续线内的位于水面之上的岛礁，而且还对处于水下的暗沙、浅滩、暗礁和其他海洋地质构造拥有主权。换言之，中国对断续线内岛礁的主张是一种整体性的主权主张。具体而言，中国对南海的岛、礁、滩、沙和其他地质特征以断续线的方式概括性地提出主权主张，有着其历史渊源和国际法上的效力。中国长期以来将南海各类自然构造作为整体予以命名，管辖的意志与实践为中国对断续线内的暗礁、浅滩和沙洲等享有主权提供历史证据。而《联合国海洋法公约》有关群岛整体性的规定以及其他国家的群岛实践也可为证明中国主张的合法性提供国际法依据和国家实践根据。

（二）深入论证断续线内历史性权利的合法性

首先，必须正确认识南海断续线与历史性权利主张之间的关系。如前文所述，越、菲、美三国对断续线的性质，以及断续线与中国在南海历史性权利主张之间的关系提出多方面的挑战，质疑中国历史性权利主张提出的时间，甚至在根本上否定历史性权利主张的存在。考察历史事实不难发现，正如我国外交部多次重申的那样，中国在南海的主权和相关权利主张是在长期的历史过程中逐步形成的，[①] 这其中包含了对南海海域资源开发利用、航行等传统权利主张。换言之，中国的历史性权利主张是在历史过程中逐步形成的，而非在1947年后随着断续线地图才提出。断续线地图的产生，其意义在于表明历史性主张的地理范围，直观地反映了中国的历史性主张。其次，应重点研究断续线与《联合国海洋法公约》之间的关系，即研究断续线所代表的历史性权利主张是否有违公约的规定。《联合国海洋法公约》第10条、第15条和第298条承认了

---

① "2014年12月9日外交部发言人洪磊主持例行记者会"，http://www.mfa.gov.cn/mfa_chn/fyrbt_602243/t1217733.shtml，2014年12月22日访问。

"历史性海湾"和"历史性权原"制度,第8条第2款、第51条和第62条承认了历史性航行权和历史性捕鱼权。[①] 这些条款均体现了公约对历史性权利的吸收和转化。然而,作为一种不完全的吸收和转化,很难说明公约取代了历史性权利的法律制度,而应当从条文、宗旨和目的、缔约准备文件中去论证《联合国海洋法公约》与历史性权利不存在互斥与矛盾。另外,加强历史性权利国际法相关制度研究,包括对历史性权利的内涵、性质、构成要件的研究,有助于从根本上充实断续线的法律地位。既有的研究成果普遍肯定中国在断续线内海域可以主张历史性捕鱼权和历史性航行权,但这种论点显得保守。[②] 除了典型的历史性权利,国家能否对本国领土自然延伸范围之外的海床和底土上的矿藏资源主张历史性权利?此问题也应当成为理论研究的应有课题,以便为我国完整地主张南海权益提供全面的法律依据。

(三)时机成熟时可改变中国在断续线问题上的模糊立场

纵观越、菲、美三国及其学者对断续线的质疑,不难发现,中国对南海断续线的模糊立场为他们对断续线的质疑和攻击留下了口实和空间。断续线自1947年公布至今,对其法律性质的认定一直存在争议,主要原因在于中国未曾明确说明断续线地图的含义。2009年,断续线地图虽以附图的形式与中国有关南海主权及海域权利的声明一同出现在中国照会中,但该照会内容并未说明附上断续线地图的目的,断续线与声明之间

[①] 参见王军敏:《国际法上的历史性权利》,中共中央党校出版社2009年版,第一章第三节。

[②] 一些学者对中国可主张的历史性权利内容予以列举,范围不尽相同。贾宇博士认为在断续线内历史性权利有两重内涵,一是领土主权,二是非专属的历史性权利,后者包括历史性捕鱼权和传统航行权。高之国法官和贾兵兵教授则认为中国在断续线内享有关于渔业、航行及资源勘探与开发方面的历史性权利。金永明研究员认为历史性权利包括了对资源进行管理、养护、勘探和开发之优先权利,保护和保全环境之优先权利,科学研究之优先权利,航海、航空交通管制的权利。参见贾宇:"南海问题的国际法理",《中国法学》2012年第6期,第33页;Zhiguo Gao & Bingbing Jia, "The Nine-dash Line in the South China Sea History, Status, and Implications", *The American Journal of International Law*, Vol. 107, Issue 1, 2013, p.98; 金永明:"中国南海断续线的性质及线内水域的法律地位",《中国法学》2012年第6期,第44页。

的联系依然不甚明晰。越、菲、美三国和学界均对中国所持断续线模糊立场表示不满，但在关于是否有必要于短期内尽快对断续线意涵给予澄清和解释问题上，我国学者见仁见智。我们认为，我国应对的举措可以根据南海形势发展作出不同的选择。应注意到，中国在短期内解释、澄清甚至论证自身立场的努力，无论多么理想化，都无法一劳永逸地平息越、菲、美等国对断续线的质疑，因为"南海有事"始终是美国制约中国海上崛起、加强自身亚太存在的重大战略理由与依据，越南和菲律宾也势必固守立场对中国发动新的反击。我们应采取法律和实力两手抓的策略。一方面，"以理服人"在中国南海政策中的权重仍应重视，借此努力创造为国际社会认同、有利于理解和支持中国的良好舆论环境。具体措施可因地制宜，从实际出发，开展多种多样的活动。例如，中国有关学术团体可像越南、菲律宾那样，定期举办国际性的学术论坛和研讨会，邀请国内外专家深入探讨断续线的性质和依据，针锋相对地驳斥菲律宾、越南等南海国家以及美国等国的政界高官、学界人士对断续线的攻击和污蔑言论，逐渐形成有利中国的主流舆论氛围。会议之后可将会议论文集送交西方出版社出版。此外，创建网络舆论平台，通过多种语言介绍南海争端的起源与发展，解释和说明中国对断续线内合法权益的历史证据和国际法依据，发布相关学术意见，利用媒体网络扩大中国的话语权和影响力。鉴于南海局势尚在变化发展当中，地区力量此消彼长，局势还尚未定型，中国在今后相当长的一段时期内应当继续保持足够的战略定力和战略自信，不计较一时口舌输赢。我们认为，目前还不急于由政府出面澄清南海问题各项关键主张，特别是对南海断续线的法律地位之主张，但也不应一味不作为，应根据形势的判断适当地对国际上的舆论攻势和法理挑战做出回应。

南海主权争端及其和平解决之法律方法

代中现　宁宇

[内容提要] 近年来，南海争端越来越突出，引起国际社会的广泛关注。中国基于先占制度取得对于南海的不可争辩的历史性权利，然而，由于南海新资源的不断发现以及海上的重要地位日益凸显，沿岸国利用《联合国海洋法公约》对中国的南海主权主张提出质疑。因此，中国在现有的国际法框架下，如何应对南海争端，成为对中国和平发展道路的一种考验。

[关键词] 南海争端《公约》 法律方法和平手段

[作者简介] 代中现，中山大学国际商学院副教授，硕士生导师，中国法学会国际经济贸易法学会理事，中国南海研究协同创新中心研究员；宁宇，中山大学法学院2014级研究生。

在目前和未来较长一段时间内，国际海洋争端将一直是中国面临的主要威胁，直接影响着中国的海洋安全和海洋经济发展，进而影响中国整体经济发展水平和中国国力的提升，甚或危及中国的国防安全，因此，妥善处理国际海洋争端成为我国当务之急。

一、南海主权争端的发展历程

中国南海主权争端是在国际环境不断发生变化的背景下中国及南海周边国家海洋意识的逐步觉醒、海洋技术水平的提升以及对南海海洋资源的不断发掘而发展变化的，大致可以分为三个阶段：

（一）第一阶段：南海周边国家采取了默示承认甚至是明示承认的态度

早在1947年，中华民国内政部方域司在其编绘出版的《南海诸岛位置图》中，明确标示了一条由11段断续线组成的线。[①] 1948年2月，中华民国内政部公开发行《中华民国行政区域图》，向国际社会宣布中国对南海诸岛以及邻近海域的主权和管辖权，附图为《南海诸岛位置图》。作为中华民国政府对外主张主权权利的南海11段线（9段线）标绘在中国正式出版的官方地图上，而当时的国际社会对此并没有提出过任何的异议，周边国家也从没提出过任何的外交抗议。在布基纳法索马里边界纠纷案中，国际法院指出："当然，在某些情况下地图可以确立领土权利，但是地图的效力并非由于自身的内在特点所决定，而是因为这类地图在类型上属于相关国家意志的客观表达。比如，地图被作为附件放入官方的文件中，而且成为该文件不可或缺的一部分。"[②] 另外，根据国际习惯法上的先占制度，中国是最早发现、最早命名、最早经营开发南海诸岛的国家，并且中国政府一直不间断地主张和实际行使对南海诸岛的主权和主权权利，国际社会对此也持认可的态度。[③] 因而，中国对南海诸岛的主权和主权权利有充分的确凿的历史证据，有国际法上的合法依据，是无可争辩的。

（二）第二阶段：南海沿岸各国都通过积极行动来争取更大的海洋权益

在传统国际法上，沿海国的主权仅及于其领海，而领海的宽度一般

[①] 1949年中华人民共和国成立后，由于与越南关系的友好让出了北部湾、东京湾这两段线，由此11段线改为9段线，此外各段线的位置和弧、直也有调整。

[②] Frontier Dispute (Burkina Faso/Republic of Mali),[1986]I.C.J.Rep.554 at 582, para.54.

[③] 详见中华人民共和国外交部发言人洪磊2011年9月11日主持例行记者会，http://news.xinhuanet.com/world/2011-09/20/c_122058010.htm。

为3~12海里。① 随着海洋科技水平的发展和人类经济发展的需求,各国对海洋资源的需求逐步扩张。"1958年和1960年的两次海洋法会议之后,越来越多的国家开始主张并且实行12海里或更宽的领海宽度,通常并没有遭到反对;而且还有一些非常宽广主张,主要是南美洲以及非洲的一些国家,他们建立了若干200海里的领海。"② 在《联合国海洋法公约》签字之前,世界上130多个沿海国中,有77个国家宣布建立200海里管辖区域,海洋秩序已经发生了重大的变化。③ 与此相对应,南海主权争端在这一时期初步凸显,美国和前苏联为争夺世界霸权的需要对中国南海采取了不同的策略。20世纪60年代,南海地缘战略地位对美国的重要性日趋增加,无论是抑制"共产主义",还是在越战时期,南海始终是美国亚太地区地缘战略上的重要一环。④ 美国通过加强对台湾的军事扶持,将其当做美国的"不沉的航空母舰";美国还在日本、韩国、菲律宾、南越、泰国,以及其他参加东南亚集团的国家里,建立了众多的军事基地和导弹基地,以此不断强化其在南海周边地区的地缘战略部署。⑤ 在20世纪70年代,由于苏联军事势力的扩张,美国缓和与中国的关系,对东南亚地区的扩张暂时放缓。在1974年南越冲突上,美国采取中立态度。与此相反,中苏关系破裂后,苏联不断挤压中国南部地缘战略空间,在1974年苏联一反以往常态,否认我国对南海诸岛的主权,污蔑中国政府的正义行为是"觊觎几乎所有邻国的土地以及南中国海岛屿"⑥。而对于1974年南越当局宣布将南沙部分岛屿划归其福绥省管辖,中国外交部严正声明:"南沙群岛、西沙群岛、中沙群岛和东沙群岛,都是中国领土的一部

---

① 黄瑶编:《陈致中国际法专论》,法律出版社2009年10月第1版,第27—28页。
② 【英】詹宁斯·瓦茨修订:《奥本海国际法》,(第一卷,第二分册)[M]。王铁崖、陈公绰、汤宗舜等译,中国大百科全书出版社1998年版,第30—31页。
③ 刘楠来:《国际海洋法》,海洋出版社1986年版,第185页。
④ Chi-Kin Lo, China's Policy Towards Territorial Disputes:The Case of the South Sea Islands, London and New York:Routledge,1989,pp.32-33.
⑤ "第一百次警告",载《人民日报》,1960年5月27日,第1版。
⑥ 林金枝:《外国侵犯我国南海诸岛主权的历史和当前的斗争动向》,载《南洋问题》,1979年第4期,第16页。

分，中华人民共和国对这些岛屿具有无可争辩的主权。这些岛屿附近海域的资源也属于中国所有。"[1] 同时，中国在这一时期对南海海洋的考察活动也表明了中国政府对南海诸岛的主权及其附近海域资源的主权权利的坚定主张。20世纪70年代，南海海洋研究所在南海"完成了对这一海域的海洋重力、海洋磁力、海洋水文、海洋气象、海洋生物、海洋化学、海洋地质等多学科的考察任务，并为我国首次捕捉到了生活在2,900米左右深的海底稀有底栖生物须腕动物。"[2] 1980年7月21日，针对苏越所谓的在越南南方大陆架合作勘探开发石油和天然气的协定，中国外交部发表声明："中华人民共和国对这些岛屿（南海诸岛）及其附近海域享有无可争辩的主权。上述区域内的资源理所当然地属中国所有。任何国家未经中国许可进入上述区域从事勘探、开采和其他活动都是非法的，任何国家与国家之间为在上述区域内进行勘探、开采等活动而签订的协定和合同都是无效的。"[3]

在这一阶段，各国或出于政治斗争的需要，或出于利用海域资源的考虑，或出于发展经济的需求，都扩张了自己对相关海域的权利主张，对中国南海诸岛的主权及附近海域的主权权利或造成威胁或造成恶意侵占，但这些都不能否定中国政府从U形线提出前后以来就对南海诸岛及相关海域的主权权利。在这一过程中，中国采取了各种措施积极捍卫自己的南海主权。

（三）第三阶段：越南、菲律宾等国抢占岛礁，美日印等域外大国伺机介入

1982年《联合国海洋法公约》扩大了沿海国的管辖海域面积和管辖权力，确认沿海国对海洋资源享有主权权利，建立了一系列国际海洋法律制度，特别是确定了领海、毗连区、专属经济区、大陆架和公害的法

---

[1] 《中华人民共和国外交部发言人声明》，载《人民日报》1974年1月12日第1版。
[2] 《科研人员再次在浩瀚南海进行科学考察》，载《人民日报》1977年12月29日第4版。
[3] 载《人民日报》1980年7月22日第1版。

定界限及其法定权利，成为沿海国争取海洋权益的国际法依据。[①] 中国根据《公约》进一步明晰了其在第二阶段所提出的"附近海域"的法律内涵，其权利主张也逐步符合《公约》的规定。然而，由于南海作为海上枢纽的重要战略地位以及南海新资源的不断发现，部分沿海国家企图侵占南海诸岛及附近海域，使得南海问题目前十分复杂，已经形成"六国七方"介入，"四国五方"军事占领的武装割据格局。"除我国占据8个岛礁（含台湾方占据1个）之外，目前已有42个岛礁被侵占，其中越南29个，菲律宾8个，马来西亚5个，文莱、印度尼西亚也对部分岛屿和海域提出了主权要求。周边国家在强化对已占岛礁及海域实施军事管控的同时，又加紧了'主权'宣示和资源的开发与掠夺。美、日及印度等域外大国积极介入南海事务，强化军事存在，使南沙群岛问题国际化趋势进一步明显。"[②]

在面对马来西亚和菲律宾等一些国家依据《联合国海洋法公约》不断对我国享有的南海主权提出质疑，以及菲律宾对我国提出的强制仲裁程序，我方在答记者问时回应："中菲南海争议的核心是南沙群岛部分岛礁的领土主权争议和管辖海域主张重叠争议。领土主权争议并不是《公约》规范事项，不属于《公约》解释或适用的争端，因而《公约》的强制争端解决程序不能适用。至于中菲在南海部分海域还存在管辖海域主张重叠问题，中国作为《公约》缔约国，早在2006年就根据《公约》有关排除性条款做出声明，将包括海洋划界、历史性权利等争端排除于《公约》的强制争端解决程序之外。因此，中菲间的海域划界等问题，菲方不能在未经中方同意的情况下单方面提交仲裁。此外，《公约》是1994年生效的，可是中国对南海诸岛礁及相关海域由历史形成的主权、主权权利和管辖权是在2000多年间形成的，1994年生效的《公约》不能追溯既往。它不能追溯和重新划分历史上形成的各国的主权、主权权利和海

[①] 郭冉：《论中国在南海U形线内海域的历史性权利》，载《太平洋学报》2013年12月第21卷第12期。

[②] http://news.sohu.com/s2011/nanhai/index.shtml#nanhai。

域管辖权，同时它承认各国关于海洋和岛礁的历史性权利。"[1] 由此可见，我国对南海诸岛的主权及附近海域的主权权利完全符合《联合国海洋法公约》的条约精神和宗旨，马来西亚和菲律宾等一些周边国家的干涉及美日印等大国对"南海问题"的伺机介入均属干涉我国内政的行为，我国对南海享有不可争辩的主权权利。

二、《联合国海洋法公约》对解决南海争端问题的利与弊

《联合国海洋法公约》在解决南海争端问题上对我有利有弊：

（一）有利方面

《联合国海洋法公约》包括序言和17个部分，共320条和9个附件及最后议定书，主要内容有：确定每个国家领海的宽度为从基线量起不超过12海里；每个国家有权在领海以外拥有从基线量起不超过200海里的专属经济区；沿海国的大陆架，包括其领海以外依其陆地领土的全部自然延伸，直至大陆的外缘，最远可延伸至350海里，如不到200海里者，则扩至200海里，等等。[2] 而中国对领海、专属经济区、大陆架等的主权权利的主张与《公约》的规定完全一致。1958年《关于领海的声明》规定，"中华人民共和国的领海宽度为12海里。" 1992年中国《领海与毗连区法》第3条重申，"中华人民共和国领海的宽度从领海基线量起为十二海里。" 第4条明确规定"中华人民共和国毗连区为领海以外邻接领海的一带海域。毗连区的宽度为十二海里。"《中华人民共和国专属经济区和大陆架法》第二条规定，"中华人民共和国的专属经济区，为中华人民共和国领海以外并邻接领海的区域，从测算领海宽度的基线量起延至二百海里。中华人民共和国的大陆架，为中华人民共和国领海以外依本国陆

---

[1] 《〈联合国海洋法公约〉的法律解读》，载《解放日报》2014年6月11日第6版。
[2] 汪翱：《〈联合国海洋法公约〉与南海争端的解决》，载《黑龙江教育学院学报》2007年6月第26卷第6期。

地领土的全部自然延伸,扩展到大陆边外缘的海底区域的海床和底土;如果从测算领海宽度的基线量起至大陆边外缘的距离不足二百海里,则扩展至二百海里。中华人民共和国与海岸相邻或者相向国家关于专属经济区和大陆架的主张重叠的,在国际法的基础上按照公平原则以协议划定界限。"可见,中国对领海、专属经济区、大陆架等主权权利的主张并没有违背《公约》的规定,马来西亚和菲律宾等一些周边国家以及美日印等大国依据《公约》对中国政府的正义行为进行指责是不合理的,也是不正当的。《公约》的生效为我国关于领海、专属经济区和大陆架等权利的主张提供了有效的国际法支撑。

(二) 不利因素

主要表现在两个方面:

一是《公约》刺激了多国对南沙岛礁加以占据、控制的野心。《公约》第121条规定,凡是岛屿都有自己的领海和毗连区,能够维持人类居住或经济生活的,还能拥有专属经济区和大陆架。而《公约》对岛屿的定义并不明晰,对人工岛屿与自然岛屿的界限不明确,对于现实中各沿岸国在自然岛礁上进行人工构筑从而使之成为能够维持人类居住的岛屿这一问题,《公约》并没有明确说明在此种情况下的沿岸国是否应拥有专属经济区或大陆架,也没有说明领海和毗连区问题。而《公约》对该问题的模糊表述正是导致南海争端日益加剧的重要原因之一。《公约》关于岛屿制度的规定,刺激了多国加以占据、控制的野心,引发了上世纪七八十年代南海沿岸国侵占南沙岛礁的浪潮。沿岸国一旦对岛屿的占据、控制成为事实,该国就可以基于这些岛礁主张自己的领海、毗连区、专属经济区和大陆架。[①]

二是《公约》激化了南海划界争端。《公约》第57条规定,从领海基

[①] 李人达:《〈联合国海洋法公约〉对中国南海权益之影响与对策建议》,载《中国海洋法学会2014年学术年会论文集》2014年8月。

线量起，专属经济区的宽度不超过200海里。这一规定就使得南海沿岸国获得了将南沙岛礁主张为其专属经济区的依据。越南、菲律宾、马来西亚、印度尼西亚、文莱等一些国家先后纷纷宣布了专属经济区的声明。而南海沿岸国对专属经济区的声明不可避免地会与中国U形线有重叠部分，势必会侵犯中国的南海主权。而随着现代海洋技术的发展，对海洋自然资源的勘探开发能力的提升，使得各个国家都不会轻易放弃自己对相关岛屿及其专属经济区所能主张的权利。在此情形下，中国与周边国家关于南海争端将会进一步加剧，并且在现有的《公约》框架下将难以在短期内得到有效的解决。

三、中国和平解决南海争端的法律方法

要做到通过法律方法和平解决南海主权争端，我必须首先努力做到两个充分：

（一）充分运用解决南海争端可适用的国际规则

目前并不存在专门适用于解决南海争端的国际法规则，但在国际法范围内，有全球性和区域性两种解决机制可以适用于解决南海争端，即为1982年《联合国海洋法公约》第十五部分确立的有关解决海洋争端的程序机制、1976年《东南亚友好合作条约》第四章确立的有关和平解决东南亚地区争端的程序机制。[①] 南海争端当事国中国和越南、马来西亚、菲律宾、文莱都是《联合国海洋法公约》的缔约国，在解决南海争端问题上可以适用《联合国海洋法公约》中有关解决海洋争端的程序机制，在《联合国海洋法公约》中规定了不允许保留的相关条款均可适用于上述国家解决南海争端。虽然中国并不是东盟的成员国，也不是东南亚地

---

① 罗超：《南海争端解决机制法律框架初探》，载《太原理工大学（社会科学版）》2011年6月第29卷第2期。

区国家,但1987年《关于修正〈东南亚友好合作条约〉的议定书》将该条约向东南亚地区以外的国家开放,可是对此作出了一个限制,即对于加入该条约的非东南亚地区国家只有在直接涉及并需要通过上述地区程序解决的争端时才适用该条约第14条第1款所规定的程序。中国于2003年10月加入该条约,并且南海争端属于"直接涉及并需要通过上述地区程序解决的争端",因此,只要中国与其他争端当事国同意即可适用《东南亚友好合作条约》中有关和平解决东南亚地区争端的程序机制。

(二) 充分运用国际法判例

1931年挪威政府发表声明,宣布对东格陵兰拥有主权,其法律依据为该地为"无主地"而不是丹麦的土地。对此,丹麦向常设国际法院提起诉讼,要求判决宣告挪威的声明无效。1933年,常设国际法院做出裁判,支持丹麦的诉求。法院判决的理由是:在相当长的一段历史时期内,没有任何国家对东格陵兰提出过任何的主权主张,也没有任何国家对丹麦的权利主张提出过任何的异议,因此丹麦对东格陵兰的占有是有效的。[1] 中国对南海的先占与丹麦对东格陵兰的先占非常相似。在中国人民占领南海诸岛之前,南海诸岛一直是一片无人问津的人迹荒芜的地域。中国人民早在汉代初年就已经发现并到达了南海诸岛,在1947年,中华民国内政部方域司在其编绘出版的《南海诸岛位置图》中,明确标示了一条由11段断续线组成的线。1948年2月,中华民国内政部公开发行《中华民国行政区域图》,向国际社会宣布中国对南海诸岛以及邻近海域的主权和管辖权,附图为《南海诸岛位置图》。作为中华民国政府对外主张主权权利的南海11段线(九段线)标绘在中国正式出版的官方地图上,而当时的国际社会对此并没有提出过任何的异议,周边国家也从没提出过任何的外交抗议。根据国际法上的无主地先占制度,我国在发现并到达

---

[1] 蔡高强、高阳:《论解决南海争端的国际法路径》,载《湘潭大学学报》(哲学社会科学版)2011年3月第35卷第2期。

南海诸岛之前，并没有任何国家对南海诸岛提出过任何的主权主张，在我国宣布占有南海诸岛及附近海域时，在国际社会上也并没有任何国家提出过异议，南海周边国家也没有提出外交抗议，而且我国对南海诸岛及附近海域一直都从行政上进行有效的管辖，因此，我国对南海的占有应为有效占有，我国应当依据国际法上的无主地先占制度取得对南海诸岛和内水、领海的主权以及专属经济区和大陆架的主权权利。我国对南海的主权权利应当受到国际法的保护。

四、结论

中国对南海诸岛及其内水和领海具有不可争辩的主权，对其附近的专属经济区和大陆架具有不可争辩的主权权利。中国基于国际法上的先占制度享有对南海的主权，应当受到国际法的保护。在国际社会，并没有专门的国际规则可适用于南海争端。在目前南海争端日益炽热化的情形下，中国与周边国家应积极推动相关双边条约或多边条约的签订，为南海争端的和平解决提供直接的法律依据。中国政府提出的"主权归我，搁置争议，共同开发"的主张虽然彰显了大国风范，但这一主张并没能得到周边国家应有的回应。因此，中国与周边国家明确划定海洋边界应是一切主张的前提，更是维护我国海洋主权必须坚定的立场。

南海重大突发事件急需国际合作
——MH370案例分析

苏奋振　孙建中　秦恺

[内容提要] 马航MH370失联是一次重大突发事件，具有"亚恐怖行为"特点，对人们的公共安全威胁极大。该事件暴露了国际社会——特别是南海周边国家——在民航监控等安全防范措施方面存在诸多不足和缺陷，其影响对我利弊兼具。我应趋利避害，顺势而为，借助南海周边国家在此次失联事件问题上产生的共同需求，积极推动构建一个多功能、综合性的地区性非传统安全合作机制，以便扩大我在安全方面的地区影响力。

[关键词] 重大突发事件　MH370失联　对策研究

[作者简介] 苏奋振，中科院地理科学与资源研究所资源与环境信息系统国家重点实验室副主任，中国南海研究协同创新中心研究员；孙建中，中国南海研究协同创新中心研究员；秦恺，中国南海研究协同创新中心助理研究员。

2014年3月8日，马航飞往北京的MH370飞机在起飞后不久突然失联，机上239人下落不明（主要包括来自马来西亚的12名机组人员以及来自13个国家的乘客，其中154人是中国乘客，38人是马来西亚乘客），尽管中国、马来西亚、越南等20多个国家在南海和印度洋等大片海域进行了大规模的空中、海上和水下搜索活动，但至今一无所获。这在信息化程度如此高的今天似乎显得有些不可思议。这一切意味着什么，未来还会发生吗，我们如何防范？本文就此问题进行分析，并提出建设性参考意见。

一、MH370失联事件引发的思考

马航MH370失联是一次重大突发事件，它既不是由于机械故障所致，因为"马航表示，失踪的MH370在出发前12天刚经过检修保养，飞机状况没有问题。这架飞机于2002年开始服役，拥有53,465.21小时的纪录"[1]；也不是恐怖分子所为，因为"所有马航的飞机都配备了飞机通信寻址与报告系统，能够自动传输数据。但马航并没有收到遇险呼叫也没有信息传递"[2]。不容否认的是，MH370失联的后果一点也不亚于因恐怖分子所为而产生的影响。如果说"新西兰航空专家伊万·威尔逊（Ewan Wilson）宣称失踪的马航MH370机长通过关闭飞机供氧设备自杀，并使乘客缺氧而死"[3]的说法是正确的话，那么这肯定就是一种由"亚恐怖分子"制造的"亚恐怖行为"，尽管它在性质上与公职人员因操作失误或玩忽职守而导致的重大责任事故完全不同。众所周知，"MH370事件发生后，基维国际航空公司创始人、新西兰资深空难调查专家伊万·威尔逊率先展开了独立调查，经过近4个月的取证分析后，作为成果，他与新西兰记者杰夫·泰勒合作推出了新书《晚安MH370》。在新书中，威尔逊称，机上239人在飞机坠海的至少4个小时前就失去了意识，最有可能的情况是机长扎哈里有意降低舱内气压，让机上乘客缺氧。……随后操纵飞机坠入海中。这也可以解释为什么外界至今都没有发现MH370的残骸，因为飞机坠落时机身仍是完整的。此前，澳大利亚运输安全局也得

---

[1] 《MH370》，百度网：http://baike.baidu.com/view/12368712.htm?fr=aladdin，上网时间：2014年10月2日。

[2] 《MH370》，百度网：http://baike.baidu.com/view/12368712.htm?fr=aladdin，上网时间：2014年10月2日。

[3] 《马航MH370最新消息：机长自杀论再遭热炒乘客家属起底斥责伊万·威尔逊》，国际商业时报网：http://www.ibtimes.com.cn/articles/39184/20140919/mh370-update.htm，上网时间：2014年10月2日。

出了同样的结论，即乘客或许死于缺氧窒息。"① 虽然威尔逊提不出任何证据来支持其假说，但在各种猜测中，该假说是可能性非常大的一种，他认为："自己已经研究过其他可能性，但除了扎哈里自杀外，无法得出其他结论。"② 马来西亚的官方调查结果从侧面也支持了这一结论，因为"马航失踪航班MH370的机长扎哈里已成马来西亚官方调查的'头号嫌犯'。"③

从马航MH370失联事件看，"亚恐怖行为"具有5个比较突出的特点：第一，公共交通工具是"亚恐怖行为"实施的平台；第二，公共交通工具中的所有乘客是"亚恐怖行为"针对的主要对象；第三，公职人员是实施"亚恐怖行为"的主体——"亚恐怖分子"；第四，公共交通工具对于公众而言具有不可替代性；第五，公职人员操控公共交通工具具有不可避免性。根据这五个特点，除民航飞机之外，大中型客轮也具备了发生此类事件的必要条件。

由于大中型公共交通工具在人们的日常生活中占据非常重要的地位，要求人们不去乘坐它既不现实也不可取，所以，未来不排除类似事件再次发生的可能性，因为掌握大中型公共交通工具的公职人员如果想作案的话，几乎无法加以防范，例如船长或大副等主要公职人员利用工作之便"劫持"客轮，可以说是轻而易举的事情。不仅如此，在南海地区，还存在着发生其他重大突发事件的可能性，例如空难、海难、海盗劫持大型船只与人质等。这些潜在威胁的存在既为南海周边国家各自应对提出了挑战，同时也为它们合作应对提供了机遇，这也是本文研究该问题的重要价值所在。

---

① 《新西兰空难调查专家：MH370机长故意让乘客缺氧死亡》，附于《MH370疑云再起印尼警察总长称马方知情不报》，华声新闻网：http://news.voc.com.cn/article/201409/201409160935316156.html，上网时间：2014年9月24日。

② 《马航MH370最新消息：机长自杀论再遭热炒乘客家属起底斥责伊万·威尔逊》，国际商业时报网：http://www.ibtimes.com.cn/articles/39184/20140919/mh370-update.htm，上网时间：2014年10月2日。

③ 《MH370机长被马来西亚官方调查列为"头号嫌犯"》，新华网：http://news.xinhuanet.com/mil/2014-06/23/c_126655765.htm?prolongation=1，上网时间：2014年10月2日。

二、MH370事件说明了什么

检视马航MH370失联事件，我们发现国际社会——特别是南海周边国家——在民航飞机监控等安全防范方面存在诸多不足和缺陷：

一是情报搜集能力存在严重缺失。现在回过头来看（基于现有不完整的信息），53岁的机长扎哈里"劫持"MH370飞机行为并非是一时的冲动所致，而是经过了一段时间的酝酿和"排练"。遗憾的是，相关单位和国家都没有捕捉到任何蛛丝马迹：首先，马航公司事先毫无察觉，说明其在用人制度和安全管理方面存在重大漏洞；其次，马国安全部门和情报机构也对此一无所知，说明其情报获取能力也非常有限；第三，在南海周边国家中，也没有一个国家能够事先获取机长计划"劫持"飞机的情报。这一切都表明，整个世界，特别是南海周边国家，情报搜集与获取能力亟待提高。

二是空天监视能力存在不足与缺陷。2014年3月8日零时41分，马航MH370航班从马来西亚吉隆坡机场起飞。1点19分，机长与马航空中交通管制台进行了最后一次通话；1点21分，越南民航机构报告马航MH370飞机未能按预定时间与胡志明市的空中交通控制台进行交接，这标志着该飞机开始出现失联迹象[①]；2点15分，当MH370折回到马六甲海峡上空时，马来西亚和泰国的军用雷达虽然都捕捉到了它的踪迹，但13分钟后，飞机就在雷达上消失了。此后，尽管印度洋上空的一颗国际海事组织卫星在2点28分到8点19分之间曾7次收到MH370飞机发出的数据，但是马航MH370飞机在9点15分未能与该卫星进行每小时一次的

[①] 根据马航2014年3月8日发布的第一份声明，"MH370航班于当地时间凌晨2点40分与苏邦空中交通管制台失去联系。马来西亚当局12日在吉隆坡举行的新闻发布会上表示，MH370航班最后在民用雷达上定位的时间是8日凌晨1点21分，随后于1点30分消失。"参见《MH370》，百度网：http://baike.baidu.com/view/12368712.htm?fr=aladdin，上网时间：2014年10月2日。另参见BBC News: http://www.bbc.com/news/world-asia-26503141，accessed on September 24, 2014。

"握手"之后就永远失去了联系。① 这意味着马航MH370飞机在8点19分之后9点15分之前这段时间里的某一个时间点上已经"坠毁"了。也就是说,从开始与马航空中控制中心失联到与国际海事组织卫星失联的7个小时里,国际社会并没有做到对MH370飞机进行全程监控,因为没有一个国家捕捉到飞机的完整飞行轨迹,甚至国际海事组织和国际民航组织也不能确定马航飞机的最后下落。3月24日,马来西亚总理纳吉布宣布"失联的MH370航班已经坠毁在南印度洋"②也只是一个初步的结论,因为它只是基于国际海事组织卫星的简单数据,无任何实物证据加以支撑。

三是南海周边国家在民航飞行信息方面存在沟通不畅和各自为战现象。马航MH370于3月8日1点19分开始失联,但是,直到"7点24分,马航(MAS)才向国际社会报告飞机失联。"③ 也就是说,此时距离马航MH370飞机开始失联已经过去7个小时了,马国政府的做法显然不符合国际民航组织的规定,因为它让国际社会失去了搜救失联飞机的黄金时机。尽管如此,"在随后几天里,14个国家,几十艘舰船,几十架飞机,几十颗卫星投入最初被马方划定的搜索范围——泰国湾一带,进行现代化立体搜索。其间不断传出'新发现',却一一在几小时后被马方'辟谣',这种'发现—辟谣—再发现—再辟谣'随即成了每天的例行公事。"④ 显然,马国政府没有及时发布信息,有关国家掌握的信息不准确,彼此之间缺少必要和及时的沟通,特别是未能及时组成一个以马国政府为核心、以有关国家为主体的统一搜寻团队的机制等因素,导致了最佳搜索机会的丧失。此外,在参与搜救的国家中,彼此间还存在着缺乏充

---

① "Missing Malaysia plane MH370: What we know",BBC News:http://www.bbc.com/news/world-asia-26503141,accessed on September 24, 2014.
② 《MH370》,360网:http://baike.so.com/doc/7358502.html,上网时间:2014年10月2日。
③ "Malaysia Airlines Flight 370",Wikipedia:http://en.wikipedia.org/wiki/Malaysia_Airlines_Flight_370,accessed on October 2, 2014.
④ 《MH370失联:真相在哪里》,搜狐网:http://roll.sohu.com/20140920/n404476593.shtml,上网时间:2014年10月1日。

分信息共享的现象,因为每个参与搜救行动的国家都可以随时给出拒绝共享情报的理由,例如,"当被问及这些国家中有几个同意共享这样的数据时,希沙姆丁拒绝回答,并承认对许多国家而言都有涉及国家安全的问题。"①

四是中美在搜索MH370失联飞机问题上存在暗中角力现象。搜索失联飞机是展示装备实力和搜索技术的好机会,这对于正处于战略博弈期的中美两个大国而言,自然也不例外,因为每一方都想通过装备和技术的展示来压制对方,借此扩大在这一地区的影响力。"由于南海海域涉及多国主权纷争,极为敏感,在马航失踪事件发生后,中国最初只是派遣海事救援船进行救援工作。不过在美国宣布派遣海军战舰前往该处后,中国即刻向越南要求派遣战舰进入失踪海域并获得越南的批准,这使当前两大强国的战舰同时处于一片海域。"②显然,"中国和美国的船舰和飞机纷纷前往马航班机失踪的海域进行大规模搜救行动,也让人看到中美在此事件上的角力。"③

五是域外大国的情报搜集能力和海上搜索能力整体上优于域内国家。寻找失联飞机从技术上讲主要取决于情报能力和搜索能力,前者可以为失联飞机进行定位,后者可以让搜索人员更加准确和便捷地寻找到失联飞机。"完成搜索首先需要做的是通过各种情报缩小需要搜索的范围,做不到这一步,搜索任务就只能撞大运,几乎是不可完成的。……从这个角度看,无论搜索航母还是民航飞机同样都是一场信息中心战。"④尽管目前为止还没有发现失联飞机的位置,但是从参与搜救行动的各国能力来看,美英法澳等域外大国无论是在情报能力还是在搜索能力方面都比

---

① 《美报称马航客机搜寻凸显南海各方关系微妙》,参考消息网:http://world.cankaoxiaoxi.com/2014/0318/362094.shtml,上网时间:2014年9月22日。
② 《港刊:从南海大搜救看中美军力差距》,参考消息网:http://mil.cankaoxiaoxi.com/2014/0316/361236.shtml#g358038=1,上网时间:2014年9月22日。
③ 《港刊:从南海大搜救看中美军力差距》,参考消息网:http://mil.cankaoxiaoxi.com/2014/0316/361236.shtml#g358038=1,上网时间:2014年9月22日。
④ 《深度:由马航MH370客机搜索看世界各国装备发展》,新浪军事网:http://mil.news.sina.com.cn/2014-05-14/1646779277.html,上网时间:2014年9月24日。

中国、马来西亚和越南等域内国家更胜一筹，例如，它们拥有先进的"P-3"和"P-8"反潜巡逻机以及"海盾"号和"回声"号科学探测船等，其中"海盾"号"因为搭载了美国紧急提供的TPL-25型拖曳式脉冲信号来源探测器以及金枪鱼-21型水下声呐仪而具备了非常强的水下搜索能力"①。

三、MH370事件对我国可能产生的消极影响

一架大型客机在如此高度发达的信息社会里居然可以消失得无影无踪，国际社会在苦苦寻找半年多之后依然没有得到任何有价值的线索，的确让人们感到不可思议。这种尴尬迫使有关国家不得不认真对待这一问题并采取相应的措施，但是，它们的应对之策有可能对我国安全利益产生一定的负面作用：

一是美国、日本等西方发达国家将会针对这次马航飞机失联事件出现的情报搜集缺陷和空天监视缺陷采取补救措施，以便不断完善其在亚太地区的情报和监视系统。尽管中东和欧洲都出现了动荡和战乱的局面，但是，美国并没有打算放弃推行亚太"再平衡"战略的任何迹象，依然将中国视为最主要的潜在战略竞争对手，并积极深化主要针对中国的"空海一体战"；日本在结构性矛盾压力下与中国处于高度对抗状态之中，并试图将东海和南海问题连为一体，借此在更深层次上和更大范围内牵制中国。在此背景下，美日等西方国家势必会借助MH370事件提供的合作机会，把完善亚太情报能力和空中监视能力融入到其地区战略之中，并加大对南海的情报搜集力度和空中监视力度，其结果是，它们将对我在南海的一举一动更加了如指掌，并将对我在南海进行科考活动和海洋数据搜集活动以及军事斗争准备活动构成潜在和现实威胁。

---

① 《深度：由马航MH370客机搜索看世界各国装备发展》，新浪军事网；http://mil.news.sina.com.cn/2014-05-14/1646779277.html，上网时间：2014年9月24日

二是马来西亚将更加重视情报搜集能力和空天监视能力的提升，越南和菲律宾还可能会把这两种能力的建设纳入到南海战场构建的计划中来，借此提升其在南海的态势感知能力和海上作战能力。作为马航 MH370 飞机的东道国，马来西亚深感自身情报能力和空天监视能力的不足，而这种不足将对其国家安全构成潜在威胁，至少"表面上"看是这样的，① 因为"许多马来西亚人视中国为一个日趋强大的威胁与竞争者，因此他们的雷达未能发现失联飞机这一点等于是'向中国和邻国发出信号，他们无法充分使用他们的领海和领空感知能力'。"② 所以，马国政府和军方必定会采取措施提升其情报搜集能力和空中监视能力。越南和菲律宾等南海声索国也会利用这次事件提供的机会，大力加强情报能力和空天监视能力建设，并有可能与其南海战场建设计划有机结合起来。值得注意的是，越菲马三国之间也有可能加强合作，以便能够更加全面地掌控对南海的空中和海上监视。

三是美国和日本将为南海周边国家强化情报搜集能力和空天监视能力的努力提供必要的支持和帮助，未来，在南海地区有可能形成一个以美日为主导的情报搜集和空天监视网络体系，东盟有可能因此而被纳入到美国的亚太"再平衡"战略下的地区安全合作框架之中。美国和日本的亚太战略具有很大的重合性，都是要在该地区构建一个能够牵制中国的均势机制，也就是借助地区力量制衡中国。对于美国而言，"加强东南亚国家监控其海上边界能力的军事援助将削弱中国采取意外行动的能力。"③ 尤其是，"美国一直向该地区的菲律宾、日本和其他国家提供改善后的雷达设备和其他监视设备，现在正设法将这种信息发展成一个可以

---

① 不少人认为马来西亚政府从一开始就采取了知情不报的态度，甚至还认为该事件与马国国内政治有关联。参见《MH370失联：真相在哪里》，搜狐网：http://roll.sohu.com/20140920/n404476593.shtml，上网时间：2014年10月1日。

② 《美报称马航客机搜寻凸显南海各方关系微妙》，参考消息网：http://world.cankaoxiaoxi.com/2014/0318/362094.shtml，上网时间：2014年9月22日。

③ 《美媒鼓动美高调介入南海争端军援东南亚国家》，参考消息网：http://world.cankaoxiaoxi.com/2014/0929/513603.shtml，上网时间：2014年10月4日。

分享情报的范围更广泛的地区网络。"[①] 因此，美日不仅会对东盟国家提高情报搜集能力和空天监视能力的做法有求必应，而且还会鼓励它们这样做，例如，"不配备武器的P-3侦察机可能在美国首批对越军售之中，以帮助加强越南监控和保卫其海岸线的能力。"[②] 美国这样做的目的显然是要把它们整合到自己领导的亚太安全体系中来。这种可能性比较大，因为马航MH370事件虽然为中国海军力量进入东盟国家海域以及印度洋海提供了机会，但同时也让它们感到了对中国海军力量增长的担忧，正如日本媒体所宣称的那样："表面上，中国的理由是要加强突发事件和紧急情况下的联合，但真实意图却是在南海主权问题上掌握主导权。"[③] 东盟国家的担忧势必会进一步固化现存的"安全上靠美国，经济上靠中国"这样一个地区格局，东盟与美国、日本等西方国家之间的安全合作也将会不断深化下去。

四是马航飞机失联事件表明中国在南海和印度洋海域的空中监视和快速搜索方面虽然取得一定进展，但依然存在严重缺陷，中国的海上快速反应能力也尚待进一步提高。马航MH370事件说明中国在南海乃至亚太存在两大缺陷：一是情报能力不足，未能及时获取相关线索和有价值的情报；二是搜索能力不足，不能在第一时间赶赴所指定的"出事"现场。例如，"3月8日晚11时50分，在南沙海域执行任务的导弹护卫舰绵阳舰奉命起航赶赴出事海域。3月9日凌晨3时，海军两栖登陆舰井冈山舰从湛江军港紧急起航赶赴失联海域参与救援。"[④] 中国的海上驰援行动凸显了三个非常严重的问题：首先，我获取马航MH370失联事件的信息比较晚，即使在"出事"海域附近有我船只游弋，也会因为不能及时获

[①]《英报：美国拟在南海用新战术"遏制中国"》，参考消息网：http://mil.cankaoxiaoxi.com/2014/0711/420261.shtml，上网时间：2014年9月21日。

[②]《越称中国不应担忧：不从美国买武器也会从别国买》，参考消息网：http://mil.cankaoxiaoxi.com/2014/0926/509977.shtml，上网时间：2014年10月4日。

[③]《日媒妄言中国史上最大规模搜救意在控制南海》，参考消息网：http://china.cankaoxiaoxi.com/2014/0316/361216.shtml#g357735=1，上网时间：2014年9月22日。

[④]《日媒妄言中国史上最大规模搜救意在控制南海》，参考消息网：http://china.cankaoxiaoxi.com/2014/0316/361216.shtml#g357735=1，上网时间：2014年9月22日。

取信息而失去在第一时间开展有效救助行动的机会,因为我导弹护卫舰绵阳舰是在"10日凌晨3时50分抵达马航飞机失联海域"[①],从接受任务出发到指定海域的时间是4个小时;其次,我在南沙海域执行巡航任务的军舰数量较少,即使是在第一时间获取信息并采取相应的措施,也难以开展有效的救助活动;第三,从国内军港派遣军舰赶往"出事"海域,航程过长,需要2-3天的时间,因为井冈山舰11日中午才能抵达出事海域[②],根本达不到及时救助的目的。另一方面,尽管中国的情报能力和海上搜索能力都有了很大提高,但与美国等发达国家相比依然存在明显差距,"美、日、澳等使用的主要是P-3C型巡逻机,美国还派遣了用于替换P-3C的下一代巡逻机P-8A,中国使用的是2架'伊尔'-76型运输机"[③]。在搜索技术和设备上,中国也与发达国家存在一定差距,譬如说,"海巡01虽通过便携声呐在搜索协调中心指定的搜索区外监听到与黑匣子频率相同的信号,但随后被'回声'号证实与航班无关。……总体而言,中国在搜索过程中暴露的不足更多地集中于水下监测和搜索方面。

四、MH370事件对我国产生的积极影响

马航MH370事件在对我国产生负面作用的同时,也具有正面的影响,主要表现在以下几个方面:

南海域内域外国家为搜寻马航飞机而开展了积极的军事合作,体现了南海形势紧张态势下依然存在着安全合作的空间,这为我国进一步开展针对东盟国家的军事外交活动提供了可能性和可行性。虽然涉及马航MH370事件的地区国家也是南海主权争端的主要当事国,彼此间存在着明显的不信任和矛盾分歧,但是,这些问题并没有成为彼此合作的绝对

---

① 《MH370》,360网:http://baike.so.com/doc/7358502.html,上网时间:2014年10月2日。
② 《MH370》,360网:http://baike.so.com/doc/7358502.html,上网时间:2014年10月2日。
③ 《深度:由马航MH370客机搜索看世界各国装备发展》,新浪军事网:http://mil.news.sina.com.cn/2014-05-14/1646779277.html,上网时间:2014年9月24日。

障碍，因为在MH370事件发生后还不到10天的时间，"参加搜救的国家增加到了25个，……多个围绕南海争执不下的国家和地区冲在了这次搜救队伍的最前列：中国、越南、马来西亚等。"① 这说明，未来发生此类重大突发事件时，中国与南海周边国家以及其他国家依然可以开展联合救助行动，因而也有利于我开展相应的军事外交活动。

在一望无际的印度洋上进行水下搜寻是一项长期而艰苦的工作，仅靠一国的实力的确难以做到，尤其是对在搜索能力方面明显存在不足的马来西亚更是如此，马国交通部长廖中莱充分认识到了这一点，他在2014年8月30日就指出，"整个搜寻工作如果单靠马来西亚将很难做到，'必须有先进的探测仪器和来自全世界强大队伍的支持才能完成'。"②

利用合作机会学习他国先进的搜索经验，不断提升我海上搜索能力。我们知道，"马航搜索行动是一场名副其实的'立体行动'，海面上的船只进行搜救的同时，太空中的卫星则在进行着测量、导航、搜索的任务。"③ 作为海洋大国的澳大利亚，其在海上和水下搜寻方面具有非常丰富的经验，搜索设备和技术也非常先进，其"海盾"号也是世界上比较先进的科学探测船之一。因此，通过常态化的合作和与澳大利亚之间的比照，我们就可以看出自身存在的优缺点，尤其是一些重要的结构性"短板"，比如说在太空方面，虽然"中国拥有'海洋'一号、二号等环境监测卫星，但还没有预警卫星。"④ 这至少是我们应该弥补的一个缺陷或努力的方向。所以，国际合作可以使我们不断提高掌控南海的综合能力。

我国在搜索马航失联飞机问题上的坚定立场和负责任态度有利于提

---

① 《美报称马航客机搜寻凸显南海各方关系微妙》，参考消息网：http://world.cankaoxiaoxi.com/2014/0318/362094.shtml，上网时间：2014年9月22日。

② 《MH370残骸位置锁定搜寻工作需时1年》，中国海洋网：http://ocean.china.com.cn/2014-09/08/content_33454561.htm，上网时间：2014年9月10日。

③ 《港刊：从南海大搜救看中美军力差距》，参考消息网：http://mil.cankaoxiaoxi.com/2014/0316/361236.shtml#g358038=1，上网时间：2014年9月22日。

④ 《港刊：从南海大搜救看中美军力差距》，参考消息网：http://mil.cankaoxiaoxi.com/2014/0316/361236.shtml#g358038=1，上网时间：2014年9月22日。

高党和政府的公信力与权威。马航MH370事件发生后,"中共中央总书记、国家主席、中央军委主席习近平立即作出重要指示,要求外交部和我国有关驻外使领馆加强与所在国有关部门的联系,密切关注搜救进展情况,全力做好应急处置和中国公民善后工作。交通运输部、民航局等有关部门要立即启动应急机制,积极配合做好相关工作,并进一步加强民用航空领域的安全检查,确保民用航空运行绝对安全。"① 不仅如此,"中国投入了包括海军井冈山舰在内的多艘舰船和多架直升机,甚至还动用多颗卫星,展开了史上最大规模的救援。"② 马来西亚政府也积极配合,不断重申,"马来西亚不会放弃MH370搜寻工作,直到找到客机为止。"③ 中国政府在马航失联飞机问题上的态度不仅让失联飞机乘客家属看到了最终能够找到失联飞机的希望,心理上无疑会得到巨大的安慰,而且也会让国内民众和国际社会看到中国政府是一个负责任的大国政府,有助于我党和政府增强执政基础和扩大对外影响力。

五、几点思考

马航失联飞机事件表明,南海虽是一个充满矛盾和冲突的海域,但同时也是一个可以开展安全合作的平台。基于此判断和上述分析,我们提出如下应对思考建议,供有关部门参考:

一是为防止马航MH370飞机失联事件这类"亚恐怖行为"的再次发生,建立大中型公共交通工具主要驾驶人员的个人健康与安全档案非常必要。此类公职人员从其参加工作的第一天开始就应该建立个人健康与安全档案,可以考虑从以下几个方面着手:第一,在招聘环节上严格把

---

① 《MH370》,百度网:http://baike.baidu.com/view/12368712.htm,上网时间:2014年10月2日。
② 《日媒妄言中国史上最大规模搜救意在控制南海》,参考消息网:http://china.cankaoxiaoxi.com/2014/0316/361216.shtml#g357735=1,上网时间:2014年9月22日。
③ 《MH370残骸位置锁定搜寻工作需时1年》,中国海洋网:http://ocean.china.com.cn/2014-09/08/content_33454561.htm,上网时间:2014年9月10日。

关，所招聘的公职人员一定是心理上健康、稳定且安全上可靠、放心的专业技术人员；第二，定期进行体检、心理测试和其他特殊形式的检测，所测结果归入个人档案；第三，对测试不合格的专业技术人员，建议调离工作岗位；第四，对测试间隔期内出现有可能危害公共安全的专业技术人员，也应该更换其工作岗位。为此，大中型公共交通单位应该建立相应的专业技术人员个人档案管理体制和安全系数评估小组，确保本单位大中型公共交通工具不会发生"亚恐怖行为"的悲剧。

二是在大力加强我国情报搜集能力的同时，努力与东盟国家构建情报合作机制，就"亚恐怖行为"问题进行常态化的交流与沟通。不断提升自身情报获取能力，在任何时候都是我国面临的重要课题，马航MH370事件进一步突出了我国在情报获取能力方面的不足，需要我国更加重视情报获取能力的提升问题。与此同时，我们还应该加强与东盟国家在此方面的情报合作，努力形成一种常态化的机制，可以考虑在马来西亚建立一个地区性的情报交流中心，这样，我们才有可能更加有效地防止"亚恐怖行为"的发生，才能对"亚恐怖行为"所造成的后果进行及时指导和管控，最大限度地减少其负面影响。

三是探讨建立全亚太地区性定位、通讯与监视系统和跨国空中管制系统的可能性，确保每一架在该地区飞行的民航飞机时刻都能够处在掌控之中。马航MH370飞机失联事件以及同年12月28日发生的亚航飞机失联事件均表明，南海地区乃至整个亚太地区，缺少一个全面监控民航飞机的系统，对此，南洋理工大学航空交通管理研究院院长刑承中（Hsin Chen Chung）建议，"设立一套全球或地区性的、覆盖面完整的系统。"[①] 为了达到这一目的，亚太或南海周边国家需要让出部分空中交通管制等权力。此外，"在飞机驾驶舱内设立全球卫星定位系统，并改进空管雷

---

① 《美媒:MH370搜寻行动10月恢复搜索范围缩小》，网易网：http://news.163.com/air/14/0930/09/A7COFSI700014P42.html，上网时间：2014年10月1日。

达"① 也是非常必要的事情,因为这样做可以让我们更加容易地为飞机进行准确定位,更容易让我们的雷达发现、跟踪和锁定飞机的具体位置。

四是以永暑礁为核心构建南沙应急指挥体系、搜救体系和巡逻体系(参见下图)。鉴于南沙在南海乃至整个亚太地缘战略中的重要地位,我应考虑借助此次飞机失联事件不断扩大在南沙的有效存在问题。首先,在永暑礁建立设施齐全、手段先进的永久性应急指挥中心,包括军民两用机场和码头以及立体通信网络;其次,以永暑礁为核心,将周围的渚碧礁、美济礁等扩建成配套的支援基地,包括军民两用机场和码头以及相应的通信系统,形成有效的单独和联合应急搜救体系,包括军民联合搜救与国际合作搜救;第三,在支援基地设立永久性南海巡逻编队,进一步强化我南海边疆权益的维护力度,并努力将其与搜救编队实现有机结合,例如将平时的搜救演训活动与日常的巡逻任务结合起来;第四,通过轮换制度实现在南沙的指挥中心和支援基地常年有人驻守的目标。

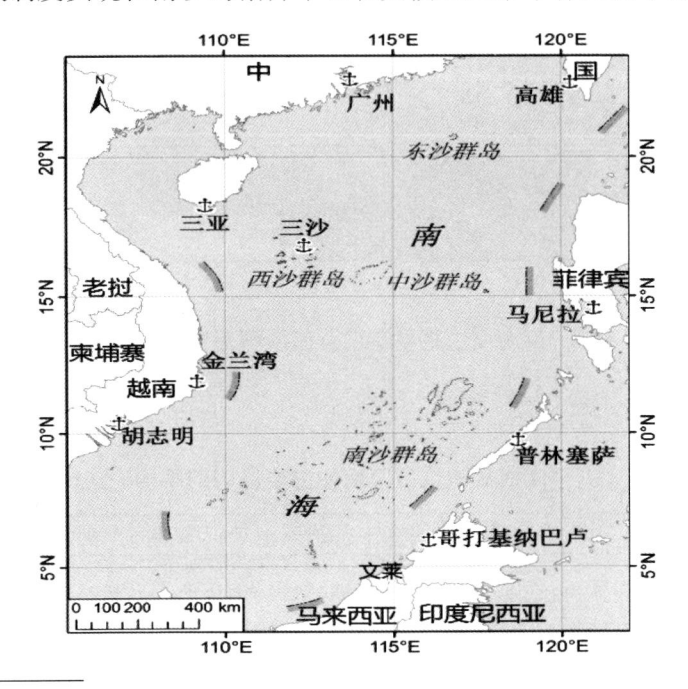

---

① 《美媒:MH370搜寻行动10月恢复搜索范围缩小》,网易网:http://news.163.com/air/14/0930/09/A7COFSI700014P42.html,上网时间:2014年10月1日。

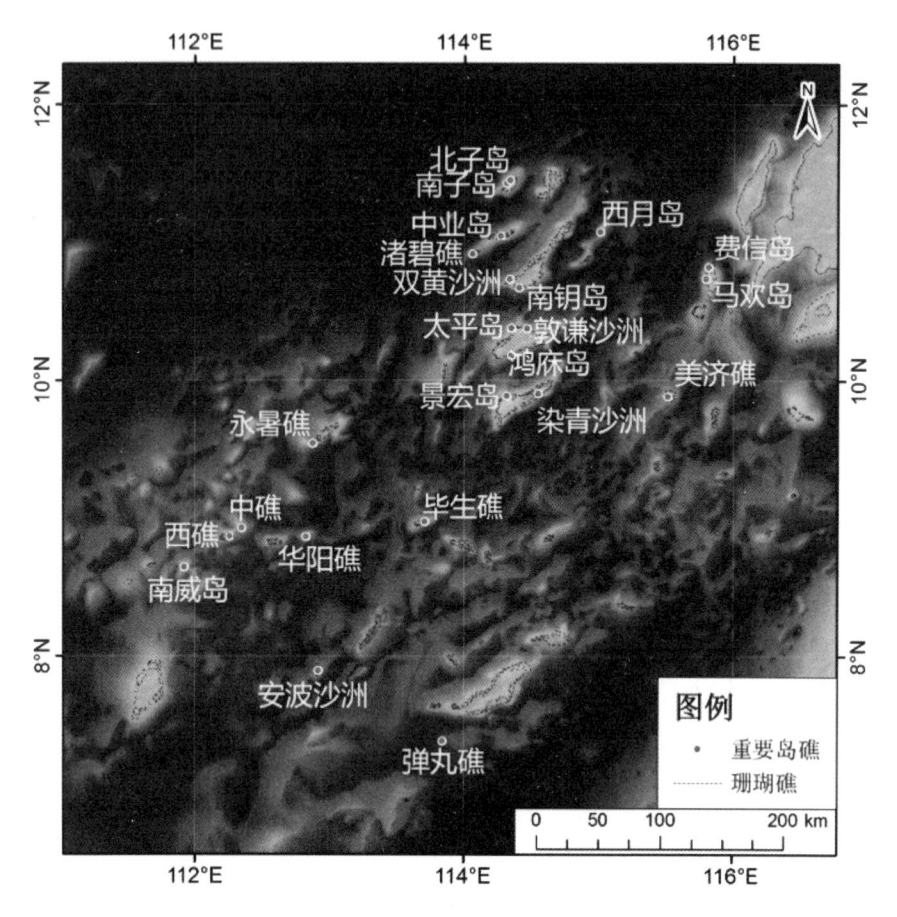

图1 南海周边主要港口及南沙群岛主要岛礁分布图

表1 南海周边港口至南沙主要岛礁的平均通达时间

	金兰湾	哥打基纳巴卢	普林塞萨	马尼拉	胡志明	三亚	古晋	高雄	广州
平均通达时间（小时）	20.07	20.17	22.94	30.00	30.73	34.61	35.83	50.61	50.85
排名	1	2	3	4	5	6	7	8	9

表2 南沙主要岛礁间综合通达性

排名	岛礁	类型	控制方	面积（平米）	通达距离（海里）	通达时间（小时）
1	太平岛	岛屿	中国（台湾）	422,141.09	146.16	7.31
2	双黄沙洲	沙洲	菲律宾（非法）	3,901.76	150.21	7.51
3	南钥岛	岛屿	菲律宾（非法）	63,803.23	151.43	7.57
4	中业岛	岛屿	菲律宾（非法）	400,880.08	155.33	7.77
5	西月岛	岛屿	菲律宾（非法）	160,354.45	167.62	8.38
6	景宏岛	岛屿	越南（非法）	30,235.57	169.20	8.46
7	毕生礁	沙洲	越南（非法）	7,944.74	173.12	8.66
8	染青沙洲	沙洲	越南（非法）	7,489.53	175.29	8.76
9	永暑礁	礁石	中国	8,000.00*	176.55	8.83
10	鸿庥岛	岛屿	越南（非法）	76,483.09	177.31	8.87
11	北子岛	岛屿	菲律宾（非法）	145,421.72	177.92	8.90
12	渚碧礁	礁石	中国	3,000.00*	182.61	9.13
13	马欢岛	岛屿	菲律宾（非法）	54,799.68	184.00	9.20
14	美济礁	礁石	中国	2,000.00*	185.86	9.29
15	费信岛	沙洲	菲律宾（非法）	7,753.45	187.25	9.36
16	华阳礁	礁石	中国	2,000.00*	187.55	9.38
17	敦谦沙洲	岛屿	越南（非法）	41,929.74	188.26	9.41
18	中礁	沙洲	越南（非法）	11,277.41	205.54	10.28
19	西礁	沙洲	越南（非法）	3,926.61	211.08	10.55
20	安波沙洲	沙洲	越南（非法）	11,001.51	223.61	11.18
21	南威岛	岛屿	越南（非法）	144,537.97	231.93	11.60
22	南子岛	岛屿	越南（非法）	180,427.29	245.05	12.25
23	弹丸礁	人工岛	马来西亚（非法）	297,967.45*	278.84	13.94

*为人工建设后的出水面积

五是借助马航MH370失联事件所带来的机遇，推动我与东盟之间的合作从经济领域扩大到安全领域。可以分几个步骤走：首先，巩固中马澳三国搜索机制，并努力将该机制维持到发现MH370飞机之时；其次，依托中马澳三国搜索机制，并在非传统安全合作的大旗下，建立一个由东盟10国以及中国和澳大利亚构成的"10+2"常设海上重大事故快速搜索、快速定位和快速救援机制，业务范围可包括海上空难、海难、海盗劫持人质等。搜救指挥控制中心或秘书处可以考虑设在澳大利亚。第三，条件成熟时，可以考虑建立联合快速救援部队，平时可以开展有针对性的演练活动，当突发事件发生时，可以进行快速干预和管控。为此，我应与有关国家共同努力构建相应的指挥控制中心，并可以考虑将该中心建在马来西亚。第四，借助MH370事件建立起来的安全合作机制，探讨扩大安全合作的可能性。就目前形势而言，"国际极端武装组织'伊斯兰国'崛起，各国官员与分析员担心，东南亚多年来努力打恐从而大大削弱本区域恐怖的势力之后，伊斯兰国组织借'圣战'之名把触角伸向东南亚，会给本区域的恐怖组织注入活力。"[①]在此背景下，东盟国家的反恐需求无疑会明显增大，我们应当顺应和满足它们在反恐问题上的迫切需求，探索建立联合反恐机制的可能性。

六是对中马澳联合搜索行动进行系统梳理，在此基础上撰写出具有建设性建议的报告，为我未来制定海上搜索预案和组织搜索行动提供可靠的依据和指导。马航失联飞机搜索是我军参与的规模较大、持续时间较长的联合行动，总结此次行动的经验与教训，特别是中马澳三方联合搜索的经验与教训，对我未来的此类行动具有重要的参考价值。我应组织相关专业人员对此进行认真系统的研究和分析，并撰写出相应的专题报告，为我未来采取类似行动提供有益的借鉴和依据，借此不断提高我军的快速反应能力和救援能力。

[①] 《分析：伊国组织影响下东南亚恐怖组织或壮大》，联合早报网：http://www.zaobao.com/news/sea/story20141001-395088，上网时间：2014年10月1日。

七是依托地区合作机制将我情报搜集平台、军事打击平台等作为军事存在重要表现的军事设施前移至南海尽可能靠近马六甲海峡的地方，为的是平时可以发挥获取更多情报的功能，战时可以发挥战略性牵制对手的作用。严峻的南海安全形势和不确定的未来发展趋势，使得南海发生擦枪走火的可能性非常大。加之美国通过"走马灯式的"联合军演等方式构筑南海战场，抢占南海战场有利地形，借此熟悉南海战场环境，导致我在维护南海主权权益方面面临巨大的挑战。马航MH370事件不仅暴露了我地区情报搜集和海上搜索能力的缺陷，而且也突出了我海上作战能力的短板。

台湾在两岸共同应对南海问题上的挑战与机遇

王志鹏

[内容提要] 针对近年来的南海纷争，大陆学者积极呼吁两岸共同维护南海的权益，但是，台湾存在内外多重难题，两岸共同维护南海权益面临诸多挑战。检视现时结构限制和若干可能的项目，本报告认为台湾可以针对非传统安全部分寻求两岸合作目标，其中，"人道救援"是两岸官方最可行的合作项目。

[关键词] 海峡两岸　南海问题　挑战　机遇

[作者简介] 王志鹏，台湾备役海军上校，北京大学国际关系学院博士生。

近年来，大陆若干专家、学者乃至智库多次公开呼吁两岸或两军共同合作维护海上权益。2010年8月13日，中国军事学学会副秘书长罗援少将呼吁：面对当前的南海、东海和钓鱼台岛问题，两岸军人应该有所作为，共同捍卫祖宗留下的共同财产，即"祖权"（Ancestral rights）。[①]同年9月2日，暨南大学东南亚研究所所长曹云华表示：两岸可在"祖权"概念下，共同合作。[②] 解放军智库也提出了"一国两制条件下两岸军事联军机制"的构想：以协防南海为突破口，推动两岸军事互信。两岸共同维护南海权益的确是一个很好的合作议题，但如何实现这一目标，台

[①] 赖锦宏："罗援：两岸应捍卫祖权"，台湾《联合报》，2010年8月14日，http://udn.com/NEWS/MAINLAND/MAI1/5785488.shtml。

[②] 王超群："学者：两岸应共护祖权"，台湾《旺报》，2010年9月2日，http://news.chinatimes.com/mainland/0,5245,50504697x112010090200198,00.html。

湾仍面临诸多困难和挑战。

一、台湾面临的主要困难与挑战

主要表现在三个方面：

（一）美国因素是主要外部挑战

虽然未有相关文件具体显示美国干预或介入台湾对于南海的布局，但从若干间接迹象可以看出美国的确介入其中。首先，美国反对美制武器部署到南海。台湾"立法院"提议"国防部"就太平岛部署防空飞弹进行研究时，"美国在台协会（AIT）"随即要求"外交部"安排拜会，以反恐管制为由，表达美国反对包括美制刺针飞弹进驻太平岛。"① 美方反对台湾将美制军备部署至太平岛的深层意涵是它不希望美制武器未来可能用来攻击自己的盟邦。2014年10月15日，林郁方委员在"立法院"指出："针对强化太平岛，以前'外交部'有人一直拿美方压我，叫我不要把炮搬上去，叫我不能去那里看演习。"② 其次，美国明确反对"九段线"主张。美国学者或官员批评中国"九段线"不符合《联合国海洋法公约》规范，认为该主张具有明显的不合理性。③ 美国在台协会前处长司徒文（William A. Stanton）于2014年9月13日参加台湾安保协会所举办"美国重返亚洲与区域安全"国际研讨会时指出："对于以U型九段线宣称拥有南海的主权不合法、不实际且毫无理性基础，全世界只有海峡两岸使用，十分可笑。"④ 美国前海军作战部长拉夫黑德（Gary Roughead）上将2014年11月22日在北京香山论坛亦表示："九段线缺乏明确度，让人困

---

① 洪哲政："立委：我驻南沙军力，美方明显介入"，台湾《联合晚报》，2012年5月2日。
② "第8届第6会期外交及国防委员会第9次全体委员会议纪录"（2014年10月15日），《台湾立法院公报》，第103卷第64期委员会纪录，第253页。
③ Jeffrey A. Bader, "The U.S. and China's Nine-Dash Line: Ending the Ambiguity", *Brookings*, Feb 2, 2014, http://www.brookings.edu/research/opinions/2014/02/06-us-china-nine-dash-line-bader.
④ 许雅筑："我主张南海九段线，司徒文：不实际"，台湾《联合报》，2014年9月14日。

惑"。① 2014年12月5日，美国国务院公布《海洋界线——中国在南海的海洋主张》报告，指出大陆的南海九段线主张不符《联合国海洋法公约》。②

（二）台湾当局在南海问题上的立场是主要内部挑战

主要表现在三个方面：一是台湾现行南海"十一段线"和大陆"九段线"之间存在法理纠葛。对此，台湾"外交部条法司副司长"连建辰2014年9月18日明确表示：由于双方及多方的认知不同，两岸在法律上一同合作"声索"南海不太可能。③ 二是台湾在南海问题上的立场与大陆存在差异。自1997年以来，台湾针对南海问题共提出11项严正声明，核心是强调"主权属我"的基本原则（见表1）。三是台湾当局确立了不与大陆共同应对南海问题的基本原则。2012年5月2日，台湾"外交部"提出的项目报告指出："现阶段我方宜赓续依据1996年钓鱼台项目小组会议制定之四项原则妥处：坚决主张拥有钓鱼台主权；以和平理性方式解决问题；不与中国大陆共同处理；优先维护渔民权益。"④ "国防部"亦以此作为处理原则。鉴于此，台湾的"官方"立场便成为两岸在南海问题上共同合作的一道障碍。

---

① 刘冠廷："美退役上将批南海九段线添困惑"，台湾《旺报》，2014年11月23日。
② 参阅："Limits in the Seas: China, Maritime Claims in the South China Sea", United States Department of State, Dec/05/2014。
③ 张国威："声索南海，外交部称两岸不会合作"，台湾《旺报》，2014年9月19日。
④ "台湾外交部"2012年5月2日于"立法院外交暨国防委员"针对《维护钓鱼台及南海主权应有之作为》项目报告，第5页；"台湾国防部参谋本部作战与计划次长室"2012年5月2日于"立法院外交暨国防委员"针对《维护钓鱼台及南海主权应有之作为》项目报告，第1—3页。

表1 台湾"外交部"对于南海问题历次公开声明统计

序数	时间	声明主旨	内容	资料来源
01	1997/06/10	"中华民国"政府针对菲律宾政府在其所谓"卡拉扬群岛"举行村长选举事,所谓"卡拉扬群岛"举行村长选举发表严正声明。	"中华民国"政府针对菲律宾政府在其所谓"卡拉扬群岛"(Kalayaan Islands)举行村长选举事,兹严正声明如下:中沙、西沙、东沙及南沙等群岛(包含菲律宾所称之"卡拉扬群岛")均为"中华民国"领土不可分割之一部分,"中华民国"政府已于诸群岛上述岛屿。任何国家或人民团体均不得以任何借口声索或占领上述岛屿。"中华民国"政府信守和平解决国际纷争之原则,惟必须重申上述之坚定立场,强调"中华民国"对南海诸岛之主权,包括各项权益,绝不因其他任何举措而有所改变。	http://www.mofa.gov.tw/News_Content_M_2.aspx?n=5028B03CED127255&sms=5ED24855AD8E6C58&s=3159337CB1BE800C
02	1997/06/13	"中华民国外交部"就南海主权问题重申我国立场。	"中华民国外交部"就南海主权问题重申"我国"立场如下:南沙群岛为"我国"领土不可分割之一部分。据悉,近来若干南海争端国家与"我国"排除于协商之外。我政府认为该意图极为不当且不能接受,因此呼吁有关国家应全力避免采取上述行动,以免引起怨隙,徒增地区情势之复杂性。"我国"一向主张以和平方式解决南海领土争端,并坚决反对任何可能损害南海地区和平、稳定与安全之对立行动。	http://www.mofa.gov.tw/News_Content_M_2.aspx?n=5028B03CED127255&sms=5ED24855AD8E6C58&s=E4B65FD7F4F61FA0
03	1998/11/13	近来南海区域出现潜在冲突,"中华民国"政府再次重申对南海诸岛拥有毋庸置疑之主权。	近来南海区域出现潜在冲突,"中华民国"政府再次重申对南海诸岛拥有毋庸置疑之主权,并呼吁争端当事国自我克制,以和平方式寻求与其他南海声索国间共同开发合作,建立之互信与合作气氛。	http://www.mofa.gov.tw/News_Content_M_2.aspx?n=5028B03CED127255&sms=5ED24855AD8E6C58&s=837FB1FF8471FC8D

台湾在两岸共同应对南海问题上的挑战与机遇 | 237

续表

序数	时间	声明主旨	内容	资料来源
04	1999/07/13	"中华民国"政府抗议近来马来西亚政府侵占我南沙暗沙之榆亚暗沙及礁碟礁,将具有主权的黄岩岛纳入其版图,及菲律宾政府重申我南海主权立场	近来马来西亚非法侵占我南沙群岛之榆亚暗沙(Investigator Shoal)及礁碟礁(Erica Reef),目菲律宾将具有主权争议之黄岩岛(Scarborough Shoal)纳入其版图。为此,"中华民国"政府向马、菲两国政府提出抗议并重申南海主权立场如下:南沙群岛一如西南沙、中沙群岛及东沙群岛,无论就法理、历史、地理及事实,均为"中华民国"领土之一部份,其主权属于"中华民国",不容置疑。任何国家或团体,不得以任何理由主张或占据此等岛屿。南海为"中华民国"之水域,"中华民国"拥有一切权益,在南海地区之任何活动(包括讨论共同合作开发或签署共同行为准则等)均应经"中华民国"政府同意。"中华民国"政府重申上述立场,并强调"中华民国"权益绝非区域间任何双边协议或东协协议论坛等组织之片面决议所能改变。	http://www.mofa.gov.tw/News_Content_M_2.aspx?n=5028B03CED127255&sms=5ED24855AD8E6C58&s=90AD3AE9BFCF7390
05	2012/11/05	针对东南亚国家协会与中华人民共和国于十一月四日在柬埔寨签署"南海各方行为宣言"事,"中华民国外交部"兹发表声明。	针对东南亚国家协会与中华人民共和国于本(十一)月四日在柬埔寨签署"南海各方行为宣言"事,"中华民国外交部"兹发表声明,并依据如下:一、"中华民国"政府兹重申拥有南海四沙群岛领土主权,并依据公认之国际法原则享有一切权益。二、"中华民国"政府一向主张以"搁置主权争议,共同开发资源"方式,透过协商对话,和平解决争端。但对于东协与国际法应享有权益之中华人民共和国双方签署此一涉及我国领土主张与国际法应享有权益之"南海各方行为宣言",而未邀请"中华民国"政府代表参加,完全漠视我国权益,我国对此深表遗憾,抗议与不满。三、"中华民国"作为南海地区国家之一员,基于主权独立及相互尊重、愿意积极促进南海合作、和平处理南海争端及维护南海生态环境,并继续寻求与南海周边国家进行合作,共同维护南海地区之和平与稳定。四、"中华民国"自2000年起已在东沙群岛及南沙太平岛,采取一连串信心建立措施,包括由海巡署进驻执法,爱同呼吁南海各方本此精神,共同促进该地区之和平与发展。	http://www.mofa.gov.tw/News_Content_M_2.aspx?n=5028B03CED127255&sms=5ED24855AD8E6C58&s=5341AADCA62D9F65

续表

序数	时间	声明主旨	内容	资料来源
06	2009/02/04	台湾"外交部"针对菲律宾通过法案将属于"我国"之部分南沙群岛及中沙群岛之黄岩岛划人菲国领土事郑重声明。	第001号02/04/2009针对菲律宾参议院院本(2009)年1月28日通过之第2699号法案(Senate Bill 2699),及众议院本年2月2日通过之第3216号法案(House Bill 3216),将属于"我国"之部分南沙群岛(包括太平岛),以及中沙群岛之黄岩岛,划人菲国领土事,"中华民国"外交部兹郑重声明如后: 一、无论就历史、地理、事实及国际法而言,南沙群岛、西沙群岛、中沙群岛、东沙群岛及其周遭水域系属"中华民国"固有领土及水域,其主权属于"中华民国","不容置疑。"中华民国"对该四群岛及其水域享有一切应有权益,任何国家无论以任何理由或方式予以主张或占据,政府一概不予以承认。 二、"中华民国"政府兹此呼吁,菲国政府应依据联合国宪章、《联合国海洋法公约》及"南海各方行为宣言"揭橥之原则与精神,透过协商对话,和平解决南海争议。	http://www.mofa.gov.tw/News_Content_M_2.aspx?n=5028B03CED127255&sms=5ED24855AD8E6C58&s=E9E4B914F6266EF
07	2009/05/08	台湾"外交部"郑重声明有关马来西亚及越南政府于本(98)年5月6日向联合国大陆礁层界限委员会提交200海浬以外大陆礁层延伸案以及越南政府5月7日向大陆礁层界限委员会提交200海浬以外大陆礁层延伸案。	针对马来西亚及越南政府于2009年5月6日向联合国大陆礁层界限委员会提交200海浬以外大陆礁层延伸案以及越南政府5月7日另向大陆礁层界限委员会提交200海浬以外大陆礁层延伸案,"中华民国外交部"兹郑重声明: 一、无论就历史、地理及国际法而言,南沙群岛、西沙群岛、中沙群岛、东沙群岛及其周遭水域属于"中华民国"固有领土及水域,其主权属于"中华民国","不容置疑。"中华民国"对该四群岛、海床及其底土享有一切有权益,任何国家无论以任何方式予以主张或占据,"中华民国"政府一概不予以承认。 二、"中华民国"政府特此呼吁,马来西亚及越南政府应依据联合国宪章、《联合国海洋法公约》及「南海各方行为宣言」揭橥之原则与精神,透过协商与理性对话,和平解决南海争议。	http://www.mofa.gov.tw/News_Content_M_2.aspx?n=5028B03CED127255&sms=5ED24855AD8E6C58&s=9C82244C7C48743

续表

序数	时间	声明主旨	内容	资料来源
08	2009/05/12	"中华民国"大陆礁层外部界限声明。	"中华民国"为1958年日内瓦大陆礁层公约之缔约"国",对于大陆礁层享有国际法之权利。1958年公约之原则已为1982年《联合国海洋法公约》(以下简称《公约》)之相关条款所接纳。此外,习惯国际法亦肯定沿岸国具有探勘大陆礁层和开发其自然资源之主权权利。我政府长久以来支持此一基本原则。事实上,我政府于1998年1月21日公布"中华民国"之大陆专属经济海域及大陆礁层法,并于第2条明文规定,"中华民国"之大陆礁层,依其陆地领土自然延伸至大陆边外缘之海底区域。"中华民国"政府重申,无论就历史、地理及国际法而言,钓鱼台列屿以及南沙群岛、西沙群岛、中沙群岛、东沙群岛及其周遭水域乃"中华民国"固有领土及水域,其主权属于"中华民国",不容置疑。"中华民国"对上述岛屿及周遭水域之主张,已积极进行目前调查边外界限所需及周遭水域之主张,"中华民国"政府目前调查边外界限所需相关科学暨技术准则"之要求,已积极进行目前调查边外界限所需的数据工作。依我政府目前所获得的数据佐证,"我国"可以台湾东部大陆礁层所赋予之所有权益。作为一个沿海"国家",理由或方式予以主张或占领。《公约》第76条与"大陆礁层外部界限所需委员会科学暨技术准则"之要求,已积极进行目前调查边外界限所需相关科学左证资料可证明,"我国"在"台湾东部海域"、"东海海域"的大陆礁层自然延伸范围超过领海基线起算200浬部分与邻国《公约》大陆礁层主张之大陆礁层范围超过领海基线起算200浬技术专家等无法予以证明,"我国"在"台湾东部海域"、"东海海域"的大陆礁层自然延伸范围超过领海基线起算200浬部分与邻国《公约》大陆礁层主张之大陆礁层范围超过领海基线起算200浬我国不受与《公约》之谈判与签订,我政府已集有关法律、政策、科学与技术专家等无法予以证明,"我国"在"台湾东部海域"、"东海海域"的大陆礁层自然延伸范围超过领海基线起算200浬并未受邀参与《公约》之谈判与签订,故成为(SPLOS/72)及第183号决定(SPLOS/183)之拘束,亦即"我国"超过200浬大陆礁层外部界限之主张,不受2009年5月12日期限之限制。在该期限之后,"我国"继续保有对于东海、台湾东部海域及南海海域主张超过200浬大陆礁层外部界限之权利。《公约》第76条第10款规定,本条的规定不妨害海岸相向或相邻国家间大陆礁层外部界限划定的问题。由于"我国"与邻国间海域划界问题尚未达成协议,以协议划定。在协议划定之前,我政府期盼海域内相关各方基于维护区域海洋法秩序之立场,应遵守国际法,依衡平原则、"共同开发,资源共享"之原则,务实增进区域内之良性互动关系。	http://www.mofa.gov.tw/News_Content_M_2.aspx?n=5028B03CED127255&sms=5ED24855AD8E6C58&s=E250B02D16CDA92E

续表

序数	时间	声明主旨	内容	资料来源
09	2012/09/12	"中华民国"政府重申拥有南海主权,概不承认其他各方片面作为。	针对菲律宾总统阿基诺三世颁布第29号行政命令,擅将南海改名为"西菲律宾海",片面挑起争议,"中华民国"概不承认,并严正重申"中华民国"政府立场如下: 一、无论就历史、地理及国际法而言,南海诸岛,西沙群岛,中沙群岛、东沙群岛及其周遭水域系"中华民国"固有领土及水域,"中华民国"对该四群岛及其周遭水域享有一切主张或占据,任何国家无论以任何理由或方式予以主张或占据,一概不予承认。 二、"中华民国"政府一向秉持"主权在我,搁置争议,和平互惠,共同开发"之基本原则处理南海争端,并呼吁相关周边国家应邀共同参与"南海各方行为准则"(Code of Conduct, COC)之协商,共同促进区域之和平与发展。 三、"中华民国"政府亦重申,相邻南海各岛礁之国家,应依据国际法之原则与精神,避免采取任何影响南海地区和平稳定的片面措施,并自我节制,以对话代替对抗,和平解决南海争端。	http://www.mofa.gov.tw/News_Content_M_2.aspx?n=5028B03CED127255&sms=5ED24855AD8E6C58&s=20D0A5DF254AC8B8
10	2013/01/02	"中华民国外交部"对越南"海洋法"内文擅将"我国"西沙及南沙群岛纳入越南主权及管辖范围表达严正关切与抗议。	针对越南"海洋法"内文擅将"我国"西沙及南沙群岛纳入越南主权及管辖范围,并重申我政府立场如下: 一、无论就历史、地理及国际法而言,南海诸岛,西沙群岛,中沙群岛、东沙群岛及其周遭水域俱属"中华民国"固有领土及水域,主权属于"中华民国",不容置疑。"中华民国"对该四群岛及其周遭水域享有一切权利,任何国家无论以任何理由或方式予以主张或占据,俱属非法,我政府一概不予承认。 二、"中华民国"政府的基本原则处理南海争端,在此再次重申相邻南海各岛礁的国家,应依据国际法的原则与精神,自我节制及维持航行自由,勿采取任何影响南海地区和平稳定的片面措施,并以对话代替对抗,共同和平解决南海争端。	http://www.mofa.gov.tw/News_Content_M_2.aspx?n=5028B03CED127255&sms=5ED24855AD8E6C58&s=926BEE6C41792C8E

续表

序数	时间	声明主旨	内容	资料来源
11	2013/01/15	"中华民国外交部"关切菲律宾迄来侵犯我在南沙群岛权益之非法作为并重申立场。	"中华民国外交部"关切菲律宾迄来声称计划修整南沙群岛的中业岛机场跑道等设施,及将南沙群岛部分岛屿发展为观光景点等非法作为,已侵犯我权益,并重申我政府立场如下: 一、南沙群岛、西沙群岛、中沙群岛、东沙群岛及其周遭水域属"中华民国"固有领土及水域,主权属于"中华民国",不容置疑,"中华民国"对该四群岛及其水域享有一切权益,任何国家无论以任何理由或方式予以主张、占据或开发,"中华民国"政府一概不予承认。 二、"中华民国"政府呼吁,相邻南海各岛礁的国家,应依据相关国际法的原则与精神,自我节制,避免采取任何片面措施,影响南海地区的安定与和平,并透过协商对话、和平解决南海争端。 三、"中华民国"政府愿秉持"主权在我、搁置争议、和平互惠、共同开发"的原则,与其他国家共同开发南海资源。	http://www.mofa.gov.tw/News_Content_M_2.aspx?n=5028B03CED127255&sms=5ED24855AD8E6C58&s=ED0AF8910E7874AF

资料来源:作者根据台湾外交"部""官网"而绘制出来的图表。

(三) 两岸军事对峙结构形态的存在也是一个巨大挑战

虽然自2008年两岸开始进入和平稳定发展阶段以来,鲜少再见到解放军以武力威胁台湾之语。但是,两岸对峙的军事状态并没有因此而改善。首先,台湾军方对大陆在南海的维权行为仍持某种怀疑和不信任态度。2014年10月15日台湾"国安局局长"李翔宙上将针对大陆于南海填礁造岛的动态指出:"确实很担心,以华阳礁为例,它在2013年3月时只有1,000平方公尺,到了9月底达到18万平方公尺;而且南海这7个岛礁有5个岛礁在填海造土。在9月下旬时,解放军海军司令吴胜利花一个礼拜的时间逐岛视察填海造土,而且还监看南海地区在永暑礁进行的三军联合操演,他一方面藉由操演,一方面藉由逐岛视察、扩大阵仗的举动,宣示它在南海已经有全般的战略规划。基本上,他们是把小岛礁变成堡垒化,大岛屿变成阵地化,当然这有他全般的战略作为。"① 他的这种忧虑反映了台湾不少人的心态。其次,台湾依然认定两岸军事关系是敌对关系。自2008年台湾现役参与决策的高阶将领或事涉"国安"的政务官于立法院备询时,"两岸军事敌对状态"常常成为被质询的一个主要问题。2011年10月24日,当时前"国安局局长"蔡得胜于"立法院"答询时即指出:"当年江八点和胡六点已经有'结束敌对状态、签署和平协议'的声音。"② 2013年12月23日,"国防部军政副部长"夏立言于台湾"立法院"答询时表示:"虽然两岸关系改善,但是对岸对我们还是相当敌对的关系。"③ 2014年3月5日,现任"国防部部长"严明于台湾立法院接受质询时表明:"当前我们跟中国大陆是武力对峙的关系,在陆海空军刑法上

---

① "台湾'立法院'第8届第6会期'外交及国防委员会'第9次全体委员会议纪录"(2014年10月15日),《台湾立法院公报》,第103卷第64期委员会纪录,第252页。
② "第7届第8会期'外交及国防委员会'第6次全体委员会议纪录"(2011年10月24日),《台湾立法院公报》,第100卷第71期委员会纪录,第11页。
③ "第8届第4会期财政、'外交及国防、教育及文化委员会'第1次联席会议纪录"(2013年12月23日),"《台湾立法院公报》,第103卷第6期委员会纪录,第147页。

就是敌对关系。"① 据此，就台湾的立场，若无政策上的明确指示，台湾"国防部"对两岸军事状态的认知，即是两岸仍处于"军事敌对"状态，如不能够先解除此"敌对状态"，两军的任何合作是不可能的事。

二、台湾在与大陆共同应对南海问题上的机遇

台湾是否愿与大陆共同维护南海主权权益，除了上述主要挑战外，还取决于其自身利益的大小、合作需求的强弱、合作项目敏感度的高低等因素而定。

（一）台湾在南海问题上可能遭遇意外的风险

依据"敏感程度"（区分1-5等级，5表示敏感度最高，1表示敏感度最低）以及"发生可能性"（区分为极高、高、中、低、极低）对台湾在南海可能发生各种意外突发状况下的反应能力进行分析（表2），我们可以发现台湾目前的能力大多很难实时因应。这表明，台湾客观上对于与大陆开展合作存在着明显的需求。

---

① "第8届第5会期'外交及国防委员会'第2次全体委员会议纪录"（2014年3月5日），"《台湾立法院公报》"，第103卷第15期委员会纪录，第283页。

表 2　台湾在南海可能发生各种意外突发状况之模拟分析

序数	意外突发事件	可能之状况	大陆可能因应之作为	敏感程度	发生可能
1	台湾地区南海作业渔船遭遇海盗掠夺。	动力遭受破坏，人员受伤。	1. 大陆渔政或海军舰艇就近送协助。2. 受伤人员快速后送有情况。3. 通知台湾现有情况。	1	高
2	台湾地区商（渔）船遭海盗劫持，驶向南海某无人岛屿。	台湾地区海巡与海军舰艇驰援不及。	1. 大陆渔政或海军舰艇进行高速救援，如有空中兵力则进行直接拦截。2. 如能拦截吓阻，待台湾地区海巡与海军舰艇驰援到达，共同合作解决。3. 若确定台湾地区海巡与海军驰援解救后交台湾舰艇。	2	高
3	南海周边争议国家派遣舰船或武装渔船，进入台湾地区太平岛邻近海域肉骚扰。	1. 太平岛驻守人员高度警戒。2. 台湾地区派遣舰机高速前往驰援。3. 采取外交手段严正抗议。	1. 直接宣告介入违法入侵领域。2. 相关讯息同步告知太平岛，与台湾当局。3. 维持警戒严防后续可能之意外冲突。	3	高
4	台湾地区远赴太平岛军机，飞行途中发生故障，紧急迫降。	未达航程一半，紧急返航。	1. 就近派遣机，舰伴护，提供必要协助。2. 电告台湾当局，非常乐意提供相关协助。	3	中
		已达航程2/3，持续飞往太平岛执行紧急迫降。	1. 密切注意所发生的情况。2. 若机组人员有伤亡，则主动向提出电告台湾地区与太平岛驻守人员，可以提供相关所需协助。	3	中
		已达航程2/3，但迫降南海南部近其他国家所占领之岛屿海域附近。	1. 立即派遣机，舰进行人道救援，提供必要协助。2. 救援人员先行后送，并对迫降飞机进行警戒或伴护。3. 待台湾地区后援兵力抵达后，径行友善转交。	4	中

续表

序数	意外突发事件	可能之状况	大陆可能因应之作为	敏感程度	发生可能
5	台湾地区海军派驻南海巡逻舰艇，意外舰艇周边争议国家舰艇恶意挑衅，并造成损伤。	舰艇舵部伸叶遭渔网或缆绳缠绕。	1. 就近派遣舰艇警戒伴护。 2. 表达可以提供必要协助。	4	中
		海军舰艇损伤失去动力。	1. 就近派遣舰艇警戒伴护。 2. 表达可以提供必要协助（包括拖离）。 3. 待台湾地区后援兵力抵达后，径行友善转交。	4	中
		官兵（或随行人员）受伤亟需救援。	1. 就近派遣舰艇警戒伴护。 2. 立即派遣救难直升机进行人道救援。	4	中
6	台湾地区运补太平岛军机，意外坠落于南海。	台湾地区军机因机械故障坠海。	1. 立即派遣机、舰进行人道救援。 2. 救援生还机组人员先行后送。 3. 电告台湾当局人员现场情况，救难舰艇协助现场警戒，待台湾地区后援兵力抵达后，径行友善转交。	4	低
		遭外界以武器攻击坠海。	1. 若有生还人员，提供所有必要救援。 2. 救难舰艇，舰进行人道救援。 3. 经由情报、外交体系了解攻击单位，并提出严正抗议。	5	低
7	南海争议国家袭台湾地区太平岛。	岛上设施遭摧毁，官兵有伤亡。	1. 立即派遣抵达后，并副知台湾当局与太平岛驻守人员。 2. 兵力抵达太平岛上驱逐外来任何之威胁。 3. 对于太平岛上驻守人员提供必要的医疗协助。 4. 密切注意太平岛周遭国家动态，以及大国（特别是美国、日本）反应。 5. 待台湾地区后援兵力抵达之后，双方行后续合作。	5	极低

资料来源：作者通过模拟分析后得出的制表。

(二) 台湾在两岸共同维护南海权益上的实际合作空间很小

2011年7月15日,台湾"新闻局长"杨永明在美国发表演讲时表示:"现阶段两岸互动以经济议题优先,台湾目前不会与中国大陆讨论高度敏感的南海议题。"① 2012年5月9日,布鲁金斯研究所访问学者、台湾政治大学外交系副教授黄奎博于在哈德逊研究所举行的"台湾在亚洲崛起秩序中安全吗?"研讨会中分析指出:"台湾不会与大陆连手介入区域领土纠纷。"他引述马英九的说法:"所有有利于亚太地区安全和平的做法都会支持,台湾不会与中国互议在亚洲的争议领土问题,台湾愿意与他国合作,共同开发和探索海洋资源"。② 本报告依据敏感性的高低层度(表3)对两岸进行海事合作的类别和项目进行分析后认为,惟有两岸解除军事敌对状态,否则,很难在敏感项目或实质性问题上开展合作。

表3 两岸海事"军事互信交流"类别分析表

敏感层次	项目	备考
高	提供海军装备、训练、技术转移	
	海洋情报资源共享	
	共同参与国际海洋军事活动	
	联合远航	
	公海联合演训	
	两岸所属海域联合演训	
	海军高阶将领互访	

---

① 刘永祥:"'新闻局长'杨永明:不与大陆谈南海议题",台湾地区《联合报》,2011年7月17日。

② "中央社":"学者:台无意介入周边领土纠纷",台湾地区《"中央社"》,2012年5月10日,http://iservice.libertytimes.com.tw/liveNews/news.php?no=638110&type=%E5%9C%8B%E9%9A%9B&Slots=Live。

续表

敏感层次	项目	备考
中	海洋"祖权"（主权）维护	
	海上联合救难、反恐、反海盗演训	
	海上后勤支援	
	互派海军演训观察员	
	双方海军舰艇静态参访	
	海军军事院校师生交流	
低	共同进行海洋环境军事研究	
	参与双方海军庆典活动	
	海军人员学术交流与研讨	
	海军学员、生互访	
	海上非军事（或军事）人道救援	
无	第三国海军军事课程训练	
	第三国海洋学术研讨	
	两岸非军事舰艇进行海上联合救难、护渔、缉私	
	退役海巡官员或海军将校交流、参访	

资料来源：作者自行整理汇编。

(三)"人道救援"项目可成为台湾与大陆开展合作的切入口

尽管两岸在共同维护南海权益问题上的合作空间很小，但仍存在着合作的可能性。首先，不少台湾人都赞同合作。台湾"国防大学"前海军上校林文隆2010年撰文指出："'中华民国'可透过海基会向对岸表达积极支持美中海上安全合作之善意，并拟定两岸共同促进海上安全合作说帖，寻求大陆谅解我方参与区域海上安全合作的意愿。此愿景超脱狭隘的台海场景，易获得国际社会的支持。依此理念，两岸可考虑的互信机制要项至少包括区域海上联合打击犯罪、区域海上联合反海盗合作、区域海上联合反恐演习、区域海上联合治安情报通报、区域海上联合救灾与人道救援合作、区域海上联合反大规模毁灭武器扩散合作以及区域海洋环境保护合作,等等。"① 台湾淡江大学国际事务与战略研究所所长翁明贤2012年5月12日指出:"对于两岸合作处理南海问题发展的空间,台湾应扮演积极角色,主动促成两岸专家学者到东沙岛、太平岛举办论坛交换意见;先从非官非民、学术性、低层次的角度开始,慢慢进入到非传统安全的海上合作、气象监测等领域问题。"② 2014年5月22日,"中国文化大学社会科学院院长"邵宗海教授针对"两岸海上维权合作"问题指出:"在海洋领土主权的主张上,两岸都表达得非常明确,但若要共同维权,应该先从非政治、非军事等不那么敏感的地方入手。"③ 其次,两岸曾经开展过非传统安全合作。2010年9月17日,海峡两岸于金门、厦门海域展开海上联合搜救演练,台湾地区由《海巡署副署长》郑樟雄,大陆由交通部副部长徐祖远担任各自的总指挥,在海面上操演搜寻、救助、救护及派遣联系等项目,两岸23个海上搜救单位,近400余人参加演练。2014年9月,大陆一艘渔船在钓鱼岛以北海域作业时机舱进水沉没,船上人员落水,接获遇难讯息后,两岸均派遣舰艇火速前往救援;由于台湾地区"顺利宏"渔船就在附近,因此直接救出4名大陆渔民,并交给随后抵达的台湾地区"基隆号"海巡舰,大陆救难舰于傍晚抵达现场,随即进行海上人员的交接,成为两岸东海合作救援的典型案例。④ 第三,两岸共同面对南海问题,确实可以先从"人道救援"(humanitarian aids)领域切入。这种合作的可行性非常大:一是"人道救援"属于普世价值范畴,台湾地区内部不分蓝绿都会支持,例如台湾民进党2014年12月5日公布的《国防政策蓝皮书第八号报告——人道救

---

① 林文隆:"台海军事互信机制的愿景与路径",台湾地区《海军学术双月刊》,2010年2月,44卷第1期,第17-30页。

② 翁明贤:"两岸合作处理南海,台湾应积极",(香港)《中国评论新闻网》,2012年5月12日,http://www.chinareviewnews.com/crn-webapp/doc/docDetailCNML.jsp?coluid=93&kindid=8010&docid=102105081。

③ 邵宗海:"两岸海上维权合作可从非军事入手",(香港)《中国评论新闻网》,2014年5月22日,http://hk.crntt.com/crn-webapp/doc/docDetailCNML.jsp?coluid=93&kindid=10092&docid=103198685。

④ 张国威:"两岸公务船,首在钓岛海域合作",台湾地区《旺报》,2014年9月21日。

助与灾害防救》中，提出了"规划将太平岛建设成为海外人道救援与灾害防救任务的前置基地"这种非常前瞻务实的策略[①]；二是对两岸双方人民有益，可增进两岸善意，有助于建立互信；三是合作项目的敏感性低，可操作性高；四是美国无任何理由可以反对。鉴于此，本报告建议：对于未来两岸共同维护南海"祖权"，可由处理意外冲突事件表达善意，累积默契建立典范，进而转化成制度。目前的最佳做法即是将此议题纳入两岸两会讨论议题，亦即经由台湾地区"陆委会"建立"南海人道救援可行的模式和沟通管道"，当此合作基础稳固之后，可在适当时机再朝向海上联合反恐演习、治安情报通报、打击犯罪、反海盗等合作领域拓展。

[①]《"国防政策蓝皮书"第八号报告——人道救助与灾害防救》，台湾地区《新境界文教基金会》，2014年12月5日，第6和48页。

南海海上交通秩序管理机制：问题与走向

李相元

[内容提要] 当今世界，没有任何一个国家能够有效地单独解决或克服非传统安全问题。因此，在中国与东盟国家之间传统安全问题日益尖锐化的情况下，双方应该在敏感程度较低的非传统安全领域上加强合作，并建立相互信任关系。本文拟从南海非传统安全问题领域入手，就中国和东盟国家共同建立南海海上交通秩序管理机制进行探析，并提出看法。

[关键词] 南海　非传统安全　海上交通秩序　管理机制

[作者简介] 李相元，北京大学国际关系学院博士生。

21世纪可称之为"海洋时代"，海洋不仅是国际政治、海军势力斗争的舞台，也是经济发展、确保资源安全的重要领域。但是，海洋领域中的非传统安全威胁越来越多，主要包括海盗及海上恐怖主义、传染性疾病、海洋污染、自然灾害、海平面上升、海上搜救等内容。上述问题在南海地区表现得更加集中和明显一些。由于没有一个国家能够单独解决或应对甚至克服非传统安全威胁，因此，在区域层次上寻求各种有效地合作方式来共同防止与降低非传统安全的威胁，已经成为南海周边国家开展国际安全合作的重要内容。

一、南海海上非传统安全威胁的种类

不同的区域所呈现的非传统安全威胁不尽一致，因而对其关注的侧重点也有所不同，具体到南海地区而言，非传统安全威胁主要体现在以下六个方面：

（一）海盗及海上恐怖主义

世界上海盗多发区有南海、马六甲海峡和东非公海。南海海域作为海盗多发区仅次于索马里地区，世界上将近40%的海盗攻击事件发生在南海地区，其中，在马六甲海峡附近的印度尼西亚、马来西亚、菲律宾这个三角地带，是海盗最多发区。[1]加之恐怖主义行为日益严重，国际海事局警告东南亚地区油轮抢劫事件近来可能更加频繁发生。[2]为了因应海盗及海上恐怖主义，确保经济发展和航行安全，南海沿岸国家必须加强非传统安全合作。

（二）跨国犯罪

大部分东盟国家之间边界接壤，跨国犯罪很容易在这些国家之间出现，主要包括贩卖毒品、人身买卖、非法移民等。随着中国与东盟之间自由贸易区的建立和发展，双方之间的来往日益频繁，跨国犯罪越来越多，所涉及到的范围不断扩大，而且跨国犯罪的组织化和规模化程度越来越高。为了消除南海地区多种跨国犯罪，确保中国与东盟之间自由贸易区的健康发展，国际合作势在必行。

（三）海洋环境污染

南海海域的污染包括石油污染、有毒有害化学物质污染、放射性污染、固体垃圾污染、有机物污染以及海水缺氧等。[3]主要原因有二：一是大量陆源污染物入海，例如生产和生活污水、石油、有毒有害化学物质、放射性物质等；[4]二是船舶数量和活动的增加导致海上事故的增多，例如

---

[1] 尹卓，南海海盗仅次索马里中国需派海军拿捕，环球时报，2013年3月4日。
[2] IMB warns of new threat to small tankers in South East Asia, ICC Commercial Crime Services, June17, 2014. https://icc-ccs.org/news/940-imb-warns-of-new-threat-to-small-tankers-in-south-east-asia.
[3] 刘中民、张德民，海洋领域的非传统安全威胁及其对当代国际挂席的影响，《中国海洋大学学报》，2004年第4期，第61页。
[4] Ibid.

石油泄露或船舶沉没等。这些问题不通过国际合作就不可能得到解决。

（四）自然灾害

南海是世界上自然灾害最多发的地区之一，周边国家深受自然灾害的影响。2004年12月26日，在印度尼西亚苏门答腊岛附近的海域发生了里氏9级地震并引发了海啸，造成了23万以上人死亡或失踪。泰国、马来西亚、斯里兰卡、印度、缅甸、马尔代夫、孟加拉国等国家也直接受到了海啸的影响。[①] 此次海啸让人们领略了海洋自然灾害的恐怖。除此之外，2013年11月7日，超强台风"海燕"登陆菲律宾，海燕的最高风速打破了气象观测开始以来新的记录。[②] 海燕给菲律宾造成了6千多人死亡、1800多人失踪，2万7千多人受伤，390万人无家可归。[③] 由此可见，对自然灾害进行预防和快速反应十分必要，而开展国际合作是一条重要的途径。

（五）传染性疾病

南海周边国家经常受到"非典型肺炎"和"禽流感"等传染性疾病的影响。例如，2003年非典型肺炎发病之后，快速扩散到中国南部的香港以及越南和新加坡。2007年出现H5N1后，中国以及周边国家不断发生"禽流感"现象。目前的埃博拉病毒也正在威胁着全世界，包括东亚地区。传染性疾病发生后不仅威胁着人们的生命安全，也影响着国家经济活动的正常进行，旅游观光业尤为严重。由于区域内有关传染性疾病的合作机制没有像传统安全或者经济合作机制那么规范有力，因此，传染性疾病继续发生在此地区的可能性非常大。这种情况的存在迫切要求相关国家必须开展有效的国际合作。

[①] Indonesia Quake Gave Alarm System Trial Run, *Wall Street Journal*, April 14, 2012.

[②] Why so many people died from Haiyan and past Southeast Asia typhoons, *The Washington Post*, November 11, 2013.

[③] Typhoon Haiyan death toll tops 6,000 in the Philippines, *CNN*, December 13, 2013.

（六）海难和空难

随着海上航线和空中航线的增多，海难和空难事故的频率也在上升，尤其是在南海地区。加之南海面积多达350万平方公里，在这样一个辽阔的海域上开展调查和搜救活动，难度极大，2014年3月份发生的"马航370航班"事件就是典型的一个例子。因此，南海地区有关国家必须采取实质性的举措构建相应的合作机制。

二、中国与东盟非传统安全领域合作的现状

目前，南海地区非传统安全合作已经取得了较为突出的进展，主要体现在中国与东盟共同打击恐怖主义和跨国犯罪、防止传染性疾病等方面。[①]

（一）非传统安全合作基本框架已初步确立起来

2002年11月4日，在中国与东盟第六次领导人会议上发表《中国与东盟关于非传统安全领域合作联合宣言》，这标志着中国与东盟在非传统安全领域合作的开始。2003年4月，中国和东盟举行了"非典"峰会，结束了中国和东盟国家单枪匹马应付"非典"的局面，形成了团结合作共同抗击"非典"的新机制。中国与东盟借抗"非典"之机还启动了10+1框架下的公共卫生合作机制。[②] 2004年1月，中国与东盟签署了《非传统安全领域合作谅解备忘录》，确定了双方反恐禁毒和打击国际经济犯罪等重点合作领域。[③] 11月，东盟与中国、韩国、日本、印度和孟加拉国等16个国家，在10+3的框架下建立了会议机制，共同起草了《关于打

[①] 方长平，"东亚非传统安全合作探究"，《教学与研究》，2007年第9期，第58页。
[②] 翟坤，中国—东盟："非典"峰会视角下的东亚合作，《世界知识》，2003年11月期，第10页。
[③] 中国与东盟签署非传统安全领域合作谅解备忘录，新华社，2004年1月10日。

击亚洲海盗活动和武装抢劫船只行为》。① 除此之外，中国还与东盟签署了《南海各方行为宣言》、《全面经济合作框架协议》、《"面向和平与繁荣的战略伙伴关系"联合宣言》，并加入了《东南亚友好合作条约》，建立了"10+3"、"10+1"、"东亚峰会"等合作框架，在"10+3"框架下还开辟了17个合作领域，建立了13个部长级合作机制。②

（二）非传统安全优先合作领域已经逐步明晰起来

主要表现在以下几个方面：

一是反恐合作。"9·11"事件发生两个月后，东盟首脑会议就通过了《反对恐怖主义联合行动宣言》。2002年1月，东盟外长会议谴责了各种形式的恐怖主义，提出了反恐措施。11月，中国—东盟正式签署的《中国与东盟关于非传统安全领域合作联合宣言》推动了在反恐领域上的全面合作。2004年11月，双方签署《非传统安全领域合作谅解备忘录》，再次将反恐合作确定为双方合作重点之一。2009年11月，中国与东盟打击跨国犯罪部长级会议重新修订了2004年版合作备忘录。2011年11月18日，在印度尼西亚巴厘岛的第十四次中国与东盟领导人峰会上，双方在《纪念峰会联合声明》中再次重申了要加强在联合反恐、打击跨国领域犯罪等领域的合作意愿。

二是禁毒合作。"金三角"是世界上最大的毒品生产地之一，占据了世界产量的约一半。中国—东盟国家高度重视共同禁毒合作。1990年8月，中国禁毒代表团访问泰国和缅甸，三方共同推动了有关"金三角"地区的国际禁毒合作。1993年10月，中国、泰国和缅甸以及老挝、越南、柬埔寨和联合国禁毒署等六国七方正式签署了《东亚次区域禁毒谅解备忘录》。在2000年首届中国和东盟禁毒合作会议上，中国与东盟通过了《曼谷政治宣言》和《东盟和中国禁毒合作行动计划》，2001年和2005年，

---

① 南方周末，海盗牵动马六甲格局，2005年7月28日。
② 邹立刚，"南海非传统安全问题与安全合作机制"，《新东方》，2013年第4期总第199期，第25-27页。

双方发表了《北京宣言》和新版《中国和东盟禁毒合作行动计划》，禁毒合作不断走向深入。目前，中国与东盟的禁毒合作已经全方位展开，并取得了积极的效果。

三是传染性疾病。2003年4月19日，中国—东盟领导人在泰国曼谷举行了非典型肺炎特别会议，双方签订了《中国与东盟防止"非典"联合声明》，强调加强合作，共同应对非典型肺炎。2004年3月2日，中国—东盟防止禽流感特备会议在中国北京举行，会议确定了启动中国—东盟公共卫生合作基金、开展相关领域技术合作及人力资源培训等共同防治禽流感的具体项目。目前，在传染性疾病处理上，中国—东盟达成了以下共识：第一，建立疫病防治通报机制；第二，开展经验交流与合作研究；第三，加快卫生领域合作进程；第四，协调出入境管理措施；第五，努力减低疫情负面影响。

四是防灾和环保合作。随着世界工业化的深化，地球变暖、自然灾害等环境恶化问题逐渐成为中国和东盟各国开展非传统安全领域的重要内容。2004年，在印度尼西亚发生海啸后，中国提供了有史以来最大规模的紧急援助。2005年，中国与东盟在北京签署了《建立地震海啸预警系统高技术平台的行动计划》。目前，为了地区防灾和环境保护，包括海洋环保合作及跨境资源开发，中国与东盟政治全面展开合作和交流，尤其是在灾害管理、信息共享、人员培训等方面正在制定合作协议和行动计划，并为此而采取积极行动。[①]

五是海上搜救合作。随着人类的海洋活动的增加，海上搜救（Maritime Search and Rescue）开始受到重视。海洋与陆地不同，在调查事故和搜救的过程中，需要周边国家的合作，尤其是搜救的关键是迅速，只有通过合作能够更为有效的进行搜救活动。2014年3月8日，从马来西

---

① 中国—东盟在非传统安全领域的合作现状请参见，邹立刚，"南海非传统安全问题与安全合作机制"，《新东方》，2013年第4期总第199期，第25-27页；方军祥，"中国与东盟：非传统安全领域合作的现状与意义"，《南海问题研究》，2005年第4期，第27-29页；孙康、朱耀顺，"论中国与东盟非传统安全合作的现状、问题及对策"，《现代商贸工业》，2012年第3期，第75页。

亚吉隆坡飞往中国北京的马来西亚航空公司370航班,凌晨2点航班最后1次与越南空管联系后从监控雷达中消失。3月24日,马来西亚总理纳吉布宣布,马航370航班在南印度洋坠毁,机上无一人生还。围绕着马航370航班失踪事件,中国、马来西亚、美国、澳大利亚、泰国、新加坡、印度尼西亚、越南、菲律宾等国家积极参与国际搜救活动,尤其是正处在领土争端之中的中国与南海声索国也开展了善意的合作。[①]

(三)中国与东盟在非传统安全领域上合作的意义

在非传统安全问题上,中国需要与周边国家扩大合作范围。由于非传统安全威胁的特点,没有任何国家能够单独去应对或克服非传统安全问题,有关国家应该聚集自己的经验和能力,加强合作并扩大合作的范围。这样,当应对非传统安全时,有关国家就能够降低采取举措和行动的成本,并还能够节省精力和时间。例如,中国是地震多发国家,菲律宾是台风多发国家,印度尼西亚是海底地震和海啸多发国家,而处于马六甲海峡的马来西亚和新加坡积累了有关海盗事件的很多经验。这些国家对不同的非传统安全威胁具有不同的经验,掌握了各种知识和信息,如果它们能够交流信息和分享经验,能够更有效地去预防和应对非传统安全威胁。重要的是,正在承受美国推行"重返亚洲"战略的重大压力的中国,应该继续强化与东盟国家的友好关系,借此对冲美国的地区影响力。为此,中国与东盟从敏感程度低的非传统安全领域开始进行合作,改善并恢复双方之间的关系,并尽力消除在东盟地区的"中国威胁论"。

三、南海海上交通秩序管理机制

通过以上分析我们可以看到,尽管中国与东盟在南海问题上合作的

---

① Malaysia Airlines Flight 370 Search and Rescue: Cooperation in the South China Sea, *The Diplomat*, March 11, 2014.

领域非常广泛，不仅包括了"海洋环境保护"、"海洋科学研究"、"在海上航行与通信安全"，也包括了"救灾活动"、"打击跨国犯罪活动"等领域，但有一个重要问题还没有引起足够的重视，这就是，海上活动最为活跃的南海缺少一个机制来管理和维护其海上交通秩序。

（一）建立南海海上交通秩序管理机制的必要性。

虽然地球总面积的70.8%是海洋，但这并不意味着所有的船舶可以在广阔的海上随便航行，因为船舶航行的航线是以安全保障和最短距离作为主要选择标准的，而在广阔的海洋上，能够符合这一标准的航线是极为有限的。虽然每个国家都可以按照1982年签署、1994年生效的《联合国海洋法公约》进行海上活动，但该公约并没有构建一个控制与管理海洋交通秩序的机制，这对于越来越繁忙的海上活动而言将构成潜在威胁。

随着世界经济与科学技术的快速发展，船舶运输活动迅速增加。同时，船舶的种类越来越多样化，规模日益大型化。但是，这些多样化和大型化的船舶会导致一些问题：一是大型船舶操作的过程中难度会增加，这将导致海上交通环境的恶化；二是对大型船舶与中小型船舶之间行动的协调难度也会增大，就南海而言，每年有5万艘以上的船舶通过该地区[①]，交通流量的大增使得南海的港口和航线变得拥挤不堪，势必造成南海海上交通秩序的紊乱。也就是说，有限的航线与水域内船舶之间会遇的次数日益增加，从而海上船舶交通的危险程度也日益上升。据统计，从2002年到2013年，在南海地区所发生的海洋事故共有207次，仅2013年就发生了18次，排在各海域之首。可见，南海地区还是船舶事故发生频率最高的地区之一。鉴于此，确立海上交通秩序管理机制势在必行。

---

① Choongang Daily, November 30, 2013. http://article.joins.com/news/article/article.asp?total_id=13274681&cloc=olink|article|default

（二）建立南海海上交通秩序管理机制的益处

通过南海海上交通秩序管理机制，能够期待和获得的效果有以下几点：

一是海上搜救效率的增加。通过海上交通秩序管理机制，能够监视在此地的船舶的流动和行动，从而能够预防事故的发生；一旦发生事故，也可以及时采取举措，提高搜救效率。

二是保护海洋生态环境。海上交通秩序的混乱所带来的海上事故直接影响海洋生态环境的恶化，甚至还能够威胁人们的粮食安全。但通过海上交通秩序管理机制的建立，能够改善海上交通环境，能够减少海上事故的发生，有助于保护海洋生态环境。

三是维持经济发展。中国和东盟国家经济关系紧密，海上贸易量大，对各自国内的经济发展具有非常大的影响。因此，安全的海上交通环境能给有关国家打造安全的贸易环境，有助于维持稳定健康的经济发展。

（三）建立南海海上交通秩序管理机制所面临的主要问题

在非传统安全问题上，中国与东盟国家之间的合作得到了显著的发展，合作的范围也日益扩大，但海上交通秩序问题与其他非传统安全威胁相比，敏感度较高，建立海上交通秩序管理机制的难度因而也相对较大。主要问题是，南海约210万平方公里的海域位于中国"断续线"之内，中国对此拥有主权和管辖权。加之中国与部分南海沿岸国家之间存在着海洋权益争端等因素，都会影响到南海交通秩序管理机制的建立。尤其是，"秩序"本身就具有相当敏感性，因为秩序是人类行为（包括国际关系）的一种基本价值，并且是处理国家之间互动的方法、规定、安排和体制，而且它还意味着是一种关系，一种体现了国际行为体之间的关系。[①] 显然，建立一个秩序需要有关国家之间的良好关系，需要它们

---

① 庞中英，"亚洲地区秩序的转变与中国"，《外交评论》，2005年8月总第83期，第41页。

的接受、认同以及支持。在此情况下，尽管中国对南海大部分海域拥有主权，但由于主权争端和冲突的存在，中国想要单方面主导建立南海海上交通秩序机制肯定会遇到诸多困难，只有在平等原则的基础上才有可能开展合作，并在构建南海海上交通秩序管理机制过程中逐步确立中国的相对优势地位。

四、对南海海上交通秩序管理机制的基本思考

鉴于很多国家使用南海但同时该海域的绝大部分主权又归属于中国这一情况，本文认为，出于维护南海海洋交通秩序和处理海洋事故的客观需要，建立一个中国拥有相对优势地位但非绝对主导的合作机制比较可行，具体而言，应从以下5个方面着手考虑构建南海海上交通秩序管理机制问题：

一是由中国召集南海有关国家就其他海上交通秩序管理机制问题进行认真研究，并拿出研究报告供决策部门参考，例如欧洲海事安全署（EMSA）所构建的"海运监视系统"（Safe Sea Net）可以作为一个典范加以学习和借鉴，在此基础上，各方就确立南海海上交通秩序管理机制进行磋商，并拿出切实可行的建议。

二是可以考虑将由新加坡、马来西亚以及印度尼西亚提议而建立的马六甲海峡过境船舶报告管理制度（Mandatory Ship Reporting System in the Straits of Malacca and Singapore，STRAITREP）纳入进来，其管理制度和经验也可以扩大到整个南海海上交通秩序管理机制上面，这样就可以将南海和马六甲海峡融为一体加以管理了，从而提高南海海上交通秩序管理机制的效能。

三是成立南海海上交通秩序管理委员会，由南海相关国家参与，甚至可以考虑美国等域外国家的参与，但中国在该委员会中的相对优势地位应当得到保障；同时制定基本原则和具体规则，例如明确申明航行自由原则，细化防止冲撞的各种规则以及对事故的调查程序和界定责任事

故的规章制度等。

四是构建具有一定调节功能的南海海空监控体系，在监控的同时可以对有关的舰机进行必要的指挥，例如设立船舶交通管理中心（Vessel Traffic ServiceCenter,VTSC），监视船舶交通状况，维持船舶交通秩序，协助船舶航行，再例如建立船舶监视体系（Vessel Monitoring System, VMS），监视南海船舶的位置、速度、方向等，以便预防意外事故的发生。

五是建立联合执法管理机构，以便各有关国家的海警都可以进行联合执法；建立搜救指挥体系和搜救支援体系，努力让情报、指挥和搜救三大体系连为一体；建立海上交通秩序研究机构，为不断完善南海海上交通秩序管理机制提供智力支撑。

解析"981钻井平台事件"及其影响

马博

[内容提要] 2014年5-7月发生的"981事件"致使中越关系一度趋于紧张,同时西方政府及媒体普遍谴责中国政府主动"挑衅"越南,改变南海现状,造成地区局势的不稳定。本报告在分析各方对"981事件"经过的解读基础上,阐述其对中越关系以及主要域外大国的影响,并提出思考建议。

[关键词] 981事件　中越关系　南海问题　强势维权

[作者简介] 马博,南京大学中国南海研究协同创新中心专职研究员、博士。

2014年5月1日,中国宣布"981"钻井平台将于5月2日至8月15日在西沙海域进行石油勘探作业,将禁航区范围从方圆1海里扩大到3海里。中方作业开始后,越方即出动包括武装船只在内的大批船只实施强力干扰,冲撞执行护航及安全保卫任务的中国政府公务船,并向该海域大量布放渔网、漂浮物等障碍物。中旬,越方纵容国内反华游行,示威活动陆续蔓延至22个省(市),并逐渐演变为大规模洗劫当地工业园区的暴乱。5月18日,越南政府开始平息暴力示威活动。7月15日,中海油发表声明,"981"钻井平台提前完成海上作业任务。为期两个多月的海上对峙事件遂告结束。

一、"981钻井平台事件"中越南的战略考量

在"981事件"发生的两个多月时间里,越南政府层面采取的是出动

大量船舰与中国海上力量针锋相对的战术，外交上不遗余力地依靠国际舆论向中方施加压力，同时向美国等西方国家寻求外交上的帮助，在国内鼓噪民众开展各种形式的"反华"游行示威活动为支持越南政府在国际上的"维权"造势，试图阻止"981钻井平台"正常的运作。归纳起来，越南在事件上的战略考量主要有以下几点：

（一）不惜一切代价维护主权利益

1991年中越双边关系正常化以来，越南一直对中国奉行"双重战略"：一方面视中国为可以信赖的经济和安全战略合作伙伴；另一方面在南海主权争端问题上毫不妥协[1]。越南政府始终认为中国在1974年西沙海战中收复的西沙群岛属于越南的领土，而此次中方在"有争议"海域作业属于违反越南主权的行为。越南总理阮晋勇对外宣称"越南永远不会为了保存不切实际的友谊而去牺牲领土主权。"[2]越南国家主席张晋创也宣称越南在维护国家主权问题上绝对不会后退[3]。

（二）积极推动南海问题国际化

近些年，越南推动南海问题国际化的意图越发明显，特别是试图全方面加强和美国的战略关系以图打破越中国力的不对等性，争取在南海问题上更大的要价筹码。5月12号，美国国会参议员Ben Cardin率领的国会外交事务委员会成员在河内访问，在会见越南政府总理阮晋勇时明确

---

[1] 中越两国政府在2008年同意将双边关系升级为"全面战略伙伴关系"。

[2] "PM: Vietnam never barters sovereignty for an unrealizable friendship," May 23, 2014, http://vovworld.vn/en-us/News/PM-Vietnam-never-barters-sovereignty-for-an-unrealizable-friendship/240559.vov (accessed on Nov.30, 2014).

[3] Dinh Phu, "Vietnam's President calls for calm and patience in China dispute," May 17, 2014, Thanh Nien News. http://www.thanhniennews.com/politics/vietnams-predident-calls-for-calm-and-patience-in-china-dispute-26408.html (accessed on Dec. 6, 2014.).

发声站队，表示中方正在使用"挑衅的战术"对待越南①；5月13号，国务卿克里发表评论称美国对该事件"深表关注，"并且认为中国在南海争议地区进行油气作业的行为带有"挑衅"意味②。5月14日，白宫发表评论，希望中越双方尽快通过对话而不是"恐吓"方式解决目前的对峙。同时，美国国内媒体开始批评奥巴马政府对该事件反应过慢，说的多，做的少③。7月10日，美国国会参议院通过"412号决议"，要求中国立即将"981钻井平台"撤离西沙群岛海域，恢复地区现状④。越南外交部立即对此决议表示欢迎⑤。

（三）出于经济利益的驱动

出于越南国内的政治及经济因素的考量，越南方面需要抵制中方在南海地区的行动。2010年，越南的海洋经济及其相关领域的生产总值占越南GDP的比重高达48%⑥，加之权贵阶层特别是政府官员与国际油气

---

① "Cardin, other senators, decry Chinese 'aggressive tactics'", May 12, 2014, San Diego Jewish World. http://www.sdjewishworld.com/2014/05/12/cardin-senators-decry-chinese-aggressive-tactics/ (accessed on Nov.21, 2014).

② "Kerry: China's Oil Rig in South China Sea 'Provocative'", May 13, 2014, Voanews.com. http://www.voanews.com/content/kerry-chinas-oil-rig-in-south-china-sea-provocative/1913329.html (accessed on Nov.21, 2014).

③ "White House urges dialogue, not intimidation in China rig dispute," May 14, 2014, Reuters. http://www.reuters.com/article/2014/05/14/us-usa-china-sea-idUSBREA4D0K020140514 (accessed on Nov.21, 2014).

④ "S.Res.412 - A resolution reaffirming the strong support of the United States Government for freedom of navigation and other internationally lawful uses of sea and airspace in the Asia-Pacific region, and for the peaceful diplomatic resolution of outstanding territorial and maritime claims and disputes," Jul.10, 2010, Congress.gov. https://www.congress.gov/bill/113th-congress/senate-resolution/412 (accessed on Nov.30, 2014).

⑤ "Vietnam welcomes US Senate's Resolution 412", PANO, July 12, 2014. http://en.qdnd.vn/news/vietnam-welcomes-us-senates-resolution-412/311164.html (accessed on Nov.21, 2014).

⑥ 钟飞腾，"国内政治与南海问题的制度化——以中越、中菲双边南海政策协调为例,"《当代亚太》2012年第3期，第110页。

企业的勾结形成了越南国内强大的利益集团这一现象的存在①，越南认为中国单方面在有争议的西沙海域开采油气资源，严重侵害了越南的经济利益。

二、"981事件"对未来中越双边关系及主要域外大国的影响

"981事件"意味着中国政府在南海问题上由之前的"妥善维稳"开始逐步走向"强势维权"，越方也表现出了要与中方抗争到底的决心，这种高烈度对抗态势将对今后中越关系和域外大国都将产生深刻的影响。

（一）对中越关系的影响

在经贸关系方面，越南政府在"981事件"之后采取的是主动与中国缓和关系的策略，并期望中国政府能够在未来的几年里在南海问题上维持现状，但是按照目前中越双方在南海上的态势以及双方的经贸关系发展情况来看，中越关系前景似乎并不乐观。首先，双方的经济关系并不对等，越南作为东南亚地区的一个新兴经济体，国内经济仍然主要依靠出口劳动密集型产品，目前海洋石油资源的收益已经占据其国民收入的主导地位。其次，越南与美国之间的双边贸易将进一步扩大。尽管中美均为越南目前重要的贸易伙伴，但越南必将更注重与美国之间进一步深化贸易往来，这也解释了越南成为美国在近几年推出的将中国排除在外的"泛太平洋贸易协定"（TPP）谈判中的最积极的支持者的原因。

在政治关系方面，"981事件"之后的近半年里，中国与越南的政治及外交关系大体恢复到了正常水平，两国之间的对话渠道也保持基本通畅，越南高层对中国的访问也并未受到如中日关系一样的影响，这其中

---

① "Vietnam PM admits interest groups sway policymaking," January 06, 2012, TN News. http://www.thanhniennews.com/politics/vietnam-pm-admits-interest-groups-sway-policymaking-8743.html (accessed on Dec.8, 2014).

有如下两个原因：首先，越南意识到尽管"981事件"发生在与越南国家利益息息相关的西沙群岛海域，但中国此举的目的并不单纯是针对越南，而是同时起到警示菲律宾、日本甚至美国的作用；其次，越南政府通过此次对"981事件"的管控，暴露出其国内深层次的社会问题，以及对美国"和平演变"越南共产党政权的"投鼠忌器"。综合以上两个原因，越南当局对待目前与中国在南海争议所产生的冲突存在着政策上的困境：一方面希望利用美国"重返亚洲"的声势迫使中国在南海问题上让步，另一方面对美国的目的性有所顾忌而不敢彻底地倒向美国。可以说"981事件"之前越南政府一直在试图利用和美国发展各个层面的关系"挟美自重"，然而这种平衡被中国利用"981事件"打破。于是我们看到"981事件"结束后，反而是越南高层迫切希望与中国修复关系。

在管控南海主权争议方面，越南官方认可的解决南海问题的途径主要以和中国及周边国家进行双边谈判为主，但是，随着局势的复杂化以及菲律宾率先采取诉讼的方式通过国际仲裁试图解决与中国在南沙群岛的岛屿争端后，越南政府的态度也在发生微妙变化。越南在解决南海问题上奉行的是"三步走"战略：第一步是政治手段；第二步是法律手段；第三步是军事手段。越南政府希望中国政府不要在2016年之前越南党政换届的敏感时间再次出现类似"981事件"的情况。本报告认为，越南在现阶段向中方动武的机率较低。越南方面暗示采用军事手段解决南海问题可能指涉以下含义：一是尽可能在国际社会面前保住自己的面子。在"981事件"之后，越南方面不得不尽量缓和与中国政府的关系，但同时要维持其政府在国内"坚决捍卫领土主权完整"的形象，于是造成越南政府开始向中国和国际社会放风，如果政治解决南海问题陷入僵局，越南将有可能通过国际法，即步菲律宾的后尘来解决领海、岛屿争端问题；甚至暗示有可能通过军事手段向中国施加压力，化被动为主动。二是力避在南海问题上与中国发生武装冲突。本报告不认为越南会因为南海问题对中国发动战争，但通过有限使用武力，例如攻击中国渔民甚至执法船只将南海问题推向国际舆论的"风口浪尖"，以达到"把水搅浑"的目的并非没有可能。

(二)"981事件"对主要域外大国的影响

对美国的影响主要有两个方面:

一是美国政府在"981事件"前后的言行不一,可能使其成为最大的输家。2011年美国实行"重返亚洲"战略以来,一再表示要全方位地从经济上、军事上加强美国在亚太地区的影响力,而中国和南海声索国的关系逐渐开始紧张,这其中是有因果联系的。美国近些年不断挑唆日本、菲律宾、越南将与中国的领土争端扩大化、复杂化、国际化。美国总统奥巴马在2014年4月即"981事件"发生前一个月,访问日本时明确指出《美日安保条约》适用于钓鱼岛;在随后其访问菲律宾时也指出要为菲律宾提供军事援助以应对南海的局势。面对美国的步步紧逼,如果中国政府针锋相对,对日本和菲律宾还以颜色,在和其有争议海域发生对峙甚至冲突,那么地区稳定势必被破坏,迫使美国有所军事行动,那么中美双方将有陷于直接冲突的可能。但如果中方对美方明显偏袒日本、菲律宾、越南的言行无动于衷,这些国家将有可能有恃无恐、变本加厉挑衅中国,甚至引发其他声索国"连锁反应式的"效仿行为或使原本有意与中国"搁置争议,共同开发"的国家陷入观望态势。所以,此次中国政府将深海钻井平台立在越南方面认为有争议的西沙海域,间接起到了警示日本和菲律宾的作用,即如果各方按照美国的意图对中方继续实施挑衅,那中国将很有可能照此办理,到时日本、菲律宾政府将有可能遇到类似此次越南面临的局面。

二是"981事件"中白宫的态度使美国的政治信誉在东南亚国家中也有所损失。美国政府说自己在南海问题上"没有私心,是公正的中间人",同时坚持捍卫国际法中"自由航行"的权利。然而,此次"981事件"进行过程中美方除了希望双方尽快结束对峙、恢复原状之外并未做任何实质反应。所有地区国家都看到奥巴马政府在南海问题上"雷声大,雨点小"的本质,在美国"重返亚太"战略上"说多做少"的状况,而对于越南和菲律宾进行的许诺仅是开一堆"空头支票"而已，如果未来受了美国政府说辞的影响和中国在南海问题上搞对抗，很可能局面紧张之后美国无法落实之前的承诺。

"981事件"对日本的影响主要体现在它清楚地认识到自己面临的处境，即中国政府有可能采取切实的行动改变目前在东海、南海的现状。正因为如此，日本安倍政府对钓鱼岛问题的态度在2014年下半年也开始有所转变，中日关系出现了回暖的迹象。

首先是10月中旬安倍政府提出三点意见以求打破僵局：（1）"钓鱼岛是日本固有领土"；（2）但已知晓中国有自己的主张；（3）力争花时间通过对话解决问题①。这和之前日本政府主张有所不同的是间接承认目前中日双方在钓鱼岛海域存在领土争议，而改变了之前日方认为不存在或不认可中国方面的立场。根据安倍的讲话，中方也进行了积极的回应，中国驻日大使程永华表示"中方赞赏日本领导人积极推动中日关系的言行"。这和2014年年初中国外交辞令中不断出现的认为安倍政府信用极低，其言论不可信的格调已经有所不同。同时驻日大使程永华表示，11月初举行的APEC北京会议是实现中日首脑会谈的重要机会，并称中国政府希望改善两国关系，希望两国关系回归到健康稳定友好正常的发展轨道上去。日本媒体就程大使的表态进行了，中方希望利用11月初举行APEC峰会的机会"解冻"僵持了数年的中日关系，实现两国首脑首次正式会晤的解读。

其次是在APEC之前的一周，中日双方也正式达成了处理和改善中日关系的"四点原则共识"，日本间接放弃了以往的说辞而首次书面承认中日在钓鱼岛海域存在领土争议。习近平主席在随后举行的APEC年会上会见了日本首相安倍晋三。从目前的态势来看中日关系出现了某种程度上积极的转折，而此前中方的态度并未产生任何变化，可以认为，

---

① "日媒：安倍就钓鱼岛问题提方案提三意见"，参考消息网，2014年10月17日，见http://china.cankaoxiaoxi.com/2014/1017/531310.shtml（上网时间：2014年11月24日）。

"981事件"展现出中国外交强势的一面某种程度上影响了日方对东海问题的判断。

三、"981事件"后对中国南海政策的思考和建议

基于上述分析，本报告提出以下几点思考建议：

（一）"981石油钻井平台事件"将会促使南海主权声索国和利益关切国家重新做出南海战略思考，南海局势将会更加复杂多变和充满不确定性，中国在南海的每个举动都有可能遭到恶意炒作和围堵，中国将被迫采取更加积极主动、灵活组合的海洋维权措施

中国应继续坚持运用国际法和《联合国海洋法公约》主张南海权利，制定和完善国家海洋战略，调整南海斗争策略，改变中国在南海资源开发利用方面呈现的不对称关系，在争议海域没有打过一口油气井的局面。针对来自越南、菲律宾等国肆意挑衅将会采取针锋相对的立场和一系列应对和反制措施。很显然，面对中国的"强势维权"，越南和菲律宾等南海权益声索国将会极力巩固在南海非法攫取的利益，加速巩固和建设非法侵占的岛礁，毫不收敛地继续南海的侵权活动，大肆掠夺争议区域的油气资源，中国渔民渔船仍将长期面临被非法抓扣的威胁，并进一步联合大国势力抗衡中国。特别是越南，在2013年6月国会通过《越南海洋法》，将中国西沙群岛和南沙群岛非法纳入自家版图，在把南海争议区划分为200多个油气对外招标区的基础上，会继续履行与俄罗斯、印度及世界其他外国油气公司签署的合作协议，加速在争议海域联合勘探开发油气资源、掠夺南海渔业矿产资源的进程，并致力于恢复与俄罗斯的传统军事合作关系，以收共同制衡中国之效。

美国和其他觊觎南海利益的大国将会加大介入南海事务的力度，给南海地区制造更多的不稳定因素。美国、日本等大国势力将会研判"981钻井平台事件"后南海局势的可能变数与发展趋势，进一步调整策略，

不断挑战中国的南海权益，力图在南海地缘政治博弈和战略力量对比中占据有利的位置，发挥更大的影响力。特别是美国，尽管出于中美战略利益相互交织的基本考虑，无意与中国在周边海域发生直接对抗，但为了争夺南海安全事务的主导权和控制权，制衡和削弱中国日益增强的地区影响力，实现遏制、迟滞中国海洋崛起和高速发展的亚太战略目标，势必会联手日本、澳大利亚，笼络印度等国围堵中国，籍口"维护南海安全，保证航行自由"，继续怂恿支持越南、菲律宾等国与中国保持适度紧张和对抗态势，不断在南海地区制造新的"麻烦"，进而收获"渔翁之利"，强行插手中国与周边国家之间的争端，强行要求中国接受以多边方式和平解决南海争端。同时，还会在国际上大肆炒作和渲染南海地区紧张局势，使它逐渐成为国际舆论的热点，通过攻击中国"企图在南海扩张势力"，叫嚣"中国威胁论"，破坏中国的国际形象。

基于上述变数，可以预见，在今后一个时期内，随着中国展开强势维权行动，南海资源争端将是影响南海局势的重要因素之一，南海权益之争的性质将会上升为整个海洋战略的博弈。南海地区的不确定因素将会随之增加，局势将从基本稳定趋向动荡，但仍将保持总体无战事、因资源引发局部对峙和冲突难免的状态。针锋相对，斗而不破，仍将是南海争议各方应当共同把握的政治外交尺度和斗争策略。

（二）"981钻井平台事件"是中国政府由以往南海"和善维稳"向"强势维权"转向的战略"风向标"，不仅要使周边国家真切感受到，而且要强化具体的行动措施

中国外交在经历三十年"韬光养晦"蛰伏期后，已经无法坐视南海主权声索国非法蚕食、长期盘踞南海岛礁；配合美国重返亚太战略，图谋制衡中国，将南海问题国际化；捆绑大国形成经济利益共同体，大肆掠夺南海资源；实施"瞒天过海"式战略欺骗，加紧整军备战，试图进一步攫取南海其他岛礁等一系列事实。最近，习近平主席对海洋争端问题表态提出的"不惹事、不怕事"原则立场，对中国今后外交政策取向

具有重大指导意义,"强势维权"将成为中国解决南海争端的基本思路和途径。

"强势维权"是积极维稳的基础、前提和保证,克制隐忍只能导致纵容,没有"强势维权",南海维稳近乎空谈。建议政府首先要坚定并且向国际社会,特别是向南海主权声索国充分展示"强势维权"的意志。意志即威慑。其次要强化"文攻武备"。坚持"主权在我,搁置争议,共同开发"的原则立场,综合考虑国内外政治、外交、军事、经济、历史、法律等多方面敏感因素,通过提升战争能力、保持强大震慑;强化军事存在、制约遏阻侵权;敢于针锋相对、加速开发进程;演绎纵横捭阖、逼迫对方就范等一系列战略举措的综合运用,逐步掌握解决南海问题的主动权,最终达成国家南海战略的目标。概括地说,就是要在提高综合国力基础上,致力于空海军和海警武器装备和训练的现代化,强化远洋作战、执勤能力。要逐步实现南海争议区域海空军巡航、海洋渔业捕捞作业的常态化,做到长期宣示主权。要充分运用国际法、《联合国海洋法公约》等国际准则,遣责各声索国与他国联合开采南海资源的强盗行径,争取国际社会广泛理解和声援,营造和保持舆论的高压态势。要审时度势,敢于并且有理、有利、有节地应对各声索国南海侵权的挑战,在双边磋商谈判方式不能有效达成目的时,善于"以其人之道还治其人之身",立足以我为主、单边开发的同时,可大胆考虑与之"对称"的原则,采取划定国际招标区、联合勘探开采,形成大国经济利益共同体的举措,尽快坐实南海主权,争取政治、外交、经济效益最大化。要着眼南海现实,做出战略权衡,适当照顾大国利益,特别是美国对"维护南海安全,保证自由航行"的关切,防止美、日、澳联合发声,在实施重返亚太战略、围堵中国的进程中,将南海问题国际化和多边化。重视与各南海声索国发展双边睦邻友好关系,通过"海上丝绸之路"建设进一步密切彼此间的政治、经济、社会联系,钳制其觊觎南海权益、轻举妄动之心、不仁不义之举。以此增强各南海声索国的紧迫感,促使他们无法无限期拖延,逼其走"搁置争议,共同开发"之路,从而达成"不战而屈人之兵"的目的。

（三）中国政府应当思考成本更小、效果更佳的南海"强势维权"新思路和新方法，继续加大对中方控制岛礁的巩固、规模化建设、逐步形成平战一体的海上基地和坚强堡垒。

南海诸岛由分布范围极广的诸多岛屿、沙洲、岩礁、暗礁、暗沙和浅滩等自然地形组成，除个别适于人类生活居住的较大岛礁外，更多的是沙洲、岩礁、暗礁、暗沙和浅滩。自上世纪70年代南海发现油气资源后，周边以越南为首的菲律宾、马来西亚等国，将原本属于中国的51个岛礁窃为己有，并竞相攫取油气资源。为了对外宣示实际控制权，越南在其蚕食的29个岛礁分别派驻军队，总数达到2,500多人，在南威岛（越南称长沙岛）设立了军政指挥部，修筑了军用机场。菲律宾将非法窃取的南沙9个岛礁命名为"卡拉延群岛"，在中业岛设立军事指挥中心，共在3个岛礁建有陆军营区和两个小型空军基地。马来西亚也在其控制的南沙弹丸礁等10个礁滩暗沙上竖立了主权碑，设立了军事指挥部，驻军约200多人，修建了灯塔等永久性建筑物。

近年来，中国政府已经逐步加大对南海岛屿的实际控制力，加强了对所控岛礁的建设力度。建议国家从捍卫领土主权和保证南海资源安全高度的出发，对所有实际控制的南海岛礁、沙洲、岩礁、暗礁、暗沙和浅滩的长远建设做出统一规划，加大国家投资力度，加大填海造岛规模，在现有行政区划进一步落实每一处岛礁的行政称谓，派驻军警守卫，有条件的岛礁要修建机场或者直升机起降平台，同时引导涉海企业参与海域开发活动，尽快将其建设成为平时能够巡防海疆、保障军地生产生活、装备物资和海洋经营活动补给，战时能够打防结合的海上基地和坚强堡垒。修建人工岛屿的意义不仅在于巩固中国政府对这些岛屿的实际控制力，更在于使国际社会，特别是周边南海主权声索国逐步接受中国在南海的实际存在，从而促使西方国家很难借此"刁难"中国，使声索国了断妄念，转而去思考如何与中国联合开发的问题。

此外，中国政府近些年一再声明要做"负责任的大国"，提出将南海建成"和平之海，繁荣之海"的理念和愿景，那么修建人工岛礁还可以有另一重意义，就是把它们作为合作的平台，向整个东南亚地区提供海上"公共产品"，承担海上紧急搜救、船只避风避难、打击海盗、走私贩毒和人口贩卖的国际义务，成为南海引航的"灯塔"。假使有朝一日周边国家能够共同开发南海旅游资源，依托海岛和人工岛礁修建水下酒店等旅游设施的时候，离南海永久和平也就迈进了一大步。

（四）通过"981钻井平台事件"，中国在今后的强势维权行动中还应当综合考虑在南海争议海域进行资源勘探开采的成本与收益，重新审视声索国可能采取的反制措施

中国政府在今后的海洋维权中，应当首先意识到，维护国家核心利益是双方之间"意志力"的比拼与争锋，决心与强权是赢得主动、克敌制胜的关键因素，切忌"虎头蛇尾"，更不能给国际社会造成"理亏"的印象，为声索国对抗中国新的海洋维权行动提供可以因循的先例。其次要继续贯彻有理、有利、有节的外交方针，把握"天时、地利、人和"，"上兵伐谋"，精准寻求强硬与克制之间的平衡点，以综合国力为依托，在国际合作的框架下，预先宣传造势，敢于有限冲突，立足长期对峙，留有回旋余地，既要达到既定目标，又要控制事态升级，不引发对方激烈反应。再次要综合考虑收益和成本。目前中国虽然具备在1500米以下深海开采油气资源的技术，但这不代表可以由此开始在争议海域开展持续稳定的作业。国家在组织开采南海争议海域的油气资源、投入商业化运营时，除了要计算油气开采本身的成本，还要考虑因"维权"、"维稳"而产生的附加成本，特别是在国际石油价格由2014年6月每桶115美元的高点跌至12月每桶约65美元时，更应遵循市场经济的规律，把握油气资源开采的时机，防止前功尽弃、得不偿失。

总之，"981事件"作为中国2014年在南海强势维权的一个象征性事件，不能超出中国周边外交政策的宏观大局来理解和分析其意义。习近平总书记在2014年11月28日中央外事工作会议上强调：我国发展仍然处于可以大有作为的重要战略机遇期。对外工作要高举和平、发展、合作、共赢的旗帜，统筹国内国际两个大局，建立以合作共赢为核心的新型国际关系。要切实打造周边命运共同体，秉持"亲、诚、惠、容"的外交理念，深化同周边国家的互利合作和互联互通。要坚持通过对话协商，以和平方式解决国家间的分歧和领土岛屿争端问题，反对动辄诉诸武力或以武力相威胁。同时要重视各种风险和挑战，坚决维护领土主权和海洋权益，决不能牺牲国家核心利益，要善于化危为机、转危为安。这些指示对于国家研究南海政策具有重大的指导意义也必将成为2015年和今后几年中国在处理南海问题上应该把握的大局。

南海方向军警民联合维权问题研究

赵绪明　金晶

[内容提要]军警民联合维权是当前世界主要濒海国家海洋权益斗争的一种新方式。针对南海方向海上维权的形势特点，加强该海域海军与海警、海事及地方其他力量联合维权研究，对于强化南海方向海上维权斗争具有重要的理论和实践意义。

[关键词]南海方向　军民警　联合维权　研究

[作者简介]赵绪明，海军军事学术研究所战略室主任，中国南海研究协同创新中心研究员；金晶，海军军事学术研究所助理研究员，中国南海研究协同创新中心助理研究员。

军警民联合维权是当前世界主要濒海国家海洋权益斗争的一种新方式。针对南海方向海上维权的形势特点，加强该海域海军与海警、海事及地方其他力量联合维权研究，对于强化南海方向海上维权斗争具有重要的理论和实践意义。

一、南海方向军警民联合维权需求分析

南海是我国资源最丰富、面积最辽阔的海域，是我实现可持续发展不可或缺的战略空间。目前，我南海方向海洋权益遭受严峻的威胁与挑战，而南海执法力量相对薄弱，不能满足南海方向海上维权需要，因而对海上联合维权提出新需求。

（一）南海方向严峻的维权形势要求加强军警民联合维权

自2009年以来，菲律宾、越南、马来西亚等国在南海加速"圈地"速度，并向联合国大陆架界限委员会提交200海里大陆架及350海里外大陆架勘界申请，把我南海传统疆域瓜分殆尽。不仅如此，菲律宾、越南等国还通过海洋立法、资源开发等手段强化南沙群岛控制。越南是南海争端中占领岛礁最多、时间最长、态度最强硬的国家之一，也是在争端中涉及范围最广的国家之一。1978年，越南正式声明对我西沙和南沙群岛拥有主权，并将西沙群岛、南沙群岛称为其"黄沙群岛"和"长沙群岛"。1979年9月，越南发表"越南对黄沙和长沙两群岛主权"的白皮书。目前，越南共侵占我南沙29个岛礁。2007年4月，越南在南威岛设立了"长沙县"，并分别在南子岛、景宏岛、南威岛设立3个乡镇，2009年又公然在西沙和南沙群岛任命了行政官员。菲律宾在1970至1980年期间采取军事举措先后侵占我南沙8个岛礁，官方将其统称为"卡拉延群岛"，设立巴拉望省下辖的"卡拉延市"。1999年菲律宾又侵占我仁爱礁，侵占我南沙岛礁数量达到9个。近年来，菲律宾在中业岛上修建了一条长约1.3千米的飞机跑道以及兵营、观察塔、碉堡等军事和民用设施，并移民达300余人，还开办了一家小型幼儿园。马来西亚先后在南沙11个岛礁上立了主权碑，对其中5个岛礁实行了武装占领，将其划归东马管辖。马来西亚还对弹丸礁进行扩建，由不足0.1平方千米扩建到0.35平方千米，成为南沙第一大人工岛，并在上面建立海军基地和机场，还大力开发旅游业，建立豪华酒店，吸引大批游客前来旅游观光[①]。越、菲、马高官还多次前往所占岛礁进行"视察"和"慰问"，举行选举活动，显示在南沙的"事实主权"，还不断加强对所占岛礁的行政管理和军事管控，积极寻求"法理依据"，从法理上强化"有效占领"，增加了南海问题处理

---

① 咚咚：《重拳出击》，《舰载武器》，2012年第10期，第10—15页。

的法理难度。① 目前，南海有生存条件的岛礁已被瓜分完毕，周边国家开始觊觎无人岛礁。2009年2月，菲律宾国内通过"领海基线法案"，将我国黄岩岛纳入到菲律宾所谓的领土管辖范围。

越南、菲律宾等国还加紧在争议海域开发石油和天然气，他们将南海海域划分为若干个油气招标区，以最优惠的政策吸引美国、俄罗斯、日本等国的石油公司，合作开发石油和天然气。近年来，仅越南每年从南海开采的油气约2,500万吨，绝大部分用于出口，占了整个越南GDP的半壁江山②。随着近海浅水区油气资源勘探开发的基本完成，周边国家油气资源开发范围不断扩大，日益深入我南海断续线内的富矿海域，并通过外大陆架申请进一步扩大开发空间。南海周边国家还通过多种手段，抢夺我渔场和渔业资源，限制我渔民的生产范围和作业方式，抓、扣、打、杀我渔民事件时有发生。当前，向海洋要资源、要空间、要发展已经成为沿海国家的共识。为了霸占和攫取更多海洋资源，南海有关国家将继续采取多种手段掠夺我传统海域的资源，我海洋权益将面临更多损失，南海方向海上维权形势将非常严峻。面对南海复杂的海上形势，我们必须发挥军警民联合维权的优势，加强联合维权执法力度，确保我海洋权益不受损失。

（二）南海方向复杂的维权斗争要求加强海军与海监联合维权

基于南海的重大经济利益、军事利益和地缘战略利益，南海周边许多国家和众多域外大国聚焦于此，确立各自的战略意图，对我海洋权益产生重大威胁和危害，使我南海维权面对不同意图、不同实力的诸多国家，维权斗争十分复杂。菲、越、马等周边国家是南海维权的主要对象。这些国家不仅掠夺油气资源，进行非法捕鱼、非法勘探活动，以及对我勘探开发活动进行阻挠破坏，还通过国内立法等手段，固化甚至扩大主

---

① 付荣华:《浅析应对当前南海形势的思路对策》,《华南军事》2013年第2期, 第31页。
② 咚咚:《重拳出击》,《舰载武器》, 2012年第10期, 第10—15页。

张海域，夯实进一步掠夺我海上资源的基础。为加大与我争夺海上利益的筹码，一方面，南海一些国家不断拉拢域外势力介入南海争端，使南海问题国际化、复杂化；另一方面，这些国家还不断加速推进军事力量发展，提高与我对抗能力，并积极发展海上执法力量，维护其所谓的海洋权益，影响我海洋资源的开发利用，还通过多种手段抗衡我海上执法，对我海上维权制造麻烦。域外大国是南海方向维权不可忽视的对象。美国为扩大其南海影响力，高调插手南沙问题，加强与越南等国的军事合作，频繁与南海周边国家举行军演，不断提高舰机对南海的侦察监视力度，并多次侵入我专属经济区[①]，利用南海问题遏制我的意图明显。日本为牵制我，也积极推进南下战略，以经济手段为主拉拢南海国家，并以反恐为名在军事上实现逐步介入，力图保持和扩大其在南海的影响力。很长一个时期，我南海维权不仅要面对独立的国家，还要面对各种国家或地区联盟，斗争将异常复杂、尖锐。这要求我们必须充分发挥海监执法的民事功能和海军执法的威慑与实战功能，充分发挥军警民联合维权所特有的应变功能，提高维权水平，降低斗争风险，实现维权效益最大化。

（三）南海方向艰巨的维权任务要求加强军警民联合维权

为了提高执法质量和水平，世界各国比较重视海岸执法力量建设。美国海岸警卫队一直以来都处在稳定建设发展之中[②]，日本海上保安厅

[①] 2009年3月，发生了"无暇"号测量船事件。

[②] 美国海岸警卫队是美国的第五大武装力量，也是当今世界最强大的海上执法力量。如果单从舰艇和飞机数量上看，堪称世界第十二大海军和第七大海军航空兵。目前拥有各类船舶1,600余艘，其中大中型舰船200余艘、小艇1,400余艘、固定翼飞机和直升机200余架，以及300处岸上设施。拥有各类人员123,000人，其中现役人员40,000人，文职人员6,200人，后备役人员9,600人，辅助人员34,200人。（资料来源，互联网）

兵力规模较大，甚至超过许多国家的海军[①]，韩国海洋警察厅也是一只较强的海上执法力量[②]，包括南海周边的越南等国家也大力加强执法装备建设，一批高性能的执法船只、飞机纷纷列装。近年来，我南海方向海上执法力量建设取得长足进展，装备了巡逻飞机、大中型舰船等装备，并在南海维权行动中表现突出，在打击周边国家侵权行为方面发挥了重要作用。但同时也暴露了我南海方向海监执法力量总体水平的不足，主要表现为装备性能落后，总体吨位偏小，大型执法船数少。目前多数执法船只仅仅装备了一些轻型机枪，武器装备整体性能落后，缺乏像美国海岸警卫队、日本海上保安厅那种排水量3,000吨以上、装备中小口径舰炮以及直升机和信息化设备的巡逻舰（船），空中执法力量更为薄弱，维权时经常出现"捉襟见肘"、"疲于应付"的被动局面，在与有关国家海上执法力量对峙时也处于不利态势。面对艰巨的维权任务，单靠一种力量海上执法将难以应对。这要求我们必须打破常规思维，走一条军警民常态化联合维权的路子，将海上执法力量与军事力量、民兵力量结合起来，以寓军寓民的执法方式，应对多种形式的海上侵权行为和不断增强的海上侵权力量。

---

① 日本海上保安厅是仅次于美国海岸警卫队的海上执法力量，其规模之大、能力之强在亚洲首屈一指。目前，拥有各类人员12,000余人，其中中央1,600余人，地方10,000余人（陆上4,300余人，海上和航空6,000余人）。装备有各型船艇共计507艘，其中巡视船24型126艘，巡视艇15型233艘，海洋情报船6型13艘，航路标识船12型50艘，教育业务用船2型3艘。飞机共75架11个机型，其中固定翼飞机29架，直升机46架，能够遂行维持海上治安、海上交通、海难救助、防污染和防灾等多种任务。海上保安厅的船艇和飞机不仅规模大，而且性能十分先进，其中"敷岛"号巡视船吨位达7,175吨，是目前世界上最大的巡视船，可搭载2架"超级美洲豹"。（资料来源，互联网）

② 韩国海洋警察厅共有人员10,000余人，其中警察5,800余名，主要从事现场执法工作；公务员610余名，主要从事行政管理和技术服务工作；现役军人3,590余名，协助警察执法，属于义务兵，并且定期轮换。拥有各类船舶260余艘，直升机10余架，包括警备救难舰、警备舰艇、刑事机动艇、机动巡察艇、防治艇、消防艇、拖船等，特别是2001年7月装备的5,000吨级警备救难舰"三峰"号，开启了拥有大型警备舰的历史。海洋警察队伍实行中央垂直管理，划分为厅-署-派出所-派出分所四个层级，与陆地警察部门没有隶属关系。警察厅下设警务计划局、警备救难局、情报搜查局、海洋污染管理局等部门，下辖13个海洋署，从地域上分为东海、西海、南海3个区域，拥有一所海洋警察学院。（资料来源，互联网）

二、南海方向军警民联合维权的主要特点

南海方向形势复杂，维权行动特殊。军事力量参与的军警民联合维权，将是包括政治、外交、军事、经济等诸多因素在内的综合斗争，呈现如下特点：

（一）联合维权行动的意义更加重大

与某一部门单独维权执法相比，联合维权作为军警地联合实施的行动，国家由幕后走向前台，成为维权行动的直接组织者和后果的直接承担者，因而属国家行为。特别是当前南海形势复杂，矛盾比较尖锐，关乎国家的重大利益，联合维权的成功与否，都将对民心士气和国家形象产生重大影响。

（二）联合维权行动的影响更加广泛

南海方向军警民联合维权，主要对象不是民间的侵权行为，也不是海盗和恐怖组织，而是外国政府有计划、有组织的侵权行为。当前，南海局势矛盾复杂，周边国家都不同程度地存在海域划界或岛屿争端，域外大国横加干涉，南海问题区域化、国际化趋势明显，维权过程中出现域内外国家联合对我的局面不可预知。作为以国家名义组织的执法行动，联合维权无论成功还是失败，对我与侵权国的关系，对周边地区甚至国际形势都将产生深远影响。一旦维权行动失败，则会刺激相关国家甚至其他方效仿，使局部失利发展为全局被动。

（三）联合维权行动的风险性进一步提高

当前，我南海方向海洋权益遭受的侵犯主要包括四个方面：一是南海岛礁、海域被多个国家侵占和管控，二是外国石油公司、渔船等对我油气资源、渔业资源疯狂掠夺，三是域外大国在我专属经济区内进行非

法测量和侦察监视活动，四是我南海有关开发活动受到周边国家的阻挠和破坏。这些侵犯，有些涉及国家主权问题，有些涉及海域划界和我专属经济区权益问题，具有高度的政治性。特别是一些国家已经从争议海区开发中获得了巨大利益，抢占、掠夺我海洋资源已上升至国家战略层面，其国内已经形成庞大的利益集团，并且具有强大的舆论基础，迫使政府不会在这些问题上轻易妥协。我海上维权，不论是由地方执法力量还是军警地联合执法力量，都将以国家名义进行执法，将面对外国的军用或民用舰船、飞机。维权与侵权斗争的双方，都有国家力量的支撑，都肩负艰巨的政治和历史责任。双方的成败，无论是对国内，还是对两国关系，甚至对周边地区和国际形势，都会产生深远的影响。

（四）联合维权行动的顾虑进一步增多

南海联合维权斗争形势变化往往既大且快，决策指挥必须统一高效。军警地指挥体系不同，适用斗争场合及方式方法也有很大区别，特别是现场指挥关系转换把握难度大。转换过早会使本可能在民事范围内解决的问题变成军事对抗，造成政治外交被动。转换过晚又会使海上形势难以扭转，造成后续行动被动。就联合维权行动本身看，联合维权通常是以牺牲部分军事优势为代价的。如联合维权过程中，要求舰艇距执法海域和受援船舶较近，有时还会与海警执法船舶共同编组行动，往往会限制或影响装备战术技术的发挥。海军在采取行动时，不仅要考虑对付对方民用船舶，还要考虑对付敌军用舰机，不仅要考虑保护海监执法力量安全，还要考虑自身防御，这就容易导致兵力行动顾虑大，很多措施难于出手。

三、南海方向军警民联合维权的组织实施

鉴于南海方向复杂的维权形势，以及军警民联合维权所具有的特点，南海方向军警民联合维权应以有军队参与、掩护的各类侵权目标为对象，

突出在争议海域的运用,以积极主动的联合维权行动,制止有关国家的非法海洋科考调查、非法开发等行为,保护我海洋科考、海洋渔业生产等的活动安全,实现南海维权效益最大化。在兵力运用上要遵循"注重联合行动、突出维权效果"的基本思路,着重把握好组织指挥、力量编组和兵力运用三个关节点。

(一) 南海方向联合维权的组织指挥

加强联合维权,科学的组织指挥是关键。为适应南海方向军警民联合维权的特点,提高联合维权指挥的权威高效,必须简化指挥层级,建立指挥实体,明确指挥权限,突出靠前指挥。要建立联合维权指挥机构,实施统一指挥决策。根据简化指挥层级和现代海上扁平指挥要求,在南海方向建立岸上和海上两级联合指挥所,对军警民联合维权兵力实行统一指挥。岸上联合指挥所是负责联合维权的最高指挥机关,负责海上联合维权事宜。海上联合指挥所是负责海上联合维权的前线指挥机关,负责海上联合维权行动的具体组织指挥。海上联合指挥所可设在吨位较大、指挥能力较强、位置较为靠前的海军舰艇或海警舰船上。根据任务需要,若以海上执法为主,则岸上指挥所设在海警机关,海警部队相应职务领导担任指挥长,南海舰队派相应职务领导担任副指挥长;海上指挥所设在海警舰船上,由海警舰船为主指挥海上兵力统一行动。若以海上安全保卫为主,则岸上指挥所设在南海舰队机关,南海舰队相应职务领导担任指挥长,海警部队派相应职务领导担任副指挥长;海上指挥所设在海军舰艇上,由海军舰艇指挥海上兵力统一行动。[①]

(二) 南海方向联合维权的力量编组

军警民在南海方向联合维权时兵力的选择与配置,应基于任务和海

---
① 刘章仁:《再谈海警部队与海军及其他海上执法部门的协同配合》,《公安海警高等专科学校学报》,2008年第2期,第25—28页。

域，结合各自兵力特点，以利于发挥联合维权的优势为原则和目标。在执行以安全保卫为主的任务时，以海军力量为主，海警和地方执法力量为辅；在执行以海上执法为主的任务时，以海警和地方执法力量为主，海军力量支援和配合；在执行联合行动时，海军力量与海警和地方执法力量混合编组，梯次配置①。根据任务需要，参与维权的力量可分为现场兵力、支援兵力和岸上兵力三类。现场兵力要立足对付当面敌人，侧重民事较量，着力形成数量优势、近战优势。通常情况下，现场总体兵力数量应不少于对方，兵力选择上应务求在机动力、撞击力、耐波力上对敌拥有综合优势。支援兵力要立足对付援敌并支援现场任务兵力，侧重军事较量，着力形成质量优势、远战优势。岸上兵力通常由机动性能好、突击能力强、持久作战水平高的兵力组成。岸上兵力平时按照不同的战备级别在岸上部署，也可将部分兵力集中到南海方向相关机场、码头，根据海上情况随时前出支援。

（三）南海方向联合维权的兵力运用

按维权行动是否演变成作战行动，军警民在南海方向联合维权可分为一般性维权和作战性维权两种情况。作战性维权是由维权而引发的作战行动，一般性维权指武力使用程度较低的维权行动。在维权行动上升为海上战斗时，使用作战性维权，按照海上作战的要求采取行动；在维权行动保持在低强度斗争时，使用一般性维权，按照利于发挥最佳维权效果的要求，选择合适的战法。军警民联合维权战法的运用，一是要注意抓关键，抓住敌关键目标、敏感目标，有效制止其侵权行动。二是要注意掌握必要预备力量，以备不时之需。三是要正确使用武力，应尽可能由低到高进行，以控制冲突升级，但这一原则是以有利于发挥己方优势并确保完成任务为前提的。只要能完成维权任务，哪种战法有利就用哪种战法，而不是机械地执行兵力使用规则。

---

① 安立平：《提高军地联合处置海上社会性事件能力》，《海军杂志》，2012年第4期，第8—9页。

四、推进南海方向军警民联合维权需解决的主要问题

推进南海方向军警民联合维权,应围绕一个"合"字,重点在力量、情报、装备、训练、保障、法规等方面的建设实现重大突破,从多个方面提高联合维权能力,增强联合维权效益。

(一)建立健全南海方向军警民联合维权体制机制

根据世界主要国家海上维权经验,并结合我南海维权斗争实际,加强南海方向军警民联合维权,关键是抓好联合维权体制机制建设。要建立健全联合指挥体制。根据南海方向海上维权任务多的实际,可考虑在南海方向建立以军、警为主,必要时国家相关部门参加的南海联合维权指挥体制。在担负重大维权任务时,由军委总部、海军和海警局联合组成岸上指挥所,其他情况由海军、海警南海方向指挥机关联合组成岸上指挥所,海军、海警海上编队及其他地方海上力量按平战两种状态实行分段指挥,必要时可进行混合编组并建立海上现场联合指挥小组,实行全程统一指挥。要建立健全联合发展体制。无论从海上维权斗争需要还是从建立军警民一体化海防需要看,军警民联合都应逐步具备联合编组的能力,编队乃至单艘舰船间开展战术协同的能力。为此,积极探索军警民结合的新路子,推进军警民融合的创新发展。要建立健全一体化的海上联合情报机制,海军、海警指挥机构之间、海上舰船之间建立海上情况通报机制,实现军警民海上情报信息的互通、互联。要建立健全协作保障体制。按照后勤服从于作战的要求,建立健全军警民协作保障体制,打破军警地部门界限,统一筹划双方港口、码头、机场、仓库、检测维修等军警民两用后勤装备和设施建设,借鉴现代物流业的成功经验,全面整合军警民后勤资源,凝聚后勤力量,形成一体化后勤保障力量,逐步实现联勤联保,提高保障效率。要建立健全联合维权法规制度。针对当前南海方向军警民联合维权缺乏相关法规制度保障,协调难度大、

组织复杂等问题,研究建立一套综合性法规制度,提高军警民联合维权的积极性、主动性。应通过法规的形式明确赋予军、警、民在联合维权中的任务,制定与联合维权行动相关的条令条例,将联合维权行动纳入常态化、规范化、制度化的轨道。

(二)加强南海方向联合维权力量建设

维权力量是实施海上维权的物质基础。提高军警民联合维权能力,应不断加强海警、海军和地方相关力量建设。要扩大南海方向军警兵力规模。规模和质量都是衡量维权能力的指标。合理足够的规模是形成能力的重要保障;扩大兵力规模,关键要高质量的规模。所谓合理足够的规模,就是在保证达到质量前提下,能够有效地完成维权任务。海军在南海方向的数量规模,首先要从海上方向战略全局考虑,满足海上作战的需要,同时兼顾海上维权。海警在南海方向的数量规模,应结合南海方向管辖海域、斗争对象、维权特点、侵权情况等,遵照"规模合理、精干顶用"的原则,适度扩大兵力规模。要加快高性能装备建设。考虑到南海距离大陆远、海上维权形势复杂,应不断提高海上执法装备的性能。舰船是海上维权的基本力量,应注重发展综合性能先进、航速快、续航力长、装备齐全的大中型执法船只,并根据需要发展相关维权特需装备。3,000吨级中远海执法船作为一种为满足长时间在争议海域及200海里专属经济区外广阔海域进行巡逻和执法而设计的高性能执法船,具有巡逻时间长、适航性好、装备完善、执法手段多样等诸多优势,是目前各国海上执法机构进行中远海执法行动的主要力量[①]。考虑到南海海区特点,应重点发展3,000吨级综合执法船只,力求使大中型装备形成规模化、序列化、标准化。为提高发展起点,海警执法船只可采取采购新船与接收退役军舰并举的方法,在自行建造新型船只的同时,接收海军退

---

① 覃俞盛:《中、日、韩3000吨级执法船PK》,《舰船知识》,2012年第11期,第26—30页。

役的舰艇。[①] 航空巡航维权具有机动灵活、反应快速、搜索面积大和取证角度广等优势,在监控海域使用、海洋环境、海岛保护、及时发现案源及海上维权等方面有着不可替代的作用,对提高海洋综合维权效益具有重要意义。应按信息化、机械化同步协调发展的要求,遵循"规模建设、高低搭配、综合配套"的原则,着眼装备远程化、信息化、综合化、系列化,构建由直升机、固定翼飞机和无人机三种力量组成的体系完整、性能先进、综合配套的航空力量体系。三种力量比例结构,特别是固定翼飞机和直升机比例结构的确定,应结合世界主要国家相关比例结构和南海方向海上维权执法实际情况这两个尺度考虑。要加强机动保障装备建设。考虑到南海执法海域广,距离大陆远,综合保障需求高,应根据海军海上作战的需求,并适当兼顾海军海监维权要求,发展具备机动保障能力的海上综合保障装备体系,尤其要大力发展具有综合伴随保障能力的大吨位综合补给船,具有单一保障功能的油船、水船,以及大型综合修理船等保障装备,提高联合维权机动保障能力。要注重海军与海警装备发展的协调性。尤其是海警装备发展,一方面,要考虑海上执法目标、执法环境、执法对象等特殊性要求,体现海上执法的专用性,另一方面,要考虑与海军舰船的协调,尤其在设计时就应该借鉴海军的技术标准,为与海军舰艇协调配合预留"接口"。要注重加强海上民兵建设。充分发挥海南的优势,把海南后备力量建设成为控海稳边的重要力量、支援保障的骨干力量、南海维权的常用力量。依托海上执法部门和大中型国有、股份制、民营企业及符合条件的个体渔船,扩大海上民兵组织规模,组建海上维权民兵队,配备必需的武器装备,开展针对性、适用性教育训练,提高民兵海上维权能力。[②]

[①] 唐月伟、窦含章:《中国海洋局开始接受退役军舰》,《现代舰船(c版)》,2012年第11期,第78—80页。

[②] 谭本宏:《在解决矛盾问题中推进海南军民融合式发展》,《国防大学学报》,2013年第5期,第103—104页。

(三) 加强南海方向情报的搜集和利用

信息情报联合是实现军警民联合的重要措施，应加强南海方向信息情报的获取、分析与利用，以信息的联合促进行动的联合。要拓展情报搜集渠道。注重发挥天基信息系统、空基信息系统和水下信息系统等信息获取覆盖面广、实时性高的优势，加强对南海海域特别是争议海域的侦察监视，及时掌握当面海上动态。要培养海军全体官兵、海上全体执法人员和渔民、运输船只等地方民兵的信息意识，抓住巡逻、执法、维权等一切机会，搜集海上方向各种情报信息，及时发现南海有关侵权情况，为正确决策提供依据。要建立南海情报信息互通机制。可考虑建立南海方向维权情报分发系统，将军用、警用、民用情报系统与该系统对接，实现南海方向海上情报资料和实时信息的互通共享。要依托军地现有信息系统，以军队力量为骨干，以海警和地方力量为补充，建立一体化军地联合预警机制，综合运用军地信息探测系统，布设立体侦察预警网络，做到实时获取、信息共享、态势显示，为海上联合维权编队正确处置情况提供有力的情报支持[1]。要建立南海方向情报会商制度。该会商制度可由军、警及其他涉海部门广泛参与，融合各个部门的情报信息，及时掌握周边国家海上政策法规和最新侵权行为进展情况，深入研究侵权国家及其侵权行为的特点规律，分析判明其意图，为下一步联合维权方案预案制定提供科学依据。

(四) 强化军警民间的联合教育训练

加强军警在人员培训、海上训练、巡逻执法等全方位、多层次的联合，为海上联合维权打牢基础。要加强军警民人才培养和交流。加强人才交流与培养是促进军警民深层次联合的重要措施。军警民应建立相应的人才交流培养机制，为各方人才培养和熟悉彼此业务创造条件。海警

---

[1] 安立平：《提高军地联合处置海上社会性事件能力》，《海军杂志》，2012年第4期，第8—9页。

可依托海军训练机构培养相关指挥人才和专业技术人才，如航海、机电、雷通等部门官兵专业训练是相通的，可由海军训练，也可定期派人员到海军部队交流、代职，提高对海军业务的熟悉程度，还可大量招收有经验的海军官兵[①]。海军也应定期或创造时机派人到海警各部门学习和参加执法实践，熟悉海上维权力量的运用方式，提高各级指挥员的维权意识。要定期组织军警民进行联演联训。联演联训是形成和提高军警民联合执法能力的根本途径。要建立军警民联合训练磋商机制，定期对南海方向海军和海警联合训练内容、海域、兵力等进行研究部署，并组织相关兵力围绕联合维权的相关战法，开展有针对性地编组联训。要制定军警民联演联训实施办法，明确演练课题和内容，按照设置基本情况、制定演练方案、组织实兵演练、严格考核评估和做好研究总结的程序组织实施。[②] 要加强联合维权问题研究，针对维权对象的活动特点和维权海区的水文气象特征，联合研究制定应对各种复杂情况的预案和想定，并进行研练和试验，不断提高联合维权临机处置水平。

[①] 唐月伟、窦含章：《中国海洋局开始接受退役军舰》，《现代舰船（c 版）》，2012 年第 11 期，第 78—80 页。

[②] 安立平：《提高军地联合处置海上社会性事件能力》，《海军杂志》，2012 年第 4 期，第 8—9 页。

四、南海的资源、环境、渔业问题

当前南海渔业形势分析报告

常娜

[内容提要] 近年来,南海渔业斗争不断加剧。越南、菲律宾不仅是南海渔业捕捞大国,同时在渔业资源斗争中冲在前列,印尼等东盟国家在渔业斗争中态度强硬。由于周边国家普遍使用武装力量介入渔业资源斗争,渔业资源斗争有可能成为南海地区擦枪走火的导火索,需要做好充分准备加以应对。

[关键词] 南海渔业 当前形势 分析

[作者简介] 常娜,中国南海研究协同创新中心研究员。

随着美国高调介入南海地区事务,南海局势持续升温,波及并影响到地区渔业和旅游业的发展。"981"事件以来,南海地区渔业、旅游经济形势变化呈现更加复杂化的发展趋势。

一、南海渔业形势

2013—2014年,南海局势持续升温。中国同越南、菲律宾等国渔业纠纷恶化,斗争加剧。美、日等域外大国的介入,使得原本单纯的资源之争变得更为复杂。由于主权斗争升级,波及到渔业产业。美国年初指责中国渔业新规是挑衅行为。越南、菲律宾对中国渔业新规以及休渔期进行抗议。尽管2013年中越设立了南海热线电话,但越南一如既往地在休渔期对中国海监执法进行抗议,2014年"981"事件前后出现了撞船等事件,9月起越南渔监船配备机枪等武器,增加了中国渔民在该海域捕捞的危险,也增加了中越双方擦枪走火的可能性。菲律宾方面对于海南省新的渔业规定不予承认，公然表示将派遣海军护卫其渔船，在夏季休渔期问题上仍然实行自己的休渔期以取代中国休渔期。奥巴马访问亚洲期间，菲律宾与美国签署了为期十年的《加强防务合作协议》。菲律宾随后逮捕了中国渔民，对中国进行挑衅，并两次对其逮捕的中国渔民进行审判，处以监禁、高额罚金的判决。然而，南海面临过度捕捞和资源枯竭的危险。2014年出版的联合国粮农组织报告（FAO）中提供了中国、越南和菲律宾的海洋捕捞和水产品进出口数据。该数据显示中西太平洋地区渔业总产量在2011年就已达到1,150万吨，是全球海洋捕捞量的14%。2012年世界上海洋捕捞量排名前十二的国家中有三个在位于南海地区，分别是中国、越南、菲律宾。该地区（尤以南海地区西部为主）渔业资源严重枯竭，捕捞量已达到饱和，部分地区甚至存在过度捕捞的现象[1]。因此，亟需沿岸国家进行合作，共同对渔业资源加以养护。

（一）作为世界最大水产品出口国，中国的水产品进口量在不断增长

2012年，中国的年捕捞量是13,869,604吨，其中，海洋捕捞总量为12,671,891吨，远洋捕捞总量为1,223,441吨。是世界上最大海洋捕捞国，比上年同期增长约2.5%[2]。与此同时，中国在南海地区也是最大捕捞国，2012年捕捞量为3,522,760吨，比2011年增长了3.84%[3]。中国也是最大的水产品出口国，出口价值182亿美元，增长15.1%。进口约74.4亿美元水产品，比上年增长13%[4]。2013年中国海洋捕捞量1,264.38万吨，占海

---

[1] 联合国粮食及农业组织官网："Fishery and Aquaculture Statics 2014", FAO yearbook, 2014., http://www.fao.org/3/a-i3720e/index.html，p.40。
[2] 同上，p.10。中国渔业年鉴中显示，2012年海洋捕捞总量为12,671,891吨，远洋捕捞量为1,223,441吨。FAO的中国数据约为海洋捕捞和远洋捕捞的总和。
[3] 农业部渔业渔政管理局，《2013中国渔业统计年鉴》，中国农业出版社，2013，第46页。
[4] 联合国粮食及农业组织官网："Fishery and Aquaculture Statics 2014", FAO yearbook, 2014。http://www.fao.org/3/a-i3720e/index.html，p.50。根据中国官方数据，中国2012年水产品出口量380.12万吨，同比下降2.84%；出口额189.83亿美元，同比增长6.69%。进口412.38万吨，进口额79.98亿美元，同比分别下降2.94%和0.23%，见《2013中国渔业统计年鉴》，第Ⅳ页。

水产品的40.28%，比上年减少2.81万吨，降低0.22%。其中南海地区产量为3,460,841吨，比2012年减少61,919吨，降低1.76%。远洋捕捞产量1,351,978吨，占海水产品的4.3%，比上年增加12.85万吨，增长10.51%。2013年中国水产品出口量395.91万吨，同比增长4.15%。出口额202.63亿美元，同比增长6.74%。进口417.03万吨，进口额86.38亿美元，同比分别增长1.13和8%[①]。2014年中国渔业全年数据尚未公布。农业部渔业局相关数据显示，2014年前3季度全国渔业经济稳定发展，在不发生重大自然灾害和突发事件的前提下，预计全年水产品总产量有望达到6300万吨以上，同比增长2.1%[②]。中国水产频道报道，据海关数据统计，今年上半年我国水产品出口量186.45万吨，同比下降0.7%，出口额98.15亿美元，同比增长2.3%；远洋渔业发展突出，前3季度总产量142万吨，同比增长67%，已超过去年全年总产量[③]。从进口鱼类产品数值的增长速度看，中国对水产品的需求正在增加。中国进口水产品大幅增加的原因主要有两个：一是外包所致，即出口原材料，同时进口加工过的水产品；二是中国国内水产量已无法满足中国人对于水产品的需求[④]。

（二）越南在南海地区的捕捞量和水产品出口量呈逐年上升趋势

越南在2012年的海洋捕捞量位居全球第九，共2,418,700吨，比上年上涨4.8%；出口价值62.78亿美元的水产品，是世界第四大水产出口国，比上年增加11.9%[⑤]。2013年越南渔业产量5,918,600吨，同比增长3.2%，其中海洋捕捞量2,519千吨，同比增长3.5%。越南出口67.34亿美元，增

[①] 农业部渔业渔政管理局，《2014中国渔业统计年鉴》，中国农业出版社，2014，第Ⅳ页。
[②] 中国养殖网，'全国渔业经济稳定发展预计今年水产总量超6300万吨2014-11-14'，http://www.chinabreed.com/fishery/develop/2014/11/20141114645970.shtml。
[③] 同上。
[④] 联合国粮食及农业组织官网："Fishery and Aquaculture Statics 2014", FAO yearbook, 2014, http://www.fao.org/3/a-i3720e/index.html, p. 49。
[⑤] 同上，第50页。

加10.6%[①]。越南2014年渔业总产量6,332,500吨，比2013年增长5.2%。其中海洋捕捞2,711,100吨，比上年增长4%。水产品出口额约达79.2亿美元，比2013年增长18.4%[②]。美国仍是越南水产品的最大出口市场，占越南水产品出口额的21.81%[③]。FAO在其报告中称越南出口增长主要来自于水产养殖业[④]。越南水产品出口数据显示，美国、日本和俄罗斯对越南水产品进口量在大幅的增长。

越南海洋捕捞量的上涨与其出口市场不断壮大有直接关系。2013年到2014年美国是越南虾类出口市场的最大客户，其次是日本。2014年1-10月，美、日两国进口额分别为909,520,323美元和614,757,090美元。美国同时是三文鱼最大进口商，145,575,746美元。日本是头足纲动物CEPHALOPOD第二大进口国90,978,883美元。2013年越南海产品出口比上年增长10.1%。主要出口市场是美国，日本和欧盟，其进口额都在10亿美元以上。日本鱼类市场正在向越南开放，日本官方将越南虾类产品中Ethoxyquin乙氧喹含量标准降低为0.2ppm，也大大方便了越南虾类进入日本市场[⑤]。根据2014年12月最新的数据，11月当月越南共出口海产品6.66亿美元，前11月共计出口72.2亿美元同比增长19.3%。美国是最大出口市场，占21.85%，紧随其后是日本，越南对日出口增长8.47%。越南出口水产品总量比上年增长了15-20%[⑥]。

2014年前7个月数据显示，越南对俄罗斯水产品出口达到了3千6

[①] 越南统计局（General Statistics Office), http://www.gso.gov.vn/default.aspx?tabid=622&ItemID=14774。

[②] 越南统计局（General Statistics Office),http://www.gso.gov.vn/default.aspx?tabid=622&ItemID=16162。

[③] "2014年越南农林水产品出口额约达308亿美元"，http://www.caexpo.com/news/info/export/2014/12/24/3637590.html。

[④] 联合国粮食及农业组织官网："Fishery and Aquaculture Statics 2014",FAO yearbook, 2014, http://www.fao.org/3/a-i3720e/index.htmlP.50。

[⑤] The Fish Site, http://www.thefishsite.com/fishnews/22245/viet-nams-seafood-exports-face-opportunities-and-challenges-in-2014.

[⑥] The Fish Site, http://www.thefishsite.com/fishnews/24693/viet-nam-seafood-exports-hit-over-7-billion.

百万美元，比上年增长5.4%。今年1月越南对俄出口水产品比上年增长150%。尽管年中因为食品卫生原因俄罗斯减少了从越南进口鱼类产品，随着乌克兰地区危机升级，8月俄罗斯禁止从美国，欧盟，挪威等国进口海产品，这为越南提供了绝好的出口机会。9月俄越第7轮会谈之后还会有更多越南渔业企业获准向俄罗斯出口水产品。联系近期俄越两国领导人系列会谈和双方动作，可以预计俄罗斯市场在未来会为越南渔业出口提供更多机会[①]。

(三) 菲律宾的海洋捕捞量呈下降趋势，开始涉足远洋渔业

2012年海洋捕捞量2,127,046吨，比2011年下降2.0%，位列全球十二[②]。2013年渔业总产量5,975,459，比2012年 (4,858,097) 增长1.23%。其中民用鱼类30.32%，降低了1.18%。民用鱼类90.45%来自海洋捕捞。商业鱼类占27.22%,增长了4.3%。2014年第一季度，菲律宾总渔获同2013年同期相比下降了3.25%。由于海洋捕捞产量大幅下降，民用鱼类产量下降了5.64%。第二季度，菲律宾总渔获同2013年同期相比下降0.75%，其中民用鱼类产量下降了2.86%（海洋捕捞产量下降了3.51%）。第三季度总渔获下降0.4%。商用鱼产量有所上升，但是民用海洋捕捞下降2.03%。

菲律宾渔业产量的持续下降有两个主要原因：一是其近海地区渔业资源枯竭，近两年菲律宾政府颁布了多个休渔令，修养渔业资源。二是2013年和2014年气候灾难频发，海上捕鱼环境恶化，菲律宾渔民大多使用传统方式捕鱼，无法抗衡恶劣天气条件。

---

① The Fish Site, http://www.thefishsite.com/fishnews/23991/viet-nam-boosting-seafood-exports-to-russia.

② 联合国粮食及农业组织官网："Fishery and Aquaculture Statics 2014", FAO yearbook, 2014, http://www.fao.org/3/a-i3720e/index.html, p.11。

二、南海渔业矛盾与纷争

"981"事件以来,越南和菲律宾出于主权斗争需要极力抵制中国的休渔期并逮捕和审判中国渔民,导致中国同南海周边国家渔业纠纷加剧,渔业监管难度加大。

(一)越菲等相关国家无视我南海渔业新规及休渔期

由于主权斗争升级,波及到渔业产业,越南、菲律宾等南海地区其他渔业高产国在保护渔业资源方面极不配合。其抗拒中国休渔令及渔业规则行为的背后不仅仅是休渔问题,对南海既得利益的长久占有才是最根本目的。2013-14年,越、菲在休渔令等问题上的反应也和中国政府维护南海主权所采取的行动密切相关。

一是美国表态后,菲律宾公开反对海南渔业新规。2014年1月1日,海南省人大于去年11月通过的《海南省实施〈中华人民共和国渔业法〉办法修正案》正式开始实施[1]。针对新规定,美国国务院发言人 Jen Psaki 在1月8号例行记者会上表态中国在南海争议地区通过的新规定是一种挑衅,危险行为[2]。1月越南首次公开高调纪念西沙海战40周年,外媒推测这同中国的《海南省实施渔业法办法》有关[3]。菲律宾则公开挑战中国对南海宣称的主权。1月15日,菲律宾武装部队参谋长 Emmanuel Bautista 表示菲律宾渔民不应遵守海南政府新的渔业法规。几天后,国防秘书长 Voltaire Gazmin 表示菲律宾人应无视该渔业规定,并称必要情况下军方愿为在'西菲律宾海捕鱼的菲律宾渔民'护航。2014年1月16—17日,针对中国新的渔业法规,菲律宾外交部长号召东盟国家保持区域团结[4]。菲

---

[1] http://military.china.com/zh_cn/jqsj/054/.
[2] http://www.bbc.com/news/world-asia-25666849.
[3] http://www.bbc.com/news/world-asia-25709833.
[4] http://thediplomat.com/2014/02/tensions-set-to-rise-in-the-south-china-sea/.

律宾方面如此强硬的姿态同美国选边有着直接的关系。如同前文所引数据显示，菲律宾沿海渔业资源衰竭，近几年产量下降。菲律宾外交部门表示，菲律宾不会承认中国对南海事实的禁渔令，菲对该地区拥有主权，菲律宾对禁渔令中覆盖菲律宾专属经济区的部分拒不承认，但是由于渔业资源的枯竭，菲律宾将会颁布适合自己的休渔期[1]。

二是越方抗议中国休渔期间执法。越南对中国在南海颁布的休渔期历来不配合，每年到休渔期都会对中方执法提出抗议。越南渔业协会称，2012年300名来自越南广义的渔民被中方拘留。该组织称，2013年尽管没有渔民被中国方面扣押，但是越南渔船被中国船只追逐、撞击，越方渔具被毁，渔获被没收。2014年，整个休渔期越方动作不断。随着中越海上争端越演越烈，今年5月起越方渔船经常性地出没在981钻井平台附近，进行干扰。5月，一艘越南渔船在距中国钻井平台20公里处同中国船只相撞后沉没。越方称自981以来中方渔政多次同越方对峙，16艘渔船被中国船只拦截，造成15名渔政、海岸卫队和4名渔民受伤[2]。尽管越南在休渔问题上一直不配合中国，但从图1可以看出，在2013年和2014年，每到休渔期结束的9月，越南捕捞量有大幅度的增长。

---

[1] http://www.globalsecurity.org/military/world/war/south-china-sea-fishing.htm.
[2] http://tuoitrenews.vn/society/20761/china-seizes-vietnamese-ship-with-6-fishermen-off-hoang-sa.

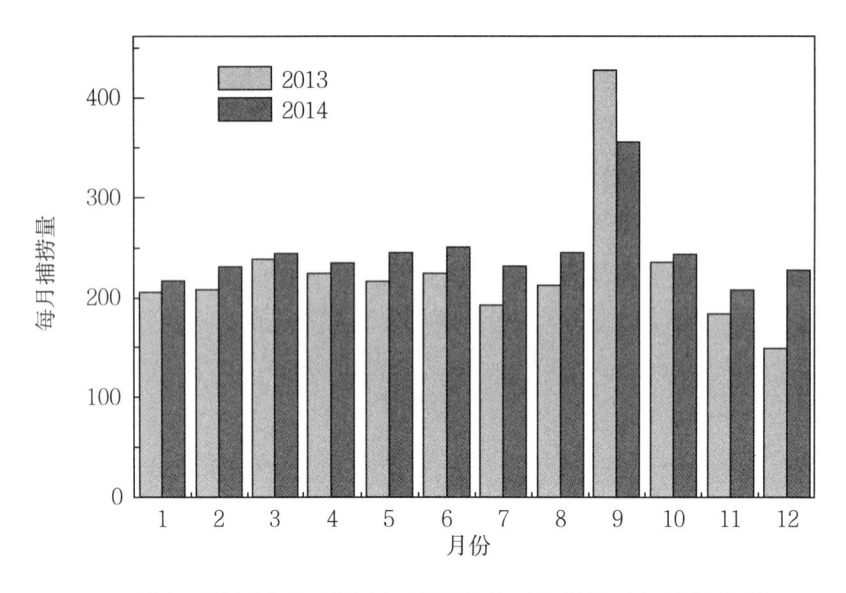

图1 2013年和2014年越南渔业（每月捕捞）统计数据

（二）我国渔民在南海捕鱼作业面临很大安全风险

中国渔民在南海捕鱼作业正面临来自越南、菲律宾、印尼等沿岸国的武力威胁日趋明显。

一是越南为阻止中国渔民在南海捕鱼作业决定为渔政船配备武器。面对愈演愈烈的南海渔业斗争，越南方面通过立法给渔政船只配备武器，同时改善渔政船只性能。越南《青年人报》(tuoitrenews) 网站称，7月底越南政府通过了76号修订案，对有关使用武器、爆炸物和辅助工具的相关法令进行补充修改，议定中包括向越南渔监力量配备武器装备的具体说明。从2014年9月15日起，越南渔政监管部队管辖下的所有船只都将配备武器。渔政部队人员将配发手枪、冲锋枪和子弹，渔政船只将配备轻机枪、机枪、14.5毫米口径机枪和子弹，以及这些武器所需的弹药[①]。10月，越南渔业监管部门从国防工业X51工厂处获得两艘新型现代化船只。每船带三台发动

---

① 越南《青年人报》，http://tuoitrenews.vn/society/21402/vietnam-fisheries-surveillance-force-vessels-to-be-equipped-with-weapons-new-decree.

机，可以最高每小时18海里速度行驶5000海里。该船自带海水过滤器，可保证船员航行中补充淡水[①]。这将使得越南渔政船只在海上航行的续航能力大大提高，在追捕中国渔民的过程中机动性更强。中国渔民在南海地区作业风险更大。越方配备武器也使得在争议地区擦枪走火的可能性加大。

二是菲律宾通过逮捕、起诉、审判中国渔民并处以高额罚金的方式来阻止中国渔民在南海捕鱼作业。自2012年美国提出亚太再平衡战略以来，美国加快了其重返亚太的步伐，美菲关系愈发紧密。日本紧跟美国脚步，同菲律宾加强防御和安全方面的合作。美日态度使得菲律宾如同找到靠山，同中国在南海地区在发生冲突摩擦时，态度和手段都明显更为强硬。2014年两次对逮捕的中国渔民进行审判。从表1可以看出，继2004年菲律宾对逮捕的中国渔民进行起诉并判刑之后的将近10年间，菲律宾对中国渔民虽然时有骚扰，但是没有使用过强硬措施。2011年及之前几年，虽然每年都有中国渔民被菲方扣押、逮捕，并威胁对其起诉，其实最后都不了了之。2013年1月22日，菲律宾向中国提交了就南海问题提起国际仲裁的照会及通知。2014年4月底，美国总统奥巴马访菲期间两国签订了为期十年的《加强防务合作协议》。协议签订一周左右，菲律宾就逮捕了11名中国渔民，并对其中9名提出起诉。2014年8月11日，菲律宾当地法院将2013年逮捕的11名中国渔民分别以"非法捕捞"罪名判处6到12年监禁。2014年被逮捕的渔民虽未被判处监禁，但是11月24日，巴拉望省法院判决每人缴纳逾10万美元罚款的高额罚金，以及抓捕野生动物的罚款12万比索，每人罚款合计约人民币630,472元。当地法官表示渔民们"违反了相关法律"，较之有可能判处的"20年监禁"，法院选择对中国渔民进行罚款，而非处以监禁。这种说法看似对中国渔民从轻发落，事实上如果渔民"无力支付罚款"，仍将有可能面临最长6个月的监禁。菲律宾此举一方面是试探美国盟友的态度，另一方面也是为国际法庭仲裁取

---

① Talk Vietnam, 'Vietnam Fisheries Surveillance Force receives two modern ships', http://www.talkvietnam.com/2014/10/vietnam-fisheries-surveillance-force-receives-two-modern-ships/.

证时提供自己对争议地区具有实际掌控的证据。

表1 近年来菲律宾逮捕中国渔民在南海海域捕捞及处理方式

年份	事件	处理方式
2009年4月	在巴塔内斯省逮捕了4名中国渔民	以违反菲律宾渔业法的名义提起刑事起诉和行政起诉。
2010年5月	9名中国渔民在菲律宾巴拉望省附近水域"非法捕获"海龟，后被菲律宾海岸警卫队拘留	按照非法入侵、捕猎等罪名提起指控
2011年12月3日	在菲律宾巴拉望岛南端靠近巴拉巴克海峡的海域，以"非法捕鱼"为名扣留了一艘中国渔船以及5名中国渔民	菲律宾官方依照"野生动物保护法"和"渔业行为准则"，向巴拉望省地区法院提起了刑事诉讼。庭审没有进入控辩双方表达的程序。
2013年4月8日	一艘载有12名中国渔民的渔船在图巴塔哈群礁海域搁浅，被菲律宾海岸防卫队人员扣押	2014年8月5日，菲律宾以"非法捕捞"的名义对中国渔民正式起诉。该艘中国渔船的船长被当地法院判处12年监禁，另外11名中国渔民则分别被判处6到10年监禁。
2014年5月6日	琼海09063及11名渔民被扣留	2014年11月24日，菲律宾地方法院对菲方声称在其海域"非法捕捞"的9名中国渔民做出宣判，判决每人缴纳逾10万美元罚款，但并未判处其监禁。如果渔民"无力支付罚款"，将有可能面临最长6个月的监禁。

三、结论

随着美、日、俄等国家对越南水产品需求量的增大，越南在南海渔业资源方面将会同中国激烈竞争。除增加海水养殖业投入外，越南会加大海洋捕捞力度以适应不断扩大的水产品需求。可以预见，越南未来在休渔期问题上会继续采取不承认、不配合的态度。菲律宾近海渔业资源严重枯竭，海洋捕捞量呈下降趋势。但是受同中国在南海地区进行主权斗争的影响，菲律宾认可、支持中方提出的休渔期可能性不大。预计将同以往一样实行自己的休渔期以取代中国休渔期。

渔业资源斗争有可能成为中国同越南、菲律宾在南海地区擦枪走火的导火索。随着美、日在南海地区的介入，越南、菲律宾在渔业斗争中的行为越发具有挑衅性。越南武装渔政船只，未来在同中国渔民、渔政遭遇时发生武装冲突的可能性增大。菲律宾方面为拉拢美、日向中国示威，还会继续逮捕中国渔民并利用国内法判决中国渔民。印尼新政府在渔业资源斗争中的态度值得我们高度关注。2014年底，印尼海军在阿南巴斯群岛（Anambas）海域炸沉3艘闯入印尼海域非法捕鱼而遭扣押的越南渔船，随后几天扣押22艘在巴布亚省南部海域非法捕鱼的大陆大型渔船。印尼总统佐科威（Joko Widodo）表示他已指示海军不仅逮捕非法捕鱼者，更要击沉10或20艘非法捕鱼的外国渔船，让这些人不敢再犯[1]。受国内政治影响，印尼未来在南海渔业争斗中可能采取更激进的手段。

鉴于南海地区传统渔业资源衰竭，周边国家渔业资源需求巨大，未来对南海地区渔业资源争夺会更加激烈，我们必须坚持双规思路，南海主权争议等问题由争议当事国谈判解决，争议的管控和治理机制建设由中国和东盟解决，为此，本报告提出如下对策建议：一是南海渔业资源需要合理捕捞，适当养护。目前中国利用国内法管辖南海地区引起了其他国家强烈反应，而南海渔业争议在国际海洋法中无法找到相应适用条款管辖。中国可连同相关国家在此问题上形成共识，商谈相关各方可以认可的捕鱼季，最大捕捞量，科学捕捞方式，并对稀少或濒危鱼类实行禁捕。二是为保护渔民安全、利益不受侵害，避免让渔民陷入地区政治争端的漩涡：一方面应同相关国家展开谈判，停止单方面逮捕渔民，保证双方遭遇渔业纠纷时不使用武器。另一方面，加强对渔民进行宣传引导，杜绝非法捕捞等行为。三是针对各方渔政配备的船只、武器装备有所规范，防止渔业资源纠纷升级为军备竞赛。

---

[1] "印尼炸沉越南渔船后再扣押22艘中国渔船"，http://news.sina.com.cn/c/2014-12-09/181031265370.shtml。

2014年南海旅游业形势分析报告

常娜

[内容提要] 2014年，南海地区国家旅游业受到南海主权斗争不断升级的冲击十分明显，其中，越南及菲律宾旅游业受到中越、中菲关系恶化的影响尤其显著。值得注意的是，虽然中国对越、菲两国旅游经济显示了足够的影响力，但两国旅游业并没有因中国游客人数减少而崩溃，旅游经济全年数据反而呈上升趋势。究其原因，主要是韩国、美国、日本为其提供了相对稳定而坚实的客源市场。

[关键词] 南海旅游业　当前形势　分析

[作者简介] 常娜，中国南海研究协同创新中心研究员。

南海主权斗争对该地区的旅游经济特别是越南和菲律宾的旅游经济产生了非常明显的影响。

一、当前的越南和菲律宾旅游业形势

南海旅游形势主要集中体现在越南和菲律宾两国。越南及菲律宾旅游业在2014年受到中越、中菲关系恶化的明显影响，中国赴两国旅游的人数急剧下降，两国国际游客人数相对2013年仅有微弱增长。

（一）中国赴越南旅游人数减少，但依然是越南最大的游客国

2014年5月，越南国际游客接待量开始下滑，接待人数为674,204，比4月减少了9.62%。根据越南统计局公开的数据，2014年6月份，越南国际访客接待量约为539,700人次，比5月份下降19.9%，比上一年同期

下降4.9%。其中赴越旅游的中国人数136,726人次,比5月份的194,018人次减少29.5%。旅游人数下降除了对景区经济有所影响,越南交通运输业也同样受到打击。6月,中国乘飞机赴越人数下降了44.7%,通过中越边境赴越旅游人数同前月相比减少了50%。进入7月后,由于南海局势相对缓和,每月国际赴越旅游人数总数回升,越南旅游经济得到了一定程度的恢复。但是,如下表所示,作为国际游客主体的中国游客人数仍低于去年同期水平。[1]6月到10月,每月中国赴越人数均少于上年同期,中国暑假和黄金周期间赴越人数也在下降。这5个月中国赴越人数共比上年同期减少约216,210人。[2]

表1　2014年6—10月中国赴越人数下降(千人)[3]

月份	2014年	2013年	同2013年相比下降比率%	减少人数
6	136.7	193.90	29.5	57.2
7	123.4	173.31	28.8	49.91
8	135.2	190.42	29	55.22
9	148.9	169.78	13.3	20.88
10	143.8	176.87	18.7	33

越南统计局公布的数据显示:2014年赴越南旅游的国际游客总数为7,874,312人次,旅游业收入约109亿5,238万美元。其国际游客总和同2013年相比上升了5.4%,但增长速度同2012-2013年相比降低了10.6%,[4]因而也未能达到年吸引国际旅客人数800万人次、收入110亿美元的目标(从图1中不难看出自5月反华暴乱以后,每月国际游客人数一直低于2013年同期水平)[5]。

---

[1] 越南旅游局http://www.vietnamtourism.com/en/index.php/news/cat/200,越南统计局,http://www.gso.gov.vn/default_en.aspx?tabid=622。
[2] "南海局势紧张致中国游客锐减越南观光旅游产业受重创",http://gb.cri.cn/42071/2014/07/22/6071s4623983.htm。
[3] 数据来自越南统计局,http://www.gso.gov.vn。
[4] 越南统计局http://www.gso.gov.vn/default.aspx?tabid=622&ItemID=16162。
[5] 越南旅游局http://www.vietnamtourism.com/en/index.php/news/items/8544。

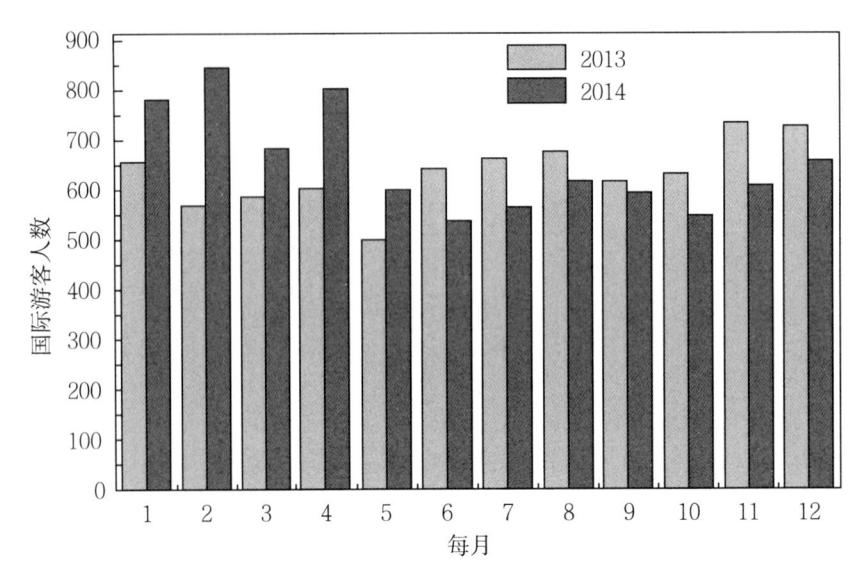

图1 2013—2014赴越国际旅游人数对比（人数/月，单位：千人）

（二）菲律宾旅游经济出现下滑，旅游业增长未能达到预期目标

从菲律宾旅游局官方报告中公布的各月累计数字看，2014年1-10月，赴菲旅游人数总数仍然呈上升趋势。官方网站的分析报告显示今年1到10月，外国游客总数同去年同期相比上涨了2.28%。菲律宾旅游局数据显示，2014年前八个月菲律宾共接待了327万人次游客，比上年同期增长2.72%，旅游业收入达到32.9亿美元。在此期间，中国游客在菲律宾的消费额高达1.3335亿美元。但是，菲律宾官方报告总结的数据都是各月累计总数同2013年同期总数相比较，如果单看每月入境人数，不论同2013同期还是同2014年前月相比都有所不同。

南海主权斗争对中菲旅游市场有直接影响。继中国外交部领事司2014年9月11日建议中国公民近期暂勿前往菲律宾之后，美国、英国、澳大利亚也相继发布针对菲律宾的旅游预警。

由于这四个国家是菲律宾旅游业最大的客源国，因而对菲律宾的旅游经济产生重大影响。据外媒报道，警告发布后5天内有20,000名中国游客取消了到菲律宾旅游胜地长岛的旅游计划，仅长岛一地即因此损失5亿比索。赴长岛旅游的中国游客数量从2014年8月的18,479人次降至2014年9月的不足7,000人次。长岛西南公交公司经理在接受记者采访时说，预警发布后，长岛公交系统每天减少三分之一的游客。他认为菲律宾政府应该回应中方关于安全问题的要求，并向中方保证未来不会再发生类似事件①。受旅游业影响，廉价航空也受到了巨大冲击。菲律宾航空业经营状况也受到打击。菲律宾宿务太平洋航空公司取消了2014年9—12月间的149架次包机航班，估计损失2.4万名游客。菲律宾亚洲航空公司则暂停从北京及上海飞往长滩的卡里波机场航班，以及从上海飞往马尼拉的航班。宿务太平洋航空公司事务部副部长塔纳达称，希望旅游警告能尽快撤销。

进入10月份，中国游客人数减少带来的影响更加明显，由于旅游预警尚未结束，中国国庆黄金周也没能给菲律宾带去更多游客。该月中国赴菲人数同2013年相比减少了19,000人次，同比下降49.7%。② 菲律宾十月当月外国旅游者总数仅增加了0.14%。

以上数据和分析似乎同菲律宾旅游局官方发布的数据冲突：按照菲官方说法，1-9月菲律宾旅游业收入比去年同期增长17%，菲律宾前9个月共接待3,596,523名国际游客，比去年同期增长2.49%。③ 1—10月外国

---

① http://www.channelnewsasia.com/news/asiapacific/china-travel-warning-hits/1376946.html, retrieved.

② 'Stagnat tourism arrivals for second month quite creditable'http://www.tripadvisor.ca/ShowTopic-g294245-i3256-k8011718-Stagnat_tourism_arrivals_for_second_month_quite_creditable-Philippines.html.

③ 菲律宾旅游局局长Ramon Jimenez 11月接受采访时称，9月游客量增长了4%。但是由于他没有给出具体数字，信息不完整，无法判断增长率究竟是同2013年9月，还是2014年8月进行比较得出的。http://www.rappler.com/business/industries/171-aviation-tourism/74924-ph-tourism-bounces-back-september-2014；菲律宾入境管理部门发布消息称，9月入境的外国游客人数增长了8%。http://philippineimmigration.blogspot.co.uk/2008/10/bi-september-foreign-visitors-up-8.html。

游客总数同去年同期相比上涨了2.28%。①造成这种假象的原因主要有两点：一是同越南不同的是，菲律宾最大的游客来源是韩国而非中国。韩国游客人数相对稳定且基本呈上升态势，为菲律宾旅游经济提供了保障。菲律宾同韩国之间签订了新的航空协议为韩菲旅游合作奠定了基础。二是菲律宾官方报告总结的数据都是2014年各月累计数据同2013年同期总数相比较。2014年上半年的增幅过高，掩盖了后期的下降。以中国为例，2014年春节前后大陆游客赴菲数量与2013年同期相比增长了99%。菲律宾官方的数据分析方式使得其官方网站上很难看出菲律宾旅游经济倒退的迹象，例如，5月赴菲中国人数同上年同期相比下降了2.46%。8月中国赴菲人数下降了3.57%。9月仅有26,279人次中国游客到菲律宾旅游，比8月（40,365人次）下降了35%。

二、越南和菲律宾开始将吸引外国游客的重点转向中国以外的其他国家

南海主权争端对越南和菲律宾的旅游业造成重大冲击也迫使两国寻求改变现有旅游格局的出路。在此背景下，两国的旅游业也开始出现一些新动向。

（一）越南

为消除中国游客减少带来的旅游市场空白，越南开始同日本、俄罗斯、美国以及东盟国家展开广泛旅游文化合作。

1. 拉拢俄罗斯

2009年开始俄罗斯同越南旅游合作愈发紧密，对越南经济促进很大。2014年越南旨在恢复旅游业的活动中有相当一部分是同俄罗斯合作展开。根据越南旅游局公布的数据，过去5年（2009-2013）间，俄罗斯

---

① 菲律宾旅游局 http://www.tourism.gov.ph/Pages/IndustryPerformance.aspx。

赴越人数每年增长45.7%。俄罗斯已经成为越南旅游十大客源国之一。2013年，俄罗斯赴越人数达298,126，比2012年增长71%。[①] 2014年共有364,873人次俄罗斯游客赴越，比去年增长22.4%，超过预期（300,000人次）21%。[②]

鉴于俄罗斯游客人数近年来增长迅速，而且旅游时间久，花费高，越南政府非常重视俄罗斯旅游市场。2014年5月，越南排华暴乱发生后不久，越南旅游局局长阮文俊会见了俄罗斯驻越公使Gennedy S. Bezdetko等人，商讨俄越旅游合作。阮文俊在会见期间向俄方通报了"东海"形势，表示越南方面会保证俄罗斯游客旅行安全。阮文俊在会谈中表示越南十分重视俄罗斯旅游市场，并表示将针对俄市场开展一系列活动，包括旅游合作会议、文体旅游周、训练俄语导游等。Gennedy S. Bezdetko表示希望"东海"局势稳定，并将帮助开发俄、越旅游项目，考虑为越南赴俄游客提供签证帮助。[③] 越南省级机构也积极参与到吸引俄罗斯游客的行动中。5月下旬富安省举办了俄、越旅游合作论坛，商讨如何将越南开发成为俄罗斯游客喜爱的度假胜地。[④] 越南中部省份Lam Dong和KhanhHoa联合开发生态旅游项目，参加9月在莫斯科举行的第20界国际旅游贸易节。7月24日，为方便俄罗斯游客到越南旅游，越南文体旅游部向越南总理请求将俄罗斯游客15天免签延长至30天。此前越南单方面为7个国家公民提供了15天免签，为9个东盟国家提供了30天免签。

值得注意的是，越南同俄罗斯的交往目的绝不仅仅限于吸引客源，两国普通民众大规模到对方国家旅游本身就是国家间交往密切的表现。而越南利用同俄罗斯进行旅游教育合作的机会，大力开展文化外交，配合和推动其政治外交、经济外交，向外界显示其同俄罗斯的密切关系。

---

① 越南旅游局 http://www.vietnamtourism.com/en/index.php/news/items/7940。
② 同上，http://www.vietnamtourism.com/en/index.php/news/items/8202。
③ 同上，http://www.vietnamtourism.com/en/index.php/news/items/7957。
④ 同上，http://www.vietnamtourism.com/en/index.php/news/items/7964。

2014年6月下旬到7月初，由越南文体旅游部组织的越南文化日活动在莫斯科、圣彼得堡和雅罗斯拉夫尔举行。①正是在此次文化展出的记者招待会上，越南驻俄罗斯大使范春山向外界透露，俄、越正在进行成立合资企业的谈判，拟成立的合资企业将能维护和维修不同国家各种船舶。越南举行越南和"关税同盟"之间成立自由贸易区的第六轮谈判，预计年底前结束，此后将签署协议。

2. 示好日本

日本同越南除不断加强军事合作外，与越南的旅游文化合作也愈发紧密起来。2013年越南赴日游客达到85,000人次比2012年增长55%。2014年日本赴越人数达到647,956人次，成为越南第三大客源国。

日本每年大约有两千万人出国旅游度假，旅游市场潜力巨大，因而也是越南拉拢的主要对象之一。2014年，越南同日本开通了两条新的航线。5月中旬，越南航空公司同越南驻日使馆合作在东京召开旅游推介会，宣布河内和东京之间开通了每周7次的直航。越南驻日大使在会上致辞时表示，日、越关系良好为两国旅游及航空业提供了坚实的基础。随后河内市同日本旅游中介合作推出东京-河内旅游路线。旅游局网站称，首都河内在打造"主要针对日本游客的的市场计划，以此吸引更多日本游客，来填补南海危机过后中国游客大幅减少带来的旅游市场空白"。②岘港同东京之间也将开通新的航线，7月16日，岘港迎来东京直飞该省的首架班机。岘港2013年接待了41,000人次日本游客，比2012年增长了53%。新开设的航线有望为岘港增加15%-20%的日本游客。③

2014年，越南对日本采取了一系列措施拓展同日本旅游文化界的关系。6月，越南旅游协会在日本建立第一个旅游办公室。该办公室除去为日本游客提供越南文化，旅游等信息外，还负责打开日本市场的任务，

---

① 同上，http://www.vietnamtourism.com/en/index.php/news/items/8088，http://www.vietnamtourism.com/en/index.php/news/items/8085。

② 越南旅游局 http://www.vietnamtourism.com/en/index.php/news/items/8078。

③ 同上，http://www.vietnamtourism.com/en/index.php/news/items/8170。

将协助越南旅游局和地方政府在日宣传推介其旅游项目。该办事处还提供投资政策咨询服务，吸引日本企业赴越投资。[1] 8月15日越南旅行社联合会在越南南部成立了日本旅游俱乐部（早前在越南北部和中部也成立了类似的俱乐部）[2]。同时，越南同日本还分别在两国举办了多次展览、演出等活动，包括越南水上木偶剧在日本横滨演出、在河内举行的"日本世界文化遗产"照片展、日本印染技术表演，日本手工艺品展览，等等。这些活动除去宣传文化外，还有吸引投资的作用，出席文化交流活动的人士除旅游者和普通民众，还包括企业界及政界人士。此外，5月到12月期间，旅游局网站上有关日本越南旅游合作的新闻大约有27条，远远超过其他国家。

3. 向美国靠拢

美国是越南旅游业第四大客源国：2013年400,000人次美国游客赴越旅游；2014年共有443,776人次美国游客赴越旅游。这表明越南正逐步成为美国民众的热门旅游目的地。

美国重返亚太以来，同越南在国防、经济等多个领域展开合作。2014年5月，越南决定加入《防扩散安全倡议》。美国驻越大使David Shear在2014年美国独立纪念日的庆祝活动上，对美越双方为维护地区和全球稳定做出的贡献表示肯定。2013年美国成为越南第二大贸易伙伴，贸易额将近300亿美元。目前美国是越南第六大投资来源。到2014年5月截止，美国仅在首都胡志明市就投资将近5.24亿美元。同时，越南正在努力加入TPP。[3]

美国和越方还加强了教育卫生和旅游方面的合作。2014年下半年，美国电视台专门制作并播出了两部越南旅游文化节目。美国制作的美食节目"越南味道"以"祖国的大海和岛屿"为主题，在越南播出。福布斯杂志将越南列为2015年最吸引人的旅游目的地之一。另有4家越南宾

---

[1] 同上，http://www.vietnamtourism.com/en/index.php/news/items/8007。
[2] 同上，http://www.vietnamtourism.com/en/index.php/news/items/8277。
[3] 同上，http://www.vietnamtourism.com/en/index.php/news/items/8129。

馆连续两年被美国旅游休闲杂志评为世界最好宾馆之一。

越南方面非常注意在宣传中强调自身同美国的良好关系，6月上旬，国际旅客锐减，旅游局网站公布了美国游客 Gregory K Faulk 于5月20日寄给越南旅游局局长的信件。Gregory K Faulk 在信中盛赞越南人好客热情，越南旅游服务舒适到位，信件同时抄送给了美国驻越大使 David Shear。

2014年下半年，美国方面为越南旅游设施的修缮投入了74万美元的资助，其中包括承天顺化省顺化皇城寺庙。之前，美国国务院已经投入30,000美元修缮该寺院的三座祭坛。

4. 拉住东盟其他国家

2014年5月，越南反华暴乱爆发后，越南旅游局局长阮文忠第一时间同俄、日、韩、马来西亚、泰国、澳大利亚以及新加坡使馆人员会面，向相关人员通报"981"事件进展，表示当局将控制事态发展，保证各国游客安全；随后又同韩国、泰国、新加坡、马来西亚等国国家旅游组织代表会面，声称越南仍是安全的旅游目的地，越方将尽其所能保证国际游客安全舒适。上述国家代表建议越方制定危机反应计划，加强同外国联系，树立越南正面形象，同时着重关注东盟内部旅游市场。①

（二）菲律宾

同越南类似，菲律宾也在尽力摆脱中国客源市场对本国旅游业的巨大影响，转而寻求其他国家游客，尤其是同中国在南海地区有矛盾和争议的国家。菲律宾旅游局局长 Ramon Jimenez 10月31日在接受BBC记者采访时称，中国大陆游客市场不是菲律宾倚仗的唯一客源地，特别强调"日本、台湾和东南亚朋友"对菲律宾旅游业增长的作用。② 除去近几年来稳居客源首位的韩国，同越南类似，当前菲律宾旅游局力图向外界展

---

① 同上，http://www.vietnamtourism.com/en/index.php/news/items/8002, http://www.vietnamtourism.com/en/index.php/news/items/7978。

② 'Philippines tourism to shrug off China warning', http://www.bbc.com/news/business-29844240。

示菲律宾同日本、美国以及东盟国家的良好关系。

1. 聚焦美国

美国日本两国无论是游客人数还是在菲消费金额都在客源国中排在前三位。2014年前10个月共有592,204名美国人到菲律宾旅游，是赴菲游客总数的14.97%，同2013年同期相比增长7.48%，是菲律宾第二大客源市场。

2. 重视日本

尽管9月以来，日本赴菲人数一直在下降，从8月的51,815人次减少到9月的38,199人次，再减少到10月的33,533人次，但是，日本仍然是菲律宾四大客源国之一。从菲律宾旅游局官方报告，以及旅游局长接受采访的表态可以看出，菲律宾方面非常重视日本市场，专门针对日本开发了新的旅游项目和旅游产品，力图向外界显示日菲关系良好紧密，有日本市场的存在即使在旅游经济方面中国也无法制约菲律宾。

3. 依靠东盟

前9个月东盟国家共有337,392人次游客赴菲，是游客总数的9.38%，同比增长8.96%。值得注意的是，越南赴菲律宾游客数量在迅速增长，2014年1月9月间共有22,474人赴菲，同比增长15.14%。

三、南海旅游业发展趋势及对策建议思考

从2014年南海主要国家越南和菲律宾旅游业形势看，未来的南海旅游业将会出现以越、菲两国继续加大拉拢中国之外国家的游客资源并尽可能降低对中国的游客依赖度的主流发展趋势，具体表现在以下几个方面：一是越南和菲律宾在努力开拓固有旅游市场并吸引更多客源的同时，将加大彼此合作的力度。2014年6月，越南同菲律宾签署协议，宣布2014-2016年开展游轮旅游合作。协议规定，两国将共同开展旅游研究，以及旅游开发项目，为港口，旅游相关服务业创造有利条件，帮助对方

在国际市场上宣传游轮旅游①。二是越南更加重视印度尼西亚的旅游市场开发。2014年6月中旬,越南旅游局局长单独会见印度尼西亚驻越大使,商讨加强越印双边旅游合作。印尼大使表示印尼将在该国宣传越南旅游,向国民展示越南积极、友善文明安全的形象,并组织媒体赴越采访。同时越方也将研究印尼旅游市场,开展2015年旅游宣传,并将开发针对印尼游客的旅游产品。三是越南与印度的旅游业合作将会大幅提升。越南旅游局局长阮文忠2014年11月底宣布,随着印越两国在旅游方面合作加强,印度赴越旅游人数有望在近期达到100,000。11月29日,越南旅游局联合印度驻越使馆在河内召开了"越南印度旅游航空合作"会议。会上双方代表讨论了两国间增开航线,以及越南对印度免签等事宜。这意味着越南与印度之间的旅游业合作将会更加紧密。四是菲律宾注重在欧美媒体宣传其旅游景点。美国《国家地理》,英国《每日邮报》等媒体都对巴拉望进行过报道。2014年10月,该岛被旅游杂志Congde Nast评为最受其读者欢迎的岛屿②。五是菲律宾计划在南海所谓"争议岛屿"进行旅游开发。2014年8月,菲律宾ABS-CBN电视台新闻称,菲律宾三军参谋总长卡塔潘表示,菲军方计划推出"南海6岛渡轮游",以推动地方观光发展。依照军方的构想,渡轮将环游包括中业岛、仁爱礁等6座岛屿。③

基于上述分析,我国应高度重视对南海旅游资源的开发与合作,特别是要不断完善基础设施建设,努力吸引更多的国内外游客到南海观光旅游,具体建议如下:一是在开发南海旅游资源的同时,需要防止大规模旅游人口对当地资源环境的破坏,需要建设厕所、垃圾处理等设施。目前越南没有明确在西沙群岛开发旅游的计划。可学习美国、越南、菲律宾开展西沙地区高端游轮游,将永兴岛作为中转站,乘船到西沙诸岛

---

① 越南旅游局http://www.vietnamtourism.com/en/index.php/news/items/8091。
② "Top 30 Islands in the World: Readers' Choice Awards 2014", http://www.cntraveler.com/galleries/2014-10-20/top-30-islands-in-the-world-readers-choice-awards-2014.
③ "菲律宾计划开发南海6岛旅游包括中业岛仁爱礁",http://finance.sina.com.cn/world/20140816/023520031170.shtml。

附近，不必登岛，避免对脆弱的生态环境造成破坏。开展游轮游业务，除涉及路线方案外，需要提前做好发生安全事故、环境事故、自然灾害等情况的应急预案。二是在南沙群岛开展旅游有可能同菲律宾军方的旅游开发计划发生冲突。但是中国应针对南沙群岛旅游资源在国内进行宣传，以增强民众的南海意识。三是为防止其他国家乘虚而入，削弱中国对越南、菲律宾旅游业的影响，中国在旅游预警结束之后应对越南、菲律宾开展文化外交，加强在旅游文化方面的沟通，比如同越方、菲方合作拍摄历史文化纪录片。四是中国的旅游预警可以在必要的时候对越南菲律宾旅游经济形成有效打击，可作为争端时期制衡两国的手段。

南海油气资源现状与勘探开发战略研究

殷勇　林文荣

[内容提要]随着国内经济强劲增长，越南、菲律宾、马来西亚和文莱等南海周边国家通过与外国石油公司合作向深水开发边际油田以及推出更加优惠的税收政策加快了油气开发步伐。其中，越南、菲律宾在加快本国油气开采的同时，对我在南沙海域正常的油气勘探活动进行干扰和破坏。面对南海周边国家的逼人态势，我国应尽早推出南海深水油气开发战略，目前最实际的就是在西沙西南海域进行油气钻探，待积累经验后向南沙海域和礼乐滩进军。为配合南海深水油气开发战略，国家应考虑在海南岛、永兴岛和永暑礁建立3个油气补给和保障基地。

[关键词]南海　油气资源现状　勘探开发战略　研究

[作者简介]殷勇，南京大学海岸与海岛开发教育部重点实验室研究员，中国南海研究协同创新中心资源环境与海疆权益研究平台研究员；林文荣，南京大学海岸与海岛开发教育部重点实验室研究员，中国南海研究协同创新中心资源环境与海疆权益研究平台研究员。

南海争端在于岛礁的争夺，而岛礁争夺是为了海底蕴藏的石油和天然气资源。随着南海周边国家经济快速增长，其对石油和天然气资源的需求愈发旺盛，争夺也将日趋强烈。

一、南海油气资源量及分布特点

南海海域大大小小一共分布有37个含油气盆地，但是油气资源主要集中在13个大型高丰度盆地内（图1）。总体上看，南海南部油气资源比北部更丰富，是北部的2.7倍。南海南部有8个属于大型高丰度沉积盆地，分别为万安盆地、曾母盆地、文莱—沙巴盆地、北康盆地、中建南盆地、西北巴拉望盆地、南薇盆地和礼乐盆地。这些大型高丰度含油气盆地总资源量达335亿吨，占南海油气总资源量的78%，占我国海域油气资源量的54%，可以说，在南海谁掌控了这些大型高丰度含油气盆地就等于掌控了整个南海的油气资源（表1，表2）。

南海北、东、南、西各大陆边缘性质迥异，形成不同风格的含油气盆地，导致各大型沉积盆地中油气资源类型不同，有的以油为主，有的以气为主，有的油气各半（表3）。例如珠江口盆地以油为主，油的占比达75%；莺歌海盆地以气为主，占比达100%。值得注意的是天然气是南海最丰富的碳水化合物资源，南海周边国家如文莱、印度尼西亚、马来西亚、泰国、越南和菲律宾开采的油气田多数为天然气田，而非油田，美国地质调查局（USGS）估计南海天然气占60~70%。2014年9月，中国海洋石油总公司"海洋石油981"钻井平台在南海北部深水区"陵水17-2气田"测试获得高产油气流，测试日产天然气56.5百万立方英尺，相当于日产1279吨油，进一步证明南海天然气资源比石油更丰富。

二、南海周边国家油气勘探和开发现状

自上世纪70年代中期开始，南海周边国家纷纷划出海上油气区对外招标，以各种优惠条件吸引西方各大公司合作开发南海油气资源，南沙海域的油气开发活动就此大规模展开。近年来，随着东南亚各国经济的快速增长，对油气资源的需求越来越旺盛，刺激了新一轮的油气勘探热潮。东南亚国家纷纷采用量产分成的形式与国际大的石油公司合作，通过招标出让海上油气区块，使油气产量和探明储量逐年增加（表4）。截至2012年末，南沙海域的钻井超过1,650多口，生产井1,300多口。以文莱、马来西亚、菲律宾和越南4国作为统计对象，2012年天然气开采量849亿立方米，2013年原油产量达5,201万吨。随着海上招标区块不断向

深水区推进，南海周边国家原先还只是打打擦边球，现在不断向我九段线内蚕食，油气开发所引发的矛盾和摩擦事件日益增多，大大增加了南沙海域的争端和管控危机的难度。

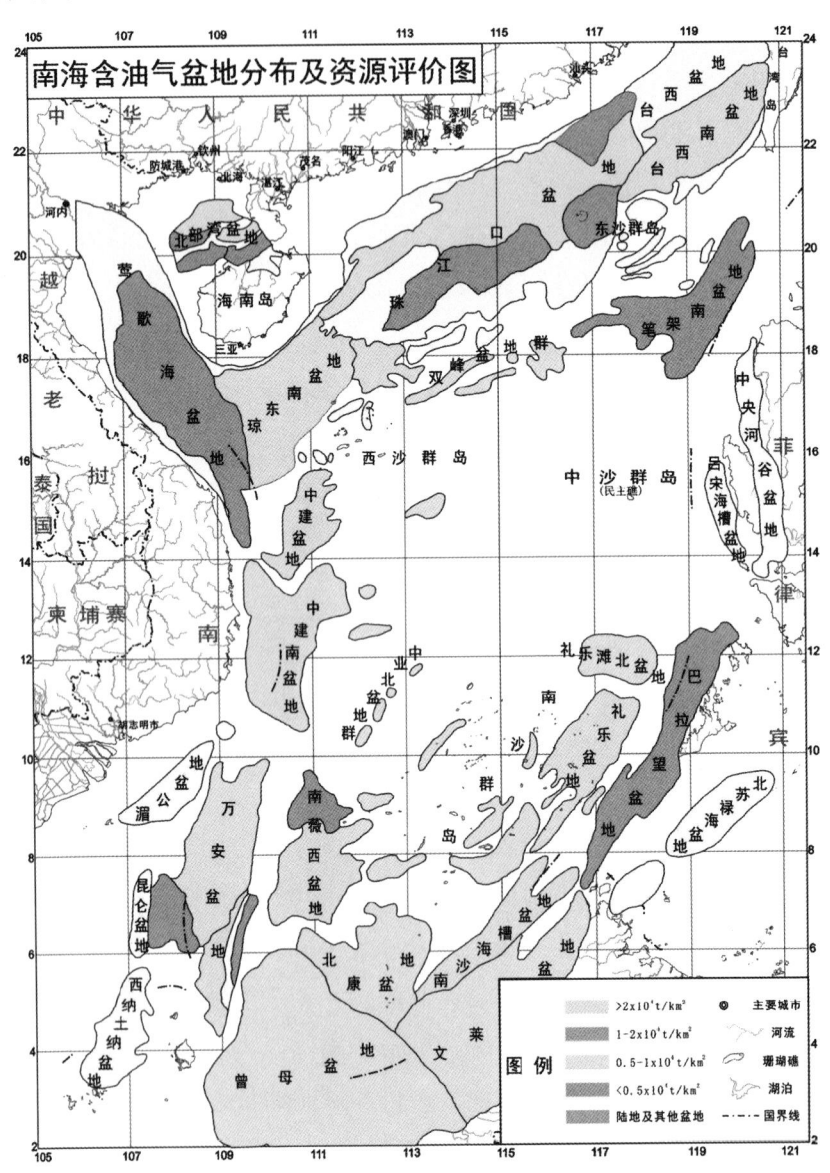

图1 南海含油气盆地分布及资源评价图

表 1　南海石油资源量评价

	盆地	盆地面积（km²）	评价面积（km²）	远景资源量（×108t）	可采资源量（×108t）	待探明可采资源量（×108t）
南海北部	珠江口	202,800	175,000	28.87	7.61	6.10
	北部湾	36,400	36,350	9.70	1.94	1.63
	琼东南	50,116	50,116	4.26	0.93	0.93
	莺歌海	98,700	50,000	0.00	0.00	0.00
	台西-台西南	100,000	100,000	3.96	0.43	0.41
	小计	488,016	41,146	46.79	10.91	9.07
南海南部	曾母	208,700	129,922	51.38	12.14	12.14
	文莱-沙巴	94,000	40,549	32.37	8.04	8.04
	中建南	111,300	86,814	29.71	5.67	5.67
	万安	112,300	58,004	25.54	5.93	5.93
	北康	43,200	43,200	22.10	3.57	3.57
	南薇西	31,800	31,800	13.21	2.13	2.13
	礼乐	54,450	54,450	8.16	1.64	1.64
	西巴拉望	39,880	17,547	6.85	1.50	1.50
	笔架南	40,870	40,870	6.60	1.08	1.08
	南沙海槽	34,560	23,100	2.51	0.41	0.41
	安渡北	10,300	10,300	1.15	0.19	0.19
	南薇东	5,540	5,540	1.09	0.18	0.18
	九章	4,380	4,380	0.45	0.07	0.07
	永暑	2,700	2,700	0.42	0.07	0.07
	小计	793,980	549,176	202	43	43
	总计	1,281,996	590,322	248.79	53.91	52.07

表2 南海天然气资源量评价

区域	盆地	盆地面积（km²）	评价面积（km²）	远景资源量（×10⁸m³）	可采资源量（×10⁸m³）	待探明可采资源量（×10⁸m³）
南海北部	珠江口	202,800	175,000	10,981.01	4,743.10	4,492.50
	北部湾	36,400	36,350	852.04	415.37	392.89
	琼东南	50,116	50,116	18,853.04	6,820.69	6,024.66
	莺歌海	98,700	50,000	22,800.47	7,573	6,500
	台西—台西南	100,000	100,000	3,637.95	1,075.80	719.80
	小计	488,016	41,146	57,124.51	20,627.96	18,129.85
南海南部	曾母	208,700	129,922	70,636.68	27,141.40	27,141.40
	文莱--沙巴	94,000	40,549	5,973.89	2,548.86	2,548.86
	中建南	111,300	86,814	11,236.03	4,304.94	4,304.94
	万安	112,300	58,004	15,772.09	5,927.30	5,927.30
	北康	43,200	43,200	16,170.00	5,678.20	5,678.20
	南薇西	31,800	31,800	4,523.30	1,721.15	1,721.15
	礼乐	54,450	54,450	5,618.00	2,027.44	2,027.44
	西北巴拉望	39,880	17,547	6,789.99	2,548.41	2,548.41
	笔架南	40,870	40,870	3,765.86	1,397.89	1,397.89
	南沙海槽	34,560	23,100	1,508.61	525.00	525.00
	安渡北	10,300	10,300	406.40	157.14	157.14
	南薇东	5,540	5,540	484.38	140.47	140.47
	九章	4,380	4,380	190.23	72.64	72.64
	永暑	2,700	2,700	201.00	81.78	81.78
	小计	793,980	549,176	143,276	54,273	54273
	总计	1,281,996	590,322	200,400.5	74,900.96	72,402.85

表3　南海大型沉积盆地资源量及资源类型

盆地名称	远景资源量/×108t	资源类型
珠江口盆地	38.8	油为主，油75%，天然气25%
莺歌海盆地	20.5	气为主，天然气资源量占100%
琼东南盆地	21.2	气为主，天然气资源量占80%
曾母盆地	75.8	油68%，天然气32%
万安盆地	30.9	油为主，油83%，天然气17%
文莱—沙巴盆地	34.7	油为主，油93%
北康盆地	27.2	油为主，油81%，天然气19%
南薇西盆地	14.8	油为主，油89%，天然气11%
笔架南盆地	7.9	油为主，油84%，天然气16%

（一）越南

越南原油探明储量持续增加，由2011年的6亿桶增加到2013年的44亿桶，由于越南还有可能高达几十亿桶的潜在储量，未来这一数字有望继续增加（图2）。越南是继中国和印度之后亚洲第三大原油储量拥有国，继中国、印度尼西亚及马来西亚后，亚洲第四大石油出产国。

越南海上油气勘探主要集中在"红河盆地"、"富庆盆地"、"九龙盆地"、"南昆山盆"地和马来-寿楚盆地（图3）。其中"九龙盆地"是越南石油资源最丰富的盆地，占越南总油气资源量的25%；"南昆山盆地"则占越南总油气资源量的20%；"红河盆地"占15%，主要以气为主。目前，越南投入生产的油气田数量已经超过25个（图4）。

作为主要的生产和管理者，越南石油天然气总公司（PetroVietnam）是越南石油和天然气领域的主要公司。2010年越南石油天然气总公司总收入为478.4万亿越南盾（约合227亿美元），约占当年越南国内生产总值的24%。由于政府的推动，世界主要的石油公司均与越南国家石油公司签订石油勘探和分成合同，在越南岸外从事石油勘探和开发。2011年签订了6个招标合同，使得总有效合同增加至60个。预计到2015年新增可采储量将达到13~14亿吨。

表4 南海周边国家油气产量、消费量、净出口量及已探明储量统计表

国家	原油年产量/万吨	石油年消费量/万吨	石油年净出口量/万吨	已探明石油储量/万吨	天然气年产量/亿立方米	天然气年消费量/亿立方米	天然气年净出口量/亿立方米	已探明天然气储量/亿立方米
印度尼西亚	4,111	8,244	-3,564	54,830	724	376	348	30,695
马来西亚	2,832	3,094	231	54,422	616	312	304	23,502
越南	1,674	2,051	295	59,864	84	84	0	6,994
泰国	1,195	4,993	-2,642	6,122	413	509	-96	2,849
文莱	591	89	583	14,966	120	30	90	3,908
菲律宾	104	1,487	-1,353	1,905	28	28	0	985
总计	10,507	19,958	-6,450	192,109	1,985	1,339	646	68,933

注：数据来源于美国能源信息管理局http://www.eia.gov/。南海周边国家天然气年产量、年消费量、年净出口量为2012年数据；原油日产量、石油日消费量、净出口量为2013年数据；已探明石油和天然气储量为2014年数据。

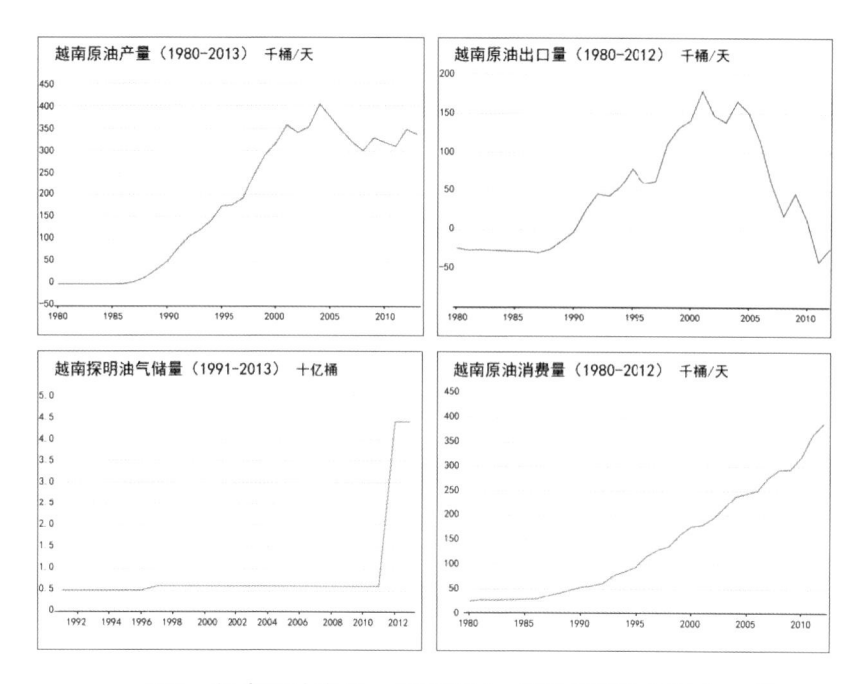

图2 越南原油产量、探明储量、原油消费和原油出口量

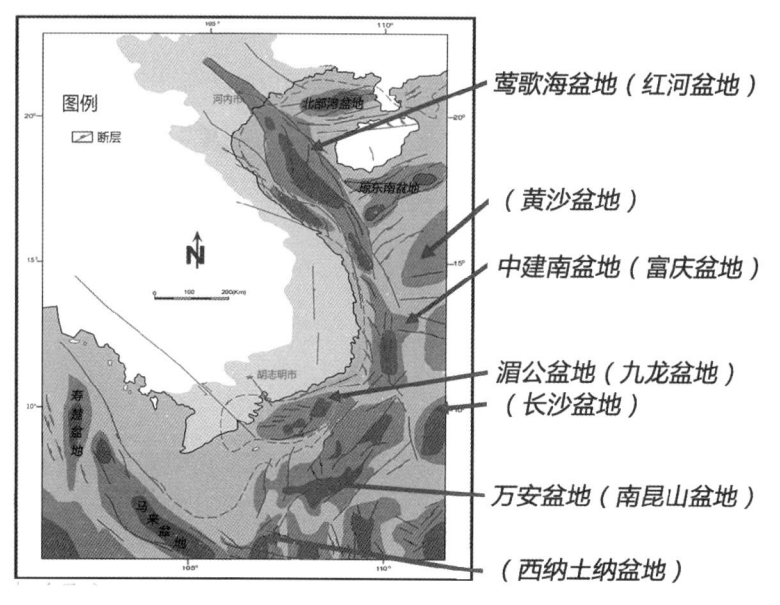

图3 越南岸外主要的含油气盆地（括号内为越南方面的名称）

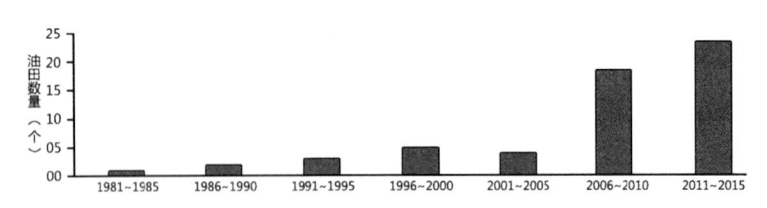

图4 越南投入生产的油气田数量逐年增加

(二) 菲律宾

菲律宾（图5）在南沙的油气勘探主要在西北巴拉望盆地和礼乐滩盆地，其主要油气田包括马兰帕亚油田、Galoc油田、Calauit油田和Sampaguita气田。参与菲律宾油气勘探的外国公司包括：英国BP公司、美国雪佛龙石油公司（Chevron）、美国德士古公司（Texaco）、美国埃克森美孚公司（ExxonMobil）、Forum Energy、日本丸红株式会社（Marubeni）、Mitra Energy、越南石油天然气总公司（PetroVietnam）、壳牌（Shell）、Tap Oil、英国Premier Oil石油公司、Pearal Oil、Murphy Oil和澳大利亚Otto Energy。

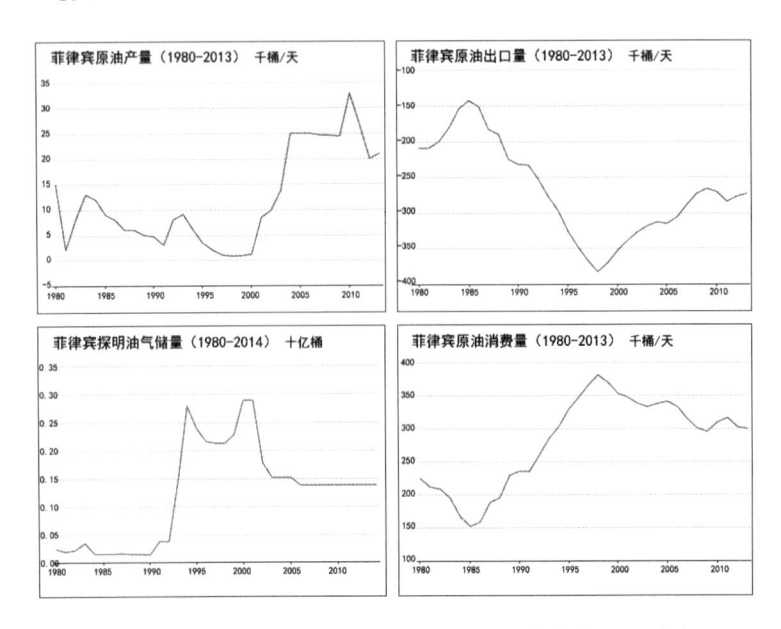

图5 菲律宾原油产量、探明储量、原油消费和原油出口量

（三）马来西亚

马来西亚原油储量在亚洲—太平洋区域位列第五，是全球30个储量最高国家之一。马来西亚的油气勘探活动主要集中在曾母盆地巴林坳陷和南康台地、文莱三角洲西部以及文莱—沙巴盆地的沙巴近海区，天然气主要产自东马来西亚、沙捞越和沙巴附近海域。马来西亚探明石油和天然气储量的52%来自曾母盆地。

2103年，马来西亚原油产量为63.0万桶/天（图6）。马来西亚的目标是到2015年原油产量超过80.0万桶/天。在过去的20年里，马来西亚的天然气产量迅速增加。2012年马来西亚天然气产量达到2.2万亿立方英尺，储量达到83万亿立方英尺。

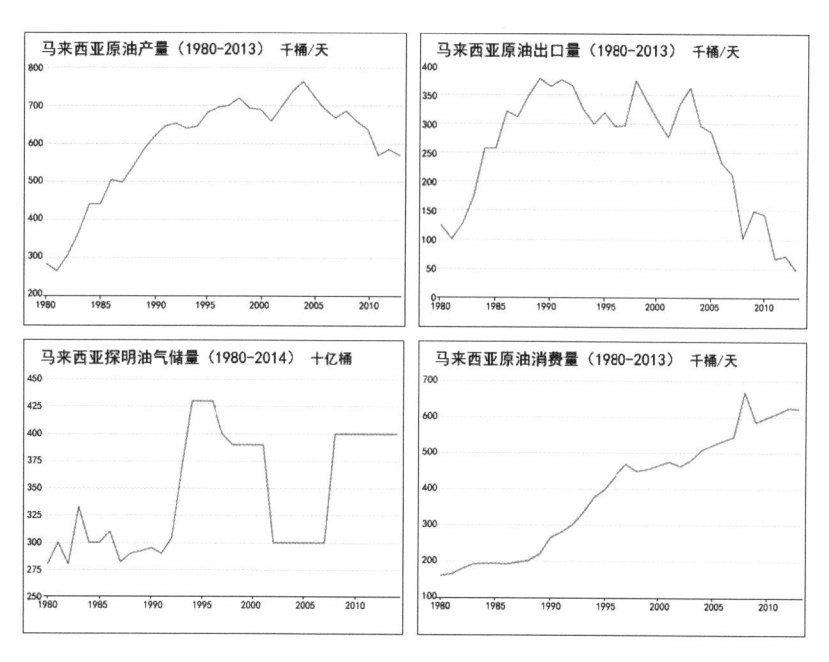

图6 马来西亚原油产量、探明储量、原油消费和原油出口量

（四）文莱

文莱是东南亚继印尼和马来西亚之后的第三大石油生产国，同时也是世界第四大液化天然气生产国，油气产值一度占到国内生产总值的2/3。文莱的油气勘探主要集中在近岸浅水区的巴兰三角洲，深水区块面积超过1万平方公里，全部位于我国南沙海域内。

文莱的原油产量于上世纪80年代就已经达到每天23.5万桶的生产能力，随后至1989年降低至13.2万桶，至2006年回升至19.8万桶，至2013年回落至12.2万桶。原油探明储量从1980年代的18亿桶，连续降低至2014年的11亿桶（图7）。尽管最近几年文莱油气产量有所下降，文莱仍是亚洲—太平洋区域最大的石油出口国。2013年，文莱出口石油达到每天1.2万桶/天，基本上销往亚洲主要的石油消费国。

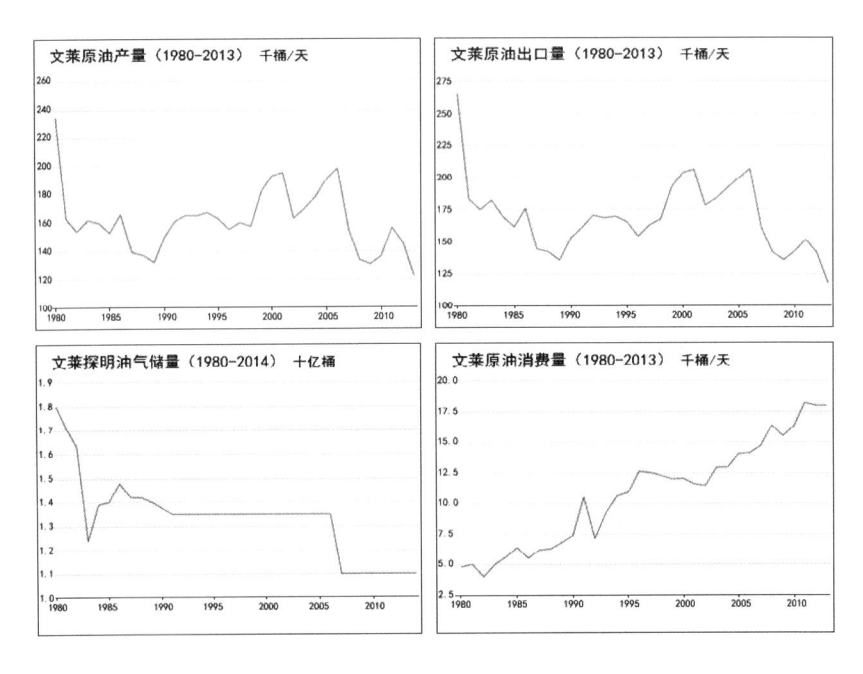

图7 文莱原油产量、探明储量、原油消费和原油出口量

（五）印度尼西亚

印度尼西亚在南沙海域的油气勘探主要集中在纳吐纳盆地附近，自1986年开始在纳吐纳地区进行油气勘探，已经发现1个油田（Bursa）、2个气田及多个天然气井。2010年12月，印尼国家石油公司（Pertamina）与埃克森美孚（ExxonMobile）签署初步协议合作开发东纳吐纳天然气。2011年3月18日，Lundin石油公司获签印尼纳吐纳海域Gurita区块合同，Lundin石油公司拥有100%股权，合同内容包括3D地震勘探。

印尼天然气产量从1980年开始持续增长，至1999年达到2.5万亿立方英尺，随后略有下降，至2010年达到2.84万亿立方英尺。但是印尼原油产量却出现连续的下降，从1991的每天159万桶下降至2013年的每天82.5万桶（图8）。

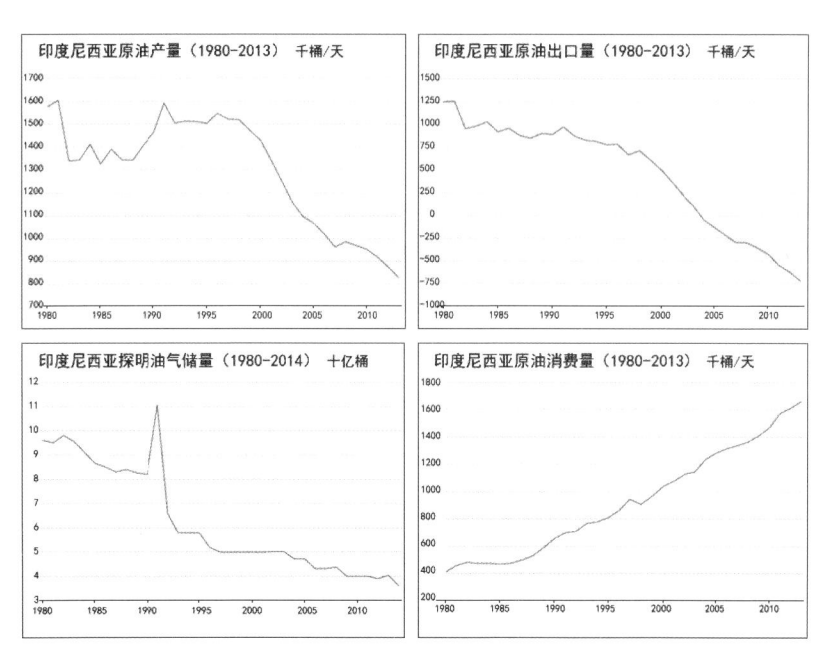

图8 印度尼西亚原油产量、探明储量、原油消费和原油出口量

三、南海周边国家对我国油气的非法攫取

1999年以前,东南亚各国油田基本处于我国断续线外或擦边,但随着东南亚各国国内经济的强劲增长,对石油的需求愈加旺盛,在南海的勘探活动日益活跃,对我断续线内资源的蚕食愈加明显。

越南已经划定185个区块,与50多个外国石油公司签订石油勘探和开发合同,很大一部分区块属我国的西沙、南沙海域。越南从北到南跨越我传统海疆线的合同区块达到14个之多,另有55个完全深入到我传统海疆线内(图9)。越南在万安滩一带跨界区块内的油气开采和勘探活动十分活跃。据不完全统计,越南已开发油气田总数为66个,其中11个已深入到我国断续线内(表5),大部分集中在万安盆地(越南称南昆山盆地)。越南的大熊油田(越南05-1区块,水深110m)有一部分已经跨入我国传统海疆线,进入到我国的万安盆地北部。大熊油田于1974年由Mobil Oil & Gas Co.首先发现,1987年苏越石油公司钻探大熊-1井,测试原油日产5,800桶,天然气85万立方米,2003年越方收回了该油田全部权益。而越南的Thannh Long油田(英译为蓝龙)已完全深入到我九段线内。截止2008年,越南已从南沙开采石油逾1亿吨、天然气1.5万亿立方米,获利250多亿美元[①]。

---

① 《国土资源》2012年7月号。

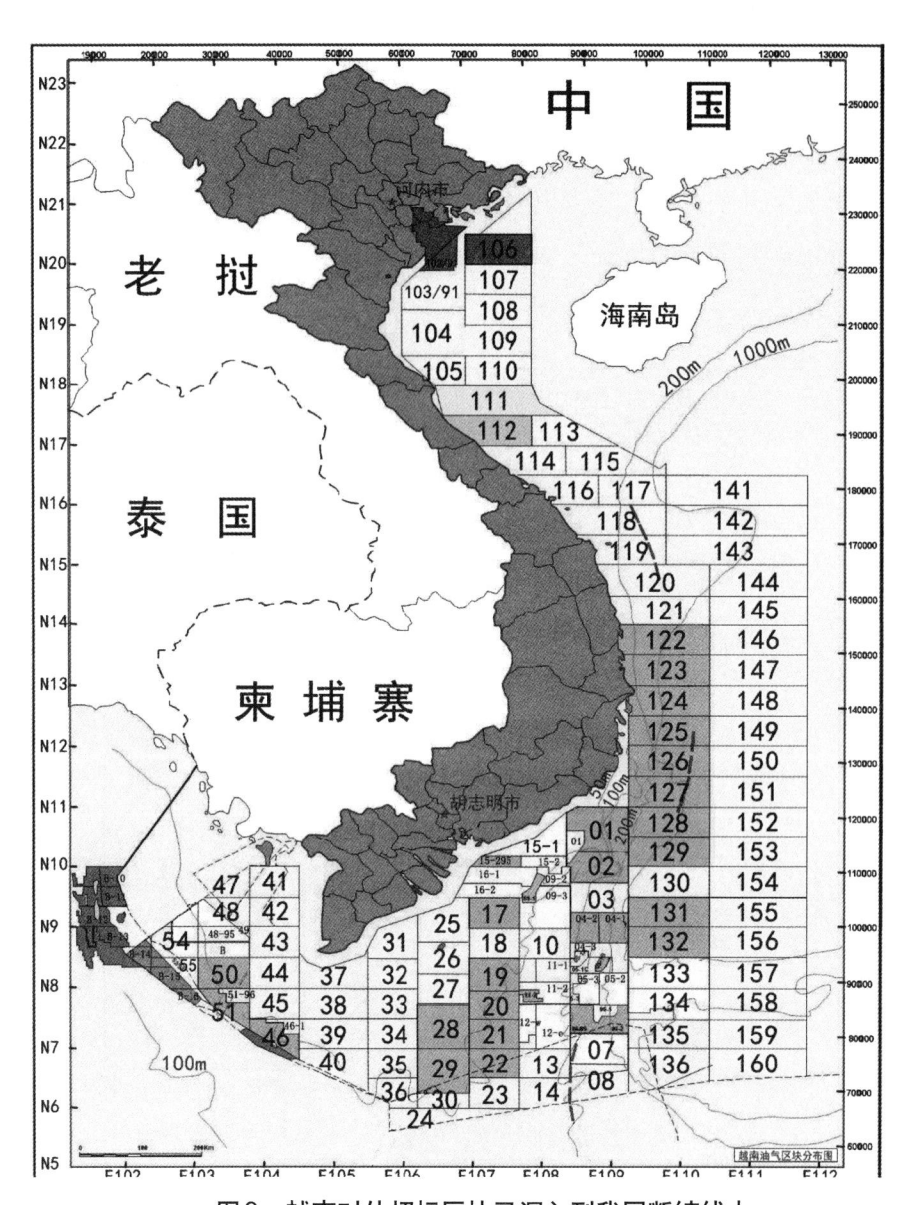

图9　越南对外招标区块已深入到我国断续线内

（该图仅列出了越南185个招标区块中的156个）

在南海周边国家中，马来西亚显得十分低调，但马来西亚是侵入我传统海疆线最多的国家。据不完全统计，马来西亚已开采油田115个，有73个位于我国传统海疆线内（图10，表5）。马国从南海获益之丰从其国内随处可见的外国和本国石油公司加油站就能看出端倪。低油价使仅2,800万人口的马来西亚竟有1,000多万辆机动车[①]。文莱和马来西亚一样在南海油气开采方面也是少说多做的国家，据不完全统计，文莱已有16个油气田深入到我国传统海疆线内（图10，表5），超过其开采的油气田数量一半以上。

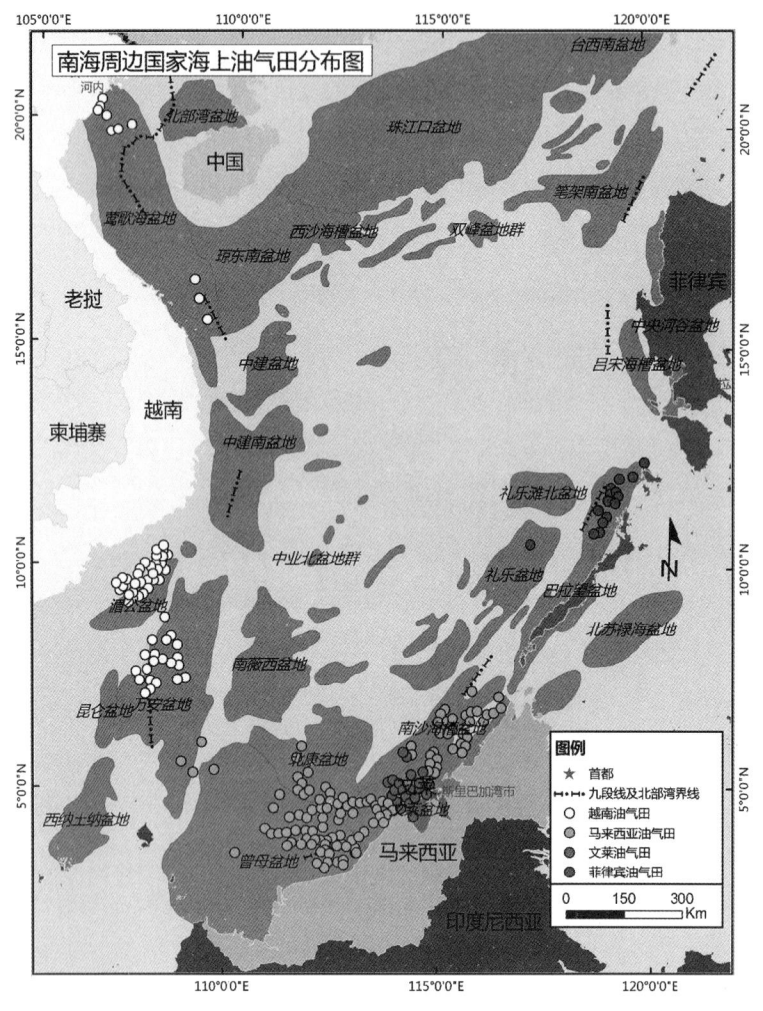

图10 南海周边国家海上油气田分布

---

① 《国土资源》2012年4月号。

表5 南海周边国家油气田勘探和开采总数及深入到我海疆国界线内的油气田数量

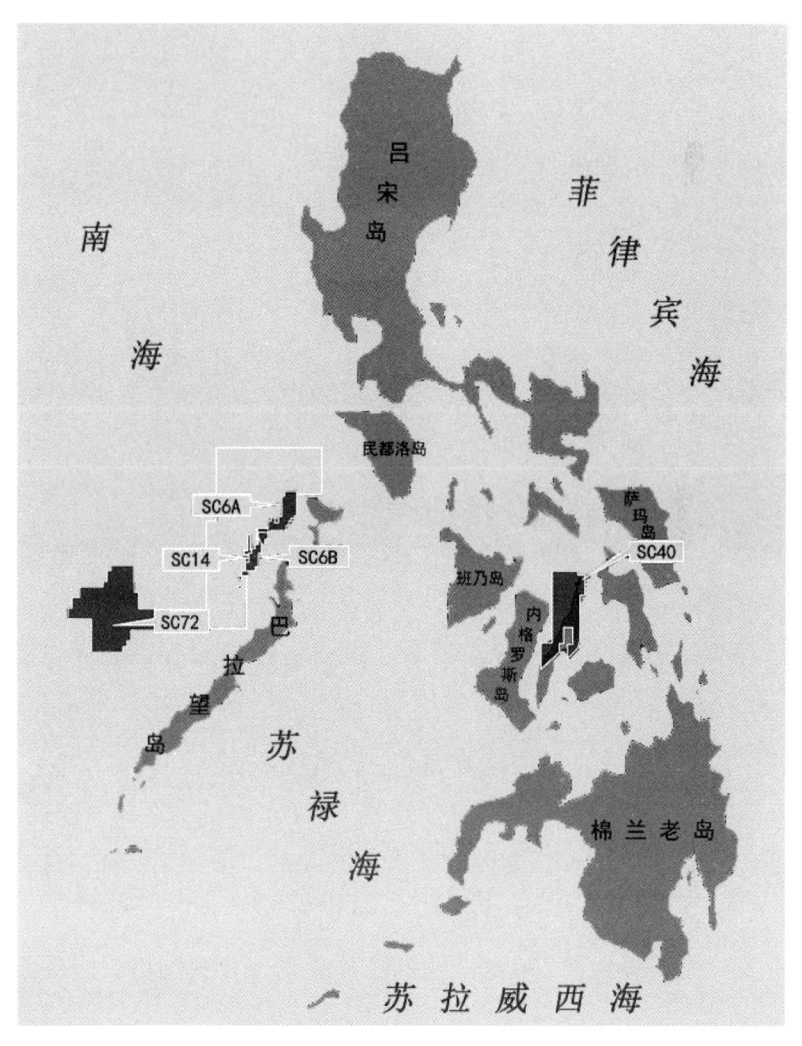

国家	位于中国九段线内油气田数量/个	油气田总数量/个
越南	11	66
马来西亚	73	115
文莱	16	21
菲律宾	1	15

图11 菲律宾在我国礼乐滩盆地的油气勘探区块

菲律宾近年来通过对外招标加快了海上油气田的勘探和开发步伐，并逐步向礼乐滩盆地推进。2006年，Count地球物理公司（Count Geophysics Ltd.）通过地球物理手段在礼乐滩发现新的气田Sampaguita（图11）。据Forum Energy公司估计，Sampaguita气田的天然气储量多达4.6万亿立方英尺，石油1.15亿桶，是菲律宾迄今为止发现的最大海上油气田。2011年6月30日，菲律宾启动第四轮油气对外承包项目，共对外发布15个区块的油气招标项目，第3号、第4号区块明显位于中国传统海疆线内。位于巴拉望岛西北部的第5号区块相当一部分从地图上看也与我国南海的断续线重叠。2014年5月9日，菲律宾能源部宣布启动第五轮能源合同招标，推出11个油气勘探区块和15个煤炭勘探区块，其中第7油气勘探区块位于中国的礼乐滩[1]。

考虑到与东盟的关系和现状，我国一直未在这些有争议海域内进行针锋相对的油气勘探活动。相反，周边国家不仅将南沙海域<500m的海域全部划为矿区对外招标，并且常年阻挠我进入南沙附近海域进行油气勘探。这一切都严重侵犯了我国在南海海域的正当权益。

四、我国在南沙海域的油气损失

南海周边国家一方面侵入我国传统海疆线内疯狂掠夺油气资源，另一方面又在南海提出对海岛的声索，企图为其非法开采石油找到法理依据。

若按马来西亚提出的海域界线划分，我国将失去：曾母盆地、文莱-沙巴盆地、南沙海槽盆地传统海疆线以内110亿吨油气资源（图12）。损失北康盆地38亿吨油气，万安盆地南部及东部，南薇东盆地部分油气资源。我国将总共失去油气资源量超过150亿吨。

若按菲律宾提出的200海里经济区外界划分，我国将失去笔架南盆

---

[1] 中国新闻网，http://www.chinanews.com/gj/2014/05-09/6155295.shtml。

地所有油气资源10.4亿吨，尖峰盆地群2/3油气；失去西北巴拉望盆地6.6亿吨油气资源；失去礼乐北盆地、礼乐盆地、安渡滩北盆地、中业盆地、费信盆地、南华北盆地、南薇东盆地以及南沙海槽盆地1/3油气，共计18.3亿吨。所有油气加起来，我国将失去超过38亿吨油气。

若按越南提出的大陆架、经济区外界划分，南海中南部仅能保留1个完整的笔架南盆地，文莱-沙巴盆地的极小部分（<10%），曾母盆地的大部分（约80%）。我国将损失190亿吨油气资源，占我国在南海拥有资源量的73%。

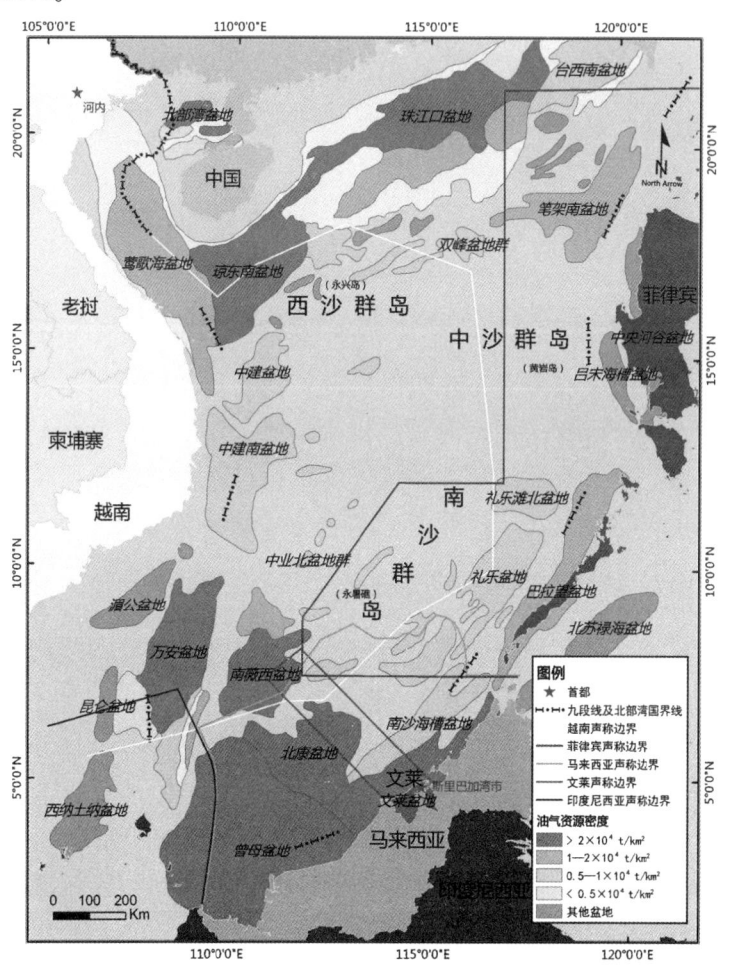

图12 南海周边国家对海域的声索及对我国油气资源的掠夺

五、对南海油气资源开发战略的思考

基于上述分析,本报告提出如下思考建议:

(一)加快实施深水油气开发战略

对于南海周边国家来说,我们进军南沙海域是后发制人,周边国家无疑具有先占的优势。因此,我们进军南海中南部海域的战略重点应该是深水,即水深超过300m,甚至更深的陆坡地区。中国海洋石油总公司董事长王宜林指出,加快推进深水战略的实施是中国海洋石油推进"二次跨越"的重要组成部分。南海深水开发战略对于我国寻找海上油气战略接替区具有重要的意义,随着南海浅水陆架区的油气开采趋于饱和,深水区必将成为下一个争夺的领域。

(二)准确判断开发南海中南部油气的时机并制定相应的"路线图"

南海油气勘探的严峻形势不容我们等待,越往下等留给我们的机会将越少。我们应以这次中建盆地油气勘探为契机,加大在这一海域的勘探力度。中国海洋石油总公司应抓紧编制南海深水油气勘探开发规划,全面加强对南海地质情况的认识和研究,立足找到大油气田。在开发路线方面,最现实的是先实现在中建盆地的钻井。把北纬14°~16°之间的石油勘探先拿下来,然后再向南推进,即按照中建盆地→中建南盆地→万安盆地→南薇西盆地的路线推进(图13)。另外,菲律宾已加紧在我礼乐滩盆地的油气勘探活动,目前在我国礼乐滩盆地已有7口探井。2012年菲律宾在礼乐滩盆地的油气勘探取得突破,发现了天然气储量高达20万亿立方英尺的气田,比原先估计储量高出5倍。因此,我国应做好进军礼乐滩的准备,寻找适当的时机东进已到了刻不容缓的境地。菲律宾在黄岩岛问题上吃了亏,很可能会在礼乐滩盆地的油气开发中找回来,我们应该保持警惕。

(三) 积极推进南海石油基地建设

南海幅员辽阔，从北到南横跨20个纬度。未来我们要大规模实施南海深水油气开发战略，离不开人员、物资的保障和补给，而建设石油补给和保障基地可以解决这两方面的问题（图13）。南海油气资源按照空间分布来看，由近及远可分为南海北部油气资源区，包括珠江口盆地、北部湾盆地、莺歌海盆地和琼东南盆地，这些盆地表现出良好的石油和天然气勘探前景，珠江口盆地LW3-1大型气田和琼东南盆地陵水17-2大型气田的发现揭开了我国深水油气勘探的序幕。为了加强对这些盆地的油气勘探和开发，尤其是琼东南盆地的深水油气田勘探和开发，可在海南岛建立石油基地，包括石油战略储备基地。海南有条件成为南海北部石油开发加工和补给基地。

按照国务院《关于印发能源发展战略行动计划（2014-2020年）的通知》的精神，我国海上油气开发应"远近结合"。在扩大南海北部油气开发成果的同时，向南海中、南部进军已刻不容缓，我国"海洋石油981"平台在中建盆地北部的油气勘探打破了我国在南海争议区勘探油气的僵局。最实际的就是尽快确定井位，尽快在这一地区实施钻探，尽早出油，尽快发现大油气田。因此中建盆地和中建南盆地应该作为我国向南海中、南部进军的首选目标，为了配合我国在南海中部的油气勘探和开发，可选择三沙市永兴岛作为南海中部石油勘探开发的保障和补给基地（图13）。

待南海中部油气开发积累经验后，应适时向南海南部推进。南海南部包括万安盆地、曾母盆地、南薇盆地和南薇西盆地，南海南部油气资源比北部更丰富。考虑到南沙海域的油气田远离中国大陆，可选择合适的岛礁作为油气勘探和开发的保障基地。据外媒报道，中国目前在南沙的永暑礁、赤瓜礁、渚碧礁和华阳礁填海造岛。可选择永暑礁或华阳礁作为南海南部石油开发的保障和补给基地。军进民随，军民结合，共同维护我南海海疆线内资源开发的权益。

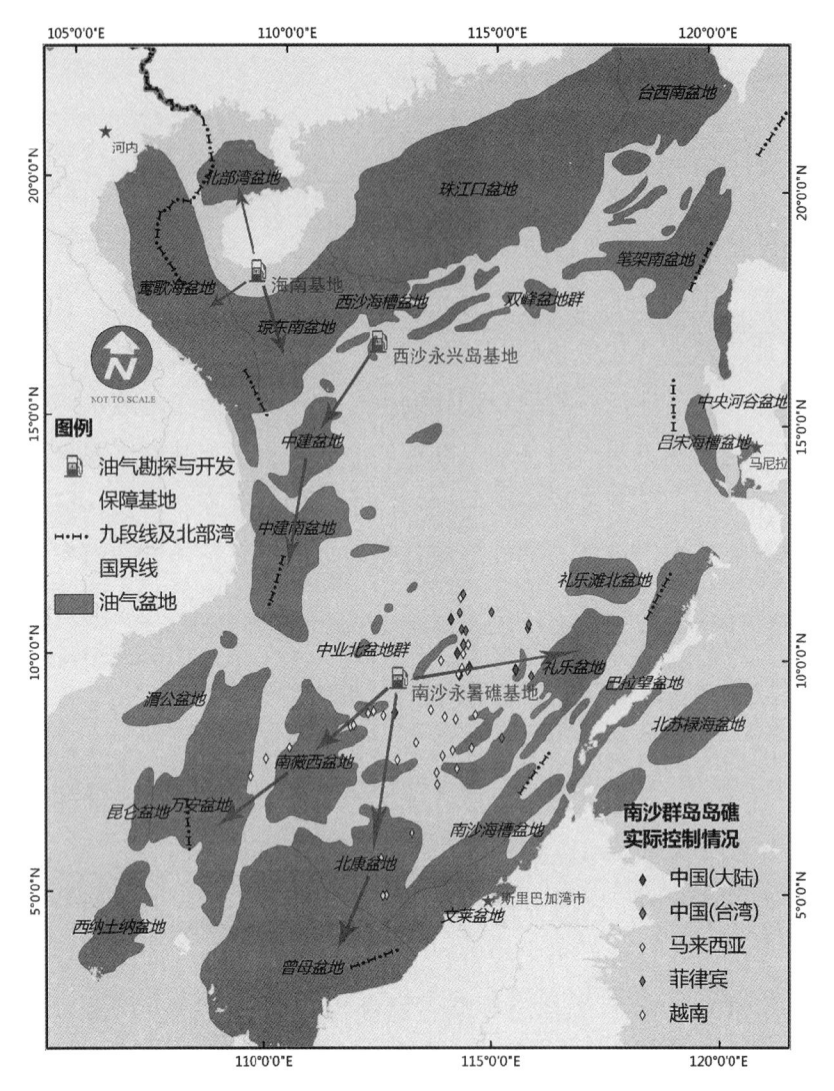

图13　南海油气开发战略"路线图"及石油补给和保障基地建设

（四）积极推进深海对外招标和合作

南海海域辽阔，周边浅海陆架区作为油气勘探开发的有利位置均已被南海周边国家抢占（包括我国断续线内的海域），我国要进驻南沙海域更多地只能向深海发展，而深海相对于浅海来讲所要求的技术更高，资金投入量更大。开展国际招标,吸引世界上的石油巨头共同参与南沙的油气勘探和开发不失为一项有利的战略举措,而且这也是国际上通行的做法。

(五) 加强南海深水油气勘探开发形势跟踪分析

南海油气资源丰富,但南海也是充满争议的海区,尤其是围绕油气资源的开发更是到了剑拔弩张的地步。目前,我们国家在南海中南部海域的油气勘探形势不容乐观,南海周边国家在我国管辖海域已有1,000多口的油气井(国家海洋局数据认为300多口钻井[①]),我国南海传统疆界线内每年被掠采油气资源超过5,000万吨油当量,相当于每年丢失一个高峰期的大庆油田,丢失中海油一年的国内油气产量。

南海石油勘探形势错综复杂,南海周边国家通过招标方式引入域外企业不断向我断续线内蚕食。为了掠夺我国管辖海域的油气资源,南海周边国家可谓无所不用其极。越南除了对我国正常的勘探活动进行干扰和阻挠以外,还千方百计地破坏我国在这一海域的对外招标活动,致使国外石油公司慑于越南的威胁不敢参与我国的油气招标活动。另外,东南亚国家在油气勘探方面相互联手组成所谓的"共斗体制"来对付中国。例如,越南和菲律宾就多次联手在东盟会议上向中国发难。南海油气勘探开发形势错综复杂、瞬息万变,因此,加强南海深水油气勘探开发形势跟踪分析十分必要。

南海油气资源争夺情势变化快,如何在南海资源开发的过程中做到"斗而不破",切实维护好国家的利益,必须建立在对南海油气勘探开发情势准确研判的基础上。因此,必须做好南海深水油气勘探形势的跟踪分析,应加强情报和资讯收集以及卫星遥感监测。南海地区的油气勘探已从浅水逐渐向深水区转移,需要进一步加强深水钻探装备的研制,未来除了深水油气开发,还应向超深水发展。

---

① 海洋学会2014年年会-海洋强国论坛,2014年11月,南京。

南海诸岛珊瑚礁亟需同步加大开发与保护力度

赵焕庭　王丽荣

[内容提要]南海诸岛珊瑚礁具有丰富的资源，主要包括国土资源、海洋生物资源、渔业资源、灰沙岛陆生生物资源及淡水资源、海底油气资源、旅游资源和海洋—大气能资源等。我国人民在古代就在生产生活中渐渐认识到南海诸岛珊瑚礁资源的存在并逐步开始了开发利用活动，从渔业捕捞、岛礁建设发展到油气资源开发以及旅游业开展等方面，尤其是近年来，开发利用的强度和广度都在加大。不可忽视的是，在这些开发利用中，出现了诸多问题，涉及到国家主权、经济利益和生态环境，针对如何保护南海诸岛珊瑚礁资源，本文提出了在保护中开发，在开发中保护的方针，以及一些保护和管理的建议，以图使该区珊瑚礁资源得以维持可持续利用状态。

[关键词]南海诸岛　珊瑚礁　岛礁　资源　开发　保护

[作者简介]赵焕庭，中国南海研究协同创新中心研究员，中国科学院边缘海地质重点实验室研究员，中国科学院南海海洋研究所研究员；王丽荣，中国科学院边缘海地质重点实验室研究员，中国科学院南海海洋研究所研究员。

南海相当于东海、黄海和渤海3海面积之和的2.8倍，在4海中最深，水体积最大，资源种多量大，珊瑚礁资源尤其如此。本报告认为，应本着"在保护中开发，在开发中保护"的方针，推动南海诸岛珊瑚礁的可持续发展。

一、加快南海诸岛珊瑚礁资源的开发进程刻不容缓

我国南海的珊瑚礁面积约有37,200 km^2，占世界珊瑚礁面积的5%，列东南亚地区第二位，主要分布在西沙群岛、南沙群岛、中沙群岛、东沙群岛、海南岛、广东、广西、台湾岛等地（图1）。其中分布在广东、广西、海南岛和台湾岛的珊瑚礁为岸礁，面积分别为30.13km^2、27.7 km^2、195.1 km^{2}和700 km^2。南海诸岛干出礁的面积如下：南沙群岛2,906 km^2、西沙群岛1,844.3 km^2、中沙群岛130 km^2、东沙群岛375 km^2、共5,255.3 km^2。南海诸岛灰沙岛的面积如下：南沙群岛1.726 km^2，西沙群岛8.250 8 km^2，东沙群岛2.38 km^2，共12.356 8 km^2。按国际海洋法，1个岛（或干出礁）可以拥有450 km^{2}的领海和125,664 km^{2}的专属经济区，本区岛礁虽小，但散布面积广。按此计算和绘图，除去重叠部分，估计三沙市海洋国土面积约有150×104 km^2。

我国南海（包括南海诸岛）珊瑚礁潜在巨大的经济价值，年经济价值为156.5亿元（去除过度捕捞、破坏性捕捞和陆源沉积物污染而造成的经济价值损失），其中渔业价值占90%，为140.4亿元；其次是海岸保护价值，占5.5%，为8.7亿元；而旅游休闲价值和生物多样性价值分别为5.3亿元和2.1亿元。未来20年珊瑚礁总的经济价值为1,370亿元，但由于人类不合理地利用带来珊瑚礁总的经济价值损失却高达258.8亿元，占经济价值的18.98%！

我国对南海诸岛珊瑚礁资源的开发利用由来已久，主要涉及岛礁建设、渔业、油气勘探开发和旅游业等几个方面，并在历史不同时期对珊瑚礁资源的开发利用重点又不同。目前，我国对南海诸岛珊瑚礁资源的开发利用存在诸多不足，和周边国家对南海诸岛珊瑚礁利用来比，某些方面甚至处于劣势。本报告认为，我应不断加大南海珊瑚礁的开发力度，同时还应本着"在保护中开发，在开发中保护"的方针，推动南海诸岛珊瑚礁可持续发展。

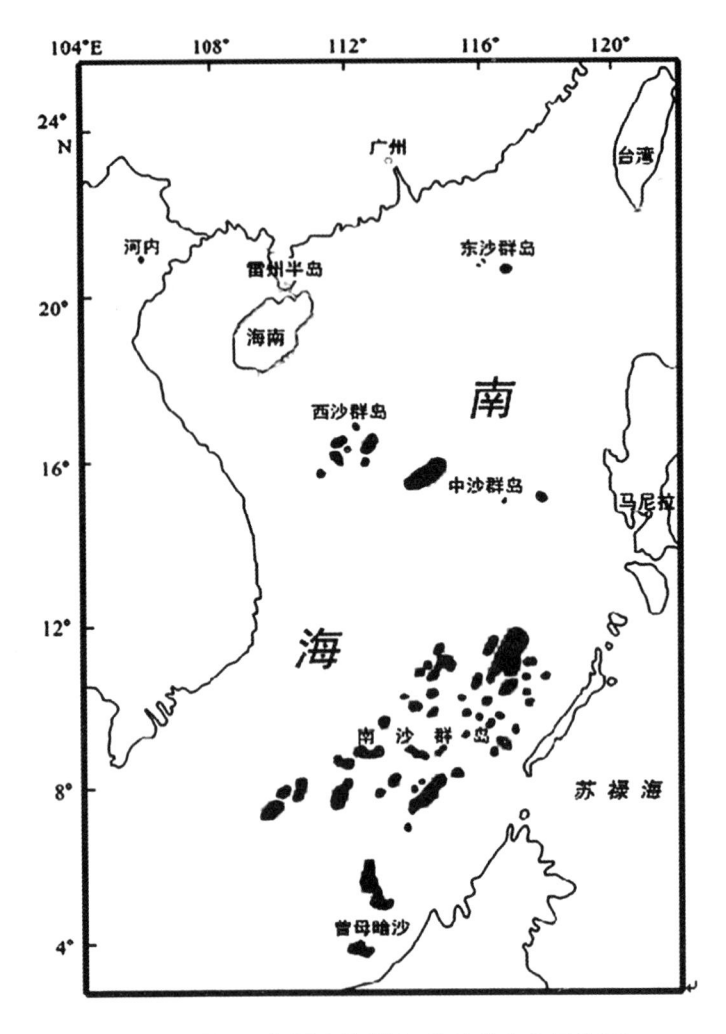

图1　我国南海诸岛珊瑚礁分布示意图

注：黑色斑块为珊瑚礁

二、大规模开发南海珊瑚岛礁资源的前提条件已经具备

南海诸岛岛礁的开发建设，西沙群岛和东沙群岛已经打下了一定的

基础，永兴岛呈现了拥有中型机场、中型港口、现代化市政设施的小城镇雏型的海岛城市面貌，成为三沙市的中心城市、南海诸岛最大的军事基地，已配套有中型港口琛航港，还有中建岛、珊瑚岛和赵述岛等地小码头。经过填海造陆，现永兴岛陆地面积已从原来的2.13 km²增至2.6 km²。永兴岛在建项目约有20个，包括扩建机场、军用和民用码头等，整个岛像个大工地。至2013年12月，三沙市常住人口1,443人，流动人口2,000余人。往返海南岛清澜港与永兴岛的千吨级补给船"琼沙3"号，由建市前每个月1班，个别时间2班，到建市后每周1班，航时15 h。万吨级交通补船"三沙1号"已建成出厂，于2014年底投入营运，同"琼沙3"号对开[①]。该船设计具有良好的稳定性和舒适性，可全天候航行，航速为19 n mile/h，续航能力6,000 n mile，能够覆盖三沙市海域。2013年"琼沙3"号和"椰香公主"号往返海南岛和永兴岛共90个航次、政务包机42架次，运送军民4.8万人次[②]。

东沙群岛东沙岛拥有了小型机场、小码头；南沙群岛也有了初步的基础，如太平岛拥有了小型机场、小码头，永暑礁人工岛也拥有了小码头和大锚地；唯中沙群岛尚处于空白状态。今后必须坚持在海陆统筹大视野下规划南海诸岛国防基地和各级政府以至基层居委会的驻地体系以及其他建设事业（渔业捕捞、养殖、补给、避风港，油气开发基地、自然保护区和生态环境监测站等）。西沙群岛和东沙群岛岛礁的开发建设，是进一步完善和更上一层楼的问题；南沙群岛则是在原有的7个礁的人工岛（楼堡）基础上进行建设；而中沙群岛则要在黄岩岛（民主礁）这张"白纸"上，重新在当前视野下规划出适应现代自卫战争需要的新的前方节点和支点的基地建设。2004年以来境外媒体已经纷纷配发照片、图片报

---

① 王者风："南海重镇三沙，两年大变样"，《环球时报》，2014—07—10（7）。
② 郭红彦："全国两会频传三沙'好声音'"，《今日海南》，2014年第4期，第15页。

道了我国南沙群岛九章环礁西南端赤瓜礁基地填海造陆（图2-4）①，施工建筑机场、港口、航道，又猜测在华阳礁、东门礁和南薰礁填海扩建人工岛，以及在安达礁新建人工岛，进而分析将在永暑礁、渚碧礁和美济礁填海扩岛。笔者等早在南沙群岛综考时专门就此设置专题进行调查研究，曾几次考察过这些岛礁，并撰写了研究报告，论述了人工岛、港口、航道、锚地和机场等建设的布局问题。2014年8月，中国宣布已完成对西沙群岛海域的北礁、羚羊礁（筐仔沙洲）、晋卿岛、南沙洲、高尖石等5个岛礁的灯塔（桩）建设实地勘测选址工作②。

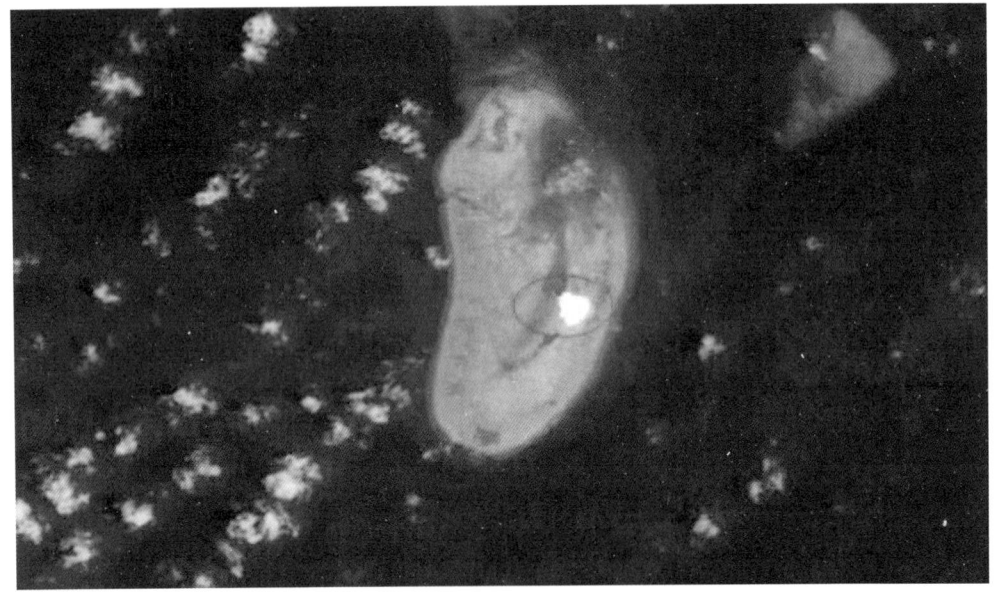

图2 赤瓜礁人工岛工程位置

---

① 据海外网2014年5月3日10:57发"中国船队在越军眼底下扩建赤瓜礁"。《参考消息》2014-05-15（16）发"菲炒赤瓜礁扩建话题搅局南海"。《环球时报》2014-05-30（10）发"台称大陆在赤瓜礁建机场"。
② 赵颖全："西沙完成五岛礁灯塔选址"，《中国海洋报》，2014—08—08（1）。

南海诸岛珊瑚礁亟需同步加大开发与保护力度 | 341

图3 赤瓜礁人工岛工程施工过程

图4 赤瓜礁人工岛工程现形

(新人工岛和左下角方框内的原礁堡合并在一处了)

2014年，海南省提出推进航运建设计划意见，将打造面向东南亚的航运综合试验区和区域合作示范区，建设大宗商品仓储、配送、交易基地和服务东南亚与内陆腹地的特色物流配送中心。其中，将建设三沙国际货物中转中心，配备现代物流设施，开展国际中转业务；同时，整合海洋油气开发、远洋捕捞、旅游等资源；研究设立海上特殊监管区域，建设符合南海开发需要的进口设备、原材料、后勤保障设施等保税、加工、仓储一体化的海洋开发试验区，打造海南对外开放的新高地。有些专家专门研究三沙市经济发展对通航产品的需求，从客货运输、旅游观光、渔业开发和油气开发4个经济发展方向，提出未来西沙群岛通航发展规划与建议，提到三沙市市外航空线有三亚—三沙、海口—三沙、广州—三沙3条，市内航空线有永兴—中建、永兴—甘泉—中建2条，市内岛间水面交通除常态水巴外，还有快艇航线永兴—赵述、永兴—东岛2条。合计需求中小型陆上飞机15架、中小型地效飞机7架、中小型水上飞机4架、轻型水上飞机17架、大型水上飞机（50座）1架。本报告认为，每个有人的岛礁都应建设直升机起降坪。在目前形势下，南海诸岛国防基地建设愈快愈坚固愈强大，南海的和平与稳定就愈有希望，我"南海断续线"内的各项开发事业的安全风险就愈有保障。

三、开发南海珊瑚礁资源可能带来的负面因素

合理合法的建设需要占用一定的珊瑚礁，这是不可避免的，而且应得到土地供给的保证。当然要慎重行事。根据我国的环境保护及相关法规，一般严禁围填或其他人类活动的干扰和破坏珊瑚礁。有人提出珊瑚礁围填海的适宜性可分为3个等级：Ⅰ级可围填区，不占用天然珊瑚礁，特别是活珊瑚生长区；Ⅱ级限制围填区，有少量珊瑚礁分布，环境资源条件允许可慎重围填，但需采取生态补偿、生态修复手段、以及有效的环境保护措施；Ⅲ级禁止围填区，国家级、省级珊瑚礁保护区。本报告估计该方案在三沙市操作上，Ⅲ级易掌握，Ⅰ级较难，Ⅱ级最难，因为

在三沙市范围之内，普遍存在潮间带干出礁及其以上的岛洲陆地，如按"不占用天然珊瑚礁"选围填区此规定，则全市无Ⅰ级可围填区；按"有少量珊瑚礁分布"的地点可慎重围填方案，属于此类则仅有西沙群岛高尖石一地可列为Ⅱ级限制围填区；如此，施行时必然出现歧见，会发生很大的争议。笔者等已总结了南海诸岛造礁石珊瑚的分布与珊瑚礁形成发展规律，简言之，造礁石珊瑚主要集中分布在礁前向海坡上坡水深0~20m的地段，往往成为珊瑚丛林带，其次分布在潟湖的岩坡上、点礁上和内礁坪临潟湖的潮下带礁坑里，而广大的处于潮间带的外、内礁坪上基本上无活珊瑚生长，低潮出露呈"荒漠"状。珊瑚丛生区的珊瑚死伤后残骸断肢碎屑，除了部分原地堆积外，部分被波浪抛上礁坪上堆积，逐渐在波浪和风的作用下加积成沙洲和灰沙岛。只要保持、维护珊瑚丛生区，岛礁就不断发展扩大和增高，新的洲岛出现，即使在南海诸岛地壳总体呈缓慢下降、现代全球变暖和海平面上升的条件下，岛礁也不致沉溺消失；而在礁坪上则大可放心填筑造陆和建筑各种工程，但建筑工程讲究百年大计，设计零点高程时要充分考虑今后全球海平面持续上升的情况，以免建筑物被淹。有学者研究指出，三沙市海平面将继续上升，预计2030、2050、2070和2100年海平面将比常年分别升高约11、20、30和45cm。预测未来海平面变化还有多种说法[①]，百年后全球海平面预计上升约1m。

但在工程施工中，却容易造成对珊瑚礁的破坏。例如，2011年永兴岛西北部渔业补给综合基地的港口建设施工，直接破坏了局部的珊瑚礁生态系统，根据施工范围和2008年项目所在区域活珊瑚覆盖率调查结果计算，造成约3,406 m²的造礁石珊瑚直接被毁掉，使工区海岸线向外

---

① 据《中国海洋报》2013—04—18（4）"世纪末东南亚海平面或上升1米"的报道，奥地利维也纳兽医大学和美国耶鲁大学的研究人员通过模型计算预测的结果。又据《中国海洋报》2013—05—13（4）"美国公布新报告预警气候变化或抬升海平面"的报道，2012年9月联合国政府间气候变化专门委员会认为，到本世纪末，全球海平面可能抬升3英尺（合91.44厘米），而美国近日发布《国家气候变化评估报告》称可能升高1~4英尺，而且不排除6英尺的可能。

延伸近200m，导致礁坪减小，原段自然沙滩被吹填了，还波及部分沙堤植被。如果工程单位跟着在工程区附近或有关部门安排的其他礁前地段，采取生态修复手段，恢复珊瑚礁生态系统，所谓"亡羊补牢"，为时不晚。

四、对在开发过程中保护南海诸岛珊瑚礁资源的几点看法

南海珊瑚礁资源的稀缺性表明珊瑚礁的开发必须在有效的保护下进行，甚至需要更严格评估某些对珊瑚礁造成破坏的开发行为，因此保护的重要性不是体现在措施的唯一性和不变性，而且是要根据珊瑚礁资源的状况持续来评估开发利用的方式和过程，使保护处于动态之中，对有的开发利用因为其对珊瑚礁破坏的不可逆行而必须停止。这不仅体现在政策的制定上，也包括更具体的措施上。针对上述珊瑚礁资源开发过程中存在的诸多问题，现相应提出以下保护建议和措施。

（一）尽快进驻和适时全部收回南海诸岛珊瑚礁国土

目前，越南、菲律宾、马来西亚和文莱分别非法占领我国共49个岛屿和珊瑚礁。这些国家意图通过实际占领珊瑚礁，从而扩大其领海和专属经济区面积。因此，可以看出，珊瑚礁岛屿保证了其及周边海域国土资源的权益，而珊瑚礁岛屿的归属问题与资源的归属、海域的划界以及海洋国土安全等问题在本质上是同一属性的。可以说，珊瑚礁岛屿的被占就意味着海洋权益的灭失。南海诸岛珊瑚礁国土资源决不可丢失，因而主张维护我国主权，维护领土完整和海洋权益，适时收回所有岛礁，则是珊瑚礁国土资源保护的重中之重。

在国际法和《联合国海洋公约》的框架内，坚决维护国家主权和海洋权益，优先而又尽快地派出渔政、海警或海军和平进驻南沙群岛一些有重要战略意义的礁，例如南屏礁、琼台礁、半月礁、舰长礁、仙宾礁

和鲎藤礁（图5）。有他国驻军的礁，可视情而定。

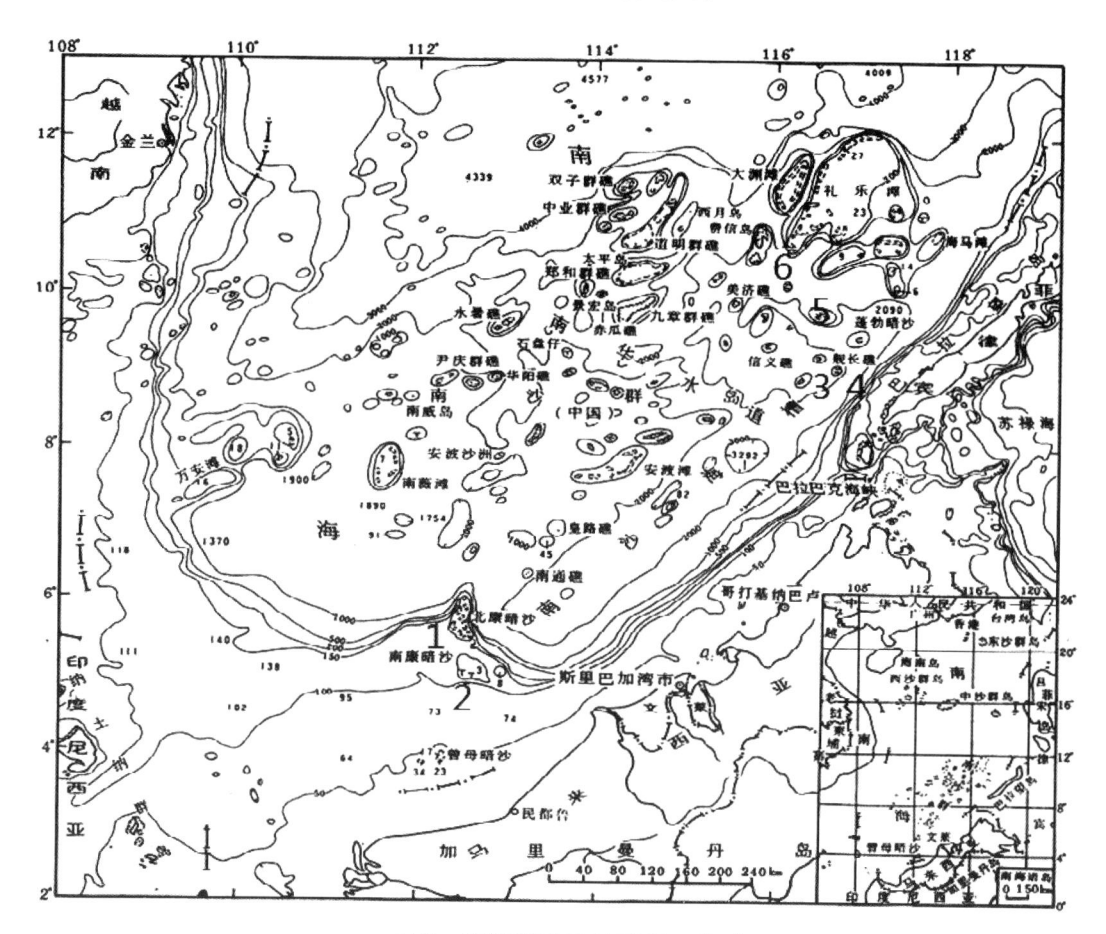

图5　建议进驻南沙群岛一些礁

注：1.南屏礁，2.琼台礁，3.半月礁，4.舰长礁，5.仙宾礁，6.鲎藤礁

此外，九章群礁的牛轭礁（干出礁）、舰长礁东北面的蓬勃暗沙（干出小环礁）、南通礁（干出小环礁）、南薇滩蓬勃堡（浅水暗滩）、万安滩的广雅滩（浅水暗滩）等可作进驻备考。

（二）加大对南海诸岛受损珊瑚礁的保护力度

2011年世界资源研究所（WRI）发表的《珊瑚危机再探》(*Reefs at*

Risk Revisited）报告书指出，在面临环境变化与人为破坏双重压力下，全球有七成五的珊瑚礁受到威胁；倘若各国不及时正视问题的严重性，至2030年，濒临存亡危机的珊瑚礁将超过90%，而到2050年则几乎所有珊瑚礁都可能趋于灭绝。其中统计，东南亚珊瑚礁面积69,637 km^2，占全球珊瑚礁面积的28%；因区域性威胁而濒危的珊瑚礁占94%，2030年濒危的珊瑚礁占99%，2050年濒危的珊瑚礁占100%；已划为海洋保护区（MPAs）的珊瑚礁占17%，位于MPAs且受到有效保育或部分被有效管理的珊瑚礁占3%。调查结果表明，南海珊瑚礁资源衰退状况严重，珊瑚礁破坏率高达90%以上。

对除自然因素外珊瑚礁资源的不当地、过度地开发利用，社会经济发展带来的海洋环境污染等人为因素，是珊瑚礁资源衰退的主要原因。因此，我们应对过度捕鱼、不当的捕鱼方式、港口建设、人工填海、垃圾填埋、人为向海中排污、岛上作物栽培等行为进行严格的控制。不仅如此，还要把南海诸岛珊瑚礁保护工作置于南海生态环境保护事业之下，才能更全面、有效地开展。

（三）构建含有珊瑚礁保护的综合性法律

尽管我国海洋渔业资源可持续利用与保护的法律体系初步形成，与珊瑚礁资源、环境、生态等相关的《海洋环境保护法》、《海域使用管理法》、《野生动物保护法》、《自然保护区条例》、《海洋自然保护区管理办法》、《渔业法》、《水污染防治法》等，特别是《中国海洋生物多样性保护行动计划》，将对珊瑚礁生物群落的保护放在突出的重要地位，但很多细则没有明确规定，在具体实施过程中容易出现多头管理、互补协调等情况，难以做到珊瑚礁的有效管理和海洋资源的可持续利用。

本报告根据专家的建议，认为应确立保护珊瑚礁资源的5个优先领域：一是完善珊瑚礁保护与可持续利用的法律体系和管理机制；二是开展珊瑚礁生物多样性调查、评估与监测；三是加强珊瑚礁生物多样性保护与管理；四是加强基础建设；五是提高珊瑚礁应对气候变化能力，还提出了优先领域相应的行动计划和行动内容。同时，采取有效措施清理旅游商品市场存在的违法加工、销售、运输珊瑚礁制品现象；加大宣传、举报奖励和打击力度，及南海联合巡查执法力度；建立健全南海基础信息档案和定期评估制度。

（四）建立珊瑚礁自然保护区或海洋保护区

鉴于南海诸岛区位特殊性、生态系统特殊性、礁资源特殊性和礁开发利用特殊性，以及遭受邻国侵权侵渔严重、岛礁生态系统脆弱和生物资源衰退，建议发展海洋特别保护区，有利于落实"在保护中开发，在开发中保护"的理念。

为了保护与开发海洋湿地资源，保护珊瑚岛礁生态系统，建议设置三沙市七连屿国家城市湿地公园。同时，将珊瑚礁监测工作纳入保护区的经常性工作架构中，在珊瑚礁区开展连续的监测工作，建立珊瑚礁动态监测网络，积累有关珊瑚礁状况和动态变化的基础资料，为管理提供科学的数据，这是进行有效的管理工作的基础。对珊瑚礁的监测不单是水下的周期性监测，也包括卫星数据和对涉礁人的社会行为的连续性调查，得到更全面的数据来实时反映珊瑚礁的状况，寻找珊瑚礁动态变化规律。在监测基础上对珊瑚礁的健康状况和价值进行实时评估，使得珊瑚礁保护和管理工作更有针对性，使进一步的保护有的放矢。对珊瑚礁进行长期监测可以供管理和决策参考。

（五）增强公众的参与性

保护珊瑚礁是一项以保护全民利益为目标的浩大工程，需要人们共同的关注和维护，普及珊瑚礁生态环境和生物多样性知识，增强人们的环境保护意识十分重要。目前人们对珊瑚礁的认识、对其生态价值、经济价值等了解甚少，对人类活动给珊瑚礁带来的损失的了解就更少了，因而对广大的各界层公众尤其是海洋渔业开发、涉海旅游业等第一线人员的教育，是进行有效管理的重要部分。建议各地方特别是珊瑚礁区域相关部门和机构,加强对公民的环境教育,宣传生态与环境保护的迫切性和实现可持续发展的重要性,提高公众保护与合理利用自然资源的意识。

为此,政府具体须做到:一是建立政府、企业、公众及环保民间组织四位一体的社会网络;二是完善同环保民间组织的对话沟通机制,形成相互尊重的合作伙伴关系;三是经费支持制度,维持环保民间组织稳步发展;四是加强环保民间组织的能力建设,提高其社会公信度和支持度;五是帮助环保民间组织拓展渠道进行广泛的有实效性的宣传教育[①],发动公众研究一些发生在身边的环保案例和解决问题的实践活动。

(六) 加强科学管理和国际合作

目前我国在珊瑚礁管理上尚未形成有效的科学管理机构,经费投入少,基本建设差,缺少管理设备,管理人员专业素质有待提高,珊瑚礁生态保护与管理工作力度薄弱,甚至出现有法不依,执法不严的问题。因此,建立和完善针对珊瑚礁生态系统的科学管理体系十分重要。珊瑚礁的保护和管理是个复杂的过程,不单是包括政府部门工作,还需要公众、科学家、当地珊瑚礁的使用者、旅游休闲者等各类涉礁人群的配合与支持,需要制定更为规范和严格的制度使管理行为更合理和有成效。同时,我还应高度重视同南海沿岸国家和其他海洋大国之间的合作,充分重视它们的海洋开发技术、海洋管理经验以及历史教训,努力在全球海洋治理的大框架下开发和保护南海珊瑚礁资源,不断提高我国海洋资源开发队伍和环境保护队伍的素质与水平。

---

① 张超:"发挥民间组织海洋环保的绿色能量",《中国海洋报》,2014—08—08 (1)。

21世纪海上丝绸之路的构建与战略支点的选择

张洁

[内容摘要]中国由陆权国家向海权国家的转型以及国家利益需求的扩容决定了海上通道安全必然成为一个动态性和时代性很强的命题。国内研究已经从最初关注能源运输安全发展到综合性海权利益的保障，从破解"马六甲困局"扩展到多点多线的通道规划。在多种选择中，建设战略支点势在必行，这一规划应以海洋强国战略和"21世纪海上丝绸之路"战略为依托，与推动互联互通建设、基础设施投资的布局相结合，有计划地加强重点港口建设，夯实我国海上力量远洋行动的后勤保障体系。其中，依据战略支点选择的基本标准，印尼的苏门答腊岛和加里曼丹岛应该成为构建中国海上通道战略支点的优先考虑方向。

[关键词]海上丝绸之路　战略支点　构建　选择

[作者简介]张洁，中国社科院亚太与全球战略研究院副研究员，中国南海研究协同创新中心"南海航行自由与安全稳定"平台研究员。

　　构建战略支点是中国国家利益的客观需求，这至少体现在三个方面：第一，美国"亚太再平衡"战略的实施及其军事同盟体系的强化，表明其遏制中国崛起的意图十分明显，因此，单纯依靠多边合作，很难维护中国的利益。第二，中国的海上力量面临现代化转型。中国共产党第十八次全国代表大会为中国军队建设提出了新的总体战略目标，即"建设与我国国际地位相称、与国家安全和发展利益相适应的巩固国防和强大军队"，中国海军面临着从近海防御向以远洋作战为目标的战略转型，这一转型将促使中国海军舰队的构成发生根本性的变革。同时，作为负责任的大国，中国必须更广泛地参与国际维和、人道主义救援、反恐、打击海盗等海外军事行动。第三，中国塑造外部环境的主观意愿在增强，故而配套的能力支持需要提升。较之过去，中国在应对外部环境挑战中的一个大的变化是由被动变为主动，也就是说，随着国家实力的增强，中国主动改变和创造所处环境的能力也大大提升。即便在一些情况下，难以根本改变大局，至少也可以通过努力，大幅度降低风险和威胁程度，海外通道安全也不例外。[①] 故而，建设海权是中国的强国之路，海上通道安全是海权建设的必经之途，而战略支点的建设则是实现上述战略目标的重要手段。

一、安全挑战：
东南亚海上通道的地缘特征与大国博弈

海上通道是中国经济运行的蓝色大动脉。自改革开放以来，中国的内向型经济快速转变为外向型经济，尤其在2001年加入世界贸易组织后，中国参与经济全球化的步伐加快，融入国际社会的程度加深，中国历史上第一次出现海外贸易经济在国家经济结构中占重大比例的现象。伴随着对外贸易规模的扩大，中国的对外贸易依存度也在持续增长，这意味着，海洋作为国际贸易与合作交流的纽带作用越来越突显，并将成为一种历史发展趋势。

海上运输是实现国际贸易的主要方式，全世界80%的货物贸易量都是通过海运完成，作为全球第二大经济体的中国自然也不例外。根据海关总署统计，2011年中国进出口商品的66.6%都是通过水路运输方式完成，水路运输方式占出口总额的69.5%，占进口总额的63.4%（参见表1）。根据航行水运性质，水运分海运和河运两种，而海运在中国的水路运输中占据了绝大部分的比例。因此，维护海上通道畅通，保证海上运输的顺利进行，直接关乎中国的经济安全。

---

① 张蕴岭："我国面临的新国际环境与对应之策"，《当代世界》2011年第4期。

表1　2011年进出口商品运输方式总值表（单位：万美元）[①]

运输方式	进出口总额 金额	比重%	出口 金额	比重%	进口 金额	比重%
总值	364,186,444.5	100.0	189,838,088.7	100.0	174,348,355.8	100.0
水路运输	242,552,873.1	66.6	132,019,988.8	69.5	110,532,884.3	63.4
铁路运输	3,193,924.2	0.9	1,420,420.9	0.7	1,773,503.3	1.0
公路运输	57,615,810.8	15.8	29,639,393.0	15.6	27,976,417.8	16.0
航空运输	55,163,414.2	15.1	24,571,567.0	12.9	30,591,847.2	17.5
邮件运输	128,255.3	0.0	87,315.8	0.0	40,939.6	0.0
其他运输	5,532,167.0	1.5	2,099,403.3	1.1	3,432,763.7	2.0

以原油进口为例，国际原油运输主要有油轮运输和管道运输两种方式，其中油轮运输占主导地位。海关总署最新统计数据显示，2014年，中国共计进口原油30,836万吨，同比增长9.5%，我国的10大原油进口国分别是沙特、安哥拉、俄罗斯、阿曼、伊拉克、伊朗、委内瑞拉、阿联酋、科威特和哥伦比亚，它们为我国提供的原油总数为25,535万吨，占我国进口总量的82.8%。这10个国家中，只有俄罗斯可以通过管道和陆路完成原油输送，而来自中东和非洲的7个国家的原油，主要是通过油轮取道马六甲海峡一线完成，它们的供给量占中国原油进口总量的64.3%。

[①] 数据来源：中国海关总署编：《中国海关统计年鉴（2011年）》（上卷），北京：中国海关出版社2013年版，第22页。

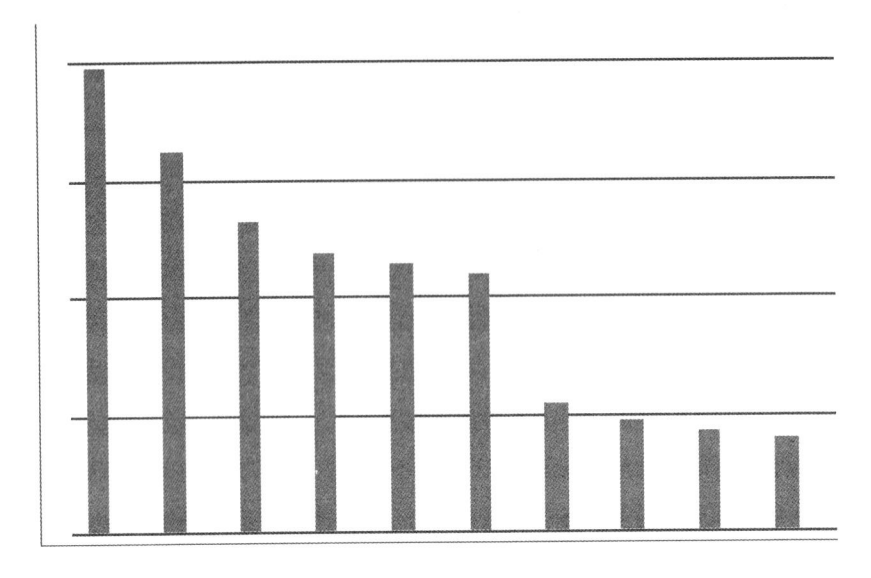

图1　2014年中国十大原油进口国（数量单位：万吨）①

东南亚海域是中国远洋航线中的西行航线的核心水域，也是最繁忙的航线。西行航线由中国沿海各港南行，至新加坡折向西行，穿越马六甲海峡进入印度洋，出苏伊士运河，过地中海，进入大西洋；或绕南非好望角，进入大西洋。沿途可达南亚、西亚、非洲、欧洲一些国家或地区港口。由于承担着中国大部分进出口货物的运输使命，这一航线对于中国具有重大的战略意义，直接关系到中国经济的稳定发展。

东南亚海域的主要通道包括马六甲海峡、巽他海峡、龙目海峡以及望加锡海峡等，它们位于亚洲、非洲和大洋洲之间，连接着太平洋与印度洋，承载着全球贸易的30%和石油供应的50%运输量，其中又以马六甲海峡最重要和最繁忙，该海峡历来有"东方的直布罗陀"之称。东南亚海上通道的安全问题，也主要集中于马六甲海峡。

21世纪初，中国学界曾围绕"马六甲困局"展开了热烈的讨论。一

---

① 数据来源：根据中国海关总署信息网资料整理。

些学者认为,这是一个伪命题或是至少有夸大的嫌疑,但是,更多的学者相当忧虑,鉴于国际环境仍处于霍布斯时代,而马六甲海峡面临的安全威胁又与中国对它逐年递增的依赖性形成鲜明反差,中国必须高度重视困局并加以化解。

马六甲海峡的安全状况不能统而概之,需要分时段进行评估。在21世纪初,中国提出"马六甲困局"是由特殊的历史背景所决定。一方面,中国对马六甲海峡的依赖度不断加强,尤其是中国进口原油量在2004年首次突破了1亿吨。石油的供应安全,既要买得到,也有赖于运得回,因此,海上通道安全对于原油供给的战略意义不言而喻。另一方面,受国际与地区环境的影响,马六甲海峡的安全形势确实出现明显恶化。首先,2001年"9·11"事件后,恐怖主义在新加坡、马来西亚和印尼这三个海峡沿岸国得以滋生发展;其次,自1998年苏哈托下台以来,印尼一直处于政治转型阶段,中央权威严重削弱,对于海峡安全的治理能力明显不足;再次,以上述因素为借口,2004年4月,美国提出地区海上安全方案(Regional Maritime Security Initiative),试图实现在海峡的军事存在。因此,当时包括中国在内的各国对马六甲海峡的安全状况深表担忧,尤其是美国试图控制马六甲海峡的企图引起中国战略界的警惕。①

但是进入21世纪的第二个十年后,马六甲海峡的安全状况在国际社会的共同努力下出现明显好转,不仅马六甲海峡的运输能力饱和问题得到部分化解,而且在沿岸国家和国际社会的共同努力下,海盗和恐怖主义对东南亚海域的威胁也明显下降,根据国际海事机构的统计,2000年发生在东南亚海域的海盗与武装抢劫事件199宗,2003年151宗,大约占全球的1/3,到2009年则下降到26件。② 当然,由于海盗在东南亚地区古

---

① 江山:"透视美军《地区海上安全计划》",载《当代海军》,2004年第7期,第47页;冯梁:"关于应对美军进驻马六甲海峡的战略思考",载《东南亚之窗》,2006年第1期,第1-7页。汪海:"从北部湾到中南半岛和印度洋——构建中国联系东盟和避开'马六甲困局'的战略通道",载《世界经济与政治》,2007年第9期,第47-54页。

② ICC International Maritime Bureau, "Piracy and Armed Robbery against Ships", Annual Report, 2006,2011.

而有之,未来,其威胁性上升仍然存在可能性。此外,海峡沿岸国之间也明显加强了海上安全合作,通过联合巡逻和建立海军热线,打击走私、海盗活动和防止恐怖事件。

如果仅就上述因素而言,东南亚海上通道的安全确实得到了改善,但是,中国必须面对新的挑战:一是亚太地区的整体安全环境正在发生巨大的变化;二是大国对于地区安全秩序主导权的博弈在不断加剧。随着国家实力的变化,美国、日本、印度等国都在调整自己的战略,尤其是美国在积极推行亚太再平衡战略,未来将把60%的战舰部署在太平洋,并以美日同盟为核心,加强在菲律宾、澳大利亚、新加坡等国的军事存在,通过提升和发挥军事同盟体系的作用,防范中国对其领导地位的挑战,这其中,海上安全已经成为中美摩擦和博弈的焦点。因此,中国必须通过多种举措加强自身海上力量的建设,维护自己的海洋权益,并倡导和建立新的海洋安全秩序。

二、时代呼唤:建设海洋强国与推动"海上丝绸之路"倡议

2012年11月,中共十八大报告中明确提出建设海洋强国的战略任务。2013年在建军节来临之际,中共中央总书记习近平在讲话中指出,推动建设海洋强国对推动经济持续健康发展,维护国家主权、安全、发展利益以及实现中华民族复兴,都具有"重大而深远的意义"。他强调,中国坚持走和平发展道路,但"决不能放弃正当权益,更不能牺牲国家核心利益"。中国虽然坚持通过和平谈判方式解决争端,但也要"做好应对各种复杂局面的准备",提高海洋维权能力,坚决维护我国海洋权益。因此,为了应对多种局面,加强海军力量建设势必成为中国海洋强国建设的重要内容。

中国海洋强国战略的提出为海上通道的选点布局提供了重要的时代契机。未来,中美对地区秩序主导权的博弈是亚太安全格局的常态。在

这场力量角逐中，中国对东南亚海上通道的战略定位，不应该仅仅局限于保障运输通道的安全，而是要在该地区设点布局，加强与周边国家的地缘经济、政治和军事联系，为中国的海上力量向全球的扩展提供支持，服务于中国走向深海、保障全球利益和建立世界大国的总目标。

海洋强国战略的确立为构筑更加安全的海上通道创造了历史机遇，"丝绸之路经济带"和"21世纪海上丝绸之路"（简称"一带一路"）倡议则为实现这一目标提供了广阔的操作平台和路径选择。"一带一路"战略为中国开辟面向太平洋全方位对外开放的战略新格局和打造周边战略新框架指明了方向，其中，"一路"优先发展包括东南亚、南亚在内的周边地区，以互联互通为发力点，构建基于基础设施、制度规章和人员交流三位一体的全方位链接，发展起四通八达的基础设施网络（陆、海、空交通网络），通过与海上相关国家共同打造沿海发展经济带，利用港口连接，为港口经济、沿海经济创建新的发展空间，同时打通基于开放安全的航海通道，构建新的海洋秩序与国际规则。[1] 正如国务委员杨洁篪在2014年7月关于丝绸之路建设的讲话中所指出的那样，"一带一路"建设首要需要共同营造一个持久和平稳定的国际地区大环境。各国都要致力于维护新的陆海丝绸之路沿途地区海、陆安全，……21世纪丝绸之路的建设不仅应包括此区域的合作，也应包括经济走廊、互联互通、海上通道、海洋资源开发、人文交流等各个方面。[2]

随着中国大量资金和人员向东南亚地区的投送，中国需要建设强大的海上力量以提供安全保障，同时，"一路"的建设也为中国加强海上安全能力建设提供了新契机。在"一路"投资项目的选择中，应该不仅仅从经济利益的角度出发，而且要考虑安全需求，将商业利益与安全利益结合在一起。投资重点应优先考虑对中国海上通道安全有重大意义的地

---

[1] 张蕴岭："如何认识'一带一路'的大战略设计"，载张洁主编：《中国周边安全形势评估报告（2015年）："一带一路"与周边战略》，北京：社会科学文献出版社2015年版，第7页。

[2] 戴秉国："开放包容，共建21世纪丝绸之路"，2014年7月11日，参见中国外交部网站，http://www.fmprc.gov.cn/mfa_chn/zyxw_602251/t1173753.shtml。

区和港口，利用港口建设打造综合后勤基地，进一步提高海上综合安全保障能力。

三、打造战略支点：依托经济合作规划、实施两岛战略

战略支点是一个地缘政治学概念。布热津斯基提出的地缘政治支轴国家的概念与其相似，即界定地缘政治支轴国家的主要标准是它们的地理位置，支轴国家所处的敏感地理位置以及它们潜在的脆弱状态对地缘战略棋手行为造成影响。由于这种特殊的地里位置，它们有时在决定某个重要棋手是否能进入重要地区，或在阻止它得到某种资源方面能起特殊的作用。一个地缘政治支轴国家有时能成为一个重要国家甚至一个地区的防卫屏障。有时其存在本身就可能对一个更活跃和相邻的地缘战略棋手产生十分重要的政治和文化影响。对于地缘政治支轴国家，美国应该加以"管理"。[①]

从21世纪初开始，就有中国学者关注战略支点议题。他们认为，为了维护本国的海外利益，不仅要在关键性海峡附近获取中国的战略支点，而且还要将有效的影响力沿着一定的路径扩展——不管是通过海洋的路径还是陆地的路径或者两者兼而有之。通过加强与相关国家的经济、政治和军事联系，在大国博弈中拥有更多的资源和战略选项。[②] 但是，由于早期的研究多是从军事安全考量出发，具有一定的敏感性，所以成果产出相对较少，中国是否需要以及如何构建战略支点仍然是一个颇有争议的问题。其中，比较有代表性的是"珍珠链"说。这一说法是美国、印度等国学者炮制并不断炒作的，他们把构筑战略支点作为中国海军突破第一岛链和第二岛链封锁的抓手，认为中国在从南海到红海的海上通道（"双海通道"）沿线建立若干个海军基地，通过港口、机场、外交纽

---

① 参见[美]兹比格纽·布热津斯基：《大棋局：美国的首要地位及其地缘战略》，中国国际问题研究所译，上海：上海人民出版社1998年版，第55页。
② 徐弃郁："海权的误区与反思"，载《战略与管理》，2003年第5期，第17页。

带和军事现代化构筑一条战略带，来保护中国最主要的外贸通道，例如巴基斯坦的瓜达尔港、斯里兰卡的汉班托特港以及缅甸的实兑港与皎漂港。[①] 中国官方公开否定了"珍珠链"说，时任国防部长梁光烈曾表示，中国人民解放军从未在海外建立过军事基地，也不考虑在印度洋这么做。[②] 学界对于战略支点的讨论一度也显得非常谨慎，认为从民用港口向军用港口的转化面临一系列的困难，而在海外建立军事基地意味着中国战略的重大调整，这在近期实行的可能性很小。[③]

然而，战略支点的现实需求远远走在了学术研究之前。中国舰队在亚丁湾护航中遭遇了一系列的后勤补给困难，充分说明中国的远洋行动越来越需要有稳定的海外保障和支撑。2013年，中国正式接管了瓜达尔港的经营权后，2014年9月，习近平主席与斯里兰卡达成协议，双方同意进一步加强对马加普拉/汉班托塔港项目的投资并签署二期经营权的有关协议，同时推进科伦坡港口城的建设。这些举措标志着，采取多样化方式，加强与各国的海洋合作，尤其是对战略性港口的投资、合作与利用，不仅是中国企业的重要经济活动，而且越来越成为从安全考量出发的国家性行为。

近一两年来，中国战略界、学界和媒体对于建立海外战略支点的重要性与紧迫性的讨论开始重新活跃起来。一些学者认为，海外军事基地是大国投射军事力量、克服地缘劣势、对潜在威胁实施遏制与打击的重要手段。中国军队虽不会建立西方式的海外军事基地，但并不排斥按照国际惯例建立若干海外战略支点，中国可以在平等、互利与友好协商基础上，在他国建立相对固定的海外补给点、人员休整点以及舰机靠泊与

[①] 薛力："'马六甲困境'内涵辨析与中国的应对"，载《世界经济与政治》，2010年第10期，第135页；刘庆："'珍珠链战略'之说辨析"，载《现代国际关系》，2010年第3期，第12页。

[②] 梁光烈："解放军无意在印度洋建军事基地"，载新华网http://news.xinhuanet.com/world/2012-09/05/c_123672646.htm，2012年9月5日。

[③] 薛力："'马六甲困境'内涵辨析与中国的应对"，载《世界经济与政治》，2010年第10期，第136页。

修理点。①还有一些学者认为，中国取得瓜达尔港的经营权是一次很好的尝试，瓜达尔港应该为中国海军在印度洋的护航行动提供燃料、人员和食物补给，降低距离摩擦成本，强化远洋作战能力，扩大中国舰队护航的海域。当然，仅仅一个瓜达尔港是无法完成中国在印度洋的战略目标的，最好建设若干个战略支点，彼此可以相互支撑。②

那么，选择战略支点的标准是什么呢？黄仁伟认为，界定战略支点至少要有四个要素：第一，与中国具有重大利益相关性。第二，与美国的亚太再平衡战略有区别，战略支点可以是美国的军事同盟国，但是不能完全追随美国。第三，在所在次区域有重大影响，或是本身就是区域大国。第四，与中国在战略问题上可以配合。③杨洁勉则认为，打造战略支点的目的在于中国与特定国家在经济、外交、政治、安全和军事上形成相互支持，战略支点国家在外交上具有独立性，不会成为美国的附庸，在涉及双方国家核心利益、重大国际和地区事务方面与中国紧密合作，相互协调。④

上述观点表明，一方面，战略支点的选择是有针对性的，前提是要与美国的战略利益区分；另一方面，要与中国形成全方位的战略呼应，而不仅仅限于军事和安全方面的支撑。这里关于战略支点的讨论，更多的是以国家为个体，而本文是基于海上通道安全考量进行战略支点的选择，更加微观，要落实到港口这一层面。但是仅从定位来说，无论是国家，还是某个港口，它的功能都不仅仅局限于军事意义，要有别于传统意义上的军事基地。在以经济合作为基础，不威胁对方国家安全与主权完整的前提下，需要适当地兼顾军事用途，尤其是考虑到中国海军本身具有越来越多的、维护非传统安全的功能，诸如护航、打击海盗、海上

---

① 海韬："海军建首批海外战略支点？"，载《国际先驱导报》，2013年1月10日。
② 刘新华："力量场效应、瓜达尔港与中国的西印度洋利益"，载《世界经济与政治论坛》，2013年第5期，第15-16页。
③ 黄仁伟在中国亚太学会2014年学会上的大会发言，广西南宁，2014年11月18日。
④ 杨洁勉在中国南海研究2014年度论坛上的特别演讲，南京大学，2014年12月3日。

救助等任务，建立可以提供稳定后勤保障和补给的固定港口，将有利于全球与地区的和平，而非形成军事对抗和增加不稳定性。

有些研究还指出，根据功能设计的不同，战略支点的建设应该分层次进行，一是平时舰船油料、物资补给点，如吉布提港、也门亚丁港、阿曼萨拉拉港，补给方式以按照国际商业惯例为主；二是相对固定的舰船补给靠泊、固定翼侦察机起降与人员修整点，如塞舌尔，启用方式以短期或中期协议为主；三是较为完善的补给、休整与大型舰船武器装备修理中心，如巴基斯坦，使用方式以中长期协议为主。[①]

需要强调的是，在支撑点的选点布局中，应该避免对海权误区折射出来的三方面的"绝对"安全逻辑，第一是绝对安全，就是所有的利益都必须在完全的控制之下，第二是安全上的绝对自助，就是控制者必须是自己，第三是安全上的绝对手段，就是将军事力量作为维护安全的唯一手段。无论是历史还是现实都告诉我们，这种逻辑不可能实现。[②] 因此，战略支点是中国构筑海上通道安全的手段之一，但不是全部。

在东南亚地区，中国应重点加强与印尼的合作，按照战略支点国家的标准衡量，第一，印尼拥有重要的地缘战略地位。它是马六甲海峡的主要沿岸国之一，也是龙目海峡、巽他海峡和望加锡海峡的管辖国。第二，印尼是具有影响力的区域性大国，随着近年国内经济形势的好转，印尼在东盟的政治地位逐步恢复并提升，对于中国稳定与东南亚国家的关系有着重要的协调作用。第三，印尼的外交政策相对独立，曾经坚持反对美国军事力量进入马六甲海峡。在处理大国关系中，采取平衡战略，不会完全跟随美国的步伐起舞。第四，中印尼双边关系发展迅速，能够在一些地区和国际事务中形成共识。2012年3月，时任印尼总统苏西洛访华，2013年10月，习近平主席访问印尼，两国达成全面战略伙伴关系，并且，关于建设"21世纪海上丝绸之路"的倡议也是习近平主席在这次

---

① 海韬："海军建首批海外战略支点？"，载《国际先驱导报》，2013年1月10日。
② 徐弃郁："海权的误区与反思"，载《战略与管理》，2003年第5期，第17页。

访问中提出的，这充分体现了中国对印尼的高度重视。2014年，印尼加入了中国发起的亚洲基础设施投资银行。在南海问题上，印尼也试图发挥协调作用，促进中国—东盟关于南海问题的对话与磋商。

中国的"一路"倡议与印尼的战略形成对接。2014年，佐科在总统竞选中就提出有关"海上之路"的构想，意在发展海运，改善现有的海港设施，建立新的深海港，把印尼最东、西端的岛屿连接起来，促进国内贸易发展。当选印尼总统后，佐科迅速成立了新的海事统筹部，协调海事与渔业部、旅游部、交通部、能源及矿业部。[1] 2014年底的APEC会议期间，习近平主席在会见佐科时表示，佐科总统提出的建设海洋强国理念和中国提出的建设21世纪海上丝绸之路倡议高度契合，我们双方可以对接发展战略，推进基础设施建设、农业、金融、核能等领域合作，充分发挥海上和航天合作机制作用，推动两国合作上天入海。习主席的建议得到了佐科的积极回应。[2]

基础设施是印尼的重点投资与建设领域。作为群岛国家，印尼有数量众多的小型航运队，但是由于缺乏港口设施，在全国总共400多个港口中，除了雅加达的丹容不碌港（Tanjung Priok）和泗水（Surabaya）能够装运集装箱以外，多数港口难以接纳大型船舶，外来货物都要经过小型驳船转运。从20世纪80年代开始，世界银行和亚洲发展银行就为印尼港口建设筹措资金，并制订了一个可行的偿还计划。但是，由于进展缓慢，港口建设无论是在规模上还是在设施上都无法满足印尼及其伙伴国日益增长的贸易需求。

印尼是千岛之国，岛际之间货物运输采用海运方式，近年来印尼经济增长较快，岛际运输需求量猛增，为印尼内海航运业带来巨大发展机遇。但是，由于印尼船只设备落后、技术人员缺乏、运作效率低下，随

---

[1] 廖建裕："佐科的海洋强国梦"，载新加坡《联合早报》，2014年11月7日，http://www.zaobao.com/special/report/politic/indopol/story20141107-409307，访问时间2014年12月18日。

[2] "习近平会见印度尼西亚总统佐科"，2014年11月9日，参见中国外交部网站，http://www.fmprc.gov.cn/mfa_chn/zyxw_602251/t1208844.shtml，访问时间2015年1月11日。

着经济持续发展，内海航运运力及船只的供需缺口明显加大。中国造船及航运业拥有较为成熟的技术和人才，可以为开发印尼内海航运及相关产业提供帮助。

古代海上丝绸之路为当今中国选择海上通道的战略支点提供了重要的参考。海上丝绸之路在历史延伸中不断拓展为交通贸易的黄金路线，这条海道自中国东南沿海，穿过南中国海，进入印度洋、波斯湾，远及东非、欧洲，构成四通八达的网络，成为沟通全球文明的重要走廊。海上丝绸之路沿线曾经辉煌过许多贸易港口，现在有些仍然繁荣发展，有些已经被历史湮没。这些贸易港口的曾经、或者仍然持续的繁荣，有着内在的合理性，或是地缘优势或是经济特色。历史记载，北宋先后于广州、杭州和明州设置市舶司，往来贸易的东南亚国家中见于记载的有：古暹、阇婆、占城、勃泥、麻逸、三佛齐和交趾。[①] 根据考证，古暹国大致在今天的马来半岛的北部，阇婆为今天的爪哇岛，占城为今天越南的南部，勃泥一般认为在加里曼丹岛，麻逸为菲律宾的民都洛岛，三佛齐的主要基地为苏门答腊岛，交趾则在越南北部。此外，在今柬埔寨的真腊和缅甸的蒲甘也与中国有贸易往来。2013年，习近平主席在印尼的演讲中也指出，印尼在古代丝绸之路中发挥着重要作用。15世纪初，中国明代著名航海家郑和七次远洋航海，每次都到访印尼群岛，足迹遍及爪哇、苏门答腊、加里曼丹等地。[②]

结合古代经验和现实情况，中国应该在印尼实施"两岛战略"，以苏门答腊岛和加里曼丹岛的主要港口为投资重点，利用当地的资源，建立经济开发区，将中国国内的优势产业，诸如钢铁业、造船业、矿产加工业等转移到印尼的重要港口，使这些港口逐步具备为中国船只提供后勤补给的能力，成为中国在东南亚地区的战略支点，为中国的崛起创造有利的外部环境。

---

① 林家劲："两宋时期中国与东南亚的贸易"，载《中山大学学报》，1964年第4期，第73页。
② "习近平在印度尼西亚国会的演讲"，2013年10月3日，参见http://www.gov.cn/ldhd/2013-10/03/content_2500118.htm。

苏门答腊岛和加里曼丹岛是印尼面积广阔、资源丰富的两个大岛，地理位置尤其重要。苏门答腊岛扼守马六甲海峡，是印尼的主要岛屿之一，东南与爪哇岛隔着巽他海峡相望，北方隔着马六甲海峡与马来半岛遥遥相对，东方隔着卡里马达海峡（Karimata）毗邻加里曼丹岛，西方濒临印度洋，占全国土地面积的1/4。该岛物产出口值占印尼的60%以上，在印尼的经济地位仅次于爪哇岛。加里曼丹岛是世界第三大岛，西邻苏门答腊岛，东为苏拉威西岛，南为爪哇海、爪哇岛，北为南中国海，是龙目海峡和巽他海峡的必经之地。该岛是世界上唯一分属三个国家的岛屿，岛屿北部为马来西亚的沙捞越和沙巴两州，两州之间为文莱，南部为印度尼西亚的东、南、中、西加里曼丹四省。印尼管辖的土地占全岛总面积的2/3，为最大的一部分。

苏门答腊岛和加里曼丹岛蕴藏着丰富的自然资源。苏门答腊岛盛产石油、天然气、煤、铁、金、铜、钙等矿藏，加里曼丹岛是印尼著名的煤矿产地，印尼已知铝土矿储量2,400万吨，资源量约2亿多吨，其中85%分布在西加里曼丹。根据印尼法律规定，从2014年开始禁止原矿出口，新法规适用于镍矿、铁矿石、煤炭、铜、铝土矿、锰矿及其他资源的生产，这意味着包括中国企业在内的矿商必须在印尼国内投资建设冶炼厂。

苏门答腊岛和加里曼丹岛的投资环境正在明显改善。2011年，印尼政府宣布《2010-2025年加速与扩大印尼经济建设总规划》，将苏门答腊岛定位为印尼重点发展的六大经济走廊之一。未来15年总投资将达785亿美元，除煤炭、棕油和橡胶三大传统产业外，印尼将着力发展电力、交通、通信技术等基础设施，这为中国企业加大对苏门答腊岛投资提供了良好的政策环境。

当然，对于上述两岛港口的投资风险也应该做更细致的评估，诸如印尼的政局稳定性、印尼国内的政治腐败问题及其对中国企业投资的潜在风险、自然地理条件对大型港口建设的制约与影响等。此外，印尼还是自然灾害多发地，海啸、地震和台风等时常发生。

根据两岛的现有条件和中国的需求，中国在苏门答腊岛应选择已经有一定发展基础的港口，通过提供资金和技术帮助，进一步修建和改善港口的基础设施，提高海港的服务能力，同时提供配套的软件、人员培训等帮助。同时，对于该岛东部沿岸临近海域分布的一些小岛进行实地考察，进行有选择性的投资。同样，中国在加里曼丹岛应该加强道路、通讯网络、电力、供水设备、港口等基础设施的建设，建立具有相对自主性且具有中国特色的工业园区。最后，中国还必须注重港口的"软件"建设，包括引进中国的标准和中国的设备，推动印尼对中国技术的学习和接受。发挥中国的产业优势，逐步建立矿产开采业和冶炼业、造船业等，初步实现加里曼丹岛的工业化，通过对当地造船业的扶持，使该岛具备为中国船只提供补给和修理能力，助力中国维护海上运输安全和对关键性航道的控制。在一定意义上，战略支点建设的适时推进，是中国经营与塑造周边，构建中国特色海洋秩序的必由之路，也是中国采取更加积极有为对外战略的有益尝试。

四、结语

适应国家实力不断增强与国家利益全球扩展的现实需求，海上通道安全的意义已经从经济领域扩展到更广泛、更具战略性的目标，成为中国建设海洋强国与和平崛起的战略支撑。随着大国在亚太地区战略博弈的加剧，南海问题逐步升温，使得东南亚海上通道的安全状态更加复杂化。针对这种态势，加强地区合作以及自身海上实力的建设仍然是中国战略选择的首项，同时，中国从"海上丝绸之路"倡议的规划阶段开始，就应该将安全战略纳入考虑范畴，以海上战略通道为骨架，重点海峡及陆地战略支轴为主要节点，打造陆海一体化经贸活动为纽带的"点线面"有机组合的空间战略布局。通过商业利用、租用、合作建设等多种方式，在重点航道和港口建设一批多层次、多用途的综合安全保障基地，逐步实现由保障经济和能源资源安全任务向保障经济和多样化军事任务领域拓展。

在针对印尼的重点投资中，学术界尤其是智库应该发挥更多的作用，为国家对外政策的制定提供跨学科、综合性的知识支撑。选择和布局战略支点是一项非常复杂的系统工程，因为它涉及到对外战略的制定和实施，专业性和综合性极强，因而不能仅限于国际关系的研究，诸如在港口选址、产业园区规划以及配套输出中国标准、中国装备等问题的决策中，需要更多跨学科、多领域的知识积累。这意味着，在国家层面，应该继续创新学术研究的制度与机制建设，统筹社会科学与自然科学的研究方向，促进相互间的合作与交流。特别需要强调的是，加强国别研究已经迫在眉睫，中国的周边国家众多，各国在政治制度、经济发展水平、文化宗教信仰等方面各具特色，差异性很大，充分了解各国的国情、政情与民情，是保障中国对外投资安全、战略实施成功的前提，也是减少、消除投资所在国以及其他周边国家对中国的战略疑虑和战略遏制的重要举措，在这方面，既需要加大对国别研究的支持力度，培养专业的人才队伍，也需要改变研究方式，在理论研究的指导下，加强实地调查，以期产出更多接地气、求新务实的研究成果。